조선시대 역사인물의 재조명

이원명(李源明)

서울여자대학교 사학과 교수

1950. 4 　　　　서울 종로구 팔판동 출생(본관 龍仁)

‖ 학력 ‖

1973 　　　　　성균관대학교 문과대학 사학과 졸업(학사)
1979 　　　　　고려대학교 교육대학원 역사교육 전공(석사)
1992 　　　　　고려대학교 대학원 조선전기사 전공(박사)

‖ 경력 ‖

1985~현재 　　　서울여자대학교 사학과 교수

1982~1984 　　　고려대학교 강사
1983~1985 　　　서울시사편찬위원회 연구원
1985 　　　　　서울여자대학교 전임
1998~1999, 2008 서울여자대학교 박물관장
1999~2000 　　　교수협의회장
2005~2006 　　　서울여자대학교 학생처장
2009~2011 　　　인문대학 학장
2002, 2012 　　　서울여자대학교 40년사 및 50년사 편찬위원장
2002~현재 　　　서울특별시 시사편찬위원회 위원
2006 　　　　　수선사학회 회장
2012~현재 　　　(사)서울역사문화포럼 수석부회장
2008~현재 　　　서울특별시 시사편찬위원회 부위원장

‖ 논저 ‖

『고려시대 성리학 수용연구』(국학자료원, 1992)
『조선시대 문과급제자 연구』(국학자료원, 2004)
『장양공 이일장군 연구』(공저) (국학자료원, 2010)
『서울여자대학교 50년사』(편찬위원장) (서울여자대학교, 2012)
『조선시대 역사인물의 재조명』(경인문화사, 2015) 등 20여 권 및 논문 40여 편

조선시대 역사인물의 재조명　　　　　　　　값 27,000원

　　2015년 8월 14일 초판 인쇄
　　2015년 8월 26일 초판 발행
　　　　　　　　저　자 : 이 원 명
　　　　　　　　발 행 인 : 한 정 회
　　　　　　　　발 행 처 : 경인문화사
　　　　　　　　　　　서울특별시 마포구 마포동 324 - 3
　　　　　　　　　　　전화 : 718 - 4831~2, 팩스 : 703 - 9711
　　　　　　　　　　　이메일 : kyunginp@chol.com
　　　　　　　　　　　홈페이지 : http://kyungin.mkstudy.com
　　　　　　　　등록번호 : 제10 - 18호(1973. 11. 8)

ISBN : 978-89-499-1147-2　 93910

조선시대 역사인물의 재조명

이 원 명 지음

景仁文化社

서 문

이 책은 근래 필자가 관심을 가지고 발표한 글 10여 편을 모아 재정리하여 엮었다. 평소에 역사 연구를 할수록 '역사란 무엇인가?'라는 기본적인 의문은 자연스럽게 '역사를 움직이는 힘은 무엇인가?'라는 질문으로 이어져, 이에 따른 '당대의 지식인과 지성인의 역할'에 대한 끊임없는 고민이 필자 연구의 토대가 되었고 할 수 있다. 우리는 역사인물에 대한 평가 잣대를 오늘의 기준과 기대치로 시대를 훨씬 앞서는 무리한 요구를 당연시하기도 한다. 때로는 그들의 삶과 역할을 편협한 이데올로기 시각으로 과소평가하기도 한다. 이제 당대 시대적 사명을 다하려고 애쓴 이들의 삶을 재음미하여 올바른 평가를 받게 하는 것도 역사학도로서 한 임무가 아닌가 한다.

이 책에서 소개한 역사인물들을 연구한 계기를 떠올리면, 지난 30년 간의 학문적 관심이 확장되는 과정과 그간의 다양한 사람들과의 만남이 머릿속에 파노라마처럼 전개된다. 필자가 맡았던 소임, 학문적 관심 모두가 연구 영역을 다양한 분야로 전개할 수 있었던 원동력이 되었다. 대학의 전임되기 전 서울시사편찬위원회 연구원으로서 인연을 맺어 서울학과 관련하여 『서울 6백년사』(인물편)(1993)와 『서울2천년사』(조선전기편)(2013) 공저자로 집필하였고, 서울여대 사학과 선임자가 되어서는 『서울여자대학교 40년사』(2002)와 『서울여자대학교 50년사』(2012) 편찬위원장으로서 무탈하게 소임을 맡은 것을 보람으로 여기고 있다.

그리고 필자의 주 관심사항인 성리학 수용과 문과급제자와 관련하여서는 10여 년간의 연구가 『고려시대 성리학 수용연구』(1997)와 『조선시대 문과급제자 연구』(2004)로 정리되어 출간한 바 있다. 아울러 저자의 사회 활동 인연으로『동대문 성당 25년사』(1997),『노원의 역사와 문화』(2005)와 출판도 다양한 분야에 대한 관심의 표징들이라 하겠다. 또한 뿌리에 대한 애정과 관심은 25여 년 종보 주간으로서『용인이씨 현조사적』(2005)과『용인이씨대동보』(무자보)(2008, 부록편)을 비롯하여『장양공 이일장군 연구』(2010)와『항일영웅 이홍광』(2015, 북경)을 공저로 출판하는 계기가 되기도 하였다. 이처럼 학문적 관심의 확장으로 대학에서 30년간 연구생활을 정리해 보니 20여 편의 저술과「정도전의 위민의식」(1979)에서부터 최근「바롬 고황경의 가계와 활동을 통한 여성 교육의 재음미」(2015) 등 40여 편의 논문 발표로 이어졌다.

이러한 논저에 대한 회고는 정년을 앞두고 그동안 발표한 글들을 모아 책으로 출간할 것을 권유한 지인의 뜻에 따라 용기를 내어 역사인물의 재조명이라 하여 책을 상정하기에 이르렀다. 따라서 역사의 전환기나 과도기를 맞아 치열하게 삶을 살아 온 인물들의 재조명이라는 이름으로 정리하는 것에 의미를 두고 출간하기로 하였다. 이 책에 수록된 글들은 근래 들어 논문이나 학술 발표하였던 글들을 기본으로 하고 있다. 이를 출판하는 과정에서 내용 일부 보완과 사진 자료 등을 첨부하여 엮어보았다. 시대로는 여말선초부터 일제강점기까지로 시대 인물을 재조명하였다.

즉, 제1부에서는 '개혁인물의 이상과 현실'로 삼봉 정도전과 정암 조광조를 살펴보았고, 제2부는 '자주와 사대의 기로'라 하여 최영과 이성계를 비교하고, 최만리의 갑자상소를 유교적 이상국가론으로 살펴보았다. 그리고 제3부는 '조선 중·후기 녹둔도와 백두산정계비'라 하여 이일장군과 접반사 박권을 재평가하였고, 제4부에서는 '일제강점기 항일운동가 이홍광과 여성지식인 고황경'을 살펴보았다. 끝으로 제5부에서는 '보학속의 경화사족과 기묘명현'이라 하여 용인이문의 위상을 다루어 보았다. 필자는 그 안에서 시대정신을 찾으려 하였고 당대 지성인들이 택한 삶을 재조명하고자 하였다. 하지만 이 글들은 여러 모로 부족한 측면을 가지고 있으리라 생각된다. 각기 독립된 원고들을 모으다 보니 내용의 일부 중복성이 불가피하였음을 먼저 양해를 구하지 않을 수 없다. 하지만 이 책이 조선조 역사와 인물에 대한 재조명에 미력이나마 보탬이 되었으면 하는 바람이다.

끝으로 대학에서 30년간 학문 연구와 사회생활을 하면서 그동안 고마운 분들에 대한 인사를 올리지 않을 수 없다. 먼저 학문적으로 항상 조용히 조언을 아끼지 않으신 고려대학교 閔賢九 명예교수님을 비롯하여, 늘 옆에서 성원을 아끼지 않으셨던 선배 동료 李鍾哲·李康勳·白宗植(故)·吳榮煥·李永哲 교수님들께 고개 숙여 고마운 마음을 전합니다. 그리고 40년 가까이 늘 격려를 해준 망년지교의 이규성·김정의 선생님, 또 30년 가까이 회합 속에 함께하였던 서울시사편찬위 이상협·나각순·이상배 선생님, (사)서울역사문화포럼 박경룡 선생님과 종보 편집위원으로 인연을 맺은 이홍근·이종덕·이성동과 이원복·이광섭 종인님들께 감사한 인사를 전하고 싶다. 또한 무엇보다도 학과발전에 애환을 같이하면서 화합할 수 있었던 동료 사학과 교수님(金澤中·鄭演植·文東錫·梁希英)들께 감사한 마음을 전해 드리고 싶다.

아울러 오랜 시간 동안 묵묵히 뒷바라지 해준 지혜로운 아내 宣貞賢과 자녀들에게도 고마운 마음을 전한다. 흔쾌히 출판을 맡아준 경인문화사 韓正熙 사장님과 편집부원 및 색인 작업을 맡아 준 대학원생 조교 이여름에게 감사함을 전한다.

2015년 8월
태능 연구실에서
이 원 명

목 차

■ 서문

제1부 개혁 인물의 이상과 현실   1

제1장 삼봉 정도전(1342~1398)의 위민의식과 자주의식에 대하여   3
1. 서론   3
2. 정도전의 백성에 대한 생각   5
3. 정도전의 대외관과 자주의식   8
4. 맺음말   13

제2장 정암 조광조(1482~1519)의 이상과 현실세계   19
    －조선시대 한 지성인이 택한 치열한 삶－
1. 서론   19
2. 조광조의 등장과 역사적인 배경   21
3. 정암 조광조의 정치사상   24
4. 조광조의 활동과 치열한 삶   35
5. 맺음말   43

제2부 자주와 사대의 기로 －유교적 이상국가론－   47

제1장 '최영 장군(1316~1388)과 태조 이성계(1335~1408)'의   49
    보국이냐? 개국이냐?
1. 서론   49
2. 몽고제국의 쇠퇴와 공민왕대의 대내외 정세   50
3. 고려 말 최영장군과 태조 이성계의 활동   52
4. 맺음말   61

제2장 최만리(1388~1455)의 '갑자상소(甲子上疏; 언문반대 상소)'   65
　　　배경과 성격 －여말선초 동아시아 문화권 형성과 대명외교 추이－

　1. 머리말   65
　2. 東아시아 문화권 형성과 事大·事大主義論   68
　3. 對明外交 추이 속에 나타난 유교적 理想國家   81
　4. 맺음말   93

제3부 조선 중·후기 '녹둔도'와 '백두산정계비'   97

제1장 조선중기 鹿屯島 확보와 北兵使 李鎰(1538~1601)에   99
　　　관한 일고찰

　1. 머리말   99
　2. 조선 중기 군사체계와 군정개혁론   102
　3. 北兵使 李鎰의 女眞族 정벌과 鹿屯島 확보   111
　4. 이일장군의 생애와 임란 초기 활동 －『壯襄公全書』(1893)를 중심으로－   123
　5. 맺음말   130

제2장 조선 후기 '백두산정계비'와 접반사   135
　　　박권(1658~1715)의 국경인식

　1. 머리말   135
　2. 조선조 북방 강역에 대한 국경인식과 백두산 정계비   137
　3. 숙종조 조정의 백두산 정계비 대응과 접반사 박권   144
　4. 맺음말 －백두산 정계비 관련 최근 사료 발굴의 의미－   157

제4부 일제강점기 항일운동과 여성지식인의 활동　163

제1장 1930년대 '在滿 항일운동가 李紅光(본명 李鴻圭,　165
　1910~?)'의 활동과 가계

1. 머리말　165
2. 1930년대 在滿 항일운동가 李紅光의 활동과 戰死年度　168
3. 새로 밝혀진 이홍광(본명 李鴻圭)의 家系와 친족 행적　181
4. 맺음말　199

제2장 일제강점기 여성지식인 고황경(1909~2000)의　205
　사회활동 -'경성자매원'을 중심으로-

1. 머리말　205
2. 기독교 전래와 바롬 고황경의 가계　208
3. 일제강점기 여성지식인 고황경의 유학생활과 경성자매원　229
4. 광복 이후 바롬 고황경의 사회활동과 서울여자대학교　242
5. 맺음말　253

제5부 보학속의 경화사족과 기묘명현　257

제1장 조선시대 경기도 경화사족(京華士族) 고찰　259
　-토성(土姓) 출신 용인이씨를 중심으로-

1. 머리말　259
2. 용인지역에 고려조부터 뿌리내린 용인이씨　265
3. 여말선초 구성부원군 이중인(李中仁)과 용인이문　271
4. 조선후기 경화사족으로서 용인이문의 위상　280
5. 맺음말　293

제2장 '고려조 3代 절신(節臣)의 후손'과 기묘명현   299
  －용인이씨 사간공파 현조사적 고찰－

  1. 머리말   299

  2. 1,000년전 용인지역에 뿌리내린 龍仁李門   302

  3. 여말선초 구성부원군 李中仁과 고려조 3代 節臣   309

  4. '기묘명현'에 오른 사간공파   317

  5. 맺음말   334

  <부록> 필자 논저 목록정리   339

■ 찾아보기 344

제 1 부
개혁 인물의 이상과 현실

제1장 삼봉 정도전(1342~1398)의 위민의식과 자주의식에 대하여

1. 서론

삼봉 정도전(三峰 鄭道傳)(1342~1398, 奉化人)이 활동하였던 14세기는 한국의 역사상 가장 역동적이고 격동의 세기였었다고 할 수 있다. 대외적으로는 중국에서의 원·명(元·明)교체기(공민왕 17년, 1368)에 해당되며, 대내적으로는 공민왕대부터 원(元)의 간섭을 배제하여 민족자주권을 확립하려는 개혁정치가 수행되어 결국 고려왕조의 멸망과 조선왕조의 성립으로 발전하는 왕조교체기에 해당되는 전환기였다.

필자는 삼봉의 생애를 3시기로 보는데, 초기 관료생활(1342~1375)과 유배와 유랑생활을 보내며 역성혁명을 꿈꾸었던 시기(1375~1384) 및 개혁추진과 창업의 시기(1384~1398)로 나누어 고찰한바 있다.[1] 먼저 1342년 경북 영주에서 홍복도감판관 정운경(鄭云敬)과 모친 우연(禹淵, 榮州人)의 3남(道傳, 道存, 道復) 1녀 중 장남으로 태어났다. 어린 시절 주로 개경에서 보내며 당대 최고의 유학자 이색(李穡) 문하에서 성리학을 공부하고 19세 성균시, 21세에 진사시 [大科] 합격하여 충주목 사록(司祿)(22세, 정7품), 전교 주부(典校主簿)(23세, 종7품), 통례문 지후(通

---

[1] 졸고, 「여말선초 삼봉 정도전의 역성혁명의 꿈과 한양설계」, 서울여대 인문논총 26집, 2013, 94~97쪽 참조.

禮門祗侯)(24세, 정7품) 관리생활을 시작하였다. 25세 때 아버지와 어머니 잇따른 상을 당하여 고향에서 5년여 여묘살이를 치른 후, 1371년 복직되어 주로 성균관에서 성리학을 토론하고 궁중의 예식에 관련된 업무에 종사하던 중 당시 반원친명(反元親明) 외교정책을 둘러싸고 친원과 실권자 이인임의 미움을 받아 1375년 전라도 나주로 3년간 유배생활을 맞는다.[2]

이후 삼봉은 3년간 유배와 1383년 이성계를 만나기까지 9년간 유랑생활을 보내며 역성혁명을 꿈꾸었던 시기(1375~1384, 만 33세~42세)를 거쳐 그가 겪었던 경험과 경륜을 바탕으로 본격적인 개혁추진(위화도 회군이후 병권장악, 토지개혁, 척불운동과 성리학 전개 및 사병혁파)과 함께 조선왕조를 반석위에 올려놓으려 활동했던 시기(1384~1398, 만 42세~56세)이기도 하다.[3]

본고는 삼봉의 제2, 3시기에 나타난 그의 위민의식(爲民意識)과 자주의식(自主意識)이라는 측면에서 살펴보고자 한다.[4] 한편 이시기 삼봉 정도전은 최영(1316~88)·이인임(?~1388)·조민수(?~1390)·이색(1328~96)·정몽주(1337~92)와 이성계(1335~1408)·조준(1346~1405)·하륜(1347~1416)·권근(1352~1409)·이방원(1367~1422) 등과의 운명적 만남이 주목된다. 그 중 위민의식은 토지개혁 측면에서, 후자는 明나라의 철령위(鐵嶺衛) 설치 통고(1388. 3)와 함께 위화도 회군(1388. 5)에 이어 요동정벌 계획과 표전문(表箋文) 사건(3차례)을 중심으로 보고자 한다.[5]

---

2) 삼봉의 가계와 생애에 대한 구체적 내용에 대해서는 후손 정광순의 최근 다양한 자료를 이용하여 설명한 「삼봉 정도전의 가계와 학문적 연원에 대한 고찰」『한국선비연구 창간호』(동양대학 한국선비연구원), 2013, 69~97쪽 참조.
3) 정도전,『삼봉집』(感興 등 詩文,「심문천답」「심기리편」「불씨잡변」「조선경국전」「경제문감」) 참조.
4) 졸고,「정도전의 爲民意識에 대하여」, 고려대 교육대학원 석사논문, 1979 및 각주 1) 논문 참조.
5) 표전문 사건과 관련하여 당시 대명외교의 추이는 졸고,「여말선초 동아시아 문화

삼봉 정도전 영정
(문화관광부 지정 표준 영정, 1994년)

'유종공종(儒宗功宗)'(사당인 문헌사 본당)
(유학과 공이 모두 으뜸이라는 태조 4년에 어필
하사, 현액 제작. 현 평택시 진위면 은산리)

2. 정도전의 백성에 대한 생각

토지(土地)는 전근대적인 역사단계에서 어느 민족 어느 지역을 막론하고 결정적인 기능을 담당하고 있다. 모든 삶의 원천이 토지에서 나오기 때문에 농업(農業)은 만사의 기본이며, 농민(백성)에게 땅을 돌려주어야 한다는 생각을 가지게 된다. 그러나 주지하는 바와 같이 고려 후기에는 세습이 가능한 공음전시과(功蔭田柴科)를 둔 전시과(田柴科)제도가 12세기 무신란(武臣亂)과 元의 지배하에서 이미 무너졌다는 사실이다. 즉,

> A. 그 때 임경미·이인임·염흥방이 그 악한 종을 풀어놓아 良田을 둔 자는 모두 수정목 [물푸레나무]으로 매치고 이를 빼앗아 갔다.6)

권 형성과 對明外交 추이」, 동북아문화연구 제27집, 2011 및 졸고, 「왕자의 난과 한양환도」 『서울2천년사』 11권 -조선건국과 한양천도-, 서울시사편찬위원회, 2013, 174~185쪽 참조.

6) 『고려사』 권126, 林堅味列傳 「時 堅味, 仁任, 興邦, 縱其惡奴 有良田者 率以水精

B. 땅의 주인 5, 6명이 넘고 일년의 租가 8, 9차례나 되었다.(중략) 재상이면 록3백석을 받아야 하나오히려 20석도 못되었다. (중략) 겸병(兼倂)의 문호가 한번 열리자 당연히 토지 3백결을 받아야 하나 오히려 송곳을 꽂을만한 땅이 업다7)

이처럼 당시 권문세족들이 수정목을 휘두르면서 토지를 빼앗을 정도라 한 땅의 주인이 5, 6명이 넘고, 일 년에 거둬들이는 세금이 8, 9차례에 이르니 재상이면 녹봉으로 360石을 받아야하지만 20石도 못 받고, 300結을 받을 수 있으나 오히려 송곳을 세울 땅도 없다는 현실이다. 그러니 일반 백성은 더할 나위가 없을 정도였던 것이다.

즉, "농민들은 私田의 租를 타인에 빌려 납입하고서 그것을 갚지 못하면 자기의 처자를 팔아서 갚고 있고 … 호구(戶口)가 이로 인해 크게 감소되어 왜구가 깊숙이 침입해 와도 막을 자가 없었다".8) 이러한 상황인지라 국가로 볼 때도 일반 농민이 대상이 되었을 군인전(軍人田)(步軍 18科 20結)이 사라졌으니 군사(軍士)가 존재할 수가 없게 된 것이다.9) 이에 대해서 삼봉은 이르기를,

"대개 임금(君主)은 나라에 의존하고 나라는 백성에 의존하는 것이니, 백성이란 나라의 근본이며 임금의 하늘인 것이다. 그러므로 「周禮」을 인용하면서 인구수를 왕에게 바치면 왕은 절을 하면서 받았으니 이것은 그 하늘을 존중하기 때문이다."10)

木 杖以奪之」.

7) 『고려사』 권78, 食貨志 辛禑 14년(1388) 7월 趙浚 上書 「一畝之主 過五六 一年之租 收至八九 … 宰相而受祿三百六十者 尙不滿二十石… 爲兼倂之門一開宰 相當受田三百結者 曾無立錐之可資」.

8) 『고려사』 권78, 食貨志1, 祿科田條 참조.

9) 그런면에서 동북면의 李成桂는 선조대부터 國役을 부담하지 않는 家兵(加別赤)을 2,000여명이나 두고 있어 군사력은 崔瑩과 비교되고, 나아가 향후 위화도 회군(1388. 5) 이후 병권 장악 및 역성혁명을 할 수 있었다(졸고, 「보국이냐? 개국이냐? -최영과 이성계-」, 건국대학교박물관대학 문화강좌, 2014.4.21, 참조).

정도전의 첫 유배지 草舍(네이버)
(전남 나주 거평부곡의 소재동집, 2006년 복원)

정도전의 첫 유배지역(네이버)
(전남 나주시 회진현 거평부곡 마을)

즉 군주보다는 國家가, 국가보다는 百姓이 우위에 위치하므로 백성은 국가의 근본인 동시에 군주의 하늘(天)이라는 것이다. 또한 백성은

　　"의식이 풍족해야 염치를 알고 창고에 곡식이 가득차야 예의가 일어난 다"11)

고 보았던 것이다. 이러한 의식은 이미 그가 초기 관료 생활하다가 친원 파 권문세족들에 의하여 회진현 거평부곡(현 전남 나주시 다시면 운봉리 백동마을)으로 3년의 유배생활 속에 일반 농민들의 생활상을 목도하였 기 때문이었다(당시 「心問」 「天答」 2편 저술함). 또한 6년간 유랑생활 보내며 철저한 위민의식을 지닐 수 있었던 것이다.12) 즉, 현실에 대한 철저한 인식과 보다 근본적인 대응책을 모색하였다고 할 수 있다. 즉 삼 봉의 위민의식, 백성에 대한 생각은 현실문제에 근본적인 대책을 강구하 고 있다는 면에서 의미가 크다 하겠다.13)

---

10) 『삼봉집』 권13, 「조선경국전」 상, 賦典 版籍條 「蓋君依於國 國依於民 民者國之本 而君之天 故周禮獻民數於王 王拜而受之 所以重期天也」.

11) 상게서, 賦典 農桑條 「衣食足而知廉恥 倉廩實而禮義興」.

12) 이와 관련하여 부모상 중에 포은이 보내준 『孟子』 책을 통해 위민의식과 정치적 신념에 어느 정도 영향을 주었다고 보여진다. 그 중 梁惠王條(下-8)에는 湯王과 武王의 桀王과 紂王에 대한 放伐한 고사에 따라 仁과 義롭지 못한 군주에 대한 역성혁명의 당위성으로 영향을 주었을 것으로 보인다.

이는 향후 삼봉이 조선왕조의 방향을 '백성이 나라의 근본이다' '백성
은 먹는 것으로 하늘을 삼는다'라는 대 전제하 통치의 기본을 인구를 헤
아려 농토를 나누어 주려고 토지개혁을 하였던 것이다. 이는 군주 중심
이 아니라 백성을 기반으로 하는 국가의 철학을 성리학 전개와 함께 방
향을 제시하였다고 본다.14)

삼봉이 나주 회진현 유배시 저술한 『心問』·『天答』(1375)

3. 정도전의 대외관과 자주의식

한편 삼봉의 대외관과 자주의식을 여말선초 대명외교(對明外交)의 추
이 속에서 위화도 회군(1388. 5)에 이어 요동정벌 계획과 표전문사건을

13) 도현철, 『조선전기 정치 사상사』, 태학사, 2013, 95~96쪽.
14) 『삼봉집』 권9, 경제문감上 재상條 「宰相天下之紀綱」와 『삼봉집』 권10, 경제문감
下 현령條 「夫民者國之本也 郡守縣令民之本也(중략) 民重則君守縣令重 郡守縣令
重則 天下國家重矣」 및 공저, 『서울 2천년사-조선건국과 한양천도-』 11권, 서
울시사편찬위, 2013을 비롯하여 일반인에게 도움이 되는 이덕일, 『정도전과 그의
시대』, 옥당, 2014와 박봉규, 『조선 최고의 사상범』, 인카운터, 2012 및 이수광,
『정도전』(上·下권), 쌤앤파커스, 2010 참조

중심으로 보고자 한다.[15] 먼저 고려 공민왕 5년(1356)의 반원정책 일환으로 철령위에 설치된 元의 쌍성총관부(1258~1356)를 공격하여 99년 만에 수복한 바 있었다.[16] 이후 고려가 북진운동을 추진하면서 1370년 1월과 8월에 각각 원의 동녕부(東寧府)와 요양지역을 지용수(池龍壽)와 이성계(李成桂)가 점령하는 등 만주방면으로 국세를 확장할 기세를 보이자 1368년 개국한 明의 우호적인 태도가 돌변하기 시작하였다.

그러다가 1374년 우왕(禑王)이 즉위 후 이인임(李仁任) 등에 의해 친원정책(親元政策)으로 돌아서면서 북원(北元)의 연호 [宣光]을 다시 사용(1377. 2) 하자, 明은 드디어 국교의 단절을 선포하고 고려 사신의 입국을 불허하였다.[17] 조정에서는 명과의 관계를 개선하여 곧 명의 연호 [洪武]를 사용(1378. 9)한 후 수차례의 사신을 파견하던 중 1386년 12월 정몽주가 성절사(聖節使)로 다녀오면서 조빙(朝聘)을 허락하고 3年 1使 조건으로 사신 입국을 허락하면서 明과의 관계가 복구되었다.[18] 이에 앞서 1383년 동북면 함흥으로 이성계의 잘 훈련된 군대를 확인한 바

---

15) 졸고, 「여말선초 동아시아 문화권 형성과 對明外交 추이」, 동북아문화연구 제27집, 2011 및 졸고, 「왕자의 난과 한양환도」『서울2천년사』 11권 -조선건국과 한양천도-, 서울시사편찬위원회, 2013. 174~185쪽 참조.

16) 당시 이성계(당시 21세)는 아버지 이자춘과 함께 활동 공로를 세워 1357년 처음 고려의 벼슬을 그 이듬해 받아 고려조에 처음 入仕하였다(졸고, '보국이냐? 개국이냐?' 건국대학교박물관대학 강좌, 2014. 4.21 참조).

17) 당시 고려는 원과 명나라와의 국교 단절 및 관계 개선은 명나라의 연호(洪武) 사용의 변화를 가져 오니, 즉 원 연호(至政) 폐지(1369.5)와 명 연호(洪武) 사용(1370. 7), 다시 北元 연호(宣光) 사용과 명 연호(洪武) 재사용(1378. 9), 명나라의 철령위 설치 통고(1388. 3)하자 명 연호 사용금지와 관복을 원제도로 환원되는 등 어려운 형편이었음.

18) 정도전도 3차에 걸쳐 명의 사신으로 다녀왔는데, 1차는 典儀(전의시)副令(4품)으로서 정몽주 서장관으로(1384. 7), 2차는 정당문학(종2품)으로서 윤이·이초 무고 사건의 해명(1390. 6) 및 문하시랑찬성사(정2품)로서 태조 이성계의 창업을 알리고 신년 인사를 올리기 위해 사은사로 명나라에 3차로 다녀오는데, 이 때 사행 도중 요동의 사정을 살피고 돌아온바 있다(1392. 10).

있는 정도전은 당시 明의 철령위 설치 통고 소식을 접하자(1388. 3), 차제에 요동정벌을 계획 및 단행하게 되었다.[19]

그러나 친명정책을 표방한 이성계에 의해 위화도 회군(威化島 回軍)(1388. 5)이 이루어지고 정치의 실권을 잡자 명과는 다시 대명관계가 맺어지고, 北元관계가 소멸되자 明에서도 더 이상 영토문제를 거론하지 아니하고 우호적 관계가 전개되었다. 그러나 1년도 못가서 조선 초 대명관계는 그렇게 평탄하게 전개되지는 않았다. 대외관계에서 명나라가 조선의 요동정벌 등 구강회복(舊疆回復)에 대한 의심 때문이었다. 1393년 5월 별 명분이 없는 흔단(釁端)과 모만(侮慢) 등 이유로 조선정벌 운운하자, 태조 이성계는 이틀 후 조정에서 이르기를, "지금 또 나에게 죄가 아닌 것을 책망하면서, 나에게 군대를 일으키겠다고 위협하니, 이것이 어린아이에게 공갈하는 것과 무엇이 다르겠는가? 내가 또한 말씀을 낮추어 조심스럽게 섬길 뿐이다."[20] 라면서 사신을 보내어 해명하도록 하였다.

하지만 명나라는 사신 입국을 거절하고 압록강변에 군사를 배치하도록 하고 순시를 강화하였다. 그러자 조선은 명과의 긴장관계를 완화하기 위하여 왕자 이방원(李芳遠)을 明 태조(太祖)에게 직접 파견하여 사신 입국문제를 해결하자 대명관계가 재개되어 두 나라의 관계가 호전되었다. 이러한 사대 의식 속에서도 조선 초 양국관계는 소위 '표전문제[21]'가

---

19) 고려말 조선초 요동지역에 대한 舊疆回復 의지는 이성계와 정도전 등이 상당하였음은 주지의 사실이다.

20) 상게서, 태조 2년 5월 己巳「今又責我以非罪 而脅我以動兵 是何異恐喝小兒哉!…上曰 吾且卑辭謹事之耳」

21) 조선초기 명나라와의 표전문제는 明初 문자옥(文字獄)의 일환으로 발생하기 시작하여 조선과의 문제는 명 태조(朱元璋)가 궁핍하였던 승려시절이나 홍건적생활을 상징하는 文字(生·光·則 등) 사용에 대한 감정적 반응도 있었지만, 근본은 조선에 대한 의혹에서 출발하여 조선의 과실을 구함으로써 조선의 완전한 굴복을 확인하고자 하였던 것이다(박원호,『明初朝鮮關係史研究』, 일조각, 2002, 31~32쪽 참조).

불거져 어려움을 겪기도 하였다. 표전(表箋)이란 조선에서 명나라에 보
내는 외교문서이다. 따라서 표전은 사대외교의 예를 나타내는 문장이었
으므로 심혈을 기울여 그 문장의 수려함에 보통 명, 청대 중국인들은 칭
송거리였다.

그러나 명나라는 표전을 문제 삼아 여러 차례 분규를 일으켰다. 즉
조선 초기 표전문제가 3차례나 발생하였다. 즉, 1차 1396년(태조 5) 2월
9일과 2차 1396년(태조 5) 3월 29일 및 3차 1397년(태조 6) 12월 18일이
그것이다. 하정(賀正)의 표전문이 경박하고 모만한 문구가 있다고 하면
서 표전을 지은 자(鄭道傳, 鄭擢)를 명나라에 보내라는 1차와 정도전[22]
을 재차 소환을 요구하였던 2차, 천추사가 가지고 간 계문(啓文) 중 명나
라를 업신여긴다는 문구가 있음을 지적하고 앞으로 3年 1使할 것을 명
하였다. 이에 대해서 조선 조정에서는 백관회의를 열어 논의한 결과 강
경하게 맞서 명에서 요구한 3인을 보내지 않을 것을 결정하고, 정도전
등은 反明 태도를 구체화하여 요동정벌을 위한 군대의 양성을 강화하였
다.[23] 즉,

> "판의흥삼군부사(判義興三軍府事) 정도전(鄭道傳)이 일찍이 ≪오진도(五
> 陣圖)≫와 ≪수수도(蒐狩圖)≫를 만들어 바치니, 임금이 좋게 여기어 명하
> 여 훈도관(訓導官)을 두어 가르치고, 각 절제사(節制使)·군관(軍官)·서반 각
> 품 성중애마(成衆愛馬)로 하여금 ≪진도(陣圖)≫를 강습하고, 또 잘 아는 사
> 람을 각도에 나누어 보내어 가서 가르치게 하였다. 당시 정도전(鄭道傳)·남
> 은(南誾)·심효생(沈孝生) 등이 군사를 일으켜 국경 [요동]에 나가기를 꾀하
> 여 임금께 의논을 드렸다."[24]

---

22) 鄭道傳은 3차에 걸쳐 明에 사신으로 갔다 왔는데, 1차는 정몽주 서장관으로 1384
  년 7월, 2차는 1390년 6월 윤이·이초의 무고사건 해명 차, 3차는 1392년 10월
  사은사로서 명나라에 다녀왔다.
23) 한영우, 『정도전 사상의 연구』, 서울대학교출판부, 초판 1973(개정판 1983),
  169~170쪽.
24) 『태조실록』 권12, 太祖 6년 6월 14일(甲午條)「甲午/判義興三軍府事鄭道傳嘗撰

이처럼 요동정벌계획은 조선조가 맹목적으로 사대주의에 이끌려 취한 것이 아니라 자주적인 자세로 明에 대하여 실리적인 면에서 事大하였음을 알 수 있는 대표적인 사건이었다.

또한 이에 앞서 정도전은 당시 새로 일어난 金 나라에 표(表)를 올려 臣으로서 事大로 대처하여 변방의 근심거리가 없었던 당시 외교노선을 긍정적으로 평가하고 있는데, 이는 상대가 비록 오랑캐일지라도 그 세력이 강하면 일시적으로 머리를 수그릴 수 있다고 보았는데 오늘날 실용주의적 외교라 볼 수 있다. 즉,

> "북쪽 사신을 예로 대접하되 매우 공손하게 하므로, 북쪽 사람들이 모든 친애하고 공경하지 않는 자가 없었다. 사신(詞臣)이 응제(應製)할 때에 혹시 북조(北朝)를 가리켜 호적(胡狄)이라고 하면, 놀라며 말하기를, "어찌 대국(大國)을 신하로 섬기면서 이와 같이 업신여겨 지칭할 수가 있는가?" 하여, 반드시 삭제하고 고치도록 하였다.
> 금(金)나라가 갑자기 일어남에 미쳐서는, 모든 신하들의 의논을 물리치고 표(表)를 올려 신(臣)이라고 일컬으니, 이로부터 대대로 기뻐하며 동맹(同盟)을 맺어 변방의 근심거리가 없었다."[25]

이는 조선왕조 개국 후 진법훈련과 요동정벌 계획은 단지 표전문제로 정도전 자신이 明에 가지 않으려는 대책 정도가 아니라, 이미 태조 3년 3월 11일자 왕조실록에서 찾아지듯 태조와 정도전이 중심이 되어 추진되었으니 이는 바로 정도전의 국가미래를 위한 장구한 계획에 의해 요하강 동쪽의 요동정벌로 추진되었음을 이해할 수 있다고 본다. 그러나 대

《五陣圖》 及 《蒐狩圖》 以進 上善之, 命置訓導官以敎之, 令各節制使、軍官、西班各品、成衆愛馬, 習 《陣圖》, 又以通曉人, 分遣各道敎之。時鄭道傳、南誾、沈孝生等, 謀興兵出境, 獻議於上」

25) 『삼봉집』 권 12「經濟文鑑 別集」下, 高麗條,「高麗國 仁王(仁宗)條禮接北使甚恭 故北人無不愛敬. 詞臣應製 或指北朝爲胡狄 則瞿然曰, 安有臣事大國而慢稱如是耶 必使删改之. 及金國暴興 則排群議上表稱臣, 自是世結懽盟 邊境無虞」

내적으로 당시 사병혁파(私兵革罷)에 대한 이방원 등의 불만과 진법 훈련에 참여하지 않는 절제사 등과의 갈등은 정도전의 죽음을 촉발하였다.

그 후 明 태조 [朱元璋]가 죽고(1398. 5), 조선에서는 그 해 8월 왕위 계승 문제로 발생한 제1차 王子의 난에 의해 정도전, 남은, 심효생 등이 피살되자 자연 표전문제는 소멸되고 양국의 대립적 관계는 다시 호전되면서 다시 명의 연호 [建文]을 사용(1399. 1)하였다. 이처럼 시대를 뛰어 넘는 정도전의 생애가 그 꽃을 다 피지 못하였지만 바로 이방원에 의해 사병혁파(1400. 4) 이후 태종과 세종대에 그 임무가 이어졌다 하겠다.

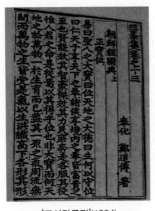
'조선경국전'(1394)

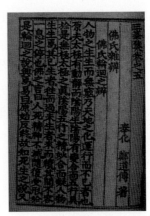
'불씨잡변'(1398)

4. 맺음말

삼봉 정도전(三峰 鄭道傳)은 조선 건국의 주모자요 한양도성의 설계자였지만 태종 이후 그동안 조선조 간신(奸臣)의 대명사로서 폄하되어 왔다. 이에 비해 조선 개국을 전후하여 같이 활동하다가 이방원 세력에

의해 격살되었던 포은 정몽주(圃隱 鄭夢周)는 고려조 충신으로서 中宗
12년(1517. 8. 18) 때 文廟에 종사되었다.

그리고 정도전에 비해 조선 개국에 미미하였지만 이방원의 책사 하륜
(河崙)도 태종의 묘정(廟廷)에 모셔져 500년 동안 나라의 제삿밥을 먹는
것과 달리, 정도전은 定宗 즉위 교서(1398. 9. 12)에서부터 간신으로 언
급되기 시작하였다. 태조 이성계와 함께 조선을 개창하였던 정도전은 그
가 죽은지 270여년 헌종(憲宗) 10년(1669. 1. 27) 태조 이성계의 8번 째
아들 세자(世子) 이방석(李芳碩)의 모친 신덕왕후 강씨(康氏)를 종묘에
배향하는 과정에서 왕후의 복권을 주장하면서 당시 노론영수 판중추부
사(종1품) 송시열(宋時烈)은 상대적으로 정도전을 여전히 간신으로 폄하
할 정도였다.26)

그동안 정도전은 고려 말 신진사대부로서 위화도 회군 이후 친원 수
구파(이인림, 최영, 우왕, 조민수)를 제거하였고, 토지개혁문제에서는 지
주적 성격이 강하였던 온건보수파 이색과 정몽주와의 갈등, 그리고 신왕
조 개창을 둘러싸고는 역성혁명파(이성계, 조준, 윤소종 등)로서 온건개
혁파(이색, 정몽주, 권근 등)와의 갈등은 불가피하였다. 그러한 어려움을
극복하고 드디어 1392년 7월 남은·조준 등과함께 이성계를 신왕으로 추

조선 도성 첫 후보지, 계룡산 신도안 주초석
(충남 계룡시 신도안면 부남리, 계룡대3정문 근처)

계룡산 신도안 도성 추측도
(충남 계룡시 신도안면 부남리, 계룡대3정문 근처)

26) 『정종실록』「즉위교서」(1398. 9. 12)와 『헌종실록』(헌종 10년 1월 27일자) 및 박
   봉규, 전게서, 359~364쪽 참조.

대와 함께 개성에서 즉위교서 17조를 발표하여 조선왕조를 개창하였다. 그 이후 조선의 도읍지로 계룡산 신도안에 기초공사를 하다가, 최종 천도지로 결정된 것은 2년후인 1394년 10월 한양이었다.

경복궁 근정전
태조 4년(1395) 창건, 고종 4년(1867) 재건
(서울시편, 서울의 문화재(1), 2011 사진)

한양도성 설계도(1396)
(한성부의 5부 52방 명칭 지음)

하지만 개국 이후 국가를 어떻게 이끌 것인가라는 위민의식과 대외적 자주의식에서 재상(宰相) 중심의 국가체제를 고수하려는 정도전의 이상(理想)과 왕권(王權) 중심으로의 권력을 지향하려는 태종 이방원 등과 대립은 사병혁파 문제와 더불어 정면충돌이 불가피하였던 것이다. 이른바 왕자의 난(1398. 8. 26)을 맞아 정도전은 죽음으로 생애를 마감하였다. 삼봉 정도전은 아들 셋을 두니 津, 泳, 遊이다.[27]

다행히 정도전이 처형된지 467년만인 1865년 홍선대원군 시절 경복궁 중건과 함께 대왕대비의 전교에 의해 복권되기에 이르렀다. 1870년 복훈교지와 문헌(文憲)이란 시호교지('奉化伯鄭公諡狀', 우의정 洛坡 柳厚

---

27) 삼봉의 장남 鄭津(1361~1427)은 태조 5년에 도승지를 지내고 제1차 왕자의 난 때는 중추원부사(종2)로 태조를 봉행하여 화를 면하였고 이후 태종대 충청·평안 관찰사와 세종대 형조판사 역임(시호 僖節)하였고, 둘째 鄭泳은 당시 살해되었지만 그의 손자(鄭文炯)는 성종대(1493년)에 右議政을 역임하고, 셋째 鄭湛은 당시 집에서 자결하였다.

祚 찬, 豊山人)를 받아 오늘에 이르고 있다.

정도전의 복훈교지(復勳敎旨)	정도전의 시호교지(諡號 文憲)
(임란 때 소실된 경복궁 중건 후 정도전의 모든 훈작을 회복시키는 교지, 1870(고종 7)	(조선개국 8주갑(480), 1872년(고종 9) 조선왕조 개국을 경축하는 뜻에서 정도전에 내린 교지刀)

끝으로 정도전을 죽음에 이르게 한 그의 위민의식과 역사인식은 소위 '신권(臣權)과 왕권(王權)의 대립' 문제로 비화되었지만, 이후 역사의 전개는 '육조(六曹) 직계제(直啓制)와 의정부(議政府) 서사제(署事制)'[오늘날 대통령제와 의원내각제와 비유됨]로 연계되어 태종대와 세종대에 각각 그 빛을 보았던 정치체제였다. 이러한 면에서 보면, 15세기 초 정도전이 꿈꾸었던 소위 신권(臣權)이 보장되는 '재상국가론(宰相國家論)'으로의 꿈은 백성에 대한 생각(위민의식)과 자주의식 차이에 오는 문제이기도 하였다.

즉 당시 정권 창출과 왕권 수성의 정치상황에서는 수용하기 이른 그의 선각자적인 꿈이 현실에서는 한계를 드러낸 것이라 하겠다. 그러나 그 한계는 꿈을 꾸어야할 이상으로서 향후 정도전에 대한 재평가에 있어서 염두에 두어야 한다고 본다(본 발표문은 (사)서울역사문화포럼, 제52차 학술발표문 2014.6.28, 토, 서울여대 대학로 캠퍼스), 「삼봉 정도전의 위민의식과 역사인식」 보완).

참고 문헌(1부 1장 정도전 편)

맹자(梁惠王편), 고려사, 태조·정종·헌종실록, 삼봉집(심문천답, 심기리편, 불씨잡변, 조선경국전, 경제문감집)

도올 김용옥, 『삼봉정도전의 건국철학』, 통나무, 2004

도현철, 『조선전기 정치 사상사』, 태학사, 2013

민현구, 「이색과 정도전」, 『한국중세사 산책』, 일지사, 2005

박봉규, 『조선 최고의 사상범』, 인카운터, 2012

박원호, 『明初朝鮮關係史硏究』, 일조각, 2002

심경호, 『삼봉집-조선을 설계하다-』, 한국고전번역원, 2013

이덕일, 『정도전과 그의 시대』, 옥당, 2014

이수광, 『정도전』(上, 下권), 쌤앤파커스, 2010

이원명 외, 『열정으로 산 사람들』 4권, 서울여자대학교출판부, 2004

이원명, 「정도전의 위민의식에 대하여」, 고려대 석사논문, 1979

_____, 「여말선초 동아시아 문화권 형성과 對明外交 추이」, 동북아문화연구 제27집, 2011

_____, 「여말선초 삼봉 정도전의 역성혁명의 꿈과 한양설계」, 서울여대 인문논총 26집, 2013

_____, 「조선건국과 한양천도」와 「왕자의 난과 한양환도」 『서울2천년사』 11권, 서울시사편찬위원회, 2013

_____, 「보국이냐? 개국이냐? -최영과 이성계-」, 건국대학교박물관대학 문화강좌, 2014

정광순, 「삼봉 정도전의 가계와 학문적 연원에 대한 고찰」 『한국선비연구 창간호』(동양대학 한국선비연구원), 2013

최상용, 『박홍규 정치가 정도전』, 까치, 2007

한영우, 『정도전 사상의 연구』, 서울대학교출판부, 1973(개정판 1983)

_____, 『왕조의 설계자 정도전』, 지식산업사, 1999

제2장 정암 조광조(1482~1519)의 이상과 현실세계
─조선시대 한 지성인이 택한 치열한 삶─

1. 서론

도도히 흐르는 역사란 시간과 공간 속에서 한 지성인이 택한 삶이란 어떠했을까? 더구나 탁류처럼 흐르고 있는 현실에서 정말 추구하는 이상사회 건설은 가능할까? 가능하다고 믿고서 추구했다면 어느 정도 치열하게 현실과 맞섰을까? 아니면 실패란 결과를 통해서는 그 삶을 어떻게 평가해야 할까? 왜냐하면 우리가 추구해야할 이상적인 삶의 목표는 어려운 현실 속에서 쳐다볼 때 너무나 높아 보이기 때문일 것이다. 그러나 우리는 그러한 인물을 찾아 반추하면서 또 다른 치열한 삶을 준비해야 하지 않을까? 진정한 역사의 발전을 위해서 포기해서는 안될 목표이기 때문이다.

우리는 그러한 인물 중 조선 중기 정암(靜菴) 조광조(趙光祖 : 1482, 성종 13년~1519, 중종 14년)를 찾을

정암 조광조 초상

수 있다. 38세란 짧은 생애를 마감한 그는 중종 10년 그의 나이 33세
때에 관직에 나아가 38세이던 중종 14년 기묘사화(己卯士禍)에 의해 희
생될 때까지의 5년간이 그의 공적인 생애의 전부였다. 특히 언관(言官)
으로서 짧은 기간 동안 늦게 관직에 나간 젊은 조광조가 당시 개혁정국
의 중심인물이 되고 나아가 조선 중기 사림(士林)의 영수로서 추앙받게
된 이유는 어디에 있을까? 자신의 이상인 '도덕적 이상국가'를 다 펴지
도 못하고 비극적인 최후를 맞은 그를 후대의 조선 사람이 그처럼 기린
까닭은 어디에 있을까?

정암 조광조의 글씨
(사진 ; 한국학중앙연구원)

당시 조선왕조는 유교적인 이념의 토
대 위에 개국 이후 백여 년 지속적인 발
전을 이루어 나갔지만, 세조(世祖)의 왕
위 찬탈(1453), 癸酉靖難과 50여 년
만에 일어난 중종반정(中宗反正) 1506
년)으로 종래 유교적인 조선왕조에 심각
한 도덕적인 문제가 야기되었다. 50여
년 동안 신하가 임금을 바꾸는 이 두 사
건은 지배층의 심각한 분열을 가져왔다.

또한 조선왕조가 지향해야 할 이념적
인 가치의 효용성에 커다란 의문을 제기
한 사건이기도 하였다. 이는 곧 유교적
인 이념의 토대 위에 세워진 조선 왕조
운명 그 자체에 관련된 문제였으며, 유
교적인 교양을 추구하였던 당시 사대부
층의 존재가치에 대한 문제였다. 조광조
는 이러한 위기적인 상황 속에서 자신의
역사적인 위치를 깊이 인식하고 활약한

인물이었다.

그는 이 두 가지 문제가 결국은 긴밀하게 연결된 것임을 깨닫고 국가의 목표와 개인의 이상이 합치해야만 된다고 믿었던 인물이었다. 그리고 이 문제를 해결할 수 있는 길은 성현의 가르침에 입각한 도덕적인 각성 뿐이라고 확신하였다. 그의 확신은 유교적인 조선왕조가 지향해야할 유교국가의 목표이기도 하였다. 그런데 이러한 유교적인 이상국가론이 건국이후 한 세기가 지난 중종대 조광조에 이르러 강력하게 제기되고 추진되었던 것이다.

따라서 그의 치열한 생애와 사상을 살핌으로써 조선왕조의 국가적인 성격을 이해하는 성과를 얻을 수 있다고 보았다.[1]

2. 조광조의 등장과 역사적인 배경

조광조는 1482년 한성부에서 훗날 사헌부의 감찰을 지낸 한양조씨 조원강(趙元綱)과 여흥민씨 민의(閔誼) 사이에 둘째 아들로 태어났다. 그의 고조부인 조온(趙溫)은 조선 왕조 건국 직후 개국공신으로 책봉되었으며, 태종이 즉위한 후에는 좌명공신이 되었다. 그의 4대조인 증조부 조육(趙育)은 의영고사(義盈庫使, 종5품)를, 조부 조충순(趙衷孫)은 성균관 사예(成均館司藝, 정4품)를 지냈으니, 조광조는 여러 대에 걸쳐 당

---

1) 이에 대한 참고문헌으로 정두희, 「조광조」『조선시대 인물의 재발견』, 일조각, 1997을 비롯하여 이원명, 「한 지성인이 택한 삶」, 서평문화 40, 2000; 「조광조의 이상과 현실」『열정으로 산 사람들』 1권, 서울여대출판부, 2002 및 정옥자, 『우리가 정말 알아야 할 우리 선비』, 현암사, 2002 등의 연구와 정암조광조선생기념 사업회, 『국역 정암선생문집』, 1978을 참조하였음을 밝혀 논다. 1978 및 한국학중앙연구원 장서각, 시권-국가경영의 지혜를 듣다-(장서각특별전 도록), 2015, 254에서 257쪽 참조.

시의 대표적인 양반 가문 출신이라 할 수 있다.

그의 어린 시절에 대해서 잘 알려진 바는 없다. 그러나 그의 나이 17
세가 되던 1498년(연산 4)에는 그의 생애에서 매우 중요한 계기가 되는
사건이 일어났다. 바로 무오사화(戊午士禍)가 일어났으며 그로 인해 한
훤당 김굉필(金宏弼 : 1454~1504)이 평안도 청천강변의 희천으로 귀양
가게 되었다. 무오사화란 소위 김종직이 지은 조의제문(弔義祭文)과 이
를 사초에 수록한 김일손에 대해서 평소 사감을 가졌던 당시 훈구파인
이극돈과 유자광 등이 문제시하여 일어난 사화이다. 이로 인해 김종직은
부관참시를, 김일손은 능지처참을 그리고 김종직의 문하생이었던 김굉
필 등 수 많은 인사들이 유배를 당한 사건이었다.

이때 때마침 조광조의 아버지 조원강이 평안도 영변지역인 어천역 찰
방(察訪, 종6품)으로 부임하게 되었다. 아버지를 따라 어천에 간 조광조
는 희천에 귀향해와 있던 김굉필의 문하에 들어가 얼마동안 성리학을 공
부하게 되었다. 조광조는 이로 인해 평생 동안 김굉필과의 만남을 소중
하게 여겼을 뿐 아니라, 이 만남이 그의 길지 않았던 생애에서 매우 중
요한 전기가 되었던 것이다. 그가 훗날 김굉필을 복권하고 문묘(文廟)에
모시고자 거듭 주장한 것으로 보아도 그런 사정을 알 수 있다. 더구나
고봉 (高峰) 기대승(奇大升, 1527~1572) 같은 후대의 학자들이 우리나
라 성리학이 정몽주(鄭夢周) - 길재(吉再) - 김숙자(金叔滋) - 김종직(金
宗直) - 김굉필(金宏弼) - 조광조(趙光祖)로 이어지고 있다고 한 것 만
보아도 잘 알 수 있다.

그후 조광조는 1510년(중종 5) 29세의 나이에 진사시에 장원으로 합
격, 진사가되어 관례대로 성균관에 나아가 공부를 하였다. 중종반정이후
당시 시대적인 추세는 정치적 분위기를 새롭게 하고자 하는 것이 전반적
인 흐름이었다. 이러한 가운데 성균관생들의 천거와 이조판서 안당(安
塘 : 1460~1521)의 적극적인 추천으로 조지서 사지(造紙署司紙, 종6품)

가 되었다. 그러나 관직에 나간지 두 달 만인 1515년(중종 10년) 8월에 있었던 알성문과에서 을과로 급제하여 성균관(成均館) 전적(典籍, 정6품)으로 임명되었다. 이로써 조광조는 33세의 나이로 정치 무대에 나서게 되었으며, 이것은 조광조 자신 뿐 아니라 조선왕조의 운명에도 커다란 영향을 미치는 계기가 되었던 것이다. 특히 언관으로서 활동은 조성 중기 역사를 새롭게 쓰게 하였던 것이다.

조선시대에는 사헌부(司憲府)와 사간원(司諫院)에 배속된 관료들을 특별히 언관(言官)이라고 불렀으며, 이들의 활동이 크게 권장된 사회였다. 사헌부와 사간원은 임금에게 '바른 소리' 즉, 간(諫)을 하는 역할과 관리의 비행을 조사하여 그 책임을 규탄하는 일을 맡은 기관이었다. 물론 지금처럼 언론기관이 존재하지는 않았지만, 국가체제 유지에 필요한 긴장감이 유지되도록 자체적으로 비판하고 감시하는 기능이 필요하였기 때문에 두었던 기관들이었다. 당시 언관들은 왕과 고위관료들이 유교적 가르침에 충실하도록 감시하고 이끄는 파수꾼이라는 의식과, 사대부 계층의 공론(公論)을 대변하는 사명감을 강하게 갖고 있었다.

이 가운데 조광조는 언관(言官)으로서 부여된 소명에 최선을 다하는 대표적인 인물이었다. 그는 유교국가임을 내세운 조선왕조가 유교적 가르침대로 실천하기만 하면 모든 어려움을 이겨낼 수 있다고 생각하였다. 그는 평생 이러한 원칙을 지키려고 무던히도 노력했던 인물이었다. 그래서 그의 말에는 힘이 담겨져 있었으며, 중종을 비롯한 당시 지배자들은 속으로는 그를 싫어 했을지 몰라도 그의 올바른 주장을 따르지 않을 수 없었다. 그는 젊은 나이에 왕조의 도덕적 사표로서 존경을 받았으며 인심을 한 몸에 받았던 인물이었다.

그러면 향후 조광조의 역할과 그의 사상을 엿 볼 수 있는 中宗 10년(1515) 중종이 문묘에 작헌례(酌獻禮)를 행하고 실시한 알성문과(謁聖文科)에서 그의 대책문[答案]을 통하여 보도록 하겠다.[2]

3. 정암 조광조의 정치사상

유교적인 이상정치를 조선의 정치현실에서도 이룩하려 하였던 조광
조의 정치사상 내지 철학은 어떠했을까? 체계적인 저술을 남기지 전 일
찍 생애를 마감하였던 그의 정치사상을 단정하기가 간단치 않다. 하지만
그의 중종 10년 그가 알성문과에 응시할 때 책제(策題 : 과거시험문제)
와 그의 대책문을 통하여 살펴 볼 수 있다. 이 대책문은 요순(堯舜)시대
와 같은 훌륭한 정치를 행하려면 급선무가 무엇인가를 말해보라는 한 중
종의 물음에 대한 답변이었다. 특히 중종이 성균관생들에게 제시한 문제
(試券) 자체도 당시의 역사적인 현실과 긴밀한 관련을 가진 것이라 주목
되는데, 이에 대한 조광조의 답안도 당시의 현안문제에 대한 그의 견해
를 매우 잘 반영하고 있다고 볼 수 있다.

　그러면 조선 중기 당시의 현안문제가 무엇이었던가를 알성시(謁聖試)

조광조의 文科 試券(1), 1515년(중종10), 靜庵集 2권 수록
(한국학중앙연구원, 試券 특별전 도록, 김명균 淨寫, 255쪽 참조)

---

2) 『중종실록』 권22, 中宗 10년(1515) 8월 22일 丙子條 「文科殿試, 取幼學張玉, 司紙
　趙光祖等十五人」. 그리고 아래 조광조의 對策問은 정암조선생기념사업회, 『국역
　靜菴先生文集』 권2, 對策條, 1978과 정두희, 『조선시대역사인물』, 1997을 주로
　참조하였음을 밝힌다.

의 문제부터 살펴볼 필요가 있다.

> "왕께서 다음과 같은 문제를 내셨다. ① "공자께서 '만약 내가 등용된다면
> 단 몇 개월이라도 가하지만, 적어도 3년이면 정치를 통하여 이루고자하는 목
> 적을 이룰 수 있다'(孔子曰 如有用我者 期月而已 可也, 三年有成)라고 하
> 셨다. 聖人이 어찌 헛된 말을 하셨으리오. 그 뜻의 규모와 정치를 베푸는 방
> 안에 관하여 공자께서는 시행하기 전에 먼저 작정한바가 반드시 있을 것이니,
> 이를 낱낱이 헤아려 말할 수 있는가? 周나라 말기는 나라의 紀綱과 法道가
> 이미 땅에 떨어졌을 때인데도 불구하고 바른 정치를 펴 이를 바로 잡을 수
> 있다고 하셨다. 그렇다면 그로부터 3년 후 결과는 어떠하였겠는가? 정말 공자
> 의 다스림이 이상적 결과를 구체적으로 볼 수 있었겠는가? 성인이 스쳐지나
> 가거나 머무는 곳에는 (반드시) 敎化가 이루어진다는 묘한 이치를 쉽게 논의
> 할 수는 없다.
> ② 그러나 내가 祖宗의 기업을 이어 정치에 임하여 좋은 성과를 소망하여
> 온 지도 벌써 10여 년이 되었으나, 아직도 나라의 기강이 서지도 못하였으며,
> 나라의 법도도 정해지지 못하였다. 그러니 어찌 좋은 결실을 얻을 수 있었으
> 리오.
> ③ 여러 성균관 학생들은 공자의 가르침을 배우는 사람들로서 모두가 堯
> 舜時代의 이상적인 정치를 이루려는 포부를 지니고 있을 것이니, 개인의 입
> 신출세만을 원하는 사람들이라 할 수는 없을 것이다. 그렇다면 오늘날과 같은
> 어려운 시대를 당하여 옛 성인의 이상적인 정치를 오늘에 다시 이룩하기 위
> 해서는 무엇을 어떻게 해야만 할 것인가? 이에 대한 대책을 논하라"3)

위의 문제는 中宗이 재위 10여 년 동안 온갖 노력을 하였음에도 불구
하고 아직도 기강과 법도가 서지 못하는 현실에 대해서 세 가지 내용으

---

3) 『靜菴先生文集』卷2, 對策, 謁聖試策 乙亥「王若曰, ① 孔子曰 如有用我者 期月
而已 可也 三年有成 聖人豈徒言哉 其規模設施之方 必有先定於未行之前者 其可指
而歷言之歟. 當衰周之末 紀綱法度 皆已頹圮 而夫子猶以爲三年有成 若過三年 則
其治效 當如何耶 亦有可觀其已行之跡者歟 聖人過化存神之妙 未易容議 ② 予以
寡德 承祖宗丕基 臨政願治 于今十年 而紀綱有所未立 法度有所未定 如此而求有成
之效 豈不難哉。③ 諸生 學孔子者 皆有堯舜君民之志 不止於有成而已 當今之時
如欲致隆古之治 何者爲先務 其言之以悉」。

로 묻고 있다. 즉 첫째, 공자가 자신이 등용된다면 3년 이내에 정치의 실효를 거둘 수 있다고 하였는데, 기강과 법도가 이미 무너져 내린 주나라 말기의 암담한 상황 속에서 공자의 포부가 과연 이루어질 수 있었겠는가 하는 문제를 국왕인 중종이 제기하였다.

이어서 둘째, 중종은 자신이 즉위한 지 10여 년이 지나갔는데도 이 나라의 기강과 법도가 서지 못하였는데 그 까닭은 어디에 있는지를 물었다. 그리고 셋째 알성시에 응시한 성균관학생들에게 공자의 학문을 배우는 사람들로서 요순의 이상정치를 현실에 구현하기 위한 방책을 제시할 것을 요구하였던 것이다. 그러므로 중종은 이 알성시를 통하여 국가의 위기를 타개할 수 있는 방책을 지닌 인물을 등용할 생각을 가지고 있었던 것이다.

이러한 책문은 중종이 포악한 연산군의 실정에 따른 중종반정 이후 조선왕조가 당면한 가장 근본적인 문제를 제기하였던 것이다. 그러므로 이에 대한 조광조의 답변은 당시의 현실문제에 그의 생각을 매우 잘 나타내고 있었다. 조광조의 답안은 크게 네 부분으로 나뉘어져 있다. 자신의 생각을 개진하기 위한 서문을 앞에 제시하고서 그는 위의 문제를 세 부분으로 나누어 차례로 그에 대한 자신의 견해를 밝혀 나갔던 것이다.

이에 대하여 조광조는 먼저 본론에 들어가기 전의 서문에서 나라에 기강과 법도를 세우는 일은 결코 어려운 일이 아님을 강조하면서 다음과 같이 말하였다.

> "하늘과 사람은 하나의 이치(理)에서 근본하므로 하늘이 사람에 대하여 일찍이 그 이치가 없었던 적이 없었던 적이 없고, 임금과 백성은 하나의 道에서 근본하므로 임금이 백성에 대하여 일찍이 그 道가 없었던 적이 없었습니다. 그러므로 옛날의 성인은 천지의 막대함과 수많은 백성을 하나의 이치와 도로 삼아 그 이치를 보고 그 도에 처했습니다. 이치로써 보았기 때문에 천지의 情을 업고 하늘과 땅의 신령한 덕을 통달했으며, 도로써 처했기에 정밀하고 조

악한 몸을 단정히 하고, 사람이 마땅히 지켜야 하는 도리를 절도 있게 행했습니다.

그러므로 옳고 그름(是非)과 착하고 악함(善惡)이 내 마음에서 벗어날 수 없었습니다. 천하의 일이 모두 그 이치를 얻었고 천하의 만물이 모두 그 올바름을 얻었습니다. 이것이 만 가지 변화가 세워진 까닭이요, 다스리는 도가 이루어진 까닭이었습니다. 비록 그러나 道는 마음이 아니면 의존하여 설 바가 없고, 마음(心)은 정성(誠)이 아니면 또한 의지하여 행할 바가 없었습니다. 임금이 된 자가 진실로 하늘의 이치를 살피고, 그 도에 처하여 정성으로써 일을 행하면 나라를 다스리는 데 어떤 어려움이 있겠습니까?"(雖然。道非心。無所依而立。心非誠。亦無所賴而行。爲人主者。苟以觀天理而處其道。由其誠而行其事。於爲國乎何難)

위의 글을 보면 조광조는 당시의 정치현실에 대하여 지극히 우려하는 중종(中宗)에 대하여 성현(聖賢)의 도리를 바탕으로 백성을 다스리면 나라를 다스리는데 아무런 어려운 일이 없을 것이라고 천명하고 있음을 알 수 있다.

즉 옳은 것은 옳다고 하고 그른 것을 그르다고 하며(是是非非), 선한 것을 선하다고 하고 악한 것을 악하다(善善惡惡)고 하는 그 이치를 다스리는 자의 마음에서 벗어나지 못하게 하면 결국 만 가지의 교화가 다 이루어진다는 것이었다. 그는 무엇보다도 종종 자신이 유교적인 가르침의 본질을 마음속에 깊이 간직하고 그대로 실천하기만 하면 된다는 것을 강조한 것이었음을 알 수 있다. 그리고 나서 이르기를,

"삼가 공경히 생각하건대, 임금께서는 하늘의 굳세고 꿋꿋한 德과 땅의 순한 덕으로 부지런히 쉬지 않고 노력하였으므로 정치를 베푸시는 마음이 정성스럽고 성실하여 이미 다스리는 도리가 섰는데도 불구하고 오히려 기강이 아직도 서지 못하고 법도가 정해지지 않았음을 걱정하십니다.

때문에 옛 성인들을 알현하기 위하여 성균관에 행차하신 길에 저희들에게 대책을 강구하여 바치게 하시면서, 먼저 옛 성인들의 업적을 내세우고 나아가 옛 성인들이 이루었던 정치를 오늘의 현실에 재현코자 하십니다. 이것은 신들

이 아뢰기를 원하는 바이니, 감히 비천한 견해를 다하여 밝게 하문하신 것에
만 분의 일이라도 답해야 하지 않겠습니까?"(其於尊禮先聖之餘。進策臣等
于泮宮。先之以先聖之事。遂及欲復 隆古之治。此臣所願陳者。敢不罄
竭卑懷。以塞淸問之萬一)。

라고 하였다. 즉 바른 정치를 펴려는 왕의 간절한 뜻은 오히려 조광조
자신이 말씀드리고자 원하였던 것이기 때문에, "부족하고 천박한 생각
이나마 마음을 다하여 물음심에 답"하지 않을 수가 없다고 자신의 입장
을 밝혔던 것이다.

먼저, 조광조는 자신이 정치를 맡으면 3년 이내에 실효를 거둘 수 있
다는 공자의 말씀에 대해 그의 견해를 밝히고 있다. 여기에서 그는 이
세상의 수많은 사람들의 일이 다르다고 할지라도 그 모든 일에 근본이
되는 도(道)와 마음(心)은 오직 하나 뿐임을 강조하면서 공자(孔子)의 가
르침에 대하여 본격적으로 답하기를(臣伏讀聖策曰) 이렇게 말하였다.

> "孔子의 도는 天地의 道이며, 공자의 마음은 천지의 마음(心)입니다. 그러
> 므로 천지의 도와 만물의 많음은 모두 이 道를 따라서 이루어지지 않음이 없
> 으며, 천지의 마음과 陰陽의 감응도 역시 이 공자의 마음으로 말미암아 조화
> 되지 않음이 없는 것입니다.
> 　음양이 조화되고 만물이 이루어진 연후에는 그 사이에서 한 가지라도 이루
> 어지지 않는 것이 없이 바르게 되어 선과 악이 구별되는 것입니다. 하물며 공
> 자께서는 이를 본래 지니고 있는 道로써 이끄시니 그 효과를 쉽게 얻을 수가
> 있는 것이며, 또 본래 지니고 있는 마음으로 감화시키시니 쉽게 그 효험을 얻
> 을 수가 있는 것입니다."(況夫子導之以本有之道。而易得其效。感之以本
> 有之心。而易得其驗歟)

즉 조광조는 '공자의 도'가 '천지의 도'이며 '공자의 마음'이 '천지의
마음'이기 때문에 공자의 말대로 그 다스림의 효과는 반드시 나타날 것
임을 확신하였다. 그리하여 그는 공자의 가르침과 공자의 마음으로 정치

에 임하면 인의예지(仁義禮智)의 도가 천하에 서지 않을 수 없을 것이라고 말하였다. 이어서 조광조는,

> "오호, 세상에는 盛함과 衰함의 변화가 있으나, 道는 예나 지금이나 다름이 없습니다. 周나라 말기에 기강과 법도가 이미 다 무너졌으나, 하늘의 뜻이 아직도 周나라의 덕에 싫증이 나지 않도록 하시어, 공자의 가르침을 이끌어 이를 세상에 행해지도록 하였습니다.
> 그리하여 禮로써 그 백성의 뜻을 인도하고 樂으로써 그 백성의 기운을 화하게 하였습니다. 정치로써 그 행함을 하나로 하여 정치와 교화가 크게 드러나게 하였습니다. 그러니 천지가 장차 밝아져서 천지의 氣가 교합하여 하나가 되고, 음양이 따뜻해져 초목이 무성해집니다.(禮以導其民志 樂以和其民氣。政以一其行。則政化大擧。而天地將昭焉而訢合。陰陽煦。草木茂矣)
> 또 공자께서 행한 행적으로 말하면 비록 3개월밖에 다스리지 않았는데도 길을 가는 자는 서로 길을 양보하고, 남녀는 서로 길을 달리하였으니 성대한 아름다움이라고 칭할 수 있습니다. 그러나 이것이 진실로 처음으로 공자의 大道가 된 것은 아닙니다."

라고 하면서, 세상만사가 성하고 쇠하는 변화가 있을지라도 천하의 근본이 되는 道에는 변함이 없음을 지적하였다. 즉, 주나라는 필경 망하고 말았으나 다행히 공자의 가르침은 그 이후 오늘날까지 변치 않고 남아 있다는 것이었다.

그러므로 공자가 3개월 동안 魯나라의 정치를 맡으니 그 짧은 기간에도 큰 효과가 있었다고 하는 현상적인 일만이 중요한 것이 아님을 그는 강조하였다. 그러면서 그는 공자의 가르침이 자신이 살던 시대에도 여전히 가치가 있는 것임을 강조하면서 계속 다음과 같이 말하였다.

> "孔子께서 『周易)』을 해설하시고 『春秋』를 편찬하신 것과 같은 몇 가지 일은 실로 만세에 걸쳐 天地를 관통하는 큰 법이며, 큰 가르침이며, 변하지 않는 도리입니다. 공자께서 비록 당시에 지위를 얻지 못했지만 후대 사람들이 영원히 의지하여 法式으로 삼아 다스릴 수 있도록 한 것은 실로 堯舜 임금의

공적과 같은 것입니다.

　후세에 진실로 공자의 가르침이 천하에 서지 않는다면 요순의 道를 후세에 전할 수 없었고, 그로 말미암아 요순의 정치도 복원되지 않았을 것입니다. 그러므로 일을 잘 관찰하자는 환히 드러난 행적에서 관찰하지 않고, 행적이 없는 것에서 관찰하는 것이니 이것이 소위 과화존신(過化存神)이란 것으로 논하기가 쉽지 않은 것입니다."

　즉 그는 당시의 당면한 모든 문제도 공자의 가르침에 따라 해결될 수 있을 뿐 아니라, 그에 의하여 요순의 이상정치를 오늘에 구현할 수 있는 것임을 강조한 것이었다. 결국 이는 중종대의 정치·사회적인 문제는 왕을 비롯하여 사대부들의 마음이 공자의 도에서 멀어졌기 때문임을 강조한 것이었다. 때문에 당시 조선사회의 문제점에 대하여 현실적인 접근을 모색하기 이전에 공자의 가르침이 그 사회의 명백한 목표가 되어야할 것임을 무엇보다도 먼저 강조하였던 것이다.

　이렇게 하나의 큰 원칙을 제시한 후 10여 년이 지나도록 나라에 기강과 법도가 서지 못하는 이유에 대하여 그의 의견을 개진하고 있다. 즉,

　　"신이 엎드려 성책을 읽어보니, "내가 부족한 덕으로 祖宗의 큰 기업을 이어받아, 정치에 임하여 다스림을 원한 지 10년에 이르렀는데도 아직 기강이 세워지지 않았고, 아직 법도도 정해지지 않았으니, 이와 같이 공적을 이룰 수 있는 효과를 구하니 어찌 어렵지 않겠는가?"라고 하셨습니다.(中略)
　　천하의 일에는 일찍이 근본(本)과 말단(末)이 있었습니다. 그 근본을 바로 하는 것은 비록 실용에 적합하지 않은 것 같지만 실로 힘이 되기에 쉽고, 그 말단을 구하면 비록 절실하고 지극한 것 같지만 실로 功이 되기에 어렵습니다. 그러므로 정치를 잘 논하는 자는 반드시 먼저 근본과 말단이 있는 곳을 밝혀서, 먼저 그 근본을 바로 해야 합니다. 근본이 바르면 말단이 다스려지지 않은 것은 걱정할 바가 아닙니다.(天下之事。未嘗無本。而亦未嘗無末。正其本者。雖若迂緩。而實易爲力。捄其末者。雖若切至。而實難爲功。是 以。善論治者。必先明本末之所在。而先正其本。本正。則末之不治。非所憂矣)
　　삼가 공경히 생각하건데, 주상전하께서는 지극히 정성스러운 마음으로 이

른 아침부터 밤늦게까지 나태하지 않으시면서 어떻게 하면 요순의 정치를 이룰까, 어떻게 하면 요순의 풍속을 흥하게 할까 생각하셨습니다. 그리고 백성 중에 한 사람이라도 옷을 입지 않은 사람이 있으면 어떻게 하면 그를 따뜻하게 할 방법을 생각하시고, 한 사람이라도 선하지 않은 사람이 있으면 그를 선하게 만들 방법을 생각하며, 우리나라를 큰 화합의 영역에 올려놓으려고 하신 지 10년이 되었습니다.

기강이 아직 서지 않고 법도가 정해지지 않은 것이 어찌 전하께서 정치를 구하는 마음에 정성을 다하지 않아서 그런 것이겠습니까? 반드시 그 근본이란 것을 얻지 못했기 때문 일 것입니다. 또 소위 근본이란 것은, 바로 '道는 정치를 펴나가는 원인이 되고, 마음은 정치를 펴나가는 근본이 되고, 정성스러움이 도를 행하는 요체가 된다는 것'을 말하는 것입니다. 무릇 道라는 것은 하늘에서 근본 하는데, 사람들은 그것을 의지하고 일을 하는 사이에 그것을 행하여 나라를 다스리는 方策을 삼는 것입니다."(紀綱有所不立。法度有所未定。豈聖上求治之心。未盡誠而然也。必也未得其本者歟。且所謂本者。豈非道乃出治之由。心爲出治之本。而誠亦行道之要也。夫道也者。本乎天。而依之於人。行之於事爲 之間。以爲治國之方也)

즉, 조광조는 정치를 행하는데 있어서 마음과 정성을 강조하는 것은 '도라는 것은 그 근본이 하늘에 있으나 사람에 의지하여 행해지는 것'이기 때문이었다. 그러므로 이 세상의 온갖 잘잘못이 사람의 마음에 달렸다는 것이었다.

따라서 올바른 도리에 뿌리를 둔 정성스러운 마음으로 정치를 하면, "하는 일마다 하나도 도에서 어긋남이 없으며, 부자간의 윤리와 군신간의 구별이 모두 그 이치에 맞게 되어 천지의 경륜이 모두 이루어졌으니, 이것이 바로 요순임금이 행한 道"라고 주장하였다. 그는 중종에게 "임시 방편적인 방법으로 일을 처리하거나 아니면 단지 문서나 따지는 지엽적인 방법으로 기강을 세우려 하지 말고, 마음이 오묘한 진리를 가지고 나라의 기강과 법도"를 세우라고 충고하였던 것이다.

이처럼 임금의 마음이 정성스러워야 "그 마음의 도가 곧고 굳은 곳에 설 수 있으며, 마침내 정치의 실효를 거둘 수"가 있다고 하면서 "법도를 정하고 기강을 세우려면 대신(大臣)을 공경하고 그에게 정치를 위임"할 것을 다음과 같이 권하였다.

> "法道를 정하고 기강을 세우려면 대신을 공경하고 그에게 정치를 위임해야만 합니다. 임금은 혼자의 힘만으로 나라를 다스리지 못합니다. 그래서 반드시 大臣에게 맡긴 뒤에야 다스리는 도가 확립됩니다. 임금은 하늘과 같고 신하는 사계절과 같아서, 하늘이 스스로 운행하되 사계절의 운행이 없으면 만물이 이루어지지 않고, 임금이 스스로 정치를 하되 대신의 보좌를 받지 않으면 만 가지 변화가 일어나지 않습니다. 그저 일어나지 않고 이루어 지지 않는 것뿐만이 아닙니다. 하늘이 스스로 운행하고 임금이 스스로 맡으면, 하늘이 되고 임금이 되는 도를 크게 잃습니다.
> 또 이미 대신의 지위를 두고도 그로 하여금 단지 문서 받드는 일만 맡게 하거나 小臣의 감찰을 의지하여 그것을 막으면, 위로는 임금이 신하를 부리는 도를 잃고 아래로는 신하가 임금을 모시는 방책을 얻지 못하여 임금과 신하의 도가 어그러지게 됩니다.
> 그러므로 옛날의 성스러운 임금과 현명한 재상은 반드시 뜻을 성실히 하여 서로 믿고 양쪽 모두 자신의 도를 다하여 光明正大한 업적을 이룰 수 있었습니다. 엎드려 바라건대, 전하께서는 다만 대신을 공경하여 그 정권을 맡기어 대략 그 기강을 세우고 대략 그 법도를 정하여 훗날 큰 근본이 서고 큰 법이 행하는 기반을 마련하십시오."4)

즉, 그는 일단 道의 터전이 되는 마음을 정성스럽게 한 뒤에는 大臣을 공경하고 그에게 정치를 위임하여야 한다고 주장하였다. 임금이 혼자의 힘만으로 다스리려고 한다면 바람직한 정치의 실효를 거두기는 불가능하다는 것이었다.

---

4) 상게서, 「若法度之所以粗定 紀綱之所以粗立者 未嘗不在乎敬大臣而任其政也。君未嘗獨治 而必任大臣而後 治道立焉。君者如天 而臣者四時也 天而自行 而無四時之運 則萬物不遂 君而自任 而無大臣之輔 則萬化不興焉。非徒不興不遂而已 天而自行 君而自任 則大失爲天爲君之道 (中略) 故古之聖君賢相 必誠意交孚 兩盡其道而可以共成正大光明之業矣。伏願殿下 姑以敬大臣而任其政 粗立其紀綱 粗定其法度 以基後日大本之立 大 法之行也」

하늘의 도리가 아무리 높고 귀하다고 하여도 사람의 마음에 의지하여 세상에 구현되는 것처럼, 임금이 귀하고 높다 하더라도 임금 스스로가 정치를 다 맡는다는 것은 "하늘이 되고 임금이 되는 도리에 크게 어긋나는 일"이어서 결국 군신(君臣)간의 도리를 잃게 된다고 그는 생각하였다. 그러므로 대신들을 공경하고 그들에게 정치를 위임해야만 나라의 기강과 법도가 설 수 있다는 것이었다. 결국 임금과 대신들이 정성스러운 뜻을 다하여 서로 믿고 노력해야만 큰 공적을 이룰 수 있다는 것이었다.

그러므로 조광조는 중종이 10여 년 동안의 노력에도 불구하고 정치의 실효를 거두지 못했다는 것은 정성스러운 마음으로 믿을 만한 대신에게 정치를 맡기지 않고 스스로 혼자 해결하려고만 하였기 때문이라고 생각하였다. 이것이 조광조의 두 번째 항목에 대한 대답이었다.

끝으로, 중종은 마지막으로 성균관학생들에게 三代의 이상정치(理想政治)를 오늘에 행할 수 있는 방책을 제시하라고 요구하였다. 이에 대하여 조광조는 명도(明道)와 근독(謹獨)이라는 두 가지 점을 가지고 자신의 생각을 제시하였다.

그에게 있어서 정치란 "도를 밝히는 것(明道)"이며, 정치를 해야 하는

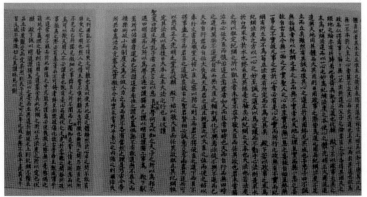

조광조의 文科 試券(2), 1515년(중종10), 靜庵集 2권 수록(김명균 淨寫)
(한국학중앙연구원, 試券 특별전 도록, 2015(김명균 淨寫), 256쪽 참조)

사람들은 "아무도 보지 않는 곳에서 홀로 있을 때라도 항상 삼가는 태도로 자신이 지켜야 할 도리를 지키면서(謹獨)" 살아가는 君子여야 했던 것이다. 그러기에 그는 다스리는 요체에 대하여 다음과 같이 역설하고 있다. 즉,

> "나라를 다스리는 것은 道일 뿐입니다. 소위 道라는 것은 性(天性)을 따르는 것을 말합니다. 대개 성(천성)이 없는 곳은 없기 때문에 도 또한 없는 곳이 없습니다. 크게는 예악형정(禮樂刑政)과 작게는 제도문물이 모두 사람의 힘을 빌어 되는 것이 아니라, 그 각자가 지니고 있게 마련인 당연한 도리에 따라 이루어지는 것입니다.
>
> 그러므로 옛날의 어진 임금들이 바로 이러한 이치를 가지고 다스렸기 때문에 그 업적이 천지를 가득 채울 수가 있었으며, 그 찬란한 빛이 고금을 꿰뚫고 빛을 발하게 되었던 것입니다. 그러나 이 모든 것이 실은 나의 마음 안에서 벗어나는 것이 없는 것입니다. 이러한 이치를 따르면 나라가 잘 다스려지고, 이를 따르지 않으면 나라가 어지러워지기 때문에 이러한 진리로부터 잠시라도 떠나서는 안 됩니다. 따라서 이러한 도리가 항상 나의 마음속에 환히 비치게 해야만 하며, 잠깐이라도 내 마음속에서 그 진리의 빛이 사라지게 해서는 안 됩니다.
>
> 옛날의 어진 임금들은 이렇게 되지 않으려고 조심하며, 항상 마음을 진리의 빛으로 밝혀 혼미해지지 않도록 노력하였기 때문에 깊고 어두운 곳에서 홀로 있을 때에는 오히려 더욱 근독(謹獨)하였던 것입니다. 그리하여 은밀한 곳에서 홀로 있을 때라도 추호라도 거짓된 생각이 싹트지 못하게 하여 순수하고 의로운 진리가 드러나게 되었으므로 옛날 임금들의 나라 다스리는 도리는 지극히 善하고 지극히 아름다울 수 있었던 것입니다. 바로 이렇게 함으로써 나라의 기강(紀綱)이 서고 법도(法度)가 정해지는 것입니다.
>
> 엎드려 바라건대 전하께서는 성실하게 道를 밝히고 홀로 계실 때라도 항상 삼가는 태도로 나라 다스리는 마음의 요체로 삼으십시오. 그러면 道가 조정에 서게 될 것인즉 나라의 기강이 어렵지 않게 서게될 것이며 법도 또한 어렵지 않게 정해질 것입니다."5)

---

5) 『靜菴先生文集』卷2, 對策, 謁聖試策 乙亥 「伏願殿下, ③ 所以治國者 道而已 所謂道者 率性之謂也 蓋性無不有. 故道無不在 大而禮樂刑政 小而制度文爲 不假人力之爲 而莫不各有當然之理 是乃古今帝王所共由爲治 而充塞天地 貫徹古今 而實

라고 답변하고 있다. 즉 오늘날과 같은 어려운 시기에 옛 성인의 이상적
인 정치를 이룩하기 위해서 무엇을 어떻게 해야만 할 것인가에 대한 답
변이다.

이처럼 조광조는 먼저 정치를 통하여 이룩하고자 하는 크고 선한 목
표를 분명하게 제시하고, 정치에 임하는 사람들 스스로가 그러한 가치를
엄격히 지키면서 살아갈 때 성현의 이상정치가 재현될 수 있다고 확신하
였다. 따라서 "삼 개월이면 충분하며, 삼년이면 다 이룰 수 있다"(然則
夫子三月之可 三年之成 亦無不在乎是矣)고 한 공자의 말씀의 본뜻도
바로 이러한 것을 지적하고 그의 답안을 마무리 짓고 있다.

4. 조광조의 활동과 치열한 삶

조광조의 알성시 대책문에서 보듯이 당시 당면한 모든 문제에 대해서
공자의 가르침에 따라 그 근본을 바로 할 때 다스려지지 않는 일이 없다
고 본 조광조는 유교적 원칙을 고수하다가 죽음의 길을 택한 인물이었다.

그는 유교적 이념을 표방한 조선왕조에서 불과 50년 사이에 단종의
폐위와 연산군의 폐위가 연이어 일어났던 것은 심각한 도덕적 위기의 시
대로 인식하였다. 사대부들의 도덕적 각성이 없다면 난국을 극복할 수

未嘗外乎吾心之內 循之則國治 失之則國亂 不可須臾之可離也 是以 使其此道之體
瞭然於心目之間 不敢有須臾之不明也 然人之情 未嘗不慎於顯而忽於微也 幽隱之
間 乃群臣之所不見 而己所獨見 微細之事 群臣之所不聞 而己所獨知 是皆人情之所
忽 而以爲可以欺天罔人 不必謹者也 旣有是心而藏伏之久 其見於容貌之間 發於政
事施爲之際 必有暴著而不可掩者 終至於毀政傷化 故古昔帝王 旣戒懼乎此道 而
常明不昧 而於此幽隱之中 尤致其謹焉 必使幾微之際 無一毫邪僞之萌 而純乎義理
之發 則治國之道 盡善全美 此紀綱之所以立 法度之所以定也。 伏願殿下 誠以明道
謹獨 爲治心之要 而立其道於朝廷之上 則紀綱不難立而立 法度不難定而定矣 然則
夫子三月之可 三年之成 亦無不在乎是矣 臣干冒天威 不勝激切之至 謹昧死以對」

없다고 단정하고 언관으로서 5년간 치열한 활동을 하였던 것이다.

먼저 그는 1510년(중종 5년) 28세 나이로 진사시에서 장원 급제 후 성균관에 나아가 학문을 연마하던 중 1515년(중종 10) 33세 봄에 경기도 지평의 용문사에서 두 서명의 벗들과 더불어 밤낮으로 토론을 하면서 학문을 게을리 하지 않았다. 여름에 성균관의 추천과 어진 인재를 발탁해 쓸 것을 주장하였던 당시 이조판서 안당(安瑭)의 천거로 벼슬길로 나아갔지만 그해 가을 알성시에 급제하여 전적·감찰·예조좌랑을 엮임하게 되었고, 이때부터 왕의 두터운 신임을 얻게 되었다. 그는 유교로써 정치와 교화의 근본을 삼아야 한다는 지치주의(至治主義)에 입각한 왕도정치의 실현을 역설하였다. 이와 함께 정언이 되어 언관으로서 그의 의도를 펴기 시작하였다.

이 해 장경왕후(章敬王后; 中宗 第1繼妃)가 죽자 조정에서는 계비 책봉문제가 거론되기에 이르렀다. 이 때 중종의 정비(正妃, 폐위 愼氏)를 복위시킬 것과 신씨의 폐위를 주장하였던 박원종(朴元宗)을 처벌할 것을 상소했던 순창군수 김정과 담양부사 박상 등은, 이 때문에 대사간 이행(李荇)의 탄핵을 받아 귀양을 가게 되었다. 이에 대하여 조광조는 대사간으로서 상소자를 처벌함은 언로(言路)를 막는 결과가 되므로 국가의 존망에 관계되는 일이라 주장, 오히려 이행 등을 파직하게끔 주청하여 성사시키는 사건이 일어났다. 이것을 계기로 원로파인 반정공신과 신진사류의 대립으로 발전, 이후 기묘사화(己卯士禍)의 발생 원인이 싹트고 있었다.

그리고 1518년(中宗 13년) 11월 언관의 수장인 사헌부 대사헌(종 2품)에 임명되었다. 당시는 연산군(燕山君)을 퇴위시킨 중종반정 후이라 정국은 매우 불안하였다. 연산군을 퇴위시키긴 하였지만 연산군의 폭정에 대한 책임논쟁이 잠복되어 있었다. 즉 연산군을 몰아낸 그 주역들이 중종을 새 왕으로 옹립하고 자신들을 정국공신(靖國功臣)에 책봉하면서 많은 부와 특권을 차지하였다. 그러나 그 공신들은 바로 연산군대에 고위 관직에 있던 사람들이었으나 포악한 왕에게 충신으로서 간언을 하지 않고 자리를 유지하였던 인물이기도 하였다.

당시 사대부들은 연산군 퇴위에 대해서는 어쩔 수 없는 일로 인정했으나, 연산군대에 군주를 잘못 섬긴 사람들이 자신들의 왕을 내고 모든 특권을 당연한 듯 누리는 것은 인정할 수 없었다. 조광조는 언관의 최고 수장인 대사헌(大司憲)이 되면서 이러한 사대부들의 여망에 따라 그릇된 관료들에 대한 과감한 탄핵활동에 나서야만 했다. 그는 먼저 새로운 정치를 구현하기 위하여 새로운 인재가 필요하였다.

그래서 그는 종래 과거를 통한 인재보다는 추천을 통한 관리를 선발하는 천거제(薦擧制)를 주장하였다. 이른바 현량과(賢良科) 실시였다. 시험을 보지 않고 재주와 행실을 갖춘 인물을 선발하고자하였다. 행실에 관해서는 7항목을 두었는데, 즉 성품·기국·재능·학식·행실·지조·생활태도(현실 대응의식)를 종합하여 의정부에 보고한 뒤 왕이 참석한 가운

賢良科 실시 사료
(중종실록 권37, 중종 14년 4월 17일(을유))

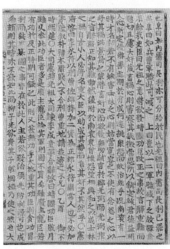

僞勳削除 상소 사료
중종실록 권37, 중종 14년 10월 25일(을유)

데 근정전에서 전국에서 천거된 120명의 후보자 중 28명을 시험하여 선발하였다. 1519년(중종 14년) 4월이었다.

이 때 선발된 제자 28명은 조광조와 뜻을 같이하는 인물들이 대부분이 급제하였다. 급제 후 이들은 홍문관을 비롯한 사헌부·사간원·승정원·성균관 등의 주요기관에 요직에 기용되어 조광조와 뜻을 같이하였다. 따라서 이들 조광조 일파는 사류들의 기풍을 바로잡기 위해서『소학(小學)』의 실천과 향약(鄕約)보급운동을 전개하였다.

정암 조광조가 숙독한 책.
『小學』(小學書題 '古者小學, 灑掃應對
進退之節 愛親敬長 隆師親友之道
皆所以爲 修身齊家治國平天下')

『심경』과『근사록』. 조광조는 문장력을 위주로 한 문풍을 의리지학 중심으로 돌리고, 『소학』의 실천을 강조하며 성리학 이해의 기준으로『심경』과『근사록』의 중요성을 제기하였다.

특히 소학은 그의 스승이었던 김굉필이 스스로 '소학동자(小學童子)'로 일컬을 정도로 일생을『소학』실천에 힘썼다.『소학』은 이름 그대로 아이들이 배우는 예절교과서였다. 그러나 그 내용은 나이나 신분에 관계없이 모든 사람들이 일상생활에서 지켜야 할 예법을 여러 책에서 뽑아 놓은 책이다. 그러므로『소학』의 정신을 실천한다는 것은 성리학적 인간형을 만들어 낸다는 것과 같은 의미였다고 할 수 있다. "안일한 마음을 다잡고 덕성을 함양하는데『소학』보다 더 좋은 것이 없었다"고 보았던 것이다. 소학의 내용을 연산조의 사화를 거치면서 재앙을 불러오는 책이라 하여 금기시 되었던 것을 조광조 일파에 의하여 다시 강조되기 시작되었던 것이다. 또한『소학』뿐 아니라 향촌을 교화할 목적으로 향약 보급운동(1517~1519)도 전개하였다. 이처럼 소학 실천운동과 향약 보급운동은 사림파가 향촌사회에서 반을 다질 수 있다고 생각되었기 때문이었다.

이러한 운동과 노력들은 종래 훈구파들에게는 불리한 제도라 격렬한 반대에도 불구하고 조광조는 끝까지 주장을 굽히지 않고 관찰시켰던 것이다. 이처럼 인재 등용제도 개혁에 앞장 선 것은 정국공신(靖國功臣)들을 정치 일선에서 물러나게 하려는 의도와 깊은 관련이 있었다. 그는 정국공신들 중심의 정치구조로는 새로운 희망을 가질 수 없다고 믿었다. 천거제 실시는 그의 향후 강력한 활동에 첫 단계였다고 볼 수 있다. 그래서 정국공신들은 조광조가 천거제로 새로운 인재를 뽑은 뒤 그들을 제거하고 정권을 차지하려 한다는 불만을 토로했다. 이 같은 내용의 편지를 화살에 매어 궁궐에 쏘는 일도 공공연히 벌어졌다. 이것은 분명한 위협이었지만 조광조는 물러서지 않았다.

드디어 당시 대사헌 조광조는 대사간(李成童) 등과 합사(合辭)로 1519년 10월 정국공신들을 정면으로 탄핵하는 상소를 올렸다. 이른바 위훈삭제(僞勳削除) 사건이었다(중종실록 권37, 중종14년(1519) 10월 25일 을유 2번째 기사 참조). 그는 상소문에서 "정국공신 중에는 연산군의 신임을 받았던 사람들이 많은데 연산군이 선정을 이룰 수 있도록 간언하지 못했다면 그것만으로 큰 죄를 범한 것"이라고 주장하였다. 그리고 "섬기던 군주를 죽음으로 내몬 것을 공로로 생각하고 어떻게 공신의 지위를 향유할 수 있는가"하고 공신들을 공격하였다. 이러한 비판은 너무나도 정곡을 찌른 것이기에 정국공신들은 반박할 논리를 찾을 도리가 없었다. 그러나 처음 중종은 공신세력들을 의식하여 그들의 요구를 받아들일 수 없었다. 왕이 조광조의 일곱 번째의 상소도 물리치자 조광조와 뜻을 같이 하는 대간들이 모두 사직하면서 뜻을 굽히지 않았다. 그러자 중종도 공신 중 2, 3등에서 일부, 그리고 4등 전원 등 총 76명을 훈적에서 삭제하기에 이르렀다(중종실 록 권37, 중종14년(1519) 11월 11일 신축 2번째 기사 참조). 실로 놀라운 사건이었다. 그러나 이러한 급진적인 개혁은 마침내 훈구파의 강한 반발을 야기 시켰다(1519년 11월 11일 신축 2번째 기사).

훈구파 중 홍경주·남곤·심정은 홍경주의 딸 희빈홍씨(熙嬪洪氏) 등 후궁을 움직여 왕에게 신진사류를 무고하도록 하였다. 즉, 대궐 나뭇잎에 과일즙으로 '주초위왕(走肖爲王)'이라는 글자를 써 벌레가 파먹게 한 다음에 궁녀로 하여금 이를 따서 주초위왕과 작서의 변(灼鼠之變)을 일으켜 분란을 조장하였다. 아울러 조광조 일파가 당파를 조직, 조정을 문란하게 하고 있다고 탄핵하였다. 이에 평소 신진사류를 비롯한 조광조의

정암 조광조 묘와 묘표(1585년)

심곡서원(정암의 위패가 보여짐)
효종1년(1650)
(경기도 용인시 수지읍 상현리)

도학정치와 과격한 언행에 염증을 느껴오던 중종은 훈구대신들의 탄핵
을 받아들여 이를 시행하였다.

그 결과 조광조는 김정·김구·김식·윤자임·박세희·박훈 등과 함께
1519년 11월 5일 투옥되었다. 이른바 기묘사화(己卯士禍)가 일어났던
것이다. 처음 김정·김식·김구와 함께 그도 사사(賜死)의 명을 받았으나,
영의정 정광필(鄭光弼)의 간곡한 비호로 능주(전남 화순군 능주면 남정
리)에 유배되었다. 그러나 그 뒤 정적인 훈구파 김전·남곤·이유청이 각
각 삼정승이 되자 이들에 의하여 그 해 12월 16일 바로 사약을 받고 사
사(賜死)되었다.

조광조 유배지 초가집
(전남 화순군 능주면 남정리)

「정암조선생 적려유허추모비」(능주면 남정리)
(사약마신 곳을 기린 비석)

결국 신진사류들이 기성세력인 훈구파를 축출, 새로운 정치질서를 이
루려던 계획은 실패하고 말았다. 이들의 실패원인에 대해서 율곡 이이
(李珥)는 『석담일기(石潭日記)』에서,

  "지금 성리학(性理學)이 있는 것을 알게 된 것은 조광조의 힘인 것이다. 삼

가 생각해보건대, 옛사람들은 학문이 이루어지기를 기다려서야 도(道)를 행하려 했던 것이다. 도를 행하는 요체는 임금의 마음을 바르게 하는 것보다 더 급한 것은 없다. 애석하다. 조문정(趙文正, 문정은 광조의 시호)은 현철(賢哲)한 자질과 경세제민(經世濟民)의 재질을 가지고서 학문이 미처 대성되기도 전에 갑작스레 요로(要路)에 올라 위로는 임금 마음의 잘못됨을 바로잡지 못하고, 아래로는 권력 대가(大家)들의 비방을 막지 못하여 겨우 충성(忠誠)을 들이려 하자 참소하는 입이 벌써 열려, 몸은 죽고 나라는 어지러워지게 되어 도리어 뒷사람들로 하여금 이것을 징계(懲戒)삼아 감히 일을 해보지 못하게 만들었다."[6]

고 하였다. 조광조를 김굉필·정여창·이언적과 함께 동방사현(東方四賢)이라 평하였던 이이 율곡 선생은 그의 죽음을 애석하게 여기고 있었던 것이다. 그 뒤 선조 초 신원(伸寃 : 억울하게 입은 죄를 풀어 줌)되어 영의정에 추증되고 문묘에 배향 되었다.

특히 그의 학문과 인격을 흠모하여 후학들에 의하여 사당과 서원도 설립되었다. 1570년에 능주에 죽수서원(竹樹書院)를 비롯하여 1573년 양주의 도봉서원 및 1576년 평북 희천에 양현사(兩賢祠)등 20여 곳에서 위패가 봉안 제향되었으며, 1605년(선조 38)에는 그의 묘소 아래 심곡서원(深谷書院)에 봉안되는 등 전국에 많은 향사가 세워졌다.

그의 묘는 경기도 용인시 수지읍 상현리 산 55-1에 있고 그를 추앙하는 심곡서원이 유형문화재로 지정되어 있다.[7] 참고로 고려말 충신인 포

---

6) 李珥, 「石潭日記」(『大東野乘』上권, 明宗 22년(1567) 10월(융견년원 정묘조)「今之知有性理之學者。光祖之力也。謹按。古之人必待學成。乃求行道。行道之要。莫先於格君。惜乎趙文正。以賢哲之資經濟之才。學未大成。遽昇當路。上不能格君心之非。下不能止巨室之謗。忠懇方輸。讒口已開。身死國亂。反使後人懲此不敢有爲」. 참고로 <석담일기>는 명종 20년(1565)~선조 11년(1581) 11월까지의 중요한 시사를 이이 율곡이 일기체로 기록한 책으로 (<經筵日記>라고도 하며(『栗谷全書』권28~30), 혹은 『大東野乘』권14~15에서는 <석담일기>로 표제되어 있다).

7) 정암 조광조의 4대조 趙育(본관 漢陽)은 고려조 3代不仕를 지켜 '고려조 3代節臣'(이중인, 이백찬, 이승충)의 한 사람인 용인이씨 李伯撰(知永川郡事, 종4품)의

은 정몽주의 묘와 선생을 봉안하고 있는 충렬서원(忠烈書院)이 같은 용인시 모현면 능현리에 있다. 특히 전국 서원에서 봉안하고 있는 인물로 이황, 송시열, 이이, 주자 다음으로 정암 조광조 선생의 위패가 많이 봉안되고 있는 것으로 보아 그의 죽음은 결코 헛되고 의미없는 죽음이 분명 아니었던 것이다.

5. 맺음말

조광조는 당시 도덕적 위기의 시대로 인식하고 공자(孔子)의 가르침을 정치의 근본으로 삼아 확고하게 제시할 것을 강조하였던 것이다. 그리고 대간(臺諫)으로서 언로(言路)가 열렸느냐 막혔느냐 하는 것은 나라를 다스리는데 있어서 가장 중요한 문제로 인식하였던 것이다. 뒷날 퇴계 이황(李滉)선생은 정암 조광조의 공덕을 기려 언급하기를,

"그로 말미암아 學問이 지향해야 할 바를 알게 되었으며, 그로 말미암아 나라의 政治의 근본이 더욱 드러나게 되었으며, 이에 힘입어 儒敎의 근본적인 가르침이 땅에 떨어지지 않았으며 나라의 장래가 무궁하게 되었다. 이러한 의미에서 본다면 한때의 사림들이 화(禍)를 입었다는 것이 애석한 일이라 하겠으나, 선생이 도덕을 드높이고 학문의 뜻을 확립한 공로는 후세에 (큰 영향)응 미쳤다고 말할 수 있다"[8]

아들 참판공 李升忠의 누이를 부인으로 맞은 이후 정암 후손들이 용인지역에 뿌리를 내리기 시작한 것으로 보고 있고, 아울러 조광조의 묘역도 바로 용인시 상현동산 54 이승충의 묘역 언덕 넘어 현존하는데 용인이문과의 통혼과 연계되고 있다고 본다. 또한 이승충의 4대손 쌍괴당 李弘幹(1486~1546)은 己卯名賢에 오르기도 하였다(졸고, 「조선시대 경기도 경화사족 고찰」『경기도의 뿌리를 찾아서 용인이씨』, 2013, 141쪽 및 졸고 「고려조 3대 절신의 후손」『용인이씨 현조사적』, 용인이씨사간공파종회, 2013, 19~24쪽 및 28~32쪽 참조).

8)『국역 정암선생문집』권6, 行狀 참조

라 하였다. 이처럼 조광조의 도학정치(道學政治)에 대한 평가와 주장은 실로 대단한 것이었다. 이로 말미암아 당시의 학풍은 변화되어 갔으며, 뒤에 유명한 퇴계와 율곡 같은 학자가 탄생할 수 있었던 것이다. 조선왕조의 도덕적 파수꾼으로 역사에 길이 남는 존재가 되었던 것이다. 이른바 조선시대 치열하게 삶을 산 한 지성인의 생애는 짧지만 그가 남긴 족적과 자취는 영원히 조선시대 선비의 정신을 드높인 인물로 오늘날에도 회자되고 있다고 본다.

한 지성인으로서 당시 탁류처럼 흐르고 있었던 현실을 막으려고 치열하게 삶을 산 인물이었다고 볼 수 있다. 후세에 조광조의 治, 이황의 道, 이이의 學, 김장생의 禮, 송시열의 義를 조선 선비의 오현(五賢)이라 불리었다. 시호는 문정(文正)이고, 저서로『정암집(靜庵集)』이 있다(졸고, 「조광조의 이상과 현실세계 −조선시대 한 지성인이 택한 치열한 삶−」『열정으로 산 사람들』 1권, 서울여대출판부, 2003 보완).

참고문헌(1부 2장 조광조편)

『중종실록』,『정암집 권2』,『석담일기(경연일기)』,『대동야승』,『율곡전서』,『국역 정암선생문집』

강주진,『조정암의 생애와 사상』, 박영사, 1979.

금장태,「조광조와 조선조 선비정신」, 한국학보 10, 1978.

김태완, 책문-시대의 물음에 답하다-, 소나무, 2004

이성무,『조선왕조사1』, 동방미디아, 1998.

이원명,「한 지성인이 택한 삶」, 서평문화 40, 2000 ;『열정으로 산 사람들』1권, 서울여대출판부, 2002.

_____,「고려조 3대 절신의 후손」『용인이씨현조사적』, 용인이씨사간공파종회, 2013

_____,「조선시대 경기도 경화사족 고찰」『경기도의 뿌리를 찾아서 용인이씨』, 2013

정두희,「조광조의 도덕국가의 이상」『한국사시민강좌』10, 1992.

_____,「정도전」『조선시대 인물의 재발견』, 일조각, 1997

_____,『조광조』, 아카넷, 2000.

정옥자,『우리가 정말 알아야 할 우리 선비』, 현암사, 2002.

한국정신문화원 규장각, 시권(試券) -특별전 부록-, 2015.

제 2 부
자주와 사대의 기로

- 유교적 이상국가론 -

제1장 '최영 장군(1316~1388)과 태조 이성계 (1335~1408)'의 보국이냐? 개국이냐?

1. 서론

우리는 역사의 흐름과 전개상에 보이는 많은 인물을 만나게 된다. 그 흐름이 왕조교체와 같은 역사의 분기점을 맞이하는 경우에 있어 당시 정점에 서 있던 인물들은 그의 위치에 따라서 '역사의 라이벌'이 형성되곤 한다. 그러한 인물 중 대표적인 사람을 찾는다면 14세기 말 고려를 지킨 최영(崔瑩)(1316~1388)장군과 조선을 개국한 태조(太祖) 이성계(李成桂)(1335~1408)가 아닌가 한다.

당시 그들이 활동하던 14세기 후반은 대외적으로는 중국 대륙에서 元·明 교체와 홍건적(紅巾賊) 및 왜구(倭寇)의 침입 등으로 동아시아 국제질서가 개편되는 어려운 시기를 맞이하였던 때이었다. 그리고 대내적으로는 반원개혁운동(反元改革運動)과 정치·경제·사회·문화면에서 종래 권문세족(權門勢族)에서 신흥사대부(新興士大夫)의 등장이라는 여말선초(麗末鮮初) 시기이었다.

이러한 국내외 정세 변동은 결과적으로 우리의 역사 전개상 구조적 변화를 가져오는 전환점을 가져온 시기이기도 하다. 따라서 본 강좌에서는 당시 시대 상황의 전개와 함께 활동하였던 두 인물에 대한여 고찰을 통하여 당시 역사 전개의 의미를 되새겨보고자 한다.

2. 몽고제국의 쇠퇴와 공민왕대의 대내외 정세

동아시아 역사에서 고려 후기에 해당하는 14세기 후반은 격변의 시기
요, 새로운 국제환경이 조성된 시기이었다. 중국의 대륙정세와 함께 대
내적 정치상황의 변동에 따라 대내외적으로 매우 복잡하게 전개되었다.
즉 원의 쇠퇴하는 국제 정세의 변동이 일어났고, 이로부터 전면적인 반
원운동이 계획되기 시작하였다. 당시 원에서는 한상동(韓山童)의 홍건군
(紅巾軍)을 비롯한 농민군의 봉기가 전국에서 일어나고 있었다.

공민왕(恭愍王)(1352~1574)은 원나라 지배하 4차에 걸친 중조(重
祚)1) 상황을 겪고 등장한 31대 국왕으로 충숙왕의 아들이며 충혜왕의
동생이다. 그는 충혜왕 복위(後) 2년(1341) 12세 나이로 원에 파견되어
숙위하였고, 충목왕(忠穆王) 4년(1348) 왕이 죽자 그 후계자로 거론되었
으나 조카인 충정왕에게 밀려 좌절되었다. 하지만 충정왕(忠定王)이 즉
위한 뒤 고려의 정국이 더욱 혼란해지자 원은 충정왕을 물러나게 하고
마침내 공민왕을 고려국왕에 책봉하기에 이르렀다.

따라서 즉위하기 전 원에서 12세부터 10년간 숙위하면서 원나라의
쇠퇴 현상을 목격하였고, 1354년 원에서의 장사성(張士誠) 반란군을 진
압하고자 군사 2천 명을 파견한 적도 있었기에 원나라 사정을 알고 있었
기에 본격적인 반원자주정책을 전개할 수 있었다고 할 수 있다.

1352년 공민왕은 즉위하자마자 변발(辮髮)을 금하고 정방(政房)을 폐
지하고, 동왕 5년(1356) 5월 18일 본격적인 배원정책을 시행하니 기철
(奇轍) 등 부원세력 제거와 원의 내정간섭 기관인 정동행성이문소(征東
行省理問所)를 혁파하였다. 그리고 군대를 두 갈래로 파견하여 6월 4일

---

1) 중조(重祚)란 물러났던 왕이 다시 왕위에 오르는 현상으로 원나라 지배하 고려에
   서 4차례 걸쳐 행해졌는데, 25대 충렬왕 - 26대 충선왕(弟 덕흥군), 27대 충숙왕
   - 28대 충혜왕(弟 제31대 공민왕)때 있었다.

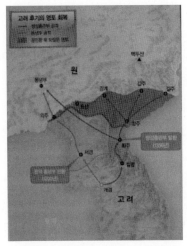 

고려후기의 영토회복(『한국군사사』, 227쪽) 홍건적과 왜구의 침입도(『한국군사사』, 266쪽)

압록강 건너 8첨(站)을 공격하여 파사부 [구련성]의 3개 역참을 점령하여 원의 공격을 차단하였고, 또 한 갈래의 군대는 7월 9일 함경남도 영흥의 쌍성총관부를 함락시키고 영토를 수복하니 실로 99년(1258~1356)만의 일이었다. 이는 실로 고려의 자주정책의 성공이지만 한편으로는 대륙에서 원나라는 옛 몽고제국은 아니었다. 곧 중국대륙에서 元·明 교체(1368년)가 이루어졌던 것이다.[2]

한편 일본의 쓰시마와 이끼 섬을 중심으로 중국 해안과 한반도를 침탈한 왜구(倭寇)는 당시 일본 남북조의 혼란기에 발생한 도적집단이지만, 그들이 원과 고려까지 침략할 수 있었던 것은 몽고제국의 질서가 붕괴되기 때문에 가능하였던 것이다. 이들은 충정왕 2년(1350)부터 공민왕과 우왕대(禑王代)에 걸쳐 40여 년간 500여 회나 출몰하여 약탈·방화·

---

[2] 원나라가 명나라의 주원장에게 밀려 元 順帝(토곤 테무르)는 大都를 버리고 만리장성 북쪽의 上都로 패주하여 몽골 고원의 초원으로 돌아간 이후의 北元이라 이라 하여 20년간 겨우 명맥만 유지하다가 나하추가 명에 항복한 이래 더욱 쇠퇴하여 1388년 쿠빌라이 가문은 단절되었다.

살인을 일삼았는데 가장 주요한 약탈대상은 곡식을 확보하기 위하여 조
선(漕船)과 조창(漕倉) 공격이었다.

따라서 왜구의 침입지역은 주로 충청·전라·경상도 지역에 집중되었
지만 그곳에 그치지 않고 개경 앞까지 출몰하였으며, 황해도를 거쳐 평
안도에 이르렀고, 동해안쪽으로는 함경도까지 진출하기도 하였다.[3] 그
리고 1359년과 1361년 2차에 걸친 홍건적의 고려 침입 역시 그러한 변
화를 상징하는 사건이었다.

이처럼 국내외 여건의 변화와 왜구 및 홍건적 침입으로 이들의 격퇴
를 통하여 등장한 인물이 고려말 권문세족 출신의 철원최씨 최영 장군과
동북면 출신의 신흥무장 이성계의 활약이 돋보였지만, 그들이 처한 입장
과 여건으로 개혁과정에서 갈등은 19년이란 연륜을 떠나 자연 라이벌의
형세를 이루고 말았다 할 것이다.

3. 고려 말 최영장군과 태조 이성계의 활동

1) 고려의 충직한 명장, 최영 장군 활동

최영(1316~1388)은 고려시대 무신으로서 강(剛)·직(直)·충(忠)·청
(淸)의 성품을 지닌 고려 최후의 보루로 알려진 인물이다. 최영은 용모가
장대하며 완력도 뛰어난 인물로 그가 활동하던 시대는 원나라 지배하 상
당한 혼란이 거듭되던 시기요, 홍건적과 왜구의 침입으로 고통을 겪은

---

3) 당시 왜구와의 대표적 전투를 보면 1352년 개경인근 침입부터 1360년 강화 침입,
   1376년 부여 홍산지역 침입(최영, 鴻山大捷), 우왕 6년(1380) 8월 진포(금강 입구
   군산 건너편) 싸움(최무선, 진포대첩) 및 동년 9월 지리산의 황산 운봉지역 싸움
   (이성계, 황산대첩), 우왕 9년 정지의 남해 관음포 전투의 승리 및 창왕 원년
   (1389) 박위가 전함 100척을 거느리고 왜구의 소굴 쓰시마(대마도) 섬을 소탕함으
   로써 그들 침입이 뜸해졌다.

어려운 시기이기도 하였다.

그는 대대로 높은 벼슬을 한 철원최씨 후손으로 그의 5대조 최유청(崔惟淸)은 무신정권 시대에 문반으로 활약하여 중서시랑평장사(정2품)까지 지냈고, 사헌규정(司憲糾正, 종6품) 최원식의 아들로 충숙왕 3년(1316) 태어났다. 그의 어린 시절에 대해서는 기록의 미비로 잘 알려지지 않지만, 그가 16세 되던 해 아버지가 죽으면서 남긴 "너는 황금 보기를 돌같이 하거라"는 유훈을 깊이 새기며 한결같이 나라를 위하여 몸을 바쳐 자신의 영화를 돌아보지 않은 인물로 알려졌다.

처음에 양광도 도순문사(都巡問使)의 휘하에 있으면서 왜적을 여러 차례 사로잡아 무용으로 이름을 알려지자 우달치(于達赤)가 되었다. 우달치는 왕의 시위·숙위를 담당한 특수부대였는데 이로써 그는 왕의 측근에서 활동하였는데, 이시기는 대략 충목왕·충정왕대로 보고 있다. 그후 공민왕 원년(1352) 안우(安祐) 등과 조일신(趙日新) 난을 진압한 공로로 정4품 호군(護軍)이 되었고, 그의 38세가 되는 동왕 3년(1354)에 이미 대장군인 대호군(大護軍)(종3품)이 되었다. 그의 활동을 표로 정리하면 아래와 같다.

〈표 2-1〉 최영 장군의 활동 내역

년도(왕조)	나이	약력 및 활동 내용	비고
1316(忠肅王 3년)		철원(東州)최씨 후손으로 출생	
1352(恭愍王 원년)	36세	趙日新의 난 평정	
1354(공민 3년)	38세	大護軍에 오름. 원에서 승상 脫脫이 정토군 요청으로 유탁·염제신 등 40여명의 장상과 함께 2천여 助征軍과 참여	
1357(공민 6년)	41세	서해평양니성강계 體覆使에 오름	
1359(공민 8년)	43세	서북면병마사가 되어 홍건적 4만명 서경 침입 시 공을 세움	
1361(공민 10년)	45세	서북면도순찰사가 되어 홍건적 10여만 침입	

		시 공민왕 안동으로 피난감. 당시 이성계(26세)등과 함께 격퇴	
1363(공민 12년)	47세	원세력과 결탁한 金鏞의 홍왕사 난(공민왕 시해사건)을 평정	贊成事
1364(공민 13년)	48세	원나라가 일방적으로 공민왕을 폐하고 덕흥군(충숙왕의 弟)을 왕으로 삼고, 역신 崔濡에게 군사 1만을 주어 압록강 너머 침입시 이성계와 함께 참패시킴	元順帝와 奇皇后
1365(공민 14년)	49세	辛旽(? ~1371)의 국정 참여 후, 계림부윤으로 좌천 및 귀양 감4)	
1371(공민 20년)	55세	신돈 처형 후 풀려나 判三司事에 오름	
1374(공민 23년)	58세	경상전라양광도 都巡問使. 7월 양광전라경상도 도통사로 임명되고 제주도 토벌에 나섬(전함 314척, 군사 2만5천6백명 동원)-10월에 귀환해와 공민왕 빈소에 보고를 올리며 통곡하다 목이 멤. 동년 9월 : 환관 최만생이 공민왕 시해되고 禑王 즉위(1375~1388)	
1375(禑王 원년)	59세	判三司事	우왕 10세
1376(우왕 2년)	60세	왜구 공주 함락, 鴻山(부여)에서 왜구격퇴 (홍산대첩)5) 당시 두 차례 출정을 간청하여 격퇴 후 侍中 벼슬을 내리자 왜구가 평정된 후에나 받겠다고 사양. 鐵原府院君에 봉함	
1380(우왕 6년)	64세	해도도통사 겸직과 공신으로 책봉과 교서를 내림	
1381	65세	守侍中(왕이 술에 취해 말을 달리자 낙마하자 울면서 간언함)	
1384(우왕 10년)	68세	判門下府事에 이어 門下侍中에 임명 (이성계를 수문하시중, 동북면도원수가 됨)	
1388(우왕 14년) (6월 昌王 즉위년)	72세	우왕이 최영 후실의 딸을 제2비 寧妃로 삼음 (우왕의 제1비 謹妃는 固城李氏 李琳 딸)6) 1월 다시 문하시중이 되어 이인임의 측근 임견미와 염흥방 등 당시 1천여 명을 처형함 3월 明 철령위 설치 통고하자 8도 도통사로서 요동정벌을 주도.	위화도 회군(5. 22)

		5월 이성계의 위화도 회군으로 실권 고봉현에 유배되었다가 장악 후 昌王 즉위년(9세) 12월에 참수됨.	

이러한 전력과 공을 세웠음을 알 수 있는데, 그에 대한 평가로서 우왕의 교지와 일화를 통해 최영 장군의 충성스러움을 읽을 수 있다.

최영장군의 부여 홍산대첩(1376) 지역
(충남 부여군 홍산면 태봉산성)

고려말 최후의 명장, 최영장군 묘역
(경기도 고양시 덕양구 대자동 산70-2)

즉 고려 말 우왕 6년(1380) 왜구 때문에 어려움을 겪고 있을 때 최영을 해도도통사(海道都統使)로 임명과 공신으로 책봉하면서 내린 교서에

---

4) 최영이 밀직 김란이 딸을 신돈에게 바친 것을 꾸짖은 일을 가지고 미워하던 차, 최영이 고봉에 사냥간 일을 참소하여 좌천과 유배를 보냄.

5) 왜구토벌의 3대 대첩의 하나였던 홍산전투에서 이 후 왜적들은 "두려워 할 사람은 오직 머리가 허옇게 센 崔萬戶(최영)뿐이다"라고 하며 "홍산 싸움에서 최만호가 오기만 하면 사졸들이 앞 다투어 말을 달려 우리를 차고 밟으니 매우 두렵다"고 하였다(『고려사』권113, 최영 열전).

6) 李琳은 공민왕 때 문하시중을 지낸 본관 고성이씨로 그의 딸이 왕비로 간택(우왕 5년, 1379. 4)된 데에는 李仁任이 크게 작용하였다(이인임의 고모가 고성이씨 이교(吏部尙書)의 처로서 역할?, 그리고 다음해 1380년 우왕 16세 때 왕자 昌을 낳음). 한편 李仁任(성주이씨)은 우왕 10년(1383) 자신의 여종 봉가이(鳳加伊)를 우왕에 바치니 우왕이 총애하였다. 한편 우왕은 이인임을 부친으로, 그의 처 박씨를 모친이라고 불렀으며 이인임은 왕을 마치 데릴사위같이 대우하였다(고려사 奸臣傳 2, 이인림열전).

보면, "경은 대대로 왕을 섬겨온 집안 출신으로 경의 선조들은 우리 조정의 선왕들을 섬기어 문학과 정치 모두에서 볼만한 업적을 남겼다. 경의 고상한 자질과 굳센 기개는 당대 으뜸이 되어 선대의 공적을 더욱 빛내었으므로 그 무공은 견줄 사람이 없을 정도이다"(『고려사』 권113, 崔瑩列傳)고 하였다.

그리고 우왕 7년(1381) 왕이 용수산에 놀러간 김에 술에 취해 말을 달리다가 낙마하자, 최영이 울면서 간언하기를, 지금 "충혜왕께서 여색을 좋아하였으나 밤에만 즐김으로써 남들의 이목을 피했습니다. 충숙왕께서는 놀러 다니기를 좋아하였으나 반드시 농사철을 피해 백성들에게 원망을 사지 않았습니다. 그런데 전하께서 절도 없이 노시다가 말에서 떨어져 몸을 상하였는데 제가 재상의 자리에 있으면서 제대로 바로잡지 못하였으니 무슨 면목으로 남들을 대하겠습니까?"라고 하자, 우왕이 지금부터 행동을 고치겠다고 약속하기도 하였다.

이처럼 최영은 성품이 충직하고 청렴했으며, 전장에서 적과 대치해서도 신색이 온화해 화살과 돌이 사방에서 날아와도 조금도 두려워하는 기색이 없었다. 군대를 지휘할 때는 준엄한 자세로 반드시 승리할 것을 다짐하고는 군사들이 한 걸음이라도 물러서면 곧 참형에 처했으므로 크고 작은 모든 전투마다 전공을 세웠고 한 번도 패한 적이 없었다.

비록 장군과 재상을 겸직하고 오래 동안 병권을 장악했으나 뇌물과 청탁을 받지 않으니, 세상 사람들이 그의 청렴함에 탄복하였다. 최영이 처형을 받으면서도 말씨나 얼굴빛이 전혀 흔들리지 않았다. 죽는 날에 개경 사람들이 모두 철시했으며, 멀고 가까운 지역의 사람들이 그 소식을 듣고는 길거리의 아이들과 시골의 여인네까지도 모두 눈물을 흘렸다. 시호는 무민(武愍)이다.

일찍이 신채호가 '우리 나라 근세에 최도통(최영)같은 영걸이 한 사람 있다는 것은 다행스러우나, 우리 나라 근세에 최도통 혼자뿐이라는 것은

불행한 일이다.'라고 평하고 그의 위상을 높게 보았던 것이다(초도통
169쪽 참조).

2) 고려 후기 무장 이성계의 활동과 위화도 회군

무장 이성계(1335~1408)는 최영 장군과 달리 고려조 변방지역이었던
동북면의 함흥에서 태어나 그의 4대조 이래 동북면 지역의 맹주로 영향
력을 행사하였던 집안에서 태어났다. 이성계는 전주이씨 이자춘의 아들
로 그의 6대조는 고려 정중부와 더불어 무신난 초기에 활약한 이린(李
隣)의 후예로 무반출신의 집안이었다. 일찍부터 타고난 명궁(名弓)으로
알려져 당시 야인들이 칭송하였다.[7]

하지만 이린의 손자이자 이성계의 증조인 이안사(穆祖)가 지방관 과의
갈등으로 삼척으로 도망(1236년?)간 이후 당시 원나라의 개원로(開元路)에
속했던 의주 [덕원 : 당시 여진족의 소굴]으로 옮긴 후 원의 관직을 제수
받아 20여 년 알동(斡東; 간도지방)에서 세력을 확장하였다. 이 때 삼척에
서 170여 호가 그를 따라 갔을 정도로 그의 위세는 상당하였다고 보여 진
다. 그의 후손인 이행리, 이춘 등이 덕원지방의 천호 벼슬을 지냈다.

이자춘(오로사불화)·이성계가 고려 조정과 관계를 갖게 된 것은 공민
왕 5년(1356) 반원정책의 일환으로 쌍성총관부 공격할 때 내응했을 때
부터였다. 이러한 신분과 가계로 볼 때 고려말 최영 장군과는 대조적이
라 하겠다.

---

7) 그의 명궁솜씨는 태조실록 총서에 자주 소개되고 있는데, 즉 화살 하나로 다섯
   마리 까마귀를 떨어뜨린 일, 20마리의 담비를 쇠살로 명중시킨 일, 노루 7마리를
   명중시킨 일, 화살 하나로 노루 두 마리를 사냥한 일 등 백발백중의 실력이 널리
   알려져 있었다고 보여진다. 「見獸 走馬冰崖 射輒中心 無一脫去 野人驚歎曰 舍人
   也 天下無敵」(태조실록 1권 총서).

<표 2-2> 무장 이성계의 활동 내역

년도(왕조)	나이	약력과 활동 내역
1335(復충숙왕 4년)	1세	동북면 지배자 이안사(穆祖) - 이행리(翼祖) - 이춘 (度祖) - 이자춘(桓祖 : 1315~1360)의 아들로 동북 면의 화령부(영흥)에서 출생. (동북면은 이성계의 家別抄(가별치) 집단이란 그의 高祖 이안사이래 전래된 응집력이 강한 세력기반이 있었음)
1356(공민왕 5년)	22세	공민왕의 반원운동에 이자춘이 내응하여 쌍성 수복 의 공로로 고려에서 활동하기 시작하였고, 이 때 이 성계도 처음 고려 관직 받음
1361(공민왕 10년)	27세	동북면상만호로서 친병 1,500명을 이끌고 독로강(강 계지방으로 압록강 지류) 萬戶 朴儀의 반란을 진압
1362(공민왕 11년)	28세	1월 홍건적 10만 명 침입하여 개경이 함락되고 공민 왕이 안동으로 피신감, 이 때 친병 2,000명을 투입하 여 선두에 서서 개경수복 공으로 1등공신이 됨. 7월 동북면병마사가 되어 원나라 장수 나하추(納合 出)의 군대를 대파함
1364(공민왕 13년)	30세	최유가 덕흥군을 내세우고 압록강 너머 침입하자 최영등과 함께 대파함
1368(공민왕 17년)	34세	중국 한족출신의 주원장 明을 세움. 元 순제 북경 大都에서 개평 上都로 달아남(원 멸망하고, 이후 北 元이라 하여 1388년까지 20년간 명맥 유지)
1369(공민왕 18년)	35세	동북면원수 지문하성사가 됨
1370(공민왕 19년)	36세	우라산성을 쳐서 크게 무찌름
1372(공민왕 21년)	38세	화령부윤이 됨
1374(공민왕 23년)	40세	9월 환관 최만생 공민왕 시해, 우왕 즉위함
1375(禑王 1년)	41세	서해도 助戰원수
1380(우왕 6년)	46세	삼도도순찰사, 왜구를 전북 운봉에서 대파하여 명성 을 얻음(황산대첩)
1382(우왕 8년)	48세	최영의 천거로 동북면도지휘사. 여진인 胡拔都가 동북면 침입 격퇴
1383(우왕 9년)	49세	정몽주와 정도전 함흥까지 찾아와 그들과 만남

1384(우왕 10년)	50세	수문하시중에 오름(당시 최영 문하시중)
1385(우왕 11년)	51세	왜구 150척 동북면 각지를 약탈, 이성계 참전으로 승리함
1388(우왕 14년)	54세	1월 수문하시중, 우왕과 최영이 李仁任[8] 등을 제거하는데 가담함으로써 정치 전면에 등장함(이인임 제거하는데 있어서 최영과 갈등) 3월 명나라 철령위 설치를 통고해오자 요동정벌군 편성되지만 이성계는 '四不可論'을 내세워 반대함(최영 8도통사, 조민수를 좌군도통사, 이성계를 우군도통사로 삼음) 5월 위화도에서 회군(5. 22)하여 실권(병권) 장악 후, 최영을 잡아 고봉현에 귀향 보내고, 6월 우왕을 폐하고 창왕을 세움, 최영 장군 처형(12월) 및 광평군 이인임 사망
1389 (창왕·공양왕 1년)	55세	11월 창왕을 폐하고 공양왕을 세움, 12월 우왕과 창왕 시해
1391(공양왕 3년)	57세	전제개혁을 단행하여 科田法 제정을 주도
1392 (공양왕 4년 및 태조 1년)	58세	3월 정몽주를 살해함 7월 배극렴 등 52명에게 추대되어 개경 수창궁에서 조선왕조의 태조로 직위(58세), 고려 멸망

특히 이성계의 무장으로서 일찍 두각을 나타낼 수 있었던 것은 무엇보다도 그의 선대부터 다져온 동북면 지역 그의 군사적 기반의 특수한 주종관계의 성격을 주목할 필요가 있다. 즉 쌍성총관부가 수복된 이후에도 동북면 일대에 가별치[家別集團]에 대해서는 국역을 부담시키지 않았고, 따라서 단지 그들은 이성계의 가병(家兵), 즉 사병(私兵)으로서 가별초 집단이 무려 2,000명이나 휘하 친병(親兵)이 조선 태종때에도 존재

---

8) 우왕을 옹립하는 데 공을 세운 李仁任은 우왕대 14년간 임겸미와 염흥방과 함께 집정대신으로서 권력을 장악한 후 불법 자행하여 관료들의 불만이 고조됨. 특히 염흥방의 가노 재상 조반의 땅을 빼앗은 사건 발생으로 빚어진 사건으로 이인임의 실질적으로 우왕의 장인이 되고 창왕의 외조이기도 하였고(각주 6참조), 이성계와는 사돈 관계(이인림의 동생 이인립의 며느리가 이성계의 3녀 경순공주(慶順公主: 신덕왕후 康氏소생으로 방석의 동생)이기도 하였다.

해 왔다는 점이다.9) 그러한 사정을 잘 나타내는 사료를 보면,

　　"고려의 말기에 관(官)에서 군사를 등록시키지 아니하고 여러 장수들이 각
기 점모(占募)하여 군사를 삼으니, 이를 패기(牌記)라 명칭하였다. 대장(大
將) 중에 최영(崔瑩)·변안열(邊安烈)·지용수(池龍壽)·우인열(禹仁烈) 등은
막료(幕僚)와 사졸(士卒)이 뜻대로 되지 않는 사람 이 있으면 욕설로 꾸짖어
못하는 말이 없었고, 혹은 매질을 가하여 죽는 사람까지 있게 되 니, 휘하의
군사가 원망하는 사람이 많았다.
　　(그러나) 태조는 성품이 엄중하고 말이 적었으며 평상시에는 항상 눈을 감
고 앉았었는 데, 바라보기에는 위엄이 있으나 사람을 접견할 적에는 혼연(渾
然)히 한 덩어리의 화기(和氣)뿐인 까닭으로 사람들이 모두 두려워하면서도
그를 사랑하였다. 그가 여러 장수들 중에 서도 홀로 휘하의 사람들은 예절로
써 대접했으며 평생에 꾸짖는 말이 없었으므로, 여러 장 수들과 휘하 사람들
이 모두 그에게 소속되기를 원하였다"(『태조실록』 권1 총서)

라 하여 많은 군사가 태조의 군영에 많이 모이고 있다는 점이다.

이성계의 황산대첩(1380) 사적지
(전남 남원시 운봉면 화수리)

조선왕조 태조 이성계 어진

---

9) 『고려사』 권40 공민왕 11년 정월조 「我太祖以麾下二千人 奮擊先登大破之」 및 『태
　종실록』 권5, 태종2년 12월 辛亥條 「東北面咸州等處 號爲加別赤者 聚爲一黨 不
　供國役 別爲家兵 私相交結 豪橫自恣 州縣不能禁制 已有年矣」

이는 단지 이성계의 성품만이 아니라 옛 여진지역이었던 동북면 지역의 독특한 성격을 잘 활용한 이성계 선대로부터의 휘하친병의 강한 조직력이 뒷받침이 되었다는 점이다. 이성계는 20대에 벌써 1,500명에서 2,000명을 거느리고 홍건적 침입 격퇴시키고 있었다. 이러한 사병형태가 휘하 친병을 거느리고 활동하였기 때문에 이성계는 전장에서 활약뿐 아니라 이를 기반으로 중앙무대에서의 발언권도 상당하였던 것으로 보인다.

4. 맺음말

우리는 이상 14세기 고려말 고려왕조를 지키기 위한 무장으로서 같은 길을 걸었던 인물이 최영과 이성계이었다. 그들은 왜구와 홍건적의 침입 및 원나라의 간섭에도 큰 공을 세웠을 뿐 아니라 이인임 일파를 제거하는 데에도 뜻을 같이하였지만 그들을 둘러싼 여건과 현실과 미래를 보는 의식에서 차이는 종국에는 라이벌이자 정적으로서 다른 길을 걸었다고 본다.

먼저 그들을 둘러싼 여건이라면 우선 출신배경의 차이를 들 수 있다. 최영장군은 고려전기부터 문벌을 형성한 철원최씨 출신이라면, 이성계는 중앙에 기반이 없는 변방의 무장출신이라는 점에서 오는 환경 차이를 들 수 있다. 이는 전자가 권문세족들과 관계를 가졌다면 후자는 새로운 신진사류 정몽주나 정도전 같은 인물과의 만남은 향후 전개될 양상을 어느 정도 예상할 수 있다고 본다. 그리고 최영이 주로 국왕의 친위부대인 우달치(于達赤)를 중심으로 한 군사력이라면, 이성계는 동북면이라는 변방에서 국가보다는 개인 사병으로서 끈끈한 가별치(家別抄)와 지방민들이 주로 구성되어 결집력과 충성심이 높았다고 본다.

그리고 최영 장군이 현실과 미래를 바라보는 의식에서는 고려왕실을 보존한다는 면에서의 충직한 무장으로서 관계를 우왕대의 그의 간언에서 잘 찾아진다면, 이성계입장에서는 고려말 그 한계가 노출되어 판을 바꿀 수밖에 없다고 보았다고 본다. 또 그러한 계기가 위화도 회군 이후 정치 군사적인 면에서의 실권 [군사권] 장악, 사회적인 면에서의 전제 개혁, 문화와 사상적인 면에서는 타락한 불교 대신 성리학을 중심으로 한 유교국가 등장을 꿈꾸었다고 본다. 따라서 당시 권문세족을 대변하였던 이인임과 정사를 14년간이나 주관하였던 최영장군과 달리 성리학이라는 가치관을 가진 신흥사대부 정도전, 조준 등과의 관계를 가진 이성계는 새로운 미래를 꿈꾸었다고 본다.

이는 종국적으로 역사의 흐름이라는 전제하에서 본다면 이들의 관계가 일시적으로 라이벌이 형성되었지만 시간의 흐름 속에서 조선을 개국한 태조 이성계(李成桂)에게 충직한 고려왕조를 지키려 하였던 최영(崔瑩) 장군은 그리 오랜 적수는 되지는 못하였다고 본다. 시대의 흐름을 읽은 태조 이성계의 조선왕조 개창은 하극상이라는 단순한 기준으로 평가하기에는 전술과 전략이나 그 내용면에서 역부족이 아닌가 한다(건국대학교 박물관대학 문화강좌, 최영과 이성계 −우리역사의 라이벌−(2014. 4. 20 보완).

참고문헌(2부 1장, 최영과 이성계 편)

고려사, 고려사 절요, 태조실록

김갑동, 『한국 역사상의 라이벌』, 신서원, 1995
유창규, 「고려말 崔瑩세력의 형성과 요동공격」 『역사학보』 143호, 1994
민병하, 「송악 최후의 성채(城砦) 『한국의 인간상』(2권)」, 신구문화사, 1974
민현구, 「辛旽의 집권과 그 정치적 성격」 『역사학보』 38, 40호, 1968
박용운, 『고려시대사』, 일지사, 1988
서울시사편찬위원회, 『서울 2천년사』(11권), 서울특별시, 2013
신채호, 『을지문덕/ 이순신전/ 최도통전』, 1908~1910 ; 독립기념관 한국독립
        운동사연구소, 1989
육군군사연구소, 『한국군사사』, 육군본부(군사연구소), 2012
이상백, 『이조건국의 연구』 을유문화사, 1949
하현강, 「위화도에서 돌아오다」 『한국의 인간상』(2권), 신구문화사, 1974
허홍식, 「고려말 李成桂의 세력기반」 『역사와 인간의 대응』, 한울, 1984

제2장 최만리(1388~1455)의 '갑자상소(甲子上疏; 언문반대 상소)' 배경과 성격
─ 여말선초 동아시아 문화권 형성과 대명외교 추이 ─

1. 머리말

14, 5세기 여말선초 시기는 퍽이나 독특하게 전개된 시기였다. 고려 (高麗) 무신집권기의 갈등과 항쟁을 거쳐 元 간섭기의 시련을 겪은 다음, 공민왕대 이후 개혁과정을 경험하고 드디어 그 역사적 전통을 계승한 조선왕조(朝鮮王朝)의 등장이 이루어진 시기이었다.[1] 또한 이시기에 일본·월남 등 동아시아에서 한문(漢文)을 중심으로 공동문어(共同文語)로 삼은 한문문명권(漢文文明圈)에 살면서 중세문명권의 시대이었다.[2]

이 시기 대외관계는 조공제도(朝貢制度)가 정비되고 제도화되는 시기이기이자, 외교정책으로는 사대(事大)와 사대교린(事大交隣)이 일반적으로 행해지던 시기이기도 하다. 따라서 이 시기에 활동한 인물이라면 자연 이러한 한문문명권에서의 사고와 활동을 하는 것은 지극히 자연스러

---

1) 여말선초 시대상황에 대해서는 민현구의 일연의 연구인 「고려에서 조선으로의 왕조교체를 어떻게 이해할 것인가」 『한국사시민강좌』 35집, 2004; 『한국중세사 산책』, 일지사, 2005, 191~208쪽과 「동아시아 세계질서의 재편과 수도 서울」, 『조선전기의 서울』, 2007, 서울시사편찬위 서울역사학술대회 발표집이 당시의 상황을 이해하는데 도움을 주고 있다.

2) 조동일(2010) 『동아시아 문명론』, 지식산업사, 15~16쪽과 유용태 外(2010) 「동아시아 지역질서와 200년간의 평화」, 『함께 읽는 동아시아 근현대사』, 창비. 39~60쪽.

울 것이다. 바로 이 시기 활동한 인물 중 대조적 인물 중 한 인물이 세종조(世宗朝) 집현전(集賢殿) 부제학(副提學 : 정3품, 당상관) 최만리(崔萬理)(?~1445)가 있다. 당시 집현전은 학문의 연구와 국왕의 자문에 대비하는 기능 등을 가지고 있었다. 참고로 집현전 설치 당시 집 관직과 임용현황 전임 10명과 겸직 6명으로 구성되어 있다.[3]

최만리는 1419년(세종1) 증광문과에서 을과로 급제후 1420년(세종2)에 집현전 설 치 당시부터 박사에서 시작하여 1427년 3월 교리로서 문과중시에 급제하였고, 그해 7월 응교에 오르고 1437년 직제학, 1438년 부제학, 1439년 강원도관찰사, 1440년 집현전 부제학으로 복귀하였다. 그뒤 1444년(세종26) 2월 훈민정음 창제에 대한 반대상소(갑자상소)로 즉일 친국받고 다음날 석방, 복직되었으나 사직하고 고향으로 돌아가 여생을 마쳤다. 집현전 학자로 20여 년 재직 동 안 특히 부제학으로서 14차에 걸쳐 상소를 올렸는데 그 중 대표적인 것이 언문반대상소라는 소위 '갑자상소'(1444)이었다.(한국정신문화연구원, 한국인물대사전, 1999 참조).

그러나 지금까지 최만리에 대한 평가는 시대적 상황과 외교사적 여건 속에서 종합적이고 구조적으로 평가가 이루어지지 않았다고 보여 진다. 더구나 당시 이상시대를 세운 세종대왕의 훈민정음(訓民正音) 창제에

---

3)   <집현전 설치 당시의 관직 및 임용 현황>

품계	정1품	정2품	종2품	정3품	종3품	정4품	종4품	정5품	종5품	정6품	종6품	정7품	정8품	정9품
관직	영전사	대제학	제학	부제학	직제학	직전	응교	교리	부교리	수찬	부수찬	박사	저작	정자
성명	박은 이원	유관 변계량	탁신 이주		신장 김자		어병갑 김상직	설순 유상지		유효통 안지		김돈 최만리		
정원	2	2	2	10명(副提學이 집현전의 실무책임자로 '行首'라고 부름)										
비고	겸직(名譽職)			전임 녹관(專任學士)										

이 중 제학 이상은 겸직으로서 명예직이었고, 부제학 이하가 전임관, 즉 전임학사(專任學士)였다. 따라서, 집현전의 실무 책임자는 부제학으로서 행수(行首)라고도 하였다. 집현전의 전임관, 즉 학사의 수는 설치 당시에는 10인이었다. 그러다가 1422년에는 15인, 1426년에는 16인, 1435년초에는 22인, 그 해 7월에는 32인으로 점차 늘었으나, 1436년에 20인으로 축소되어 고정되었다. 자격은 문사(文士)여야 했고, 그 중에서도 재행(才行)이 있는 연소한 자를 적임자로 삼았다. 한편, 약간 명의 서리(書吏)를 배속해 행정 말단의 실무를 맡도록 하였다.

대한 의미를 강조할수록 대조적으로 여건이나 시대적 상황을 무시한 채 일제시대 민족주의적 분위기에서 사대주의자(事大主義者)의 대표 인물로 평가를 받고 있지 않았나 한다.4)

이후 최만리와 갑자상소에 대한 재평가가 이루어지기는 했지만 훈민정음 창제를 둘러싸고 대립한 인물로서의 최만리에 대한 부정적 인식은 지금까지도 크게 바뀌지 않고 있는 실정이다.5) 이러한 면에서 필자는 최근 인물에 대한 평가를 당시 시대상황과 연계하여 고찰한바 있다6).

물론 세종대왕의 훈민정음 창제 업적은 분명히 역사적 의미가 큰 것은 사실이다. 하지만 이 사실을 강조 내지 미화하기 위하여 세종대왕 당시 안정된 국가경영을 위하여 통치철학 구현과 문물제도를 완비하는데 역할을 담당하였던 집현전과 20여년(1420~1444)을 함께하면서 세종대왕 보좌에 충실한 최만리의 위상을 재음미할 필요가 있다고 본다. 이를 위하여 필자는 동아시아 문화권에서 한자(漢字)의 위상과 소위 '사대·사대주의론'의 실제와 그 유용성을 살펴보고, 여말선초 대명외교와 표전(表箋) 문제 이해와 함께 세종조 유교적 이상국가 구현과정에서 최만리

---

4) 김윤경, 『朝鮮文字及語學史』, 조선기념도서출판관. 1938. 물론 국문학계에서도 그 후 이숭녕, 「최만리 연구」, 『이상백박사 회갑기념논총』, 1964 이래 일련의 연구(『혁신국어학사』, 박영문고, 1976과 『세종대왕의 학문과 사상』, 아세아문화사, 1981)로 어느 정도 균형을 찾게 되었다고 본다(민현식, 「갑자 상소문의 텍스트 분석과 국어교육적 함의」『청백리 최만리 선생의 행적과 시대의식』, ; 최충선생기념사업회 주관으로 崔萬理에 대한 역사인물 재조명 학술세미나(2010. 10. 26, 프레스센터) 발표지, 213~216쪽).

5) 이성무, 『조선의 사회와 사상』(개정 증보판), 일조각, 2004, 99~100쪽. 특히 이성무는 국왕의 교서를 문으로 반포하면서, 한자를 眞書, 훈민정음을 諺文이라 한 까닭은 당시 지식인관료들이 정치의 주체였던 조선시대의 시대적 특성이기도 하였다면서 '요즈음 안목으로 세종대왕의 훈민정음 창제를 지나치게 미화하는 것은 금물'이라고 지적하고 있음을 상기할 필요가 있다.

6) 이러한 면에서 필자는 崔萬理에 대한 역사인물 재조명 학술세미나(2010.10.26, 프레스센터)에서 필자는 <韓·中 문명교류의 외교사적 고찰> -고려말 조선초를 중심으로- 발표한 바 있다(발표지, 『청백리 최만리 선생의 행적과 시대의식』 참조).

의 소위 '갑자상소(甲子上疏; 언문반대상소)'를 재음미하고자 한다.

세종 때 집현전 건물(현 경복궁 修政殿 건물)   최만리의 '甲子上疏'(세종실록 권103)
(서울시사편찬위, 『서울의 문화재』 1권 사진)   1444년 甲子(세종 26년 2월 20일)

2. 東아시아 문화권 형성과 事大·事大主義論

1) 東아시아 문화권 형성과 漢字

東아시아 문화권[7] 내지 문명권의 형성이라면 일반적으로 그 공통요소로 한자문화와 유교주의문화, 그리고 율령국가체제와 불교문화 네 가지를 들고 있다. 이 들 문화요소가 대체로 한 漢 나라의 통치과정에서 정비되어 주변국가(한국·몽골·티베트·일본·월남)로 전파됨으로써 동아시아 문화권의 형성이 가능해졌고 唐 나라의 출현으로 그 완성을 이루

7) '東아시아 문화권'이라 할 때 동아시아 범주는 동양사에서는 일반적으로 중국(대만 포함), 한국, 일본을 뜻하는 것이 보통이며 월남을 포함시킬 수 있다고 하였다(전해종(1976) 『역사와 문화』, 일조각, p.140, 고병익(1976) 『동아사의 전통』, 일조각 및 신채식, 전게서, p.349).

었던 것이다.[8]

　그 중 동아시아 문화·문명권 형성의 한 요소 한자는 언어가 다른 아시아 각국에서 동아시아 문화권의 기본 요소를 전파시키는데 도구로 사용되어 왔다. 그런데 이 한자는 동아시아 문화권의 기본 요소(유교·불교·율령체제)와는 달리 일반대중이 접근하기 어려운 귀족층의 문자라는 특성을 지니고 있다. 그러므로 좀처럼 한자문화에 접근하기 어렵고, 이로 인해 당대까지는 중국만이 아니라 각국의 모든 계층간의 심각한 문화의 차별성을 가지고 있었다.[9]

　이 어려운 漢字가 동아시아 문화요소를 전달하는 매체가 되면서 각국은 필사적으로 한자를 익히는데 힘을 쏟고 마침내 한자를 소화하게 되어 동아시아 문화권의 완성에 결정적인 작용을 하였던 것이다. 이 한자가 당나라 시대에 이르러 동아시아 세계의 국제적인 문자로 확고한 위치를 확보하게 되었다. 따라서 한자(漢字)를 소화하지 못한 민족은 결국에 가서는 민족과 함께 그들의 문화도 소멸되었던 것이다. 즉, 돌궐문자를 비롯하여 정복왕조의 거란문자, 여진문자, 몽골문자, 서하(西夏)문자, 만주문자 등은 민족의 소멸과 더불어 사라져 사문자화(死文字化) 되었으며, 이들의 민족은 다 같이 어려운 한자를 소화하지 못한 공통점을 지니고 있다는 점을 주목하지 않을 수 없다.

---

8) 일반적으로 동아시아 세계에 漢帝國의 출현으로 중국적인 漢文化의 완성과 東아시아 문화권 형성 및 동서교역로(실크로드) 개척이 이루어지고, 나아가 국제적 唐帝國의 출현으로 동아시아문화권은 완성을 보았다고 지적하여 한중문명교류의 이해에 도움을 주고 있다(신채식(1993)『동양사개론』, 삼영사, pp.184~186 및 pp.348~349).

9) 고병익,『동아시아 전통과 근대사』, 삼지원, 1984, 69~71쪽. 즉 '일상용어가 그대로 記錄化되는 일이 업기 때문에 일상의 생각이나 용어는 古典的 漢文으로써 문장화해 가지고서만 기술할 수 있다고 생각하고 중국인과 직접 통화하는 외국어의 배울 필요는 그리 많지 않았다고 본다'는 지적은 세종조 훈민정음 창제전의 상황을 이해하는데 도움을 주고 있다.

이처럼 東아시아 문화의 중요한 전파수단이 된 한자는 이제 국제적
문자(文字)로 그 위치가 확실해졌다고 할 수 있다. 단지 각국은 어려운
한자를 소화하기 위하여 이를 변형하여 문화매개체로 활용하려 하였다.
신라시대 이두(吏讀), 일본에서의 가타가나 [片假名], 북방민족이 제작
한 고유문자도 모두 당나라시대를 전후하여 한자의 어려움을 극복하고
자국의 언어를 표기하기 위한 방편이었다. 하지만 이러한 문자는 하나의
보조수단에 불과하였고, 한자는 당나라에 이르러 동아시아 세계의 국제
적인 문자로 그 위상을 확실히 하였다.[10]

그러나 당나라 이후 동아시아는 북방의 정복왕조(遼·金·元·淸)의 등
장과 680여 년의 통치기간[11]은 전혀 다른 문화적 특색을 나타내고 있다.
즉, 군사력을 무기로 국수적인 반한적(反漢的) 성향을 띠고 있다는 점이
다. 이는 종래 동아시아 문화권의 요소인 율령체제를 소화하지 못하고
있을 뿐 아니라, 한자문화에 대해서도 완전한 몰입이 아니면 철저한 배
척으로 당시 한국·일본·월남 등의 뛰어난 수용 자세와는 상당한 차이가
있었다. 어려운 한자를 수용하지 못한 이들 정복왕조가 국가의 멸망과
함께 그들 민족마저 동아시아 역사무대에서 완전히 사라져버린(몽골은
제외) 현상을 볼 때, 漢字의 소화 내지는 동아시아 문화권의 형성과정과
매우 관계가 깊다는 사실은 시사하는 바 크다. 따라서 당시 집현전 부제
학 최만리가 상소하기를,

> "(제2항) 옛부터 九州의 안에 풍토는 비록 다르오나 지방의 말에 따라 따
> 로 문자를 만든 것이 없사옵고, 오직 蒙古·西夏·女眞·日本과 西蕃의 종류
> 가 각기 그 글자가 있으되, 이는 모두 夷狄의 일이므로 족히 말할 것이 없사
> 옵니다. 옛글에 말하기를, '華夏를 써서 이적을 변화시킨다.' 하였고, 화하가

---

10) 신채식, 전게서, 351~353쪽.
11) 정복왕조의 존속기간은 遼 110년(916~1125), 金 120년(1115~1234), 元 162
    (1206~1362) 및 淸 296년(1616~1912) 등 688년간이다.

이적으로 변한다는 것은 듣지 못하였습니다. 역대로 중국에서 모두 우리나라
는 箕子의 남긴 풍속이 있다 하고, 문물과 예"악을 중화에 견주어 말하기도
하는데, 이제 따로 諺文을 만드는 것은 중국을 버리고 스스로 이적과 같아지
려는 것으로서, 이른바 소합향(蘇合香)을 버리고 당랑환(螳螂丸)을 취함이오
니, 어찌 문명의 큰 흠절이 아니오리까(豈非文明之大累哉)"12)

라 상소하였다. 최만리 등 당대 집현전 학자로서는 당시 거란, 몽골, 서
하문자가 민족의 소멸과 함께 사라진 것을 우려하면서, 당시 언문(諺文)
을 만드는 것은 중국을 버리고 이적과 같아지려는 것으로서 생각하여 문
명의 큰 흠이 아니냐고 생각하였던 것이다.

즉, 중국고사에 나오는 예를 들어 말하기를, 한문을 재질이 좋은 소합
향(蘇合香 : 소합향 나무의 껍질에서 얻은 진으로 만든 향료, 약으로 쓰임)으로 비
유하면서, 정음을 만드는 것을 마치 당랑환(螳螂丸 : 사마귀와 쇠똥구리로
만든 환약을 말하는데, 눈앞의 이익을 탐내어 뒷날의 병환을 돌아보지 않는 것에 일컫
는 말)을 취한다고 보았다. 훈민정음이 오랑캐 문자로 전락되는 것이 아
닌가 우려하고 있었던 것이다. 따라서 1443년(세종 25) 12월 창제 반포
한 이듬해 1444년 2월에 이른바 최만리의 갑자상소 서문과 첫 번째로
지적한 내용을 보면,

　　"(서문) 신 등이 엎드려 보옵건대, 諺文을 제작하신 것이지 극히 신묘하여
만물을 창조하시고 지혜를 운전하심이 천고에 뛰어 나시나, 신 등의 구구한
좁은 소견으로는 오히려 의심되는 것이 있어 감히 간곡한 정성을 펴서 삼가
뒤에 열거하오니 엎디어 聖栽하시옵기를 바랍니다."
　　"(제1항) 우리 조선은 조종 때부터 내려오면서 지성스럽게 大國을 섬기어
한결같이 中華의 제도를 준행하였는데, 이제 글을 같이하고 법도를 같이하는
때를 당하여 諺文을 창작하신 것은 보고 듣기에 놀라움이 있습니다. 설혹 언
문은 모두 옛 글자를 본뜬 것이고 새로 된 글자가 아니라고 하지만, 글자의
형상은 비록 옛날의 篆文(한자 서체의 하나인 篆書를 말함)을 모방하였더라

---

12) 『세종실록』 103권 세종26 2월 20일 경자(최만리 등 상소)

도 음을 쓰고 글자를 합하는 것은 모두 옛 것에 반대되니 실로 의거할 데가 없습니다. 만일 중국에라도 흘러 들어가서 혹시라도 비난하여 말하는 자가 있으면 어찌 대국을 섬기고 중화를 사모하는 데에 부끄러움이 없겠습니까?(若流中國 或有非議之者 豈不有愧於事大慕華")13)

라고 먼저 상소의 의중을 드러냈다. 이는 최만리가 훈민정음 창제에 처음부터 반대한 것이 아니라, 정음 창제에 대한 신묘함에 칭송을 먼저하고 아울러 언문 창제에 대한 의문점을 제기하고 있음을 알 수 있다. 즉 훈민정음 창제 이후 그 다음해(1444.2) 상소하기를 종래 전통적인 문자 사대주의 전통 확인과 정음 창제와 한자음 개혁으로 국가 노선 훼손과 중국과의 불화를 우려하였던 것이다.14)

전근대의 동아시아 세계는 중국이 유일한 강대국으로 존재하면서 중화주의적 세계질서가 형성되고 있었다. 따라서 조선은 명분적·현실적으로 사대주의를 표방하며 번국(藩國)으로서의 명분을 지키면서도 국가의 자주성을 확보하고자 하였다. 그리고 그것을 국제적 고립이나 갈등이 아닌 우호적인 상호관계 속에서 이루고자 하였다. 이에 따라 대명외교는 국가의 중대사로서 인식되었다. 바로 세종이 집현전 설치 목적 가운데에는 명과의 외교관계에 필요한 인재 양성도 포함되어 있었다. 당시 집현전 부제학이라는 최고 전임자로서 최만리는 어떻게 보면 훈민정음 창제는 당연히 의문을 제기할 수 있었던 중대한 사건이었던 것이다.

더구나 유교이념을 통하여 지배질서를 구축하려는 조선 지배계층에게 성리학적 명분 질서는 국내의 지배관계뿐만 아니라 국제관계에서도 그대로 연장 적용되었다. 따라서 명과 조선간의 차별적인 관계는 성리학

---

13) 『세종실록』 103권, 세종26년(1444) 2월 20일 경자조
14) 최만리의 갑자 상소(『세종실록』 103권 세종26년 2월 20일 경자조)는 크게 보아 6가지로 나누어 제기하고 있음은 주지의 사실이다(이숭령, 「최만리연구」, 『이상백박사화갑기념논문집』 1964 및 강신항, 「최만리의 상소와 세종의 처결」, 『훈민정음 연구』, 성균관대학교출판부, 1987, 266쪽).

적 명분론에 입각하여 정당화되었다.[15] 성리학의 명분 질서에서 모든 인간은 평등하지 않을 뿐만 아니라 상하·존비·귀천으로 구분되어 각각 그에 합당한 지위를 갖고 있다. "귀한 것은 천한 것에 군림하고, 천한 것이 귀한 것을 받들며, 위는 아래를 부리고 아래는 위를 섬기는 것은 하늘의 이치와 백성의 이륜(彝倫)에서 당연한 것이며 나라를 다스리는 도리의 근본"[16]으로 인식되었던 것이다.

이러한 차별적 질서는 인간관계뿐만 아니라 국가와 국가의 관계에서도 마찬가지였다. 곧 성리학 명분론에 입각하여 국내 지배질서가 새롭게 재편되면서 대외관계에서도 이를 그대로 연장 적용하여 상하관계로 차별화하였던 시기였음을 간과해서는 안된다고 본다. 이처럼 한자가 동아시아 문화요소를 전달하는 매체가 되면서 각국이 필사적으로 익히는데 힘과 국력을 쏟아 마침내 한자를 소화함으로써 동아시아 문화·문명권이 완성되는 결정적 작용을 하였음을 알 수 있다.

2) '사대·사대주의론'의 실제와 그 유용성

전근대 사회에서 한국의 문화는 東아시아 문화권 범주에 속해 특히 중국과의 대외관계 속에서 영향과 교류 및 자극을 받으며 삼국시대와 고려·조선시대를 거쳐 현재에 이르고 있다고 할 수 있다. 본장에서는 중국사의 전개와 함께 형성된 동아시아문화권의 형성과 함께 한자문화의 성격을 통해 대외 관계사 전개와 특징을 이해하자 한다. 특히 여말선초 대내외 격랑의 시기를 맞아 외교적으로 소위 '사대와 사대주의'란 용어사용의 문제점을 보고자 한다.[17]

---

15) 韓永愚, 『朝鮮前期 社會思想研究』, 지식산업사, 1983, 60~88쪽.
16) 『세종실록』권40, 세종 10년 5월 정축조 「夫貴以臨賤 賤以承貴 上以使下 下以事 上 乃天理民彝之當然 而治道之根本也」.
17) 이기백, 「事大主義論」, 『한국사신론』, 일조각, 1983, 3~4쪽과 「사대주의론의 재

먼저, 조선시대에 주로 언급되는 사대와 사대주의 및 사대교린에 대한 역사적 유래와 적용 및 활용을 일별할 필요가 있다. 본래 事大란 말은 보통 중국 춘추전국시대 이전 서주시대(西周時代)의 제후국들 간에 공존을 위해 상호불가침을 약속하고 결속강화를 도모한 사대(事大)·자소(字小)의 교린지례(交隣之禮)에서 유래한 말이다. 즉 춘추시대의 역사를 기록한 『좌전(左傳)』에 보면

 "예(禮)란 작은 나라가 큰 나라를 섬기고 큰 나라는 작은 나라를 아끼는 바이요, 사대(事大)는 때때로 명하는 바를 공경하는데 있고, 자소(字小)는 없는 것을 구휼하는 것이다".[18]

라는 구절에서 유래하였다. 즉 국가간에 있어 '사대'란 작은 나라가 큰 나라의 명에 순응하는 예이고, '자소'란 큰 나라가 작은 나라의 궁핍을 돌보아야 하는 예이다. 서주시대 종법제도(宗法制度)와 봉건제도(封建制度)에 입각한 예치사상에 기인하고 있다. 그리고 이를 위하여 대소국 간 갖추어야 할 덕목으로서,

---

검토」, 『민족과 역사』, 일조각, 1971, 77쪽이래 고병익, 「외국에 대한 이조 한국인의 外國觀」, 『백산학보』 8, 1970 : 『東亞史의 전통』, 1976, 『한국사시민강좌』 42, 2008와 전해종, 『한중관계사연구』, 일조각, 1981과 「조선전기 韓中關係의 몇 가지 특징적인 문제」, 동양학 14, 1984처럼 선험적 연구를 비롯하여, 이를 대명·대일관계까지 넓혀 연구한 손승철, 「조선조 事大交隣政策의 성립과 그 성격」, 『민병하정년기념 사학논총』, 1988, 327~329쪽과 하우봉, 「사대교린관계와 양란」, 『한국역사입문』 2(중세편), 풀빛, 1995, 380~392쪽 및 최근 이 분야에 대해 활발한 연구를 정리한 박원호, 『明初朝鮮關係史研究』, 일조각, 2002과 「고려말 조선초 대명외교의 우여곡절」, 『한국사시민강좌』 36, 2005 및 「근대 이전 한중관계사에 대한 시각과 논점」 『한국사시민강좌』 40, 2007 등이 있어 이해에 도움을 주고 있다.

18) 『左傳』 昭公, 30年傳, 春秋左傳正義, 卷53. 「禮也者 小事大 大字小之謂 事大在共 其時命 字小恤其所無」: 이석호 역, 『春秋左傳』 下, 新完譯 四書五經傳 12, 平凡社, 1986, 389~390쪽.

"소국이 대국을 섬기는 까닭은 믿음(信)이 있기 때문이요, 대국이 소국을 보호하는 까닭은 인자함(仁)이 있기 때문이다. 따라서 대국을 배신하는 것은 믿음이 없기 때문이고, 소국을 정벌하는 것은 인자함이 없기 때문이다. 따라서 이 두 덕이 잃으면 위태로워 장차 어떻게 보전할 수 있는가.[19]

라고 묻고 있다.

이처럼 큰 나라와 작은 나라간의 事大·字小의 상호 이행 원리를 信과 仁에 두고 이에 구체적으로 언급하고 있는 『맹자(孟子)』, 양혜왕(梁惠王), 下에 보면,

"齊宣王이 물었다. '이웃 나라와 사귐에 방법이 있습니까? 하니 맹자가 이르기를, 있습니다. 오직 인자(仁者)만이 대국을 가지고 소국을 섬길 수 있습니다. 그러므로 탕왕이 갈(葛)나라를 섬기고, 문왕이 곤이(昆夷)를 섬긴 것이다. 오직 智者만이 소국을 가지고 대국을 섬길 수 있습니다. 그러므로 태왕이 훈육(燻鬻)을 섬기고, 구천(句踐)이 오나라를 섬기는 것이다 … 大國을 가지고 小國을 섬기는 자는 天理를 즐거워하는 자요, 小國을 가지고 大國을 섬기는 자는 天理를 두려워하는 자이니, 천리를 즐거워하는 자는 온 천하를 보전하고, 천리를 두려워하는 자는 자기 나라를 보전합니다. 天은 理일 뿐이니, 대국이 소국을 사랑함과 소국이 대국을 섬김은 모두 理의 당연함이다.[20]

라 하였다. 대소국간 事大와 字小의 관계를 맺는 것은 천하를 지키고 자국을 보전하기 위한 자연의 이치라고 하였다. 즉 대국의 경우 두루 포용할 수 있는 넓은 아량을, 소국은 절도와 신의를 지켜 멋대로 방종하지 않을 것을 요구되고 있다고 할 수 있다. 특히 소국의 경우 대국을 사대

19)『左傳』哀公, 7年傳「小所以事大信也 大所以保小仁也, 背大國不信 伐小國不仁 … 失二德者 危將焉保」, 이석호, 상게서 권57, 539~540쪽

20)『孟子』梁惠王, 下「齊宣王 問曰 交隣國有道乎, 孟子對曰 有, 有仁者 爲能以大事小 是故湯事葛, 文王 事昆夷, 惟智者 爲能以小事大, 故太王 事燻鬻 句踐事吳 (中略) 以大事小者樂天者也 以小事大畏天者也 樂天者保天下 畏天者保其國 (原註)天者理而矣 大之字小 小之事大 理之當然也」.

하는 이유는 자국을 보존함에 있음을 강조하여 事大가 곧 대국에 대한 힘의 열세를 대신하는 합리적인 외교적 보국책이었다.[21]

이는 事大·字小의 개념은 결국 제후국 상호간의 우의와 친선을 위한 교린의 예에서 출발하고 있음을 알 수 있다.[22] 따라서 일제시대 식민학자들에 의하여 소위 사대주의란 용어는 사대자소와 사대교린이란 개념과는 거리가 있음을 알 수 있다. 즉 일제시대 지리적 조건으로 반도적 성격론으로 시작한 한국사에서의 '사대주의론' 운운은 한국의 자주성을 말살함으로써 일본의 침략을 정당화하려는 술책에 불과한 것이었다. 한국사상(韓國史上)에서 그들이 말하는 사대주의가 있었다면, 이기백 선생은 일찍이 이르기를

> "그것은 이민족 침략의 소산인 경우 보다는 오히려 선진문화에 대한 동경심의 발로라 할 것이다. 즉 중국에 대한 慕華思想이 그러한 예이고 이는 문화적인 면에서 선진문화의 섭취와 세계문화에의 참여라는 적극적인 면을 내포하고 하고 있는 것이다."[23]

---

21) 이기백은 특히 북방민족의 무력적인 압력에 대하여 굴복하기를 주장하는 사람들(金에 대한 이자겸의 경우, 蒙古에 대한 왕실과 문신의 경우, 明에 대한 이성계일파의 경우가 그 예)이 있지만, 무력적인 굴복은 일시 있었지만 항상 적대시하고 배타적인 태도를 취해왔고, 이러한 대외정책은 그들이 국내적인 대립 상태를 외세를 이용하여 해결하려는데 말미암은 것으로 일찍이 주장한 바 있다(전게서, 3쪽).

22) 손승철, 전게논문, 331~332쪽. 특히 사대교린정책의 성립과정에 대한 성립과 성격은 본 장에 기술하는데 많은 받았음을 밝혀 논다.

23) 그러한 면에서 세종조 집현전 부제학 崔萬理가 상소하기를, "우리 조선은 조종 때부터 내려오면서 지성스럽게 大國을 섬기어 한결같이 中華의 제도를 遵行하였는데(我朝自祖宗以來 至誠事大 一遵華制)."(『세종실록』 103권, 세종 26년 2월 20일 경자)라는 언급은 이해할 만하다고 본다, 그러나 이기백의 지적처럼 단지 문화적 창조력에 대한 신념이 결핍된 귀족들의 일부 특권의식과 관련하여 자기 문화의 후진성에 대한 자각이 지나쳐서 自卑心까지 발전한데에 잘못이 있음을 지적하고 있음을 간과해서는 아니 된다(이기백, 『한국사신론』, 3~4쪽).

그러나 이러한 사대와 자소의 교린의 예는 약육강식 패권의 정복전쟁 시대인 춘추전국(春秋戰國) 시대에 이르러서는 사정이 달라졌다. 종래 주(周)의 봉건제도 지배구조에서 벗어나 제하(諸夏) 제 민족들이 중원천지를 무대로 삼아 각축전이 일어났던 시기인지라 한마디로 헌물(獻物)이 필수적으로 수반하는 일방적인 사대의 예로 변모하여 하였다. 이른바 조빙사대(朝聘事大)로 변모되었다. 그 사정은

> "小國이 大國의 꾸중을 면하기 위하여 卿을 사자로 보내어 방문케 하고 예를 받칠 때에는 그것이 마땅 가득히 벌여 놓을 정도이어야 합니다. 小國의 임금이 몸소 大國에 가서 자기나라의 형편을 보고할 때는 용모를 장식하는 수레나 옷을 치장하는 깃털이며 단칠이라든가, 기타 아름다운 최상의 물품이 외에도 재화를 덧붙여 보내야 합니다"[24]

라고 하였다. 즉 조빙사대의 질서규범이이 생겨나, 대국(中國)과 소국(周邊國) 사이에도 이러한 禮가 요구되어 이른바 조공(朝貢)과 책봉(册封)이라는 독특한 외교행위가 등장하였다.[25] 여기서 '조공'이란 지방 특산물을 선물로 낸다는 뜻이고, '책봉'은 임금이나 지위가 높은 왕족, 외척, 관료들에게 '册'의 형태의 벼슬임명장을 갖추어 주었던 데서 생겨난 용어이었다. 처음에는 한나라의 범위 안에서 생겨났지만, 그 후 여러 나라들의 통치자들 사이에 맺어지는 외교무역관계로 확대 적용되게 되었

---

24) 「孟獻子言於公曰 臣聞小國之免於大國也 聘而獻物 於是乎有庭實旅百 朝而獻功 於是有容貌 采章嘉淑而加貨」『左傳』宣公 14年 傳(『春秋左傳』下, 新完譯 四書五經 傳 11, 平凡社, 1986, 95~96쪽)

25) 이춘식,「朝貢의 기원과 그 의미」,『중국학보』10집, 1969, 12~20쪽. 그리고 전해종은 특히 朝貢關係를 형태면에서 전형적 조공관계(경제적, 의례적, 군사적, 정치적 관계), 준조공관계(정치적, 경제적, 문화적관계) 및 비조공관계(적대관계와 평화적 내왕관계)로 나누어 보고, 시기로는 다섯 시기(조공관계의 전단계, 초기 조공관계의 성립, 조공관계의 발전, 조공관계의 변질 및 전형적 조공관계의 성립)로 구체적이고 구분하고 있어 이해에 도움을 주고 있다(『한중관계사 연구』, 26쪽 참조).

다.26) 물론 이 책봉과 조공은 중국지배자들만이 '하사'하고 받을 수 있는 특권적인 독점물은 아니었다.

예를 들면, 전한(前漢)시대 흉노 선우(임금)에게 해마다 2억 7,000만 전어치에 달하는 막대한 세폐(歲幣)를 받치었고, 당나라도 초기에 돌궐에 많은 물건들을 보내지 않을 수 없었다(『신당서』 권215 상, 突厥傳 및 『구당서』 권194 상, 突厥傳). 그리고 송나라 황제(眞宗)는 1004년 거란(遼) 황제를 백숙형제(伯叔兄弟 : 아저씨 또는 형제)로 부르면서 해마다 은 10만 냥, 비단 20만 필을 공물로 받쳐야 하였다(『遼史』 統和 22년 12월 무자). 당시 이에 대한 상황은 우리 고려에도 잘 알려진 것 같다. 김부식의 동생 김부의(金富儀)가 예종(睿宗) 6년(1111) 서장관으로 송나라에 표문을 올린 적이 있는데, 당시 대외적 건의책 중에 이르기를,

> "신은 그윽이 보건대 한나라가 흉노에게 대하여 당나라가 돌궐에게 대하여 혹은 더불어 臣이라 일컫고 혹은 공주를 내려 시집보내어 무릇 화친할만한 것은 하지 않음이 없었습니다. 지금 大宋도 거란으로 더불어 백숙형제가 되어 대대로 화친하여 서로 통하니 天子의 높음은 천하에 대적이 없거늘 오랑캐 나라에 굴하여 섬김은 곧 이른바 聖人은 權으로써 道를 이룬다하였으니 국가를 보전하는 良策입니다(以天子之尊 無敵於天下 而於蠻胡之國 屈而事之者 乃所謂聖人權以濟度 保全國家之良策也)"(『高麗史』 권 97, 金富儀傳).

라 하였다. 책봉을 받고 조공을 하는 것이 나라들 사이의 대내외정책에 있어서 자연스러운 의례 형식으로 간주하였을 뿐 결코 이것이 자기의 주권을 포기하고 주종관계를 맺거나 속국으로 전락되는 것으로 여기지 않았던 것이다.

이러한 조공·책봉을 바탕으로 한 외교관계는 우리나라뿐 아니라 중

---

26) 최준경, 「중세 동아시아에서의 '책봉'과 '조공' 체계의 본질에 대하여」, 『고조선·고구려·발해 발표 논문집』, 고구려연구재단, 2005, 406~407쪽.

국주변의 모든 나라가 동아시아 국제관계의 외교규범으로 적용되었
다. 중국 측의 군사적 압력에 행해진 것이 아니라 삼국 간 불균형한 힘
의 관계에서 각기 자국의 입장을 유리하게 이끌어 가기 위해 자주적으로
취한 일종의 외교수단이요, 국가 간 조공과 책봉관계는 광범위하게 힘의
관계에서 생긴 긴장관계를 완화시키기 위한 제도적 장치였던 것이다.[27]
즉, 조공·책봉체제는 대국과 소국의 공존을 담보하는 일종의 약속으로
중화질서(中華秩序)의 정착[28]이기도 하였다.

 그 후 고려시대의 요·금·원·명과 조선전기 명과의 사대관계에서 그
전보다 강력한 세력에 의한 군사적 위협상태에 대처한다는 공통적인 방
안으로 역시 조공과 책봉관계는 군사적 힘의 열세에서 오는 긴장을 완화
시키려는 성격이 강하였다.[29] 한편 조공·책봉관계는 때로 상대국가에
따라서 달리 전개되기도 하였다. 즉, 고려후기 고려·원의 조공관계와 조
선의 명나라에 대한 사대는 약간 차이점이 나타난다. 조공관계의 일반적
성격은 실질적으로 의례적인 문제가 중점을 차지하는 상호관계라고 할
수 있는 것이지만, 원대(元代)의 한중관계는 군사적 열세에 기인한 일방
적이고 지배성이 강한 관계로서 원의 압제가 조공관계의 우위에 있다고
할 수 있다. 이점에서 원과 고려와의 조공관계는 그 이전과 성격이 다르
다고 할 수 있다.[30]

 즉, 고려에서 조선으로의 변화는 단순한 왕조에 그치지 않고 성리학
(性理學)이라는 유교적 이상국가 구현이라는 가치관과 함께 전개되었다.
따라서 이제 중국 元나라와의 관계를 그대로 복제해서 明 나라로 옮긴
다는 것은 불가능한 일이라, 조선 건국자들은 이 문제에 대한 해결책으

27) 손승철, 전게 논문, 335~336쪽.
28) 한명기, 「교류와 전쟁」『새로운 한국사 길잡이』, 지식산업사, 2008, 379~380쪽.
29) 전해종은 이 시기를 조공관계의 변질과 전형적 조공관계의 성립으로 보고 있다
   (전게서, 26쪽).
30) 전해종, 전게서, 49~50쪽.

로 '事大'의 이념을 활용하였다고 본다. 힘에 눌려 억지로 무릎을 꿇는
것이 아니라 천하질서에 능동적으로 공헌한다는 명분으로 약자는 자존
심을 지킬 수 있었고, 강자는 약자의 태도가 일시적 득실에 따라 바뀌지
않으리라고 신뢰할 수 있는 길이었다. 이제 조선왕조로서는 명나라에 대
한 사대관계를 통해 동아시아 체제 속에서 독립국의 위치를 보장 받을
있었던 것이다.[31]

여말선초 明나라와의 사대관계는 군사적인 것과 동시에 문화적·정치
적인 면이 결부되어 있다는 점이다. 중원지역에서 유교문화를 기본으로
하는 중화국가(中華國家)로서 그 문화가치가 여말선초 정도전(鄭道傳)
을 비롯한 신진사대부 뿐 아니라 안정적인 역대 왕조와 세종조 이후 관
료들 사이에 동질문화권으로서 유대의식이 강하다고 할 수 있다.[32] 이
처럼 事大는 字小事大의 원리에서 출발하여 사대와 교린이 함께 공식
적인 대외정책이었고 일종의 예절이었다. 따라서 당시 중국 중심의 천하
체제를 '사대주의'라는 말이 많이 쓰여 왔는데 이것은 천하체제의 전복
을 꾀하던 일본 제국주의자들이 천하체제의 한 측면을 악의적으로 폄훼
한 것이라 볼 수 있다.[33]

---

31) 최근 사대와 관련하여 주목할 만한 저술이 나왔는데 김기협, 『밖에서 본 한국史』,
   돌베개, 2008, 177~181쪽과 『망국의 역사, 조선을 읽다』, 돌베개, 2010, 52~61
   쪽 및 유용태 外, 『함께 읽는 동아시아 근현대사』, 창비, 2010 , 39~60쪽이 있다.
   특히 김기협은 전자에서 조선의 '명나라에 대한 사대관계를 통해 조선은 동아시
   아 체제 속에서 독립구의 우를 보장 받을 수 있었다'고 보면서 '욕이 될 수 없는
   말, 事大'(174쪽)라 하였다. 그리고 유용태는 조공-책봉의 이념과 현실에서 동아시
   아 지역질서와 200년간의 평화가 가능하였다고 적극적으로 설명하고 있어 주목
   된다(39쪽).
32) 한영우, 『정도전사상의 연구』, 서울대출판부, 1983, 172~182쪽. 특히 '朝鮮'이란
   국호 제정에서 당시 역사의식과 문화자존의식이 단적으로 반영되었다고 보았다.
33) 김기협 『망국의 역사, 조선을 읽다』, 2010, 52쪽. 이는 일찍이 이기백 선생이 '사
   대주의라는 용어를 한국사의 서술에서 말살해 버리는 것이 좋으리라고 생각 한
   다'(이기백, 「사대주의론 재검토」, 1971, 177쪽 제언에 다시 한번 적극적 동감이

.하지만 시대의 변화 속에서 元나라처럼 강력한 군사적 힘에 의한 사대관계가 있기도 하였지만, 문화가치를 전제로 하는 明나라와의 사대관계는 그 전과 차이가 있는 사대관계라 할 수 있다. 즉 동아시아 지배질서 속에 조선왕조 성립 이후 태조, 태종 및 세종을 거치면서 사대의식은 바로 중요한 대외정책이요 예절이며, 동시에 小中華로서 의식을 가졌던 것이다. 이처럼 事大와 字小의 원리는 동아시아에서 국제관계의 안정을 지키는데 큰 역할을 해왔다.

3. 對明外交 추이 속에 나타난 유교적 理想國家

1) 여말선초 대명외교의 추이와 표전(表箋)

동아시아 역사에서 14, 5세기는 격변의 시기요, 새로운 국제환경이 조성된 시기이었다. 여말 선초 대중국관계는 대륙 정세와 함께 대내적 정치상황의 변동에 따라서 대내외적으로 매우 복잡하게 전개되었다.[34] 먼저 대외적으로는 공민왕대 元·明 교체(1368)의 과도기이자 우왕(禑王)과 창왕대(昌王代)는 元의 멸망직후의 혼란기였으며, 공양왕 이후 조선 태조(太祖) 이성계(李成桂)(1392~1398)의 시기는 중국 명 태조(明太祖)(1368~1398) 주원장(朱元璋)이 대륙을 완전히 지배하게 된 시기이었다. 이 후 조선전기에 이르러 한중간의 전형적인 조공제도가 정비되

라 할 수 있다.

34) 민현구는 "중국에서 원·명의 교체(1368)는 한국에서 조선왕조 성립(1392)과 일본에서 통일정권으로서의 무로마치 [室町幕府]의 대두(1392)로 동아시아 3국이 비슷한 시기에 중대한 정세변화를 겪으면서, 明을 중심으로 해서 朝鮮과 日本이 편입되는 새로운 동아시아 국제질서의 성립을 의미하는 것"이라고 보고 있다(「동아시아 세계질서의 재편과 수도 서울」, 『조선전기의 서울』, 2007, 3~5쪽).

고 제도화되는 시기이자, 사대와 사대교린이 중요한 외교정책으로 정착
된 시기이었다.

그리고 대내적으로는 고려말 공민왕대의 정방(政房) 폐지·기철(奇轍)
등 친원파 제거·정동행중서성이문소 폐지 및 元 年號 폐지 등 反元 자
주정책과 홍건적과 왜구의 침략 등 혼란기를 거쳐 성리학을 이념으로 무
장한 신진사대부(新進士大夫)[35] 등 새로운 정치세력에 의해 조선왕조가
건국되기에 이르렀다. 따라서 종래의 대중국관계는 새로이 편성될 수밖
에 없었다. 특히 공민왕조 초기부터 조선 태종 초기까지 약 50년간이 주
목된다. 즉 조선왕조가 개창되고 나서 고명(告命: 신임장)과 인신(印信:
인장)을 받는 태종 초기(1403)까지 10년간은 그 이후 세종시대와의 연속
성보다도, 그 이전 고려 말 40년간과의 연속성이 높다는 것이다.[36]

그러면 당시 대륙의 정세변동에 직접적으로 영향을 받았던 고려로서
는 공민왕이 즉위 직후부터 고려의 자주성을 회복하기 위하여 여러 가지
정책을 취하였던 전후 과정을 일별할 필요가 있다.[37] 먼저 반원자주정

---

35) 고려후기 사대부의 성장과 성리학 수용에 관해서는 민현구,「고려후기 권문세족」
   1974;『高麗政治史論』, 고려대출판부, 2004, 235~245쪽 연구 이래 고혜령,『高
   麗後期 士大夫와 性理學 受容』, 일조각, 2001 도움을 주고 있다. 특히 후자는 元
   制科 급제자를 분석하여 이들의 "사회적 성향은 진보적인 성향보다는 체제 순응
   적이고 편승적인 면이 더욱 강하여 현실문제에 있어서는 개량적인 입장을 취하는
   선에 머물러 있어" 당시 신진사대부의 성향을 이해하는데 도움을 주고 있다
   (81~87쪽). 한편 필자는 성리학 수용에 대해서 고려 중기 북송성리학의 전래와
   무신란 이후, 儒·佛 교섭 및 元 간섭기 역사인식의 변화 속에서 性理學 受容을
   주목한바 있다(졸저,『高麗時代 性理學 受容 硏究』, 국학자료원, 1997 참조).
36) 이렇게 나누어 보아야 조선초기 鄭道傳의 表箋問題(3차)와 함께 遼東政伐計劃
   (1397~1398)을 이해 할 수 있다는 지적(박원호, 상게논문,『한국사시민강좌』36
   집, 34쪽)은 주목할 만한 지적이다. 이는 40여년 후 세종대 중국에 대한 지극한
   事大的 자세와 함께 訓民正音 창제의 의미를 올바로 볼 수 있다고 본다.
37) 여말선초 격랑의 외교적 상황에 대해서 크게 세 시기로 나누어 설명하기도 하는
   데, 즉 '元末 동란과 高麗의 다면외교'(1356~1370)와 '고려의 양면외교와 명의
   이중전략'(1370~1398) 및 '조선과 명의 암투와 외교적 각축'(1388~1403)으로 구

책을 취하여 몽고풍의 변발호복(辮髮胡服)을 금지하고 국풍으로 돌아갈 것과 중화론(中華論)을 골자로 하는 유교적 명분론을 가지고 북적(北狄) 출신의 몽고황제를 정통 천자가 될 수 없음을 내세워 원의 연호 [至正] 를 다시 폐지(1369. 5)[38]하는 등 反元政策의 기운을 고취시켰다.

이러한 공민왕대의 명분론은 1368년 명의 주원장이 대륙의 새로운 지배자로서 明나라로 등장하자, 친명사대(親明事大)의 명분을 내세우는 데 중요한 이론적 근거가 되었다. 고려에서는 백관회의를 열어 明에 통사(通使)할 것을 결정하였다. 1369년 4월 명 태조가 고려에 사신을 보내어 명의 건국과 국호, 연호 등을 알리면서, 역대의 고려와 중국과의 관계를 논한 후 사대관계를 맺을 것을 요구하였다. 즉,

> "대명 황제는 고려 국왕에게 글을 보내어 알리기를… 옛날에 우리 중국의 임금은 고려와 땅을 맞대고 있었으며 고려 왕은 혹은 신하로 혹은 손(賓)으로 되어 있었는데 중국의 문화를 사모한 것은 生靈을 편안케 하려는 것일 따름이었다. 하늘은 왕의 덕 여하를 보고 냈다니 어찌 영원히 고려의 왕이 되게 하지 않겠는가?"[39]

라 하였다. 그리하여 공민왕 19년 명의 연호 홍무(洪武)를 사용하기 시작(1370. 7)하여 양국사이에 사신왕래가 계속되었다. 그러나 명나라는

분하기도 한다(박원호, 「고려말 조선초 대명외교의 우여곡절」, 『한국사시민강좌』 36집, 2005, 73~98쪽).

38) 고려말 대외정세의 격변 속에 원나라 연호(至正) 폐지와 사용이 거듭되니, 1356년(공민왕 5) 6월과 1369년(공민왕 18) 폐지와 北元 연호 宣光(1377. 2) 사용이 있었다. 그리고 明의 연호(洪武) 사용은 1370년 7월 시작되었지만 국교단절 선언(1374) 이후, 1378년 9월 재사용과 1388년(우왕 14) 철령위 설치문제로 연호 사용 금지 및 재 국교(1393.5) 등 원과 명나라와의 연호v변화는 5, 6차례나 거듭되었다(다할편집실, 개정판 『한국사연표』, 2008 참조).

39) 『고려사』 권41, 공민왕세가, 18년(1369) 4월 壬申 「壬辰 大明皇帝遣符 昔我中國之君與高麗壤地相接其王或臣或賓盖慕中國之風爲安生靈而已天監其德豈不永王高麗也哉」

고려가 아직 원나라와의 관계를 완전히 끊지 않았을 뿐 아니라, 고려가
북진운동을 추진하면서 1370년 1월과 8월에 각각 원의 동령부(東寧府)
와 요양지역을 지용수(池龍壽)와 이성계(李成桂)가 점령하는 등 만주방
면으로 국세를 확장할 기세를 보이자 明의 우호적인 태도가 돌변하기
시작하였다. 그러다가 1374년 禑王이 즉위 후 이인임(李仁任) 등에 의
해 친원정책으로 돌아서면서 북원의 연호 선광(宣光)을 다시 사용(1377.
2) 하자, 明은 드디어 국교의 단절을 선포하고 고려사신의 입국을 불허
하였다.

조정에서는 명과의 관계를 개선하여 곧 명의 연호 홍무((洪武)를 사용
(1378. 9)한 후 수차례의 사신을 파견하던 중 1386년 12월 정몽주가 성
절사로 다녀오면서 조빙을 허락하고 3年 1使 조건으로 사신 입국을 허
락하면서 명과의 관계가 복구되었다. 그러자 이번에는 명나라가 철령(鐵
嶺) 이북지방의 땅에 대하여 귀속을 요구하겠다고 통보하자(1388. 3), 고
려는 완강히 거부하면서 요동정벌을 단행하고, 명의 연호 사용을 다시
금지하고 관복을 元의 제도로 환원시키기도 하였다.[40] 그러나 친명정책
을 표방한 이성계에 의해 위화도 회군(1388. 5)이 이루어지고 정치의 실
권을 잡자 명과는 다시 대명관계가 맺어지고, 北元관계가 소멸되자 明에
서도 더 이상 영토문제를 거론하지 아니하고 우호적 관계가 전개되었다.

특히 격변의 여말선초시기인 1392년 7월 군신의 추대를 받아 즉위한
조선 태조 이성계는 즉위한 다음 날 도평의사사와 대소신료, 한량, 기로,
군민의 이름으로 지밀직사사 조반(趙胖)을 파견하여 권지고려국사(權知
高麗國事) 이성계의 이름으로 明의 왕위 승인을 요청하고, 같은 해 8월
에는 전밀직사 조림(趙琳)을 다시 명의 승인을 요청하니,[41] 명에 대하여

---

40) 고려말 조선초 요동지역에 대한 舊疆回復 의지는 이성계와 정도전 등이 상당하였
음은 주지의 사실이다.
49) 『조선태조실록』 권1, 태조 원년 7월 즉위조

사대지례를 행할 것을 분명히 하였다.[42] 이에 明 태조 주원장은,

> "지중추원사 趙胖이 중국 남경으로부터 돌아오니, 임금이 백관을 거느리고
> 선의문(宣義門) 밖에서 맞이하였다. 조반이 예부의 차부(箚付)를 받들고 와서
> 전하였다… 그 三韓의 신민이 이미 이씨(이성계)를 높이고 백성들에게 병화
> 가 없으며 사람마다 각기 하늘의 악을 즐기니, 곧 上帝의 명령인 것이다. 비
> 록 그러하나, 금후로는 봉강(封疆)을 조심하여 지키고 간사한 마음을 내지 말
> 면 복이 더욱 증거가 될 것이다. 그대 예부에서는 짐의 뜻을 알리라.'(雖然自
> 今以後愼守封疆 毋生譎詐 福愈增焉。爾禮部以示朕意)하므로, 더욱 이를
> 공경히 받들어 지금 황제의 칙지의 사의를 갖추어 먼저 보내다"[43]

라 하면서 성교자유(聲敎自由)를 말하면서 조선태조 이성계의 즉위를 소
극적이나마 인정하니, 자연 명과 조선의 외교관계는 순조롭게 출발하였
다. 그러나 1년도 못가서 조선초 대명관계는 그렇게 평탄하게 전개되지
는 않았다.

대외관계에서 명나라가 조선의 요동정벌 등 구강회복(舊疆回復)에 대
한 의심 때문이었다. 1393년 5월 별 명분이 없는 흔단(釁端 ; 틈이 생기
는 실마리) 3가지(여진족을 꾀어 압록강을 건너간 일 등)와 명나라를 업
신여긴(侮慢) 2가지(조선에서 보내 준 말이 모두 느리고, 조선에 국호 개
정 후 별 소식이 없는 일) 등 이유로 조선정벌 운운하자,[44] 이 때 태조
이성계는 이틀 후 조정에서 이르기를,

> "지금 또 나에게 죄가 아닌 것을 책망하면서, 나에게 군대를 일으키겠다고
> 위협하니, 이것이 어린아이에게 공갈하는 것과 무엇이 다르겠는가? 내가 또
> 한 말씀을 낮추어 조심스럽게 섬길 뿐이다."[45]

---

42) 『조선태조실록』 권1, 원년 8월 戊寅
43) 『조선태조실록』 권1, 원년 10월 庚午
44) 『조선태조실록』 권3 태조 2년 5월 丁卯
45) 상게서, 태조 2년 5월 己巳 「今又責我以非罪 而脅我以動兵 是何異恐喝小兒哉!…

라면서 사신을 보내어 해명하도록 하였다. 하지만 명나라는 사신 입국을 거절하고 압록강변에 군사를 배치하도록 하고 순시를 강화하였다. 그러자 조선은 명과의 긴장관계를 완화하기 위하여 태자 이방원(李芳遠)을 明 태조에게 직접 파견하여 사신 입국문제를 해결하자 대명관계가 재개되어 두 나라의 관계가 호전되었다.

즉, 조선 초기의 『실록』들을 보면 "소국이 대국을 섬기는 데는 조공과 공헌의 예를 갖추어야 하는 것"46)으로서 생각하고, "太祖 때에 外國으로서 中朝의 의관(衣冠)을 받은 것은 우리나라뿐이라며… 조공은 신하된 자가 마땅히 해야 할 일"47)로 여기었다. 그리고 세종조에 이르러서는 중국에 대한 사대는 유교적 禮論과 결합되면서 세종 10년(1428) 윤4월 이르기를,

> "이제 들으니, 明나라에서 요구하는 매와 검은 여우 등의 물건은 모두가 宦者 尹鳳의 소위(所爲)라고 우리나라에서 뒷공론하는 자들이 간혹 말한다 하는데, 나는 이 말이 혹시나 명나라에 알려질까 두렵다. 또 들으니, 내가 事大의 예를 지나치게 한다고 말한다는데, 지금 명나라가 사신을 보내오고 상을 주고 하는 일이 매년 없는 해가 없을 정도로 예우가 융숭함이 일찍이 없었다. 다만 우리나라는 본래 禮義의 나라로서 해마다 職貢의 예를 닦아, 때에 따라 朝聘하면 명나라가 이를 대우하는 것이 매우 후하였다. 그런데 정성을 다하여 섬기지 않는다면 이것은 크게 불경하는 일이고, 특히 신하된 도리를 다하지 못하게 되는 것이니, 그럴 수가 있겠느냐."48)

라는 인식하에 明에 대한 사대를 더욱 분명히 하였다. 세종은 이에 앞서 6년(1424) 9월 2일(甲戌)에 보면, 明나라에 대해서 인신의 예를 다해서

上曰 吾且卑辭謹事之耳」
46) 『조선태조실록』권4, 태조2년 8월 乙亥(2일) 「以小事大, 當修聘獻之儀」
47) 『조선태종실록』권15, 태종8년 4월 庚辰(2일) 「在太祖時 以外國蒙賜中朝衣冠 惟我國耳…世子涕泣彷徨 鄭尙書曰 朝鮮事大之誠 已曾知之也」
48) 『세종실록』권40, 세종 10년 윤4월 기해조(18일)

친명사대해야 한다는 생각이 잘 나타나 있다. 세종은 명나라 영락제(永樂帝; 1403~1424, 成祖)의 부음 소식을 9월에 듣고 제후로서 입어야 하는 상복을 27일 동안이나 입었다. 당시 신료들은 "천하 신민들은 3일만에 복을 벗어라"라는 홍무제(洪武帝; 명 태조 주원장)의 유조를 들어 반대했음에도 '군신의 의리'를 내세워 27일 동안 상복을 입었던 것이다. 즉,

> "임금이 지신사 곽존중(郭存中)에게 명령하여 말하기를, '태조 황제의 유조(遺詔)에, '천하 신민은 상복을 입은지 사흘 만에 벗으라.' 하신 것은 그것이 주현(州縣)의 이민(吏民)을 위하여 말씀하신 것이요, 조정에서는 반드시 그와같지 아니하리라. 군신의 의리가 지극히 무거운 것인지라, 대행 황제의 상복을 나는 차마 사흘 만에 벗지 못하겠고, 또 고례(古禮)에 외정(外庭)에서는 역월(易月)의 제도를 행하였지만, 궁중에서는 삼년상을 실행하였으니, 이제 여러 신하들은 3일 만에 벗지만, 나는 3일 후에 권도(權道)로 흰옷을 입고 정사를 보다가 27일에 이르러 리 길복(吉服)을 입을 것이니,
> (中略) 27일에 벗는다는 것은 그것이 예전의 禮文이요, 또 전하께서 인군을 위하시는 정성이 매우 두터우시나, 그러나 태조 고황제의 遺詔에 '천하 신민이 3일 만에 服을 벗으라.' 하였고 지금 대행 황제의 유조에서도 역시 말씀하기를, '중외의 신민이 喪服을 입는 예의는 한결같이 고황제의 遺制에 따르라' 하였으니, '時王의 제도는 감히 따르지 않을 수 없습니다' 하니, 임금이 廷顯등의 의논을 옳게 여겼으나, 끝내 27일의 제도를 실행하였다"[49]

이처럼 세종조의 사대의식은 제후로서 충실히 그 본분을 다 했다고 할 수 있다. 그러나 이러한 사대 의식 속에서도 조선 초 양국관계는 소위 '표전문제'[50]가 불거져 어려움을 겪기도 하였다. 표전이란 조선에서

---

49) 『세종실록』 권25, 세종6년 9월 갑술조(2일)
50) 조선초기 명나라와의 표전문제는 明初 문자옥(文字獄)의 일환으로 발생하기 시작하여 조선과의 문제는 명 태조(朱元璋)가 궁핍하였던 승려시절이나 홍건적생활을 상징하는 文字(生·光·則 등) 사용에 대한 감정적 반응도 있었지만, 근본은 조선에 대한 의혹에서 출발하여 조선의 과실을 구함으로써 조선의 완전한 굴복을 확인하고자 하였던 것이다(박원호, 『明初朝鮮關係史硏究』, 2002, 31~32쪽).

명나라에 보내는 외교문서이다. 표전은 명에 대한 사대외교의 예를 나타
내는 문장이었으므로 심혈을 기울였으며, 실제로도 그 문장의 수려함에
보통은 명, 청대 중국인들은 칭송거리였다. 그러나 명나라는 조선에서
보낸 표전문제를 문제 삼아 여러 차례 분규를 일으켰다.

즉 조선 초기 표전문제가 3차례나 발생하였다. 1차 1396년(태조 5) 2
월 9일, 2차 1396년(태조 5) 3월 29일, 3차 1397년(태조 6) 12월 18일이
그것이다. 하정(賀正)의 표전문이 경박하고 모만한 문구가 있다고 하면
서 표전을 지은 자(鄭道傳, 鄭擢)를 명나라에 보내라는 1차와 정도전[51]
을 재차 소환을 요구하였던 2차, 천추사(千秋使)가 가지고 간 啓文 중
명나라를 업신여긴다는 문구가 있음을 지적하고 앞으로 3年 1使할 것을
요구하였다. 이에 대해서 조선 조정에서는 백관회의를 열어 논의한 결과
강경하게 맞서 명에서 요구한 3인을 보내지 않을 것을 결정하고, 정도전
등은 反明 태도를 구체화하여 요동정벌을 위한 군대의 양성을 강화하였
다.[52] 즉,

> "정도전·남은·심효생 등이 군사를 일으켜 遼東을 칠 계획을 하고, 五陳圖
> 와 蒐狩圖를 지어 太祖에게 받치고, 훈도관을 두어 각 절제사·군관 및 西班
> 各品과 성중애마로 하여금 陳圖를 강습하게 하고, 또 사람을 각도에 보내서
> 이것을 가르쳤다."[53]

이처럼 요동정벌계획은 조선조가 맹목적으로 사대주의에 이끌려 취
한 것이 아니라 자주적인 자세로 明에 事大하였음을 알 수 있는 대표적
인 사건이었다. 그 후 明 태조(朱元璋)가 죽고(1398. 5), 조선에서는 그

---

51) 鄭道傳은 3차에 걸쳐 明에 사신으로 갔다 왔는데, 1차는 정몽주 서장관으로 1384
    년 7월, 2차는 1390년 6월 윤이·이초의 무고사건 해명 차, 3차는 1392년 10월
    사은사로서 명나라에 다녀왔다.
52) 한영우, 『정도전사상의 연구』, 1983, 169~170쪽.
53) 『태조실록』 권12, 태조 6년 6월 甲午條

해 8월 왕위계승문제로 발생한 王子의 난에 의해 정도전, 남은, 심효생 등이 피살되자 자연 표전문제는 소멸되고 양국의 대립적 관계는 다시 호전되면서 다시 명의 연호(建文)을 사용(1399. 1)하였다. 즉 양 국가에서 서로 혐오하면서 첨예하게 대립하였던 세력이 극적으로 동시에 사라진 후 드디어 명의 사신이 고명(告命)과 인신(印信) 및 조칙(詔勅)을 1403년 4월(태종 3)가지고 왔다. 조선이 처음 명에 요구한 것이 태조 4년(1395) 11월이므로 7년여 만에 이루진 것이었다.

물론 여기서 고명과 인신이 조선 왕의 즉위를 明으로부터 인정받는 것이기 때문에 사대의 종속성이 문제될 수 있다. 그러나 이것은 동아시아 외교질서에 편입되어 있음을 증명하는 것이며, 동아시아세계에서의 국제적 승인을 의미하는 것이라 하겠다. 물론 조선조의 경우도 조선과의 통교를 하려는 왜인과 여진족에게 조선의 관직을 주고 조공무역을 허가하는 것과 다름 아니라 본다.

2) 세종의 유교적 이상국가 구현과 崔萬理 상소

유교가 우리나라에 도입된 이래 治國의 도로서 발전하여 오다가, 고려후기에 본격적으로 전래된 신유학으로서 성리학(性理學) 수용[54]은 새로운 국가 사회의 지도 이념이 되어 조선조 정치·경제·사회·문화 등 커다란 영향을 미치고 있음은 주지의 사실이다. 유학정치를 표방하고 유교 사회를 건설하고자 하였던 조선왕조는 왕도정치를 이상으로 하고 도덕적 유교정치를 지향하였던 것이다.

---

54) 졸저, 『고려시대 성리학 수용연구』, 국학자료원, 1997, 307~312쪽. 필자는 고려 시대 성리학 수용을 단지 외래 사상으로서 수용된 것이 아니라 고려 중기 북송성리학(北宋性理學) 단계와 무신집권기 儒·佛의 교섭 단계를 거쳐 元 간섭기 역사인식의 변화 속에서 성리학의 수용이라는 고려조 내재적 발전과 연계하여 살펴 본 바 있다.

이러한 유교정치를 실현하기 위하여 국왕으로부터 일반 백성에 이르기까지 유교에 대한 교양과 삼강오륜을 기본으로 하는 유교 윤리가 일반화되어야 하였으며, 국가의 모든 의례와 제도가 뒤 따라 정비되어야 하였다. 따라서 유교적 이상국가의 구현과 유능한 유학적 신료의 양성을 위하여 제도 학문 전담기구의 정비가 필요하였다. 경전(經傳)과 역사 강론(經筵·書筵) 및 국왕의 자문에 대비토록 집현전 제도의 정비와 집현전 학사들의 활동이 주목된다. 또한 이 목표를 위해 유교정치를 담당할 유신(儒臣)이 필요하였다. 유교적 소양을 갖춘 유능한 신료들이 이러한 시대적 과제를 해결 할 수 있기 때문이다.

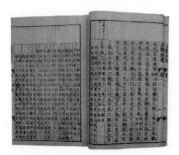 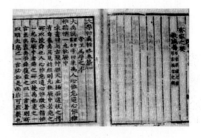

『貞觀政要』(제왕들의 정치학, 唐 태종)　　　『大學衍義』(왕도정치학, 宋代 『大學』 주석서)
　　10권 40편으로 구성　　　　　　　　　　　43권 12책으로 구성

조선초 태조·태종에 이어 세종조에 이르러서는 어느 정도 정국의 안정기반위에서 문풍의 진작이 크게 요구된 시기이기도 하다. 유교적 교양을 깊이 쌓은 세종은 집현전을 두고 인재를 양성하고 학문연구를 진작시켜 이른바 유교적 이상국가 실현시키려고 하였다. 따라서 정치지침서로 종래 패도정치의 지침서요 제왕학과 참모학(參謀學)의 성전이라는 『정관정요』(貞觀政要) 대신에, 성리학에 입각한 왕도정치의 지침서 『대학연의』(大學衍義)를 중요시하였으며,[55] 바로 최만리 등에게도 서연관으

로서 세자(文宗)에게 강습케 하였다.

이처럼 조선의 유교적 국가 경영의 전형은 공자와 맹자 등 중국 성현들이 전한 유교 경전인 『대학연의』 등에서 전고와 모훈의 교범을 이상적으로 수용하고, 치란과 흥망의 방략은 '史記'에서 찾고자 힘쓰고 있었다. 그것은 '경연(經筵)'이라는 성군 교화의 장을 제도적으로 실시하여 왕권의 남용을 견제함으로써 통치 질서를 공고히 하였으니 사대의 이상은 내적으로도 국가 안정에 지대한 유익을 구하고 있었다. 이러한 제도에 기인하여 조선은 자주적인 실록을 남기는 성과를 거두게 된 것이며 이는 춘추의 정신이 뿌리내린 성과였다.[56]

특히 조선 초 3차례에 걸쳐 표전문제 발생 등으로 더욱 對明 外交를 담당할 문장가 배출이 필요하였다. 이러한 시대적 분위기 속에서 종래 장서 기능만을 유지한 채 유명무실하였던 집현전을 궁궐 내에 설치하고 관직과 신진기예의 젊은 학사 등 전임관 10명을 선발하니 세종 2년(1420)이었다.[57] 이들은 고려말 조선초 혼란한 상황에서 문풍을 진작시키어 정치 전반에 대하여 도움을 줄 수 있는 학자들의 양성 차원에서 선발되었다. 따라서 집현전 학자들은 국왕에 대한 고문 역할을 비롯하여

---

55) 특히 『대학연의』는 四書五經과 諸史·百家書에서 帝王의 학에 관계되는 것을 뽑아 『大學』 8조목에 입각하여 역대의 치란·흥망과 人事의 시비·선악을 분류하고 정리하고 자신의 논을 덧붙여 만든 책이다(지두환, 『조선시대 사상사의 재조명』, 역사문화, 1998, 51쪽).

56) 『文宗實錄』 권9, 1년 9월 병신(1일). 또한 세종은 經學을 응용하는 史記를 나누어 읽게 하기도 하였다. 당시 최만리는 世子(문종) 교육을 담당하였던 書筵官으로서 정인지와 함께 3년간(1432~1435) 侍講을 전담하였다.

57) 집현전의 실질적 정원은 설치 당시(세종2년, 1420) 부제학 이하의 전임 祿官을 말하는데 설치 당시 10명에서 세종 4년에 15명, 세종 8년에 16명, 세종 17년에 22명으로 점차 증원되다가, 세종 18(1436)년부터 20명으로 고정 운영되면서 세종조 29년과 문종·단종 및 세조대 7년을 포함하여 세조 2년(1456)까지 36년간 운영되었다(최승희, 「집현전 연구」 上, 『역사학보』 32집, 1966, 17~쪽 및 손보기, 『세종대왕과 집현전』, 세종대왕기념사업회, 1984, 16~17쪽.

학문연구, 각종 서적 편찬 및 도서의 수집·정리·자료 제공을 담당하면
서 조선 초기의 정치 및 문화 전반에 걸쳐서 커다란 영향을 미치고 공헌
을 하였다고 할 수 있다.

그 중에 소위 '갑자상소'로 유명한 부제학 최만리가 중심에 있었다.[58]
최만리는 세종 1년(1419) 증광문과에 을과(乙科) 급제 후, 문신 중에 행
실이 있고 신진기예(新進氣銳)한 자로 채워서 오로지 경사(經史) 강론하
는 것을 일삼고 고문에 대비하는 집현전 학사로 선발되었다. 집현전은
경적을 관리하는 도서관기능과 문한을 다스리는 연구기능, 정책에 자문
하는 정책고문기능 등 세종대의 최고 싱크 탱크역할을 기관이었다. 이러
한 곳에 공은 급제 다음해(1420) 집현전이 처음 설치될 때 박사(정7품)에
선발된 후, 교리(정5품)·응교(종4품)·직제학(종3품)을 거쳐 집현전 최고
전임직인 부제학(정3품)에 1438년 오른 후, 1444년 훈민정음 반대 상소
로 사직할 때까지 강원도관찰사로 1년간(1439. 6~1440.7)을 제외하고
20여 년 집현전을 지킨 대표적 인물 중 한 사람이다.[59]

세종조는 할아버지와 아버지인 태조·태종의 보호와 지원 하에 세자
와 국왕으로서 활동한지라 이제 창업단계가 아니라 수성의 단계에 있었
다. 그 수성의 단계에 걸 맞는 새로운 통치철학의 정립과 구현의 단계에
이르렀던 것이다. 그 구현의 단계에 나온 것이 사서 경전과 역사 강론
및 세종의 자문에 대비토록 하는 전임관을 두는 집현전의 설치(1420, 세
종2)로 나타났다.[60] 따라서 세종조 유교적 이상국가의 구현과정에서 집

---

58) 이성무,『조선의 사회와 사상』(개정증보), 일조각, 2004, 75~76쪽. 한편 1420년
   (세종 2) 집현전 설치 당시 집현전 박사로 출발한 崔萬里는 1438년(세종20년) 집
   현전 전임관의 책임자자리인 부제학에 올라 유명한 '甲子上疏'(1444년, 세종 26,
   소위 '언문반대 상소')로 낙향할 때까지 줄곧 부제학으로 25년간(관찰사 1년 포
   함)을 집현전과 함께한 인물이었다. 특히 최만리는 세종 9년(1437) 무렵부터 시작
   하여 전후 15차례 상소에 걸쳐 정치적 입장의 언론활동을 전개하였다.
59) 집현전 존속 37년 중, 辛石堅의 27년 근무 외 崔萬理의 20년 이상 근무한 5명
   중 한 사람으로 세종의 신임도 두터웠던 인물이었다.

현전의 최고 전임관으로서 부제학 최만리의 '甲子上疏'는 당시 중세적 중화질서의 모습 자체라 할 수 있다.

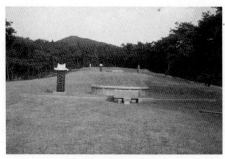

청백리 최만리 묘소
(경기도 안성시 원곡면 지곡리)

副提學公(최만리)神道碑文
(문학박사 이숭령 찬, 1962)

4. 맺음말

이상 필자는 '여말선초 東아시아 문화권 형성과 대명외교 추이'라는 주제로 살펴보았다. 이를 정리하면 첫째, <東아시아 문화권 형성과 사대·사대주의론>에서는 동아시아문화권 형성과 漢字의 중요성과 더불어 자소사대(字小事大)에서 나온 사대와 교린의 뜻을 살펴보면서 소위 '사대·사대주의론'의 실제를 살펴보았다. 이는 당시 공식적인 대외정책이자 더불어 사는 합리적인 지혜이기도 하였다. 그것이 조공과 책봉으로

---

60) 즉 집현전 학자들이 담당한 기능을 보면, 크게 보아 ① 경연과 서연담당 ② 文翰 담당(사대문서 작성·사신접대·史官·試官·知製教) ③ 古制의 조사연구(五禮·四 禮·制度·施政 등) ④ 편찬사업(역사 및 정치·유교 의례·훈민정음과 음운 및 언 해·지리·의약) ⑤ 도서관의 기능 등을 담당 하였다(손보기, 상게서, 제3장 집현전 의 기능, pp.27~73쪽).

발전하여 통치자들 사이에 맺어지는 외교무역관계요, 공존을 담보로 하
는 일종의 약속이라 할 수 있다.[61]

둘째, <대명외교의 추이와 유교적 이상국가 구현>에서는, 먼저 여말
선초 대명외교와 표전(表箋)에서 동아시아 전체가 큰 몸살을 알았던 14,
15세기를 元·明의 교체와 특히 대명외교 추이를 살펴보았다. 명나라에
올리는 표전 문제도 종국에는 事大의 또 다른 요구임을 알 수 있었다.
이는 고명(告命)과 인신(印信)을 통하여 주변 나라와의 관계를 정립하려
는 또 다른 사대의 요구이기도 하였다. 조선 초기 명나라와의 10여 년의
갈등은 표전 문제로 잘 드러나는데 이는 당시 중국의 제도와 문물에 대
한 연구가 요구되었고, 이를 위하여 집현전의 설치로 나타났다고 살펴보
았다.

더구나 당시 소중화 의식 속에서 이제 패도정치의 이상국가 실현이
아니라, 왕도정치에 입각한 유교적 이상국가 구현의 노력이 필요하였다.
따라서 세종조 중화적(中華的) 이상국가(理想國家) 실현의 중심이었던
집현전에서 20여 년 지켰던 崔萬理의 입장에서는 소위 '갑자상소'가 자
연스럽지 않았을까 여겨진다.

그러한 면에서 종래 최만리에 대한 평가에서 한글 창제의 반대상소인
'갑자상소'(언문반대 상소)를 올린 청백리공 최만리에 대해서 종래 역사
의 죄인 및 사대주의자의 대표적 인물로 폄하하였다면, 이제 당시 시대
상황을 고려한 재평가를 시도한 '역사인물 재조명 학술대회'는 의미가
크다 하겠다.

따라서 최만리 '甲子上疏'의 진정한 뜻은 15세기 초 당시 소중화적
(小中華的) 인식 세계의 한자문화권에서 충분히 나올 수 있었던 현실적

---

61) 따라서 중화문화(中華文化)는 당시 東아시아 문명권 중심인 中國을 중심으로 하는
    당대 유학자들의 사유로 한자문화(漢字文化)에 대한 소중함과 자긍심을 가지고 있
    었다고 할 수 있다.

방책이요, 제안이기도 하였다고 본다. 바로 이것이 여말선초 한중 문명 교류의 성격이자, 중세적 중화질서의 모습이라 하겠다(졸고, 「여말선초 동아시아 문화권 형성과 대명외교 추이 －최만리 '갑자상소'의 배경과 성격에 대한 이해－」 『동북아문화연구』 제27집, 동북아시아문화학회, 2011 보완).

참고문헌(2부 2장, 최만리 편)

『조선태조실록』,『조선세종실록』,『조선문종실록』,『春秋左傳』,『孟子』,『大
　　學衍義』

강신항,『훈민정음 연구』, 성균관대학교출판부, 1987
고병익,『東亞史의 전통』, 일조각, 1976
＿＿＿,『東아시아의 傳統과 近代史』, 삼지원, 1984
＿＿＿,『한중관계사연구』, 일조각, 1981
고혜령,『高麗後期 士大夫와 性理學受容』, 일조각, 2001
김기협,『망국의 역사, 조선을 읽다』, 돌베개. 2010
＿＿＿,『밖에서 본 한국史』, 돌베개, 2008
민현구,「세종대왕」「조선건국과 발전」『한국중세사 산책』, 일지사, 2005
박원호,『明初朝鮮關係史硏究』, 일조각, 2002
(사)해동공자 최충선생기념사업회, 청백최리 최만 리 선생의 행적과 시대의식
　　　　(역사인 물학술세미나 재조명 발표자료집, 2010. 10.26)
서울시사편찬위, 서울의 문화재(1), 2011
손보기,『세종대왕과 집현전』, 세종대왕기념사업회, 1984
신채식,『동양사개론』, 삼영사, 1993
유미림, 세종의 한글 창제의 정치, 세종의 국가경영, 지식산업사, 2006
유용태·박진우·박태균.『함께 읽는 동아시아 근현대사』, 창비, 2010
이기백,『민족과 역사』, 일조각, 1971
＿＿＿,『한국사신론』, 일조각, 1966
이석호 역,『春秋左傳』下, 新完譯 四書五經傳 12, 平凡社, 1986
이성무,『조선의 사회와 사상』, 일조각, 2004
이숭령,『세종대왕의 학문과 사상』, 아세아문화사, 1981
이원명,『高麗時代 性理學受容 硏究』, 국학자료원, 1997
전해종,『역사와 문화』, 일조각, 1976
＿＿＿,『한중관계사연구』, 일조각, 1981
조동일,『동아시아 문명론』, 지식산업사, 2010
지두환,『조선시대 사상사의 재조명』, 역사문화, 1998
한영우,『정도전사상의 연구』, 서울대출판부, 1983
＿＿＿,『조선전기 사회사상연구』, 지식산업사, 1983

제 3 부
조선 중·후기 '녹둔도'와 '백두산정계비'

제1장 조선중기 鹿屯島 확보와 北兵使 李鎰 (1538~1601)에 관한 일고찰

1. 머리말

최근 들어 그동안 잊고 지냈던 중국과 관계하여 북방영토 관한 국경 문제가 크게 부각되고 있다. 왜냐하면 올해는 주지하는 바와 같이 일찍이 압록강-송화강을 경계로 하는 조선의 땅, 간도(間島)지역이 백두산 정계비(白頭山定界碑)(1712년, 肅宗 38)의 내용 중 '서쪽으로 압록강으로 삼고 동쪽으로는 토문으로 삼는다(西爲 鴨綠江 東爲 土門)'란 비문 해석을 日本이 멋대로 해석하고 두만강 이북의 우리 땅 간도 지역(지금의 沿邊)을 불법적으로 中國에 넘겨 준지 100년이 지나고 있기 때문이기도 하다. 즉 만주철도부설권과 광산채굴권을 얻기 위한 소위 일본은 '간도협약(間島協約)'(1909년)을 체결하였는데, 이는 일본이 土門을 두만강 북쪽의 송화강(松花江)으로 보지 않고 두만강으로 보아 국경선을 압록강-두만강으로 정하였음은 이미 알려진 사실이다.[1]

이에 대한 문제점을 살펴본 필자는 최근 북한이 중국과 백두산 천지를 포함한 '국경선을 어떻게 나눴을까'라든가, 러시아와 국경선을 다시 긋는 협상을 시작했다고 보도를 접한바 있다.[2] 이에 전자에 대하여 최근

---

1) 이에 대한 문제점에 대하여 필자는 접반사 朴權을 재평가하면서 고찰한바 있다(졸고, 「白頭山 定界碑와 接伴使 朴權」, 『白山學報』 80, 2008: 본서 제3장 2절 참조).

일별한바 있는데, 이번에는 러시아와 국경선 문제가 될 수 있는 녹둔도 (鹿屯島) 지역에 관하여 자연 관심을 가지지 않을 수 없다. 왜냐하면 이 녹둔도3)는 함경도 경흥진 조산보(造山堡) 소속의 변방으로 이미 우리의 땅으로 확보하였던 지역이기 때문이다. 즉 지금부터 400여 년 전 1592 년 임진왜란 발발 4, 5년 전(1587~1588년)의 상황이었다.

하지만 淸나라 만주족이 1616년 명나라를 정복하여 북경까지 진출하게 되자 만주지역은 텅 빈 지역이 되었다. 이 때 강희제(康熙帝)는 이 지역을 포함한 간도지역 전체에 대하여 1668년 이후 그들 왕조의 발상지를 보호하고자 봉금정책(封禁政策)을 취하여 압록강·백두산 북쪽 간도지역을 중립지대인 공광지대(空曠地帶)로 설정하였지만 이 지역은 1881년 봉금이 해제되기까지 200여 년간 조선이 지배 관리하여 오던 지역이었다. 그 과정에 우리나라와 백두산정계비 사건(1712년)이 발생하기도 하였다.

한편 이에 앞서 淸나라는 러시아를 만주의 흑룡강에서 물리치고 네르친스크 조약(1689년)을 맺어 南進을 저지시켰지만, 그 후 淸이 서양열강에 의하여 통상과 전교의 문호를 개방시킬 때 러시아는 청조의 영토를 분할하는 과정에서 '청·러북경조약(淸露北京條約)'(1860년)을 맺어 블라디보스톡 [海蔘威, 러시아어로 '東方의 支配'의 뜻]이 위치한 태평양과 우수리강 사이의 연해주(沿海州)를 차지하면서 자연히 녹둔도 땅도 러시아로 할양되었던 것으로 보인다.4)

---

2) '김일성과 周恩來는 국경을 어떻게 나눴을까'(조선일보, 2009. 2.14)와 '이순신이 지킨 녹둔도가 러시아 땅이라니'(조선일보, 2009.2.6), 서길수, '국경문제는 국가 생존권의 사활'(간도신문 제16호, 2008.11.12) 및 동북아역사재단, 『2007 러시아 연해주 크라스키노 발해 城 발굴보고서』, 2008, 8쪽)발간과 이에 관한 보도(동아일보 2009.1.7 참조)가 녹둔도와 관련하여 주목할 만 하다고 본다.

3) 녹둔도는 두만강 하류에 있는 함경도 경흥진 조산보 소속의 지역으로 李舜臣이 조산보 萬戶(종 4품)로서 屯田을 맡아보고 있었던 지역이었는데 당시 李鎰은 함경북도 병마절도사(北兵使, 종2품)이었다.

당시 녹둔도가 두만강 하류 퇴적으로 러시아 땅에 연결돼 차지하게
된 것 같다. 그러나 국경문제와 관련되었을 때 섬들은 누가 살고 농사를
짓고 있는지에 따라 소유권을 정하고 강 중심에 있는 섬들은 양국협상으
로 결정하는 것이 국제적 관례라면, 녹둔도는 우리 조선이 1434년 6진
개척(세종 16) 후 이 지역을 개간하여 농사짓고 둔전관(屯田官)을 둘 정
도로 유지해 왔었다. 그러나 여진족인 니탕개 난(1583년) 등으로 일시적
어려움은 있었지만 이를 진압하면서 북병사 이일 장군 등이 녹둔도 지역
을 포함하는 시전부락(時錢部落)을 점령(1588년)한 이후 확고히 우리의
영토로 소유해 왔었다. 이를 잘 나타낸 것이 오늘날 '장양공정토시전부
호도(壯襄公征討時錢部胡圖)'이다.[5]

　필자는 최근 일련의 보도와 아울러 관련하여 100년 전 간도협약 못지
않게 지금부터 400여 전 이 지역을 지키며 활동하였던 조선 중기 이일
장군을 통해 당시 시대 상황과 활동을 통해 재음미 하고자 한다. 이를

---

4) 졸고, 전게논문, 407~408쪽 및 존 k. 페어뱅크 外, 『東洋文化史』下, 1969, 을유
　문화사, 199~201쪽 참조. 물론 우리 조정에서도 1883년 魚允中을 서북경략사로
　그 실정을 조사한 바 있고, 1885년 안변부사 李重夏를 土門勘界使로 보내어 간도
　지역에 대한 勘界談判(乙酉·丁亥談判)을 통하여 간도 영유권 문제로 국경 협상(당
　시 조선측은 압록강~토문강~송화강~흑룡강으로 주장하였고, 청측은 압록강 ~
　두만강 주장으로) 각 주장을 벌인바 있지만 결렬된 후 1894년 淸·日戰爭이 발발
　하자 간도영유권문제는 중단되었다. 그 후 일본은 1905년 조선의 외교권을 빼앗
　고 1909년 9월 4일 '청·일간 간도협약'이 체결되어 오늘에 이르고 있다. 따라서
　이 녹둔도 문제도 그 출발점이 소위 '백두산 정계비'와 관련이 있기 때문에 100년
　이 되는 올해(2009년)가 주목된다.
5) 당시 산악지대인 함경도의 지형지물을 이용한 對女眞 정벌전을 잘 묘사한 '壯襄
　公征討時錢部胡圖'(宗孫 李宗漢 소장본 및 육군박물관 소장본)는 400여 년 전 전
　투의 모습을 생생하게 전하고 있어 일찍부터 주목받은바 있다. 이 그림은 그의
　손자인 李沔(이견)과 8대손 화가 소당 이재관(所塘 李在寬(1783~1849 後) 등의
　노력으로 그려진 그림(견본담채, 101×135㎝, 육군박물관, 개인 박준상 및 宗孫
　李宗漢 소장본)으로 이에 대한 설명은 강신엽, 전게 논문(213~214쪽 참조)이 있
　어 도움을 주고 있다.

위하여 필자는 기존 사료와 선학들의 연구 성과에 힘입어 임란전후 당시 지방 군사체계와 군정개혁론을 통하여 임란직전의 방어형태를 일별한 후, 이일 장군(李鎰將軍)이 임란전후시기에 여진족 정벌과 임진왜란 초기 활동을 『장양공전서(壯襄公全書)』(1893)[6]를 활용해 보고자 한다. 종국에 는 이를 통하여 종래 李鎰에 대한 역사적 평가를 재음미 하고자 한다.[7]

2. 조선 중기 군사체계와 군정개혁론

1) 조선 중기 지방 군사체계

여진족 정벌과 임진왜란시 군사체계를 이해하기 위하여 조선시대의 군사체계에 대해 이해할 필요가 있는데 중앙과 지방이 전기, 중기, 후기 에 따라 좀 달리 운영되었다.[8] 즉 중앙의 군사체계는 조선초기(태조~세

---

6) 『壯襄公全書』(1893년)는 李鎰이 ≪제승방략≫를 행하기를 청하는 狀啓(1588)부 터 행장 및 신도비명, 정토시전부호도서 등 300여 년간 후손들에 의하여 수집 정 리된 필사본 형태의 문집이다. 그의 시호인 壯襄을 붙여 3권으로 분철되어있으며 전체는 필사본 230장(21×29cm)으로 되어 있다(필자가 육군박물관부관장 김성혜 로 부터 복사본 구입 보관 중). 이를 필자가 박상진과 공동 국역으로 『장양공 이 일(李鎰)장군 -국역 '장양공전서 -』, 국학자료원, 2010을 출간한 바 있다.

7) 李鎰에 대한 연구로 일찍이 李泰鎭, 『한국군제사』, 1968(육군사관학교 한국사연 구실)와 許善道, 「＜制勝方略＞ 研究」上·下『震壇學報』36·37, 1973·1974 : 『한 국군제사』, 1968(육군사관학교 한국사연구실)를 비롯하여 金世明, 「조선시대 전 기 陣法과 制勝方略의 현대적 의의」, 국방대학원석사학위논문, 1992과 姜性文, 「조 선시대 여진정벌에 관한 연구」, 『軍事』18호, 1989, 강신엽, 「朝鮮中期 李鎰의 관 방정책」-壯襄公征討時錢部胡圖를 중심으로-『學藝誌』5, 육군사관학교 육군박 물관, 1997, 김두진·이현숙, 「≪制勝方略≫의 北方 防禦 체제」, 『국역 제승방략』, 세종대왕기념사업회, 1999 및 박재광, 『화염조선』, 글항아리, 2009 등이 있어 도 움을 주고 있다.

8) 민현구, 「진관체제의 확립과 지방 군제의 성립」, 『한국군제사』, 1968, 159쪽 및

조)에는 3군부(軍府) 체제를, 조선중기 이후(세조~고종)에는 5위(衛)[9] 체제가 지속되었다면, 지방의 군사편제는 초기(태조~세조)에는 영진군(營鎭軍) 체제, 조선 중기(세조~인조)에는 진관체제(鎭管體制), 조선후기(인조~고종)에는 영장체제(營將體制)를 구축하고 있었다.

그리고 최전선의 兩江지방의 방어체계는 지리적 조건상 조선 초기(태조~세조)에는 익군(翼軍) 체제를, 조선 중기(세조~인조)에는 제승방략(制勝方略) 체제를 구축하고 있었다. 따라서 임진왜란이 발발하자 조선의 최초 방어 계획은 경상도 자체 병력으로 저지가 어려운 상황에서 횡적으로는 조령을 중심으로 죽령-조령-추풍령을 연결하는 방어선을 구축하고, 종적으로는 이일-신립-유성룡으로 이어지는 방어체제라 할 수 있다. 즉 조선의 방어계획은 기본적으로 제승방략에 따른 것이었다.[10] 즉 일정한 진지에 각 진의 군사를 집결시켜 중앙에서 파견한 장수의 지휘아래 제한된 지역에서의 대응에 적절하다 할 수 있으나, 전면전에서는 1선의 뒤를 받치기 어렵다는 허점이 드러나 있었다. 이러한 광역단위 방어체제인 제승방략 체제로 임진왜란 초기 전투에서 크게 패배하였던 것이다. 따라서 조선 후기에는 여진족(女眞族)이 淸나라를 세우고 중국 내륙으로 모두 이주한 다음에, 청나라가 만주지역에 대해 봉금정책 실시하자 조선 후기 양강지역 방어는 오히려 조선측 농민들이 만주에 유입하는 것을 막는 데에 주력하게 되었다.

하지만 임진왜란 이전 조선의 지방의 군사체계는 세조의 집권으로 왕실의 위상이 높아지고 부국강병의 강화면에서 1457년(세조3) 10월에 진관체제가 구축되었다. 이는 변방중심의 방어체제를 전국적인 지역중심

김구진 외, 전게서 5~6쪽.

9) 5위 체제는 衛-部-統의 상위체계와 旅-隊-伍-卒의 하위체제로 구성되었으며 인원은 기본 5배수로 1旅의 군사는 125명이다. 단지 1部는 4統으로 구성되어있다.

10) 육군군사연구소, 한국군사사(조선후기1), 육군본부, 2012, 38-39쪽 참조

방어체제로 되어 연해지방과 내륙지방의 중요한 군사 요충지인 거진(巨
鎭)11)을 중심으로 부근 고을을 중·좌·우의 3익(翼) 체제에 나누어 소속
시켜서 군사의 지휘체계를 일원화하는 군사체계이었다. 하지만 오랫동
안 왜구의 침입이 없어 태평시대가 계속되자 자연히 진관체제가 이완되
니 바로 1555년(명종 10) 을묘왜변(乙卯倭變)12)이 일어났을 때에 진관
체제는 아무런 기능을 발휘하지 못하였다.

그에 비하여 북방 오랑캐를 방어하는 데에 아주 효과적이었던 '북방
≪제승방략≫'의 大分軍13)을 도입하여 남방의 방어체계를 수비체제에
서 공격체제로 개편하여 경상·전라지역 등 南方에서 사용하였는데 이것
을 '남방 제승방략'이라 하였다. 하지만 北方에서는 여진족의 침입(니탕
개 난 이후 시전부락 정벌전 등)에 소위 '북방 제승방략'으로 잘 방어할
수 있지만, 16세기에 이르러 무기체계가 달라지고 지형지물을 제대로 활
용할 수 없을 정도로 지휘체계의 모순과 무능이 드러나자, 임진왜란을
맞아 속수무책이 되고 마니 오히려 '제승방략' 체제가 비판받고 다시 각
지역의 병력이 자체적으로 적군을 막는 군현단위 방어체제인 진관체제
로의 복귀가 강력히 요구받기도 하였다.14)

---

11) 『경국대전』 권4, 兵典 外官職條에 의하면 절도사의 주재하는 곳을 主鎭, 절제사·
   첨절제사의 주재하는 곳을 巨鎭이라 하며, 동첨절제사·만호·도위의 주재하는 곳
   을 諸鎭으로 구분하고 있다.

12) 일본인들은 대마도의 지원을 받아 16세기에 들어서서 무역요구가 늘어나면서 소
   란을 자주 일으키니 중종 5년(1510)에 4~5천명의 三浦(부산, 울산, 웅천)왜변과
   명종 10년(1555)에는 60척의 배를 끌고 전라도에 침입 것이 乙卯倭變이었다.

13) 6鎭의 大分軍에 의하면 선봉장(虞侯), 右衛將(온성부사)·前衛將(종성부사)·大將(절
   도사)·中衛將(회령부사)·後衛將(부령부사)·左衛將(경원부사)를 두고, 각 衛將 밑에
   는 각각 左·前·中·遊·右·後部將를 두었다. 그리고 3고을(경성·명천·길주)의 分
   軍에는 선봉장(서북보 만호)·우위장(명천현감)·대장·중위장(길주목사)·좌위장(부
   령부사)에도 각각 부장을 두고 특별히 捍後將·繼援將·斬退將·左突擊將·右突擊將
   을 두고 체계적으로 구성되었음을 알 수 있다.

14) 유성룡, 『懲毖錄』과 『雜著』 참조. 하지만 전쟁 중에 이미 鎭이 무너져 복귀가 어

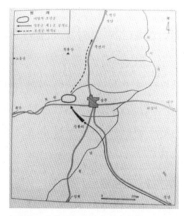

임진왜란시 '상주북천전투' 상황(1592.4.25)
(국방부전사편찬위, 『임진왜란사』, 1987, 45쪽)

임진왜란시 '충주탄금대전투' 상황(1592. 4.28)
(국방부전사편찬위, 『임진왜란사』, 1987, 49쪽)

2) 16세기 군역과 군정개혁론

조선조는 16세기에 이르러 여러 모순이 들어나기 시작한 것은 주지의 사실이다. 먼저 토지제도의 문란은 만병의 기원이 되었는데, 즉 조선초 과전제(科田制)가 16세기에 이르러 무너지면서 세조 때 직전제(職田制)도 16세기 중엽 명종 때에 이르러 완전히 폐지되면서 고려말 상황처럼 토지겸병이 성행하면서 병작관계는 더욱 확대되고 농민의 계급분화가 촉진되었으며 국가의 전세수입은 갈수록 축소되었다. 따라서 농민들의 부담은 가중되었는데 그중 국방과 관계된 군역(軍役)이 큰 문제였다.

15세기 양인개병제(良人皆兵制)가 비교적 잘 지켜지고 보법(保法)이 있어 거의 모든 장정들이 군역에 편제되어 있었다. 그러나 15세기 후기

___

려워졌고 전쟁이 끝난 뒤에는 訓練都監이 설치되는 등 5軍營(총융청·어영청·수어청·금위영)이 성립하고, 지방에는 良人과 함께 일부 奴婢도 참여하는 束伍軍 체제로 개편하는 과정에서 진관체제로 환원하게 되었다(한영우, 전게서 398~399쪽 및 김두진, 전게서, 9~13쪽 참조).

인 成宗代 이후 사람들이 등장하면서 사족은 군역을 피하는 풍조가 일
어나니 자연 군사의 질은 떨어지기 마련이었다. 더구나 中宗 32년(1537)
에 농민의 군역부담을 줄이기 위하여 모든 장정에게 군포(軍布: 무명 2
필씩)을 받아내고 그 경비로 군대를 모집하여 봉급을 지불하는 일종의
고용군인이 생겨났다. 그리하여 국민개병적인 국역의 형태를 띠고 있던
군역이 실제는 모병제도로 변하였던 것이다. 따라서 16세기 당시 군적에
등록된 군인은 정병(正兵)이 18萬 명, 잡색군(雜色軍)도 18萬 명이었지
만 실제 전투에 투입될 만한 군인은 1천명이 못되었던 것이다.[15] 당시
상황을 1592년 4월 임란이 발발하여 순변사(巡邊使) 이일(李鎰)은,

> "서울에 있는 군사 300명을 군사를 모집하여 경상도 尙州로 떠나려 兵籍
> 에 오른 자를 보니 모두 여염이나 市井에 있는 白徒(군사훈련을 받지 못한
> 사람)들이며 胥吏와 儒生이 반수나 되는지라, 임시로 점검하니 유생들은 冠
> 服을 갖추고 試券을 들고 있으며, 서리들은 平頂巾(頭巾)을 쓰고 있어서 군
> 사로 뽑히기를 모면하려고 애쓰는 사람들만 뜰에 가득할 뿐 보낼만한 사람은
> 하나도 없었다. 이일이 명령을 받은 후 3일이 되도록 떠나지 못하였으므로 조
> 정에서는 하는 수 없이 이일을 혼자서 먼저 가게하고, 別將 柳沃을 시켜서
> 군사를 거느리고 뒤따라가도록 하였다."[16]

고 할 정도였다.

　즉 당시 제승방략에 의거하여 경장(京將)이 군관을 이끌고 현지로 내

---

15) 당시 正兵에 등록된 사람은 20개월마다 무명 17~18필, 水軍에 등록된 사람은 무
　명 20필을 保人으로부터 助役價라는 이름으로 받아내 이를 삯전으로 내고 품을
　사서 자신의 役을 대신 지게 하는 代立(혹은 雇立)이 일반화되었다. 대개 대립을
　하는 사람은 奴婢나 流民인 경우가 많았고 그들은 주로 徭役에 주로 종사하니 군
　사의 질이 떨어지는 것은 당연하였다(한영우, 『다시 찾는 우리역사』, 경세원,
　2008, 344~345쪽 참조).

16) 「李鎰欲率京中精兵三百名去 取兵曹選兵案視之 皆閭閻市井白徒 胥吏儒生居半 臨
　時點閱 儒生具冠服 持試券 吏載平頂巾 自懲(소)求免者 充滿於庭 無可遺者 鎰受命
　三日不發 不得已令鎰先行 使別將兪沃隨後嶺去」(懲毖錄 권1 참조).

려가야 하는데 3일이 지나도록 데리고 갈 군사가 없어 장군 혼자 먼저 상주로 떠나 전쟁에 임하게 되니, 잘 훈련된 병사와 지형지물을 최대한 이용할 수 있는 북방 두만강 지역에서의 활동과 달리, 임진왜란을 맞아서는 전투의 승패는 싸우기 전에 이미 패배는 기정된 사실이 되고 말았다.[17]

이는 이미 당시 국방 등 시대적 한계가 노출된 상황의 반증이라 하겠다. 즉, 16세기에 들어 당시 국정은 사화와 붕당으로 치달아 자연 국방에 대한 안이한 풍토가 심화되어 국방과 군역제도는 더욱 허물어졌던 것이다. 물론 당시 상황을 걱정하여 실정을 지적하며 대안을 제시하는 선현이 바로 율곡 이이와 서애 유성룡이 대표적 인물이다.[18]

먼저 임진왜란 발발전 서인계통의 병조판서(1582.12) 율곡 이이(1536~1584)가 니탕개 란을 계기로 10만 양병설을 내세웠을 때 東人 인사들은 평지풍파라고 배격하였고,[19] 日本에 다녀온 통신사의 보고에서 정사 황윤길(黃允吉, 西人)이 돌아와 일본 정세에 대한 경계를 주장하였을 때 부사 김성일(金誠一, 東人)은 진술을 달리하면서 對日 안심론을 폈다. 이는 각자 자파의 정치적 기반을 잃지 않기 위한 당쟁의 생리가 그대로 나타난 것이라 할 수 있다. 그 중에 율곡 이이는 일찍이 「만언

---

17) 이 전투가 임란시 큰 패배를 가져왔던 경상북도 상주의 임란북천전(壬亂北川戰)이다. 북천전투의 전적지로서 안내문을 보면 이일장군은 '逃走'자로 표기(안내 브로셔 참조)되어 있는데, 아마 이러한 상황에서는 그 어떤 인물이라도 불가피한 상황을 맞지 않았을까 한다.

18) 임란 직전의 국방에 관한 우려가 심하였던 것은 주지의 사실인데 이에 대하여 일찍이 특히 율곡 이이(1536~1584)의 10만 양병설 등 군정개혁론과 서애 유성룡)의 여러 대비책(『懲毖錄』에 정리 수록 됨)이 대표적이다.

19) 율곡 이이의 군정개혁론은 이전부터 있었는데 첫 개혁안인 선조 7년의 萬言封事(1574. 1)을 비롯하여 陳海西民弊疏(1574. 10), 陳時事疏(1581.5) 등 상소문과 1583년 1월 니탕개란이 발발하자 陳時務六條(1583.2) 상소와 4월에는 그동안 개혁안에 대한 구체성을 띤 10만 양병설을 주창하였던 것이다(이태진, 전게서, 361~171 참조).

봉사(萬言封事)」(1574년, 선조 7)에서 당시 실정을 피력한 중요한 폐단이 지적하고 있다.

그 내용을 보면 당시 ① 병사, 수사, 첨사, 만호, 권관 등 군사지휘관의 녹봉이 지급되지 않은 실정, ② 각 지방 육·수군의 유방지(留防地)와 거주지가 불일치에서 오는 폐단, ③ 매6년의 군적개정이 시행되지 않는데서 오는 폐단, ④ 내외 양역의 대립가(代立價)의 남징 등을 들고 있다. 그는 말미에 백성들의 원기가 이미 쇠퇴하여 10년이 못가서 화란이 일어난다고 경고할 정도였는데 사실 그대로 일어나니 임진왜란이 그것이다.[20]

그 뒤를 임진왜란시 영의정이자 도체찰사로 일선에서 유비무환을 내세웠던 서애(西厓) 유성룡(柳成龍)(1542~1607)도 예리한 국내외 정세 파악과 군정 개혁안들이 『징비록』(懲毖錄)[21] 등에 잘 나타나 있다. 특히 전시중의 각종 대비책을 제시하니, 이르기를

"옛날에 조조(鼂錯)가 병사에 관하여 진언하기를, ① '군대를 사용하여 전장에 나가서 교전하는데 있어 급한 것이 세 가지가 있으니, 첫째는 지형을 얻는 것이고, 둘째는 군졸이 명령을 잘 듣고 익히는 것이며, 셋째는 병기가 예리한 것이니, 이 세 가지는 용병의 대요며 승부가 결정되는 것이므로 장수된 사람은 알지 않으면 안되는 것이다'(一曰得地形 二曰卒復習 三曰器容利 三者兵之大要 而勝負之所決 爲將者 不可不知也)라 하였는데, ② 왜놈은 전쟁하는데 익숙하고 무기가 예리하였으니, 옛 적에 조총(鳥銃)이 없었으나 지금은 있어 그것이 멀리 가는 힘과 명중시키는 기교는 화살보다도 여러 갑

---

20) 『栗谷全書』 권5, 疏劄三 萬言封事條 「元氣已敗 不可支持 今日之事 實同於此 不出 十年禍亂必興」. 참고로 이에 대한 전체적 설명은 이태진, 전게서, 364~367 참조.
21) 조선중기의 문신 유성룡의 임진왜란 7년간(1592~1598)의 기사로 1647년(인조 5) 에 간행(16권 7책)된 것으로 최근 서애선생기념사업회에서 종래 『서애전서』 4책 (1991)의 주요부분을 국역하여 『국역 서애전서』 중 『懲毖錄』, 『辰巳錄』(2권), 『芹 曝集』, 『軍門謄錄』 및 『雜著』, 『書』 등 7권을 2001년 출간하여 임진왜란에 관한 사료로서 학계에 크게 도움을 주고 있다.

절(5배)이나 되었다(古無鳥銃 而今有之 其致遠之力 命中之巧 倍蓰(사)於
弓矢) … 대개 화살의 능력은 백보에 불과하지만 조총은 능히 수백까지 미치
게 되고, 날아오는 것이 바람과 우박 같으므로 그것을 능히 당해 낼 수 없는
것은 결정적이었다. ③ 그러나 지형을 먼저 선택하여 산이 험준하고 숲이 빽
빽한 곳에 射手를 분산, 매복시켜, 적군에게 그 형체를 보이지 않게 하고 좌
우편에서 한꺼번에 쏘았더라면 자들이 비록 조총과 창·칼이 있더라도 모두
소용이 없게 되어 크게 승리할 것이다… ④ 적군이 상주에 있을 때 신립·이
일 등이 만약 이 계책을 쓸 줄 알아서 먼저 토천(兎遷)과 조령(鳥嶺)의 삼십
수리 사이에 사수 수천여명만 매복시켜, 적군이 우리 군사의 많고 적은 것을
헤아리지 못하게 하였더라면 적군을 제어할 수 있을 텐데, 이에 오합지졸과
훈련되지 않는 군사로써, 그 험지를 버리고 평지에서 서로 승부를 겨루었으
니, 그가 패전한 것은 당연한 일이었다."[22]

라고 하였다.

여기서 서애 유성룡은 먼저 지형과 훈련된 군졸 및 무기의 중요성을
용병의 대요며 승부가 결정된다고 전제하고, 당시 일본은 전쟁에 익숙하
고 우리의 화살보다 5배(倍蓰)나 위력이 있는 조총을 감당하기 어렵다는
점을 들었다. 그리고 이러한 와중에 버틸 수 있는 전략으로는 지형을 잘
선택하여 사수를 분산, 매복시켜야 전투의 승리가 가능한데 신립과 이일
이 문경새재라는 조령을 잘 활용했어야 하는데 이를 모르고 오합지졸의
군사들이 모인 상주에서의 전투의 패배는 당연한 코스라고 예리하게 지
적하고 있다는 점이다.

한편 북병사 이일은 1588년 북방 함흥지역에서 니탕개 난의 발발과
녹둔도가 침략 당하자, 종래 실시되어왔던 각 진관별로 자전자수(自戰
自守)하는 진관체제와 달리 유사시에 각 읍의 수령이 소속된 군사를 이
끌고 본진(本鎭)을 떠나 배정된 방어지역으로 가는 "제승방략"[23]을 재

---

22) 『懲毖錄』 錄後雜記 참조
23) 원래 『制勝方略』은 일찍이 최초의 立案者는 世宗 때 6鎭을 개척하였던 시기
(1435~1440)에 承旨 출신으로 신임이 두터웠던 함길도도절제사 金宗瑞가 오랑

정비하여 대안을 제시하니 전시방어 체제였다. 1588년 3월『제승방략』
을 시행토록 요청하는 장계를 보면 용의주도한 방비책이요, 철저한 준비
로 유비무환의 그 자체였다고 할 수 있다. 그러한 면에서 李鎰 의 關防
에 관한 기본 입장과 그의 활동상을 엿 볼 수 있는 대표적 사료(선조 21
년 3월 초3일)이다.[24]

그 내용은 ① 먼저 당시 북방에서의 관방 형편을 분석하고 제압할 계
책을 제시하고, ② 6진 3위로 분군하고 26개의 진·보에 관한 소속·적로
와의 거리·추격처와 요격처의 거리·봉수현황·번호부락(藩胡部落) 현황
뿐 아니라 고사까지 곁들여 자세히 기술하니 마치 북방지역에 대한 종합
사전처럼 기술하고 있는 열전방어(列鎭防禦)가 그것이다. 이러한 철저
한 준비와 대책으로 녹둔도를 포함한 두만강 지역을 장악할 수 있었던
것이다.

특히 북방의 오랑캐들의 침범을 대비한 치밀한 준비를 위해 겨울철에
두만강이 얼었을 때 대개 침범하기 마련인데 이를 방비하기 위하여 여름
철에는 숲이 우거질 때에 작은 가죽배 자피선(者皮船 : 1, 2인용 가죽
보트)을 타고 오거나, 강물이 얕은 곳을 골라서 몰래 건너오는 것을 막기
위하여 목익(木杙 : 나무말뚝)을 설치하도록 준비하였다.

하지만 이처럼 조선조 건국이래 활발하였던 북방 오랑캐에 대한 북강
(北疆) 회수의식은 조선 중기 이후 여진족이 힘을 키워 金나라(1644년에
는 淸으로)를 세우고 정묘·병자호란을 일으켜 이 지역을 그들 선조 발상
지로 여겨 봉금지대로 묶으니 실질적인 국경지대가 되어 버렸다. 이 지
역들이 1880년대 이후 우리와 淸나라와의 사이에 그 영유권을 놓고 분

캐의 침략에 대응할 방략으로 세종의 명령으로 만들어졌었던 것인데, 世宗이후
150여 년 동안 큰 전란이 없자 자연 소홀히 전해지다가 1583년 女眞族 尼蕩介
亂 이후 북병사 李鎰이 증보하여 만든 것이 현존하는『增補 制勝方略』이다.

24) 이일, 「請行制勝方略狀」(1588년, 선조 21년 3월 초3일) ; 졸저(공저)『장양공 이일
장군연구』, 2010, 96~100쪽 참조)

쟁하였던 間島 지역으로 오늘에 이르고 있다.[25]

3. 北兵使 李鎰의 女眞族 정벌과 鹿屯島 확보

1) 조선 중기 여진족 니탕개(尼蕩介) 란의 진압

조선왕조는 건국 직후부터 영토 확장 정책을 적극적으로 추진하여 조선초기 지식인들은 우리나라가 본래 만주를 포함한 '萬里의 大國'이라고 생각하고 지도나 지리지를 편찬할 때 만주를 우리 국토에 포함시켰다. 그래서 『고려사』 지리지나 『동국여지승람』 서문에 보면,

> '생각컨데 우리 해동은 3면이 바다에 가리워지고 한 구석이 육지에 연접하여 폭원의 넓이가 거의 만리나 된다'거나, '다만 서북으로는 압록강을 한계로 삼고 東北으로는 선춘령(先春嶺)을 경계로 삼았으니, 대개 서북은 고구려에 미치지 못하고 동북은 그보다 지나쳤다'.[26]

라고 인식하고 있었다.

따라서 잃어버린 만주 땅에 대한 꿈을 잃지 않으면서 국토확장과 대외관계를 진취적으로 추진하였던 것이다.[27] 太祖 때 이미 정도전으로 하여금 함경도 지방의 성보(城堡)를 수리하고 여진족과 주민들을 회유하여 행정구역으로 편입시켰으며 요동정벌운동 계획하였던 것이다. 그러나 太宗대에는 요동수복을 포기한 대신 하삼도의 부유한 주민들을 대거

---

25) 박용옥, 「白頭山 定界碑의 再檢討와 間島領有權」, 『白山學報』 30·31합집, 1985, 218~219쪽 참조.

26) 『고려사』 지리지 「惟我海東 三面阻海 一隅連陸 幅員之廣 幾於 萬里」와 『동국여지승람』 서문 「但西北以鴨綠爲限 東北以先春嶺爲界 豈西北不及高句麗以東北過之」

27) 조선초 영토확장과 대외관계에 대해서는 한영우, 전게서, 282~283쪽 및 참조.

북방으로 이주시켜 압록강 이남지역의 개발을 추진하고, 世宗에서 成宗 대까지는 소위 사민정책(徙民政策)으로 수만호의 주민을 이주시켰다.

특히 세종 때는 최윤덕(崔潤德)과 김종서(金宗瑞)로 하여금 여진족들을 토벌하고, 각각 평안도 북부 압록강 연변의 4郡(1433년)과 함경도 북부 두만강연안에 6鎭(1434년)을 설치토록하고 이 지역들을 영토로 편입시켰다. 그러나 조선왕조는 압록강과 두만강을 국경선으로 생각하지 않았으며 언젠가는 그 이북의 땅도 수복해야 할 땅으로 생각하고 있었다. 한편 이에 따라 군역담당자를 확보하기 위하여 노비를 해방시켜 양인인구를 확대하고 호적 조사사업을 3년마다 실시하여 그 결과 태조 6년에 37만 명이던 군역담당자가 세종 12년경에는 70만 명으로, 세조 때에는 80만~100만 명으로 늘어났다.28)

그러나 16세기 조선 중기에 이르면 그 동안 오랜 평화가 지속되고 토지제도의 문란을 비롯한 국정의 해이로 남쪽에서는 왜구들이, 북쪽에서는 여진족들의 자주 침략이 있었다. 즉 왜구들에 의한 삼포왜란(三浦倭變, 1510년)과 을묘왜변(1555년) 및 임진왜란(1592년)이 있었고, 여진족들에 의한 침략으로는 선조대의 니탕개(尼蕩介)의 반란(1583년)과 녹둔도 침입(1587년)이 대표적인 사건이었다. 그 중 여진족들의 니탕개 반란은 1583년(선조 16) 1월부터 4년 이상 계속된 반란으로, 그 규모도 5천 명 내지 2, 3만 명이나 되는 큰 규모의 침략이었다. 원래 니탕개는 함경북도 회령진 부근에 사는 여진족으로 두만강 건너 변보(邊堡)가까이 살며 조선과 무역을 하고 공물을 바치며 친부(親附)하는 오랑캐인 번호(藩胡)였었다. 당시 조선의 홀대에 불만을 품고 종성진 부근의 율보리와 함께 다른 5鎭의 오랑캐들의 호응을 받아 반란을 일으켜 당시 6진 지역에

---

28) 한영우, 전게서, 307 ~313쪽 참조. 이중에 軍兵이 약 30萬 명, 奉足이 약 60萬 명에 달하고 있는데, 일반 평민은 正兵, 留防軍 혹은 水軍에 편입되어 정병은 1년에 2개월, 유방군은 3개월, 수군은 2개월씩 복무하였다.

막대한 피해를 주었다.[29] 6鎭의 43鎭堡 가운데 두만강 연변의 대다수 진보가 모두 그 침략을 받았던 침략사건이었다.

이일의 「신도비명」(『도곡집』 권10에 의하면, 니탕개가 종성진(鍾城鎭)을 포위하자 전라좌수사로 있던 이일을 경원부사(慶源府使)로 차정하여 군사를 이끌고 오랑캐를 격퇴시켰다.[30] 이후 조정에서는 그를 회령부사로 전보하는데, 회령지역이 적로의 요충지였을 뿐 아니라 니탕개가 회령진의 번호였기 때문이었다. 니탕개가 2만여 騎를 거느리고 회령부 고령진을 약탈하자, 이일이 적로를 차단라고 니탕개 무리를 공격하여 큰 타격을 주어 그 이후 니탕개의 침략은 수그러졌다.[31]

이처럼 여진족 니탕개의 반란은 그 기간도 4년 이상 지속되어 당시 가장 큰 골칫거리였던 것 같다. 제승방략의 「고사」 사건에 수록된 39건 중 1583년부터 1586년까지 21건이나 나올 정도였다. 이 니탕개 난을 격퇴한 공로로 이일은 1587년(선조 20) 9월에 함경도 북병사에 임명되었고,[32] 나아가 옛 "제승방략"을 대폭 보완하고 증보한 소위 '증보 제승방략'을 시행하기를 요청하는 장계(狀啓)가 이때 제안되고 있다. 이에 대

---

29) 『제승방략』 수록된 故事의 사건 39건 중 가장 많은 니탕개 난을 포함하여 24건이 나 될 정도였다(김두진 외, 전게서, 77쪽 참조)

30) 북병사 이일은 46세가 되는 1583년(선조 16) 니탕개 난 진압 이후 1599(선조 32) 년까지 함경도 지역을 중심으로 '16년간을 보내 여진족 번호들이 끝내 감히 맘대로 날뛰지 못한 것은 공의 힘'이다(「壯襄公 謚狀」 『장양공전서』 권3(영의정 이의 현 찬, 1745년 ; 졸저, 『국역 장양공전서』, 292~310쪽 참조). 또한 최근 한국고전 번역원에서 한국문집총간 180·181집(한국고전종합 BD, 원문 수록)에 실린 『도곡집』 4권을 총 12권(교감본 5권 별도) 중 현 8권 국역(성백효 외)하여 『도곡집』 권 4(학자원, 2014), 233~245)에 수록되어 있다.

31) 니탕개 난을 진압하는데 당시 온성부사 申砬장군의 공도 컸던 것으로 보인다. 왜 냐하면 李鎰이 증보한 『제승방략』 고사조에 니탕개 난을 격퇴한 용맹담이 李鎰 자신보다 더 많이 기록되어 있을 정도이다(김두진 외, 전게서 78~79쪽 및 『장양 공전서』 참조). 이는 후기 임진왜란을 당하여 탄금대 전투 등에서 서로 갈등상태 에 있는 것과는 차이가 있는 자료라 주목된다.

32) 宣祖實錄 권21, 宣祖 20년 9월 4일(庚寅)조 및 각주 24 참조.

한 비변사(備邊司)에서의 연문(關文, 답변)은 동년 6월 19일 나오는데,
단지 남도를 제외하고 북도의 수령만 분군하도록 하고 나머지 조건들은
방략에 의해서 시행하도록 조치가 내려졌다. 이로 인해 본격적인 함경도
지역을 포함한 동간도(琿春, 汪淸, 延吉, 和龍의 4현)지역까지 관방이
튼튼해 질 수 있는 결정적 계기가 되었다는 면에서 '청행제승방략 장
계'(함경북도병마절도사 이일)는 큰 의미가 있다고 본다.[33]

2) 두만강 하류 녹둔도 확보와 '정토시전부호도'

녹둔도는 두만강 하류에 있는 섬으로 행정상으로는 함경북도 경흥진
소속하 조산보 관할에 있었던 지역이었다. 일찍이 고구려와 발해의 지역
이었던 이곳 만주에 연해 있는 연해주 지역에는 1,400여 年前 유물이
발굴되고 있는 요즈음, 이곳 두만강 유역 확보에 결정적으로 중요한 두
만강 하류의 녹둔도 지역 확보 과정과정과 당시 그들을 진압하는데 결정
적으로 활동한 북병사 이일의 '정토시전부호도(征討時錢部胡圖)'를 고
찰하는 것도 의미가 있다고 본다.[34]

니탕개 변란 후 조정에서는 녹둔도 지역에 군량미를 저축하는 둔전을
설치하고자 선전관(宣傳官)을 파견하고, 목책을 설치하고 농기구와 밭을
가는 소를 많이 들여보내 본격으로 개간하고자 하였으나 마침 흉년이 들
어 군량미를 제대로 보충하지 못하였다. 그러자 조정에서는 1587년(선
조 20)에 조산보 만호(萬戶, 종 4품) 이순신(李舜臣)으로 하여금 그 둔전
을 맡아보게 하였다.

---

33) 宣祖實錄 권21, 宣祖 21년(1588) 3년 3일 및 『制勝方略』 및 『壯襄公全書』 권1 및
   脚註 24) 참조.
34) 각주 2), 참조. 특히 녹둔도는 두만강 하류에 있는 섬으로 오늘날 우리나라와 러시
   아 사이에 영토 분쟁의 대상이 되고 있는 지역이기도 하다(김두진 외, 전게서, 14
   쪽 참조).

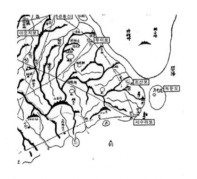 

'시전부락과 녹둔도' 위치(대동여지도, 1861)
옛 함경북도 경흥부근 두만강 하구

한국의 잊혀진 섬 녹둔도를 찾아서
(현 러시아 하산에 속함, 동아닷컴, 2013.6.11)

당시 녹둔도 침입 사건은 가을철 9월에 들어 경흥부사 이경록(李景錄)이 그가 관할하는 관내의 연호군(煙戶軍)을 이끌고 들어가 이순신과 함께 곡식을 수확할 즈음 추도(楸島)(두만강 중류지역의 도서)에 살고 있던 오랑캐들인 번호(藩胡) 마니웅개와 사송이 등이 중심이 되어 침입해온 사건이다. 무이보(撫夷堡) 지경에 살고 있던 시전(時錢)의 중추(中樞) 하오랑아와 추장 김금이와 경원진 지경에 살고 있던 거유(巨酋) 이청아·여처와 심처(深處)[35]의 우디캐 종족 등에게 전통(箭通)을 보내어 여러 오랑캐를 불러 모아서 추도에 군사를 숨겨 둔 뒤에 녹둔도의 수호가 고립되고 허약함을 보고 농민들이 들판에 흩어져서 일할 때 갑자기 쳐들어와 우리측 피해가 심하였다. 당시 적에게 살해된 자가 10여명이고 적에게 사로잡힌 자가 160여 명이나 이르러 그 책임문제가 불거졌던 사건이기도 하다.[36]

---

35) 여진족 중 백두산 북쪽에 사는 부족으로 아직 조선에 親附하진 않은 자들을 深處 胡라 부르고, 회령·종성·온성 등 국경 지대와 두만강 건너 邊堡가까이 살며 조선 과 무역도하고 공물을 바치며 살던 자들을 특히 藩胡라 한다((김두진외, 전게서, 11~12쪽 脚註 4), 참조)

36)『制勝方略』권1, 列鎭防禦「造山堡」條 참조. 물론 이경록과 이순신도 군사를 이 끌고 적들의 후미를 공격하여 농민 50여 명을 빼앗아 돌아왔고 오랑캐 3級을 참

그러므로 조정에서는 '죄를 논할 때 이경록 등을 잡아다가 그 죄를 심문하였으니, 임금이 특별히 그들을 용서하여 백의종군(白衣從軍)하게 하여 공로를 세워서 스스로 충성을 다하게 하였다'고 하였다.[37] 그러나 당시 이 문제에 대하여 「선조 수정실록」과 『장양공전서』에 보이는 그의 행장과 신도비명에는 달리 표현되어 있음을 간과해서는 안 되리라 본다. 먼저 「선조 수정실록」(1587.9.1)에서 이르기를,

　　'적호(賊胡)가 10여 인을 살해하고 1백 60인을 사로잡아 갔다. 이경록·이 순신이 군사를 거느리고 추격하여 적 3인의 머리를 베고 포로된 사람 50여 인을 빼앗아 돌아왔다. 병사 李鎰이 李舜臣에게 죄를 돌림으로써 자신은 벗 어나기 위하여 형구를 설치하고 그를 베려 하자 순신이 스스로 변명하기를, "전에 군사가 적은 것을 보고 신보하여 더 보태주기를 청하였으나 병사가 따 르지 않았는데 그에 대한 공첩(公牒)이 있다"하였다. 이일이 수금하여 놓고 조정에 아뢰니 '백의종군하여 공을 세워 스스로 속죄하도록 하라'고 명하였 다.'[38]

고 전하고 있다. 즉 북병사 이일 장군이 이순신 등의 죄를 취조하여 처 벌하려 하였지만, 이순신의 항변을 듣고 조정에 품신하여 백의종군(白衣 從軍)에 처하게 되었다고 밝혀, 후세에 그 둘 사이의 갈등을 언급하는 자주 언급되는 기록이기도 하였다.

　그러나 『장양공전서』 및 『도곡집』 등에 보면 영의정 도곡 이의현(李 宜顯)(1669~1745)이 찬한 신도비명(1744년)에 보면,

---

하기도 하였다.

37) 녹둔도 침략사태에 대해 당시 屯田官으로 있었던 造山萬戸(종4품) 李舜臣에 대한 처벌에 관한 기사는 실록 등 종래 기사내용과 달리, 오히려 李鎰이 조정에 건의하 여 이루어지게 되었다고 표현된 것이 다르다.

38) 『宣祖修正實錄』 권21, 宣祖 20년(1587) 9월 1일(丁亥). 그러나 「宣祖實錄」(宣祖 20 년 12월 26일)에서는 녹둔도가 함락되었다고 치계(馳啓)하였는데 오형·신급제 등 11인의 참혹한 죽음에 대해 아뢰며 그들을 위해 恤典을 시행토록 건의 기사가 보인다.

"공은 사람을 보는 식견이 크게 뛰어 났는데, 시전의 전투에서 조산 만호 이순신이 군율을 범한 죄로 벌을 받게 되었는데, 공은 이순신의 충성스럽고 용맹하여 쓸만한 인물임을 알아보고 우선 용서하여 백의종군하도록 허락할 것을 청하였다. 뒤에 이순신은 마침내 훌륭한 장군이 되었다"39)

라 하였고, 이조판서 이재(李縡)(1678~1746)가 찬한 행장(1732년)에 보면

"조정의 의논이 장차 이순신을 잡아들여 추국해야 한다고 하나, 이일 장군이 그 재주와 용기를 아까워하여 백의종군을 청하여 죄를 용서하게 하였다'40)

고 하였다. 그리고 이에 앞서 「정토시전부호도 서문」(1828년)을 쓴 전 이조참판 이담(李橝, 첨지중추부, 종2품)은 '장수는 신순변사(신립)·이무용대장(이일)·이충무공(이순신) 등 두 세분 정도가 호준(豪俊) 하였다'(將帥則有申巡邊 李武勇 李忠武二三豪俊)고 하면서 '장군(이일)이 여해 이순신의 백의종군을 조정에 청하여 이른바 충무공을 구한 것이다'(將軍請于朝 李公舜臣汝諧白衣從軍 向所謂忠武公也)라고 밝히고 있다는 점이다.41)

이것을 보면 당시 이일 장군은 함경북도 병마절도사(종2품)로서 녹둔

---

39) 도곡 이의현 찬, 「순변사 장양이공신도비명」『국역도곡집』권4, 한국고전번역원, 2014, 240쪽 참조. 참고로 신도비명에 의하면 1592년 (선조22) 임란시 경기도 大灘(해유령전투에서) 賊 30여 수급을 벤 공로로 임금으로부터 御馬를 하사 받은 일(237쪽)과 임란시 평양 이북을 지킨 공로로 명 황제로부터 白金 20냥을 하사 받은 일(238쪽) 등이 자세히 나와 있어이일장군의 전공과 성품 이해에 크게 도움을 주고 있음을 밝혀 논다.

40) 도암 이재(우봉인) 찬, 「한성판윤 오위도총부도총관(이일) 行狀」 ; 『장양공전서』 217~236쪽, 참조.

41) 이담(全義人), 「정토시전부호도 서문」(1828) : 졸저(공저)『장양공 이일장군연구』, 2010, 81~85쪽 및 성백효, 국역「순변사 장양 이공신도비명」『도곡집』권4, 2014, 240쪽, 참조.

도 침략에 대한 당시 둔전관 조산보 만호(종4품) 이순신 등에 대한 문책
은 불가피 하였을 것이고, 이를 조정에 아뢰어 국왕의 명대로 백의종군
토록 하였다고 보는 것이 합리적일 것이다.[42] 즉, 「선조실록」(1587.
10.16)에도 보면, 녹둔도 사건이 피해가 매우 컸기 때문에 북병사 이일
은 이들을 하옥시키고 중앙에 급히 보고하니 비변사에서 이들을 잡아 취
조할 것을 주장하였으나, 선조(宣祖)는 '전쟁에서 패배한 사람과는 차이
가 있다'고 하며, 북병사 이일 장군으로 하여금 장형(杖刑)을 집행하게
한 다음에 백의종군시켜서 공을 세우게 하라'[43]고 하였던 것이 그 중
객관적이고 사실에 맞는 기록으로 보인다.

한편 북병사 이일 장군은 녹둔도 사건이 일어난 그해 겨울 11월에 순
찰하다가 경흥진에 이르러 비밀히 군관으로 하여금 조산보에 가서 오랑
캐가 그곳에 아직 있는지 없는지를 정탐하게 하고, 두만강의 얼음이 단
단한지 아니한지를 조사하여 살피게 하였다. 그리고 우후(虞侯) 김우추
를 위장(衛將)으로 정하고, 행영(行營)의 군사와 경흥진 군사 400여 騎
를 나누어 편성하여 얼음이 언 곳을 통하여 어둠을 틈타 두만강 건너
새벽녘에 추도(楸島) 번호부락을 습격하여 17막사를 불태우고 오랑캐의
머리 33級을 베어서 돌아왔다.

그리고 이어서 다음해(1588년) 1월 길주진 이북·온성진 이남에 거주
하는 토착군사와 행영의 군사 등 2,700여 명을 징발한 다음에 변안수(회
령진 부사)를 좌위장, 양대수(온성진 부사)를 우위장으로 임명하여 군사

---

42) 당시 거의 비슷한 지위에 있어 경쟁관계도 가질듯 한 忠壯公 申砬(평산인)과의 관
   계에서도 생각보다 매우 호의적인 기록 등으로 보아(申恕庵(靖夏)所撰 贈兵判金慶
   福神道碑銘, 「藩胡尼蕩介圍訓戎鎭 公從申公力戰 斬獲甚衆 申公啓奏公爲第一」, 당
   시 함경북도 예하의 造山 萬戶 이순신과의 공적인 만남을 굳이 부정적으로 보는
   것은 제반 사료 등으로 보아 그리 설득력이 없다고 본다.
43) 「宣祖實錄」 권21, 宣祖 20년(1587) 10월 16일(辛未) 「備邊司公事 李慶祿·李舜臣
   等拿來事 入啓 傳曰 '與戰敗者有異 令兵使決杖 白衣從軍 自效可也'」

와 병마의 편제를 하였는데『제승방략』의 3고을 분군법을 따른 것이다.

이일 장군은 일찍이 무과에 급제(1558) 후 선전관에 제수된 후 함경도 함종현령(1567), 경흥부사(1575), 단천, 온성부사를 거쳐 부산진 첨사와 전라좌수사(1582)을 역임하였다. 이후 다시 경흥부사(1583)과 회령부사(1585)를 거쳐 드디어 함경북도 병마절도사(北兵使)에 승차되었다.

이 당시 누르하치는 1585년 북방의 건주 여진부족을 통합하여 여진족의 동향이 심상치 않았을 때이었다. 이에 앞서 1583년 회령진 부근에 거주하는 번호(藩胡)의 주장 니탕개가 주변 번호와 함께 3만여 기를 동원한 대규모 반란과 녹둔도 침입(1587) 하는 등 이후 4년에 걸쳐 두만강 연변의 여러 진보(鎭堡)를 공격하는 사건이 일어났다. 북병사 이일은 1586년(선조 19) 경흥진 밖 오랑캐 지역 추도(楸島)를 기습하였고(1587), 1588년 시전(時錢)부락 오랑캐를 대파하여 드디어 세종대 개척한 4군 6진 중 6진(六鎭)을 평정하기에 이르렀다.

『제승방략』
(육군본부, 『한국군사사』 7권, 2011)

여진족 정벌에 크게 기여한 승자총통(勝字銃筒)
(육군본부, 『한국군사사』(13권), 417쪽)

이 당시 이일장군은 1588년(선조21) 여진족들의 침입에 효과적으로 대처하기 위하여 함경도 각 진(鎭)과 이에 소속된 보(堡)의 방수(防戍)를 위해『제승방략』을 수정하여 새로이 저술 및 대비하였고, 이 제승방략을 시행하기를 요청하는 장계(狀啓)를 올려 시행하기에 이르렀다.[44] 이 제승방략은 당시 북방지역 군사체제를 재정비한 것이었으므로 전술 자체는 기존의『진법(陳法)』과 무기체계를 따르도록 되어있다. 따라서 새로이 고안된 화승총통인 '승자총통.'(勝字銃筒)을 무기체계에 도입하여 성곽방어와 요해처에서의 공격 때 활(궁시)과 함께 사용하도록 한 점이 주목 된다. 이 승자총통은 육전에서 개인 휴대 화기로 사정거리 600보나되어 화약무기가 없던 당시 여진족 상대로 큰 성과를 거둘 수 있었다.

아울러 여진족 부락 시전부락을 정벌하기 위하여 정벌군사는 비밀히 군사를 출동시켜 두만강을 건너가서 새벽녘에 시전(時錢)의 오랑캐 부락을 습격하여 모조리 섬멸하여 오랑캐의 가옥 2백 여 채를 불태우고, 오랑캐 383級[45])을 참획하였다. 이는 고려조의 윤관(尹瓘)과 조선조 세종대 6진을 개척한 김종서(金宗瑞) 이후 없었던 쾌거였다.

이를 기념하기 위하여 공의 손자 경상좌수사 이견(李汧)이 화공에게 그리게 한 것인데 즉, '시전부락 오랑캐가 여러 차례 국경을 침범하니 김경복(金慶福)이 또다시 북병사 이일과 함께 장병을 거느리고 기습공격을 감행하여 그 소굴을 불사르고 돌아와 작전승도를 올리니 선조가 격려하고 칭찬하였다'.[46] 그런데 이제 색이 바래고 갈라져 남아있는 것이

---

44) 육군군사연구소,『한국군사사』7권(조선후기1), 2012, 20~21쪽. 참고로「請行諸勝方略狀」(1588년 3월 3일) 및 비변사로부터 그 시행 회답(「備局回關」, 1588년 6월 19일) 내용에 관해서는 졸저,『장양공 이일장군 연구』, 2010, 96~102쪽 참조.

45) 정벌 결과에 대해『國朝寶鑑』(宣祖 21년 戊子 정월)을 비롯하여 라 하였고, 李樒의「정토시전부호도 序」(1828) 및 이재관의「정토시전부호도」(1849)에는 시전부락 300여 채를 불사르고 500여 級(焚三百餘家 斬五百餘級)을 베었다고 하여 차이를 보이고 있다.

46)「申恕庵(靖夏)所撰 贈兵判金慶福神道碑銘」,『장양공전서』卷1,「時錢胡數犯境 公又與北兵使李公鎰將兵襲之 焚其巢穴而還 作戰勝圖以上 宣廟益加獎歎云」

한 건 뿐이라 다시 재물을 모아 그림 3건을 새로 그려 예전 법대로 소장
하니 이것이 오늘날 전해지는 소당(小塘) 이재관(李在寬)(공의 8세손)이
그린 '정토시전부호도(征討時錢部胡圖)'(1849)가 그것이다.[47]

장양공(이일)정토시전부호도
(서울시유형문화재 제304호 지정, 2009)
(현 육군사관학교 내 육군박물관 소장)

『동국여지승람』(1481년)의 녹둔도 지역
(조산포에서 20리 거리에 위치, 강의 수류변경으로
조선후기 러시아 하산 쪽으로 연륙됨)

400여 년 전의 여진족 시전부락에 대한 대외 출병을 후세에 전하기
위해 전쟁 기록화라 할 수 있다. 제목, 전투도, 참가 장수(56명),[48] 전투

---

47) 脚註 6), 참조. 최근 조선시대 전쟁도 효용이라는 측면에서 당시 시대적 상황에서
　　노론의 의도가 일정 부분 반영된 그림으로 연구한 이재호, 「<장양공정토시전부
　　호도> 연구」(서울대학원 고고미술사학과 미술사학과 석사논문, 2013)가 있어
　　주목된다. 이재호는 현존하는 시전부호도 3점에 대한 연구로 육군박물관 소장본
　　'토명시전부호도'와 삼성본 소장본 및 경기도박물관본(용인이문 이일장군 종손
　　李宗漢 소장의 전시본)에 대하여 분석한 연구가 또한 참조가 된다(논문의 맺음말,
　　66~69쪽)
48) 이재관의 「정토시전부호도」(1849) 하단 우측에 기술된 장수명단을 보면 大將 함
　　경북도 병마절도사(北兵使) 李鎰 외, 助戰將 서득윤 등 10명, 左衛에는 선봉장 유
　　극량 등 22명, 右衛 선봉장 이천 등 23명 합계 57명의 장수의 이름이 있는데 그
　　안에는 申恪(조전장 급제), 李億祺(조전장 무이보 병마만호) 金慶福(표화도장 전통
　　례원 인의), 李舜臣(우화열장 급제) 및 元均(일계원장 통정대부 종성진 도호부사)

개요, 제작 년대, 작자 등을 일목요연하게 표현한 이「정토시전부호도」
그림은 현존하는 다른 그림에서는 쉽게 찾아보기 어려운 귀한 것이라 의
미가 크다고 본다. 당시 大將으로서 참여한 북병사 이일의 업적을 확실
히 해주는 사료적 증거를 떠나, 당시 북방에서의『제승방략』체제가 지
형적 험준한 국지전에서는 매우 효과적인 전술 운용이었음을 증명해 주
는 그림이기도 하다.[49]

이때부터 조선측 영토확장에 유리한 국면을 조성하였던 1712년(숙종
38) '백두산정계비'가 세워 질 때까지 100여 년 두만강 유역이 北邊을
무사 안정케 하는 큰 밑거름이 되었다고 본다. 따라서 이 당시 이일의
공로는 오늘날 중국과 러시아와의 국경문제를 생각할 때 결코 이일 장군
의 '녹둔도' 확보는 가볍게 볼 수는 없는 큰 역할을 하였다고 본다.[50]

등이 당시 북병사 이일의 휘하에 소속되어 있음을 알 수 있는데 이들이 후에 임
진왜란 등에서 대개 큰 공로를 쌓고 있음은 주지의 사실이다(『국역본 장양공전서』,
65~69쪽 참조).

49) 그림에 대한 구체적 설명은 강신엽, 전게 논문, 223쪽 참조. 또한 오늘날 간도지역
에 대한 중국이나 러시아와 쟁점이 되었을 때 두만강 하류 녹둔도 정벌과 두만강
너머 시전부락에 대한 확실한 확보는 향후 의미하는바 크다고 본다.

50) 녹둔도 사건(1588) 이후 1883년(고종 20) 청나라와 국경획정문제가 발생하기까지
녹둔도에 대한기록은 찾아보기 어려운 것은 지리적으로 먼 곳에 위치하기 때문이
라 보인다. 더구나 녹둔도에 모래가 쌓여 두만강의 반대편으로 서서히 연륙화된
것은 19세기 중반 이후로 보인다. 즉 청과의 국경문제 해결을 위해 서북경략사
어윤중(어윤중) 의 보고에 의하면, "섬 동쪽에 모래가 쌓여 저쪽 땅과 붙어있고
섬에 살고 있는 사람들은 모두 우리나라 사람들이고 다른 나라 사람들은 하나도
없었읍니다"라고 보고는 적어도 1883년에는 녹둔도가 연륙화가 되었다고 본다.
이어서 1860년 11월 러시아는 청과의 베이징 조약을 통해 러시아령으로 귀속시
켜 현재에 이르고 있다(한국군사사, 436-437쪽 참조).

4. 이일장군의 생애와 임란 초기 활동
-『壯襄公全書』(1893)를 중심으로 -

1)『장양공전서』로 본 이일장군의 생애

『장양공전서』(1893년)는 이일에 관한 300여 년간(1588~1893)의 사료와 기록들을 모아 필사본 3권으로 문책(分冊: 21×29㎝)되어 조선 말기 고종 30년(1893)에 마무리된 것 같다. 아래『장양공전서』의 목록을 보면 일찍이 이일이 함경북도병마절도사로서 유명한 ≪제승방략≫ 실시를 건의하는 청행제승방략장(1588년)[51]을 비롯하여 1745년 그의 행장(도암 이재 찬)과 신도비명(도곡 이의현 찬), 그리고 1828년의 정토시전부호도 序文(이담, 정기장 찬)과 1849년의 8세손 화가 이재관의 정토시전부호도 및 1893년『장양공전서』서문을 찬(안기수, 민영준 찬)한 내용이 주요 내역이라 할 수 있다.

일부 사료는 이미 전해지고 있거나 문중사료라 할 수 있어 장황한 면이 있으나, 이일에 대한 구체적 사실에 대한 종합적인 이해 차원에서 의미가 있는『장양공전서』(1893년) 1, 2권:『국역장양공전서』, 국학자료원, 2010)가 주목된다.[52]

먼저『장양공전서』의 연보(年譜)를 통하여 이일(1538~1601)의 생애

---

51) ≪制勝方略≫은 현재 규장각 도서(No. 132)로 체제는 98장으로 되어 있는데, 원래 북방에 있던 <북방 제승방략>과 <남방 제승방략>으로 구분하여 이해하고 있는데, 원본은 1588년 북병사 이일의 증보한 ≪제승방략≫이 책으로 출간할 때까지 세상에 그 이름이 알려지지 않았는데 그 사실이 請行制勝方略狀를 통해 확인할 수 있어 역사적 의미가 큰 것으로 보고 있다(이태진, 전게서, 321~322쪽 脚註) 302 및 김두진·이현숙, 「≪制勝方略≫의 北方 防禦 체제」, 전게서, 101~102쪽 참조).

52) 졸고, 『백산학보』 83호, 2009, 511~512쪽 참조.

를 보면, 中宗 33년(1538)에 태어나 宣祖 34년(1601)까지 활동한 조선 중기기의 대표적 무신 중 한 사람이다. 그의 가계를 보면 시조 길권(吉卷)은 고려 태조 왕건(王建)을 도와 삼한벽상공신(三韓壁上功臣)에 책록되고 태사(太師)를 지낸 후 고려조에서 내내 벼슬한 龍仁 사람이다. 고려말 조선초에 이르러서는 이중인(李中仁, 용인이씨 중시조)이 구성부원군(駒城府院君)에 봉해졌고, 사위(士渭)를 낳으니 조선조에 개성유후(開城留後)를 지냈고, 그가 백지(伯持)를 낳으니 이조참판으로 태종조에 처음으로 청백리(淸白吏)에 뽑혔는데 이일에게는 7대조가 된다.[53]

　그리고 청백리 이백지는 5명의 아들을 두니 수강(府使公)·수령(主簿公)·수상(判官公)·수례(縣監公)·수의(司直公)로 그 중 이일 장군은 판관공 수상(守常)의 후손이다. 이일의 고조부는 회충(會忠)(통정대부 允若의 子)은 관직이 僉使(종3품)요, 증조부는 승사랑(承仕郎, 종8품) 승효(承孝)로 형조참의 증직을 받았다. 할아버지 환(環)은 선략장군(종4품) 충무위 부사직(副司直)으로 호조참판에 추증되었다. 아버지 덕민(敏德)은 무과출신으로 함경북도 병마우후(종3품)로 여러 번 증직을 받아서 숭정대부 의정부좌찬성겸판의금부사에 이르렀다. 어머니는 연안이씨 생원 이계수(李繼壽)의 딸이다.[54]

---

53) 용인지역에 1000여 년 전부터 뿌리를 내린 龍仁李氏는 주로 묘역도 이곳 용인지역에 많이 분포되어 있는데 駒城府院君 李中仁 · 留後公 李士渭 · 淸白吏公 李伯持 묘가 3대에 걸쳐 연이어 용인시 향토유적으로 각각 60호·63호·57호로 지정되어 있고, '고려조 3代(이중인, 사영, 백찬) 節臣의 후손'이라 '고려통일대전'(파주군 탄현면 통일동산내) 고려조 節臣 391位 중 그 위패가 모셔져 있어 그 위상을 짐작할 수 있다(졸고. 「조선시대 경기도 경화사족 고찰 －토성출신의 용인이씨를 중심으로－」 『경기도의 뿌리를 찾아서, 천년의 뿌리 용인이씨』, 경기도박물관, 2013, 132~148쪽 및 「고려조 3대 절신의 후손」 『용인이씨현조사적』 용인이씨사 간공파 종회, 2013. 19~24쪽 참조).

54) 『장양공 전서』 권1, 世系 歷年仕譜 참조. 그리고 이일은 부인 全州李氏 사이에 진사출신으로 덕산현감과 좌승지(추증)를 지낸 崇義를 낳고, 손자는 호가 蒲谷인 寧國原從功臣 涌과 沄, 澍, 沜를 두었고 증손으로 監役公 震瑞가 있다.

북병사 이일은 1558년(명종 13) 약관 20세에 무과 급제한 이후 먼저 외직으로 함종 현령, 벽동 군수, 경흥부사, 단천 군수, 온성부사, 상토·부산진 첨사(僉使)를 지냈고, 경원, 회령 부사(府使)를 역임하였으며, 이어 사 전라좌수사·전라도병사·평안도병사·함경남북도병사 등을 역임하였다. 내직으로는 한성부판윤·지중추부사·겸지훈련도총관·포도대장·군기시 제조 등을 역임하면서 품계로는 자헌대부까지 이르렀다.

특히 그는 전라좌수사로 재직 당시 1583년 두만강변의 여진족 니탕개 난[55]이 발발하자 경원부사로 차정된 이후 함경도 방어에 1등공신이 된 대표적 무장이라 할 수 있다.[56] 임란 이전 무장으로서 활동을 그의 『장양공전서』 권1, 연보와 기타 사료 등을 통해 자세히 확인할 수 있다.[57]

그리고 임진왜란 발발(1592. 4. 13) 후에는 순변사(巡邊使)(1592. 4. 17)로서 명을 받아 왜적의 침입 주요 경로인 제1군(中路)의 충북 조령(鳥嶺) 방면에 급파되어 입전하였지만, 당시 군사체계와 무기 전략면에서 전혀 준비가 되어 있지 않은 상태에서 상주 북천전(北川戰)(4.25)과 충주 단월역(丹越驛)(4.27) 및 탄금대(도순변사 신립)에서 패전을 당한 것은 주지의 사실이다. 하지만 곧이어 경기도 양주시 광적면의 '해유령 전투'(1592. 5. 16, 30級 수확)와 제1차 평양전투(7.17)에서 적을 격퇴하

---

55) 경흥부 번호(藩胡)인 니탕개(尼湯介)가 1583년 1월과 5월에 걸쳐 두 번 침략이 있었는데, 1차 때는 온성부사 신립에 의하여 격퇴되었고, 5월 再侵 때는 2만여 병력으로 경성과 동관진을 공격하니 이 때 勝字銃筒이 격퇴에 유효하였다(육군본부, 『한국군제사』, 1968, 年表 참조).

56) 李鎰將軍 직계로는 할아버지, 아버지의 대를 이은 武臣 출신이지만 그의 7대조까지는 전통적인 문과출신 할 수 있다.

57) 『장양공전서』를 보면, 경원부사(1583.4.7 ; 니탕개 난 정벌)—회령부사(1585)—북병사(1587.9.4 ; 9월 녹둔도 습격사건 해결과 11월 추도의 오랑캐(17채, 33명 사살) 및 시전부락 정벌(200여 호 불태우고 383級 수확)—전라병사(1589)—한성판윤·포도대장(1591)를 역임하였다.

는데 공을 세웠다.

이후 이일 장군의 활동은 조정에서도 인정받아 임란 이전 여진족 시전부락 점령의 공로로 아들(崇義)이 덕진현감에서 좌승지로 증직을 받았고, 임란 이후 경기도 양주시 광적면 해유령전투의 공로로 宣祖로부터 어마(御馬) 하사와 제1차 평양전투의 공로로 明 황제로부터 백금 20량과 그의 증조부[承孝]가 승사랑(종8품)에서 형조참의 증직을 받기도 하였다.

즉, 이일 장군의 문집 '장양공전서'(1849) 국역본 수록한 "장양공이일 장군 연구"(국학자료원, 2010)에 보면,

1) 이조참판 이담(전의 이씨)의 1828년의 행장(178쪽),
2) 이조판서 이재(본관 우봉)의 1732년 '한성판윤 오위도총관 행장'(225쪽),
3) 공조판서 안윤행(본관 죽산)의 1743년의 신도비명(245쪽),
4) 영의정 이의현(본관 용인)의 1744년 신도비명(255쪽)

에 해유령 전투시 30명 왜적을 베고 어마를 하사받은 사실을 밝히고 있음을 확인할 수 있다.

이처럼 북병사 이일은 여진족인 오랑캐 부족 토벌에 특히 전공이 많은데, 1583년 니탕개의 난으로 경원부사로 차정된 이후, 두만강 녹둔도 지역 및 두만강 건너 시전부락 점령 등 16년간 함경도 지역에서 북병사로서 활동은 주목할 만하다고 본다. 왜냐하면 이는 한 개인의 업적을 지나 향후 두만강 지역 녹둔도를 포함한 간도 및 연해주 지역을 우리 측이 조선조 말까지 확보하고 관리 주체가 될 수 있는데 큰 공로가 있음을 간과해서는 안되기 때문이다.

2) 이일장군의 임란초기 활동
-『장양공전서』(1893)를 중심으로 -

조선조에 들어서 국가적 큰 고통은 임진왜란이 일어나기 전 200여년 그리 심하지는 않았었다. 있다면 북으로 여진족의 침범과 남으로는 왜구들의 노략질이었다.

먼저 만주일대에는 200여 여진 종족이 거주하고 있었는데 그 중 두만강 건너 살면서 우리에 조공하기도 하고 무역도 하던 종족인 번호(藩胡)는 가끔 위협적이라 조선의 여진족 정벌은 태종대부터 선조대에 이르기까지 200여 년간 15회나 걸쳐 실시되었다.[58] 그 중 니탕개의 난은 이일장군으로 하여금 1588년 시전부락(時錢部落)을 토벌하게 된 직접적인 동기가 되었고 이를 잘 나타낸 것이 오늘날 '장양공정토시전부호도(壯襄公征討時錢部胡圖)'로 남아 있다. 이에 대한 것은 앞 장에서 이미 언급하였다.

한편 임진왜란 초기 순변사 이일의 활동에 대한 것을 보면, 신무기인 조총을 앞세우고 약 20만 대군을 이끌고 釜山부터 침략해온 왜구들의 전면전쟁인 임진왜란에는 당시 국가 전체가 속수무책이었다고 할 수 있다. 즉 산악지대인 험악한 함경도지역에서의 게릴라식 침략과 달리, 당시 남부지방에서의 조총을 앞세운 전면전쟁에는 거의 무방비 상태로 놓여 진 것이 현실이었다. 물론 우리도 니탕개 난과 여진정벌시 함경도 지역에서 철환(鐵丸) 3개~15개 씩 쏟아 위협적인 공포를 자아내는 화약무기 승자총통(勝字銃筒)를 사용하여 큰 효과를 보았다는 기록(제승방략 권2, 軍務 29條 및 실록 등)이 있지만, 조총에 비하여 점화장치와 휴대

---

58) 강상문, 전게논문, 71쪽 표 <여진정벌의 종합> 참조. 그중 이일장군과 크게 관계된 것은 니탕개 정벌전(제9차, 1583.2)과 제10차 녹둔도 정벌전(1587.11) 및 제11차 시전부락 정벌전(1588.1)이 대표적이다.

성면에서 불편한 점이 많아 조총을 장비한 일본군의 보병전술 앞에 무너
지는 결과를 초래했던 것이다.

북방에서 국지적인 여진족 침략에 대한 철저한 준비와 달리, 남방지
역에서는 왜구에 대한 경계가 느슨해져 거의 무방비 상태로 맞이한 것이
바로 임진왜란이었다. 더구나 활보다도 그 위력이 5배나 되는 신무기 조
총을 앞세우고 1592년(선조 25) 4월에 약 20만 왜군이 아홉 부대로 나뉘
어 조선을 침략하여 18일 만에 수도 한양이 유린되었던 것이다.

이 시기가 대체로 문치의 극성기와 오랜 평화로 군사의 해이를 가져
왔다. 즉 16세기 이래 초기의 완성된 조선전기의 군제가 붕괴의 기미를
들어내면서 모든 전비는 상대적으로 소홀해졌다. 물론 연산군 시대부터
선조대까지 북부 지역과 남부지역에서의 소규모 침략과 소란이 있었다.
즉 함경도 지역을 중심으로 일부 여진족의 침략[정묘호란] 이전까지
200여년 사이 131회 소규모 침범에 따른 우리 측 15차례의 정벌이 그런
대로 성공을 거두었고, 남부지역에서는 왜구의 침략[삼포왜란, 1515년]
이 있었으나 잘 마무리가 되었었다.

따라서 왜구들의 을묘왜변(1555년) 이후 여진족의 니탕개 란(泥蕩介
亂)(1583년)이 일어나기 전 약 30년간은 남쪽이나 북쪽의 왜구와 야인이
거의 잠잠한 상태라, 군제의 근간을 동요시킨 내적인 모순의 제거를 위
한 어떤 조치도 취하지 않아 16세기말에 이르러서는 국방과 군역제도가
더욱 허물어져 있었다. 따라서 율곡 이이(1536~1584)의 10만 양병설 포
함한 군정개혁론이나 유성룡의 지적은 통할 수 없었다.[59]

이러한 와중에 300명을 인솔하고 상주로 떠날 예정인 장군이 3일을
기다려도 군사가 없어 혼자 떠나야 하는 당시 군사체계로는 순변사 이일
로 하여금 초기 전투지인 경상도 상주와 충주지역에서 패주와 패배는 이

---

59) 李泰鎭, 「近世朝鮮前期 軍事制度의 動搖」『韓國軍制史』근세조선 전기편, 육군본
    부, 1968, 363~371쪽 참조.

미 예약되었던 것이다. 이러한 상황에다 무기의 한계와 천하요새인 조령에서 그의 방어전략 제안도 무시당하는 여건이었다. 따라서 그 후 임진왜란 중 이일의 국지적 전공도 파묻힐 수밖에 없었다고 본다. 자연 그에 대한 역사에서 평가는 인색하였던 것이다.[60]

그러한 평가가 초기 전투 결과의 영향으로 볼 때 무리가 아닐 수 있지만, 좀 더 객관적이고 종합적인 측면에서 공정한 평가는 할 수 없을까라는 아쉬움을 저버릴 수 없다고 본다. 특히 경기고 양주시 백석읍의 "해유령 전첩비"(蟹踰嶺 戰捷碑)는 임진왜란 때 신각(申恪)·이혼(李渾) 장군등과 함께 싸워 왜군 70여 명을 죽여 선조의 어마를 같이 하사 받았던 첫 승리지로 유서 깊은 곳[61]이기도 한 곳이다. 당시 이 때 전공으로 宣祖의 어마를 받은 사실의 상징인 '어마 묘'(추정)를 보면 그의 행적과 업적에 대한 재평가를 통한 보완이 필요하고 본다.

이미 북방에서 북병사로서 이일 장군이 큰 활약할 수 있는 여건이라면, 남방에서도 임진왜란 때 허무하게 무너지지 않았을 것이다. 하지만 거의 무방비 상태로 당한 상주 및 충주의 탄금대에서의 전투는 어느 한 두 인물에게 승전을 바라는 것은 지나친 기대가 아닐 수 없다고 본다. 이는 임진왜란에 의해 국토가 유린된 사실을 생각할 때 아쉬움의 강한 표현은 될 수 있겠지만, 16세기 말 시대적 상황에서는 전면적인 침략전

---

60) 李鎰에 대한 평가는 현존하는 전적지의 안내문이나 설명문 등을 보면 실감난다고 할 수 있다. 즉, 임란시 첫 전투에서 큰 패배를 가져왔던 경상북도 상주의 ① 壬亂北川戰跡地 안내문의 '逃走'로 표기한 것을 비롯하여, ② 신립장군의 지시로 싸운 충주 丹月驛 전투 내용에 대한 것은 표지판 하나 없을 뿐 아니라, ③ 경기도 양주 '蟹踰嶺戰捷碑'처럼 30級공을 베는 공로로 선조의 御馬를 받은 역사적 사실인데도 언급조차 하지 않은 경우가 그것이다.

61) 1976년 11월 높이 10.6m, 둘레 4.8m나 되는 큰 전첩비(경기도 기념물 제39호)를 세우면서 어디에도 여진족 시전부락을 정벌할 때 총 대장으로 있었던 북병사가 李鎰이고 더구나 이곳에서 왜구 30級을 베어 어마를 받은 전적지이기도 하다. 그러나 이에 대한 사적과 사실에 관한 내용도 안내문에 어디에서도 찾아볼 수 없는 것이 현실이다.

쟁에서는 한 인물의 유불능의 차원을 떠났다는 지적은 당시 시대적 상황을 올바로 지적한 것이라 본다.[62]

5. 맺음말

역사에서의 인물에 대한 평가는 그리 간단치 않다고 본다. 한 인물의 생애를 전시기로 볼 때 아마 우여곡절이 있기 마련이기 때문일 것이다. 더구나 그 대상 인물이 전쟁터에서 생애를 바쳤던 무신이라면 더욱 그러하다고 본다. 그러나 전쟁터에서 승전보를 가져오던 패배하였던 최종 죽음을 맞이한 인물이라면 순국열사로 추모해온 것이 일반적이라면, 패전의 불운도 경험하면서 끝까지 전쟁터에서 생애를 마감한 인물에 대한 평가는 그와 반대로 인색하게 평가해 왔다고 본다.[63]

하지만 역사에서 인물에 대한 평가는 한 인물이 감당하기 어려운 당시 시대적 여건이나 상황에 대한 올바른 이해보다는 결과만 가지고 평가한다거나,[64] 후대의 기대와 아쉬움 속에서 그 인물을 평가하다 보니까

---

62) 그러한 면에서 임란 초기 '敗退의 원인을 李鎰의 無能에 두지 않고 당시의 방어체제의 非合當性에 두어야 한다'는 지적은 한 인물에 대한 평가에서 올바른 자세라 할 수 있다(이태진, 상게서, 296쪽 참조).

63) 조선 중기 여진족 정벌과 임진왜란을 당하여 거의 같은 시기에 활동하면서 戰場에서 죽음을 맞이하였던 충무공 이순신(1545~1598)과 충장공 신립(1546~1592)에 비해, 여진족 정벌에 혁혁한 활동에도 불구하고 임란시 당시 군사편제와 무기체계상 불리한 여건 등으로 초기 패배를 맞보면서 끝까지 분투하였지만 여전히 비판적인 평가를 받고 있는 인물이 장양공(壯襄公) 이일(李鎰)이 아닌가 한다.

64) 예를 들면 종래 충무공 이순신 장군에 대하여 '祖父 때부터 가세가 기울기 시작해서 가정형편이 빈한해 母親이 삯바느질을 하는 상황'으로 널리 알려져 공의 활동에 더 감동적이었다면, 최근 연구된 바로는 '충무공의 집안은 유서 깊은 문반 가문 집안으로 20세까지는 武科가 아니라 文科공부를 했고, 이 과정에서 자연스럽게 文武兼全의 소양을 갖춰지게 되었고 母親으로부터 外居奴婢 6~8명씩 증여받

우리는 역사에서 인물에 대한 평가도 인색하게 대하였지 않나한다.[65] 더구나 전쟁에서 승패가 개인의 능력도 중요하지만 당시 군사제도와 국방시책 및 무기체계 등 당시의 방어체계가 더욱 중요한 국방과 관계된 인물이라면, 더욱 전체 상황을 판단하면서 신중하게 공과를 논할 때에야 객관적이고 설득력 있는 평가가 가능하다고 본다.[66]

그러한 평가를 받고 있는 인물 중 한 사람이 조선 중기 여진족과 왜구의 침략에 맞서 그 한가운데서 서있던 이일이 아닌가 한다. 그는 武科에 급제한 이후 주로 평안도와 함경도에서 활동하면서 16세기 말 당시 女眞族 오랑캐 부족 토벌에 결정적 역할을 하여 신임을 조야에 크게 받았지만, 당시 국방상 무방비 상태로 조총을 앞세운 일본의 임란 침략시 초기 상주전과 충주전에서 패전으로 그 후 '해유령전투'나 '평양전투'(제1차) 등에서의 전공에도 불구하고 不運의 장군으로 비판적인 평가를 받고 있다고 할 수 있다.

하지만 소위 니탕개(尼湯介)의 난(1583년)으로 경원부사(慶元府使)로 차정된 이후 16년 가까이 함경도 지역에서 활동하였던 인물이 북병사 이일이었다. 이일의 활동은 여진족 뿐 아니라 임란시에도 함경도 지역까지 침략한 왜구에 대한 방어책으로 조정에서도 이일만이 유일한 대안이 이일이라는 실록에서 자주 찾을 수 있다는 점을 간과해서는 안 될 것이

은 상당히 안정된 경제적 기반을 갖춘 양반 사대부 집안 출신'으로 밝혀졌는데 이는 한 인물에 대한 평가를 하는데 시사하는 바 크다고 본다(이민웅, <충무공 이순신 사료집성, 출판기념회 및 제10회 학술세미나>, 2009).

65) 필자는 최근 백두산 정계비 건립(숙종 38년, 1712) 당시 朴權이 접반사로서 역할을 게을리 한 것이 아니라, 조선 전후기 북방 강역에 대한 인식의 변화와 숙종조 조정의 전략 한계 등을 고려해야지 시대를 초월한 역할을 요구하기는 무리라 보았다(졸고, 「白頭山定界碑와 接伴使 朴權」, 『白山學報』 80, 2008, 421쪽).

66) 李泰鎮, 전게서, 296~298 참조. 특히 '軍士의 피폐는 물론, 당시 방어체제인 진관 체제가 그 기능이 마비된 상태가 결국은 임란당시의 상황일 것이다'라면서 초기 순변사 李鎰의 패퇴는 결코 이일의 무능에 둘 수 없다고 단언하고 있음은 시사하는 바 크다고 본다.

다. 즉, '이일은 북도에서 공이 있었기 때문에, 북도 사람들이 모두 이일
이 오기를 바랍니다. 북도를 수습하는데 이만한 사람이 없습니다'.[67]라
고 이구동성으로 추천 받은 인물이었다.

특히 오늘날 중국과 러시아와 국경문제가 쟁점이 되었을 때, 400여
년 전 북병사 이일의 활동은 실로 돋보인다고 할 수 있다. 그의 두만강
하류 녹둔도 지역을 침범한 니탕개 난의 진압과 두만강 하류 녹둔도 확
보 및 여진족 정벌의 상징인 '征討時錢部胡圖'의 사적(1588년)을 생각
하면, 인물에 대한 역사적 평가는 신중성을 요구하기에 충분하다고 본
다.[68] (졸고, 「조선중기 鹿屯島 확보와 北兵使 李鎰에 관한 일고찰」 –장양공전서
(1893)를 중심으로 – 『백산학보』 제83호, 2009 보완).

---

67) 「宣祖實錄」 권35, 宣祖 26년 2월 4일(己丑條) 「吏曹判書 李山甫曰 鎰有功於北道
　　北道人皆望鎰之來 收拾北道 無如此人也, 上曰 北胡南倭有異 鎰之捕倭 未可期也」
68) 따라서 이일이 증보한 『제승방략』에 대해 '무관출신어서 문장을 잘 짓지 못하였
　　으므로 아마 그의 종사관인 박홍장이라고 짐작 된다'(김구진 외, 전게서, 76쪽)는
　　지적은 장양공 이일의 여러 狀啓(請行制勝方略 狀啓)나 현존하는 그의 서간문을
　　보면 달리 평가하리라 본다. 왜냐하면 당시 무과 시험에서 弓術이 兵書와 함께
　　중요한 비중을 차지하고 있기 때문(심승구, 「조선시대 무과에 나타난 궁술과 그
　　특성」, 『학예지』 7집, 육군박물관, 2000. 105~106쪽)에 당시 양반자제들이 무科
　　를 통해 많이 진출하는 신분제 사회에서 정상적인 무과에서의 급제자는 상당한
　　식자층이었기 때문이다.

참고문헌(3부 1장, 이일 장군 편)

『경국대전』, 『國朝寶鑑』, 『고려사』 지리지, 『대동여지도』, 『동국여지승람』, 선조실록, 『宣祖修正實錄』, 『栗谷全書』, 『장양공전서』, 『雜著』, 『懲毖錄』

강성문, 「조선시대 여진정벌에 관한 연구」, 『군사』 18호, 1989
강신엽, 「조선중기 李鎰의 關防政策」- 壯襄公征討時錢部胡圖를 중심으로 -『學藝誌』5, 육군사관학교 육군박물관, 1997
국방부전사편찬위원회, 『임진왜란사』, 1987
김두진·이현숙, 「≪制勝方略≫의 北方 防禦 체제」『국역 제승방략』(세종대왕기념사업회), 1999
金世明, 「조선시대 전기 陳法과 制勝方略의 현대적 의의」, 국방대학원석사학위논문, 1992
동북아역사재단, 『2007 러시아 연해주 크라스키노 발해 城 발굴보고서』, 2008
민현구, 「진관체제의 확립과 지방 군제의 성립」, 『한국군제사』, 1968
박용옥, 「白頭山 定界碑의 재검토와 간도영유권」, 『백산학보』 30·31합집, 1985
박재광, 『화염조선』, 글항아리, 2009
서울시사편찬위원회, 『서울의 문화재』(4권). 서울특별시, 2011
서애선생기념사업회, 『국역 서애전서』 7권, 2001
심승구, 「조선시대 무과에 나타난 궁술과 그 특성」, 『학예지』 7집, 육군박물관, 2000
육군군사연구소, 한국군사사(7권), 육군본부, 2012
이민웅, <충무공 이순신 사료집성, 출판기념회 및 제10회 학술세미나>, 2009
이원명, 「조선후기 근기지역 京華士族 고찰」- 龍仁李氏 文科及第者를 중심으로-, 『鄕土서울』 67호(서울시사편찬위원회), 2006.
_____, 「白頭山 定界碑와 接伴使 朴權」, 『백산학보』 제80호, 2008
_____, 「조선중기 녹둔도 확보와 북병사 이일에 관한 일고찰 -장양공전서 (1893)를 중심으로-」『백산학보』 제83호, 2009
이원명·박상진, 『장양공 이일장군 연구』(國譯 장양공전서), 국학자료원, 2010
李泰鎭, 「近世朝鮮前期 軍事制度의 動搖」『韓國軍制史』 근세조선 전기편, 육

군본부(육군사관학교 한국사연구실), 1968
존 k. 페어뱅크 外, 『東洋文化史』 下, 을유문화사, 1969
한영우, 『다시 찾는 우리역사』, 경세원, 2008
許善道, 「<制勝方略> 연구」上·下 『진단학보』 36·37집, 1973·1974

북방민족나눔협의회 간도찾기운동본부, 간도신문 제16호, 2008.11.12
동아일보 2009.1.7
조선일보, 2009. 2. 6 및 2. 14
동아닷컴 2013.6.11

제2장 조선 후기 '백두산정계비'와 접반사 박권 (1658~1715)의 국경인식

1. 머리말

우리의 민족의 발상지요, 우리문화의 요람인 백두산에 중국 淸나라가 지금부터 300여 년 전 1712년 강제로 '백두산 정계비'를 세운 후 올해 (2012년)는 그 어느 때보다 중요한 한해가 될 것 같다. 주지하는 바와 같이 일찍이 압록강－송화강을 경계로 하는 조선의 땅, 간도(間島) 지역 이 백두산 정계비의 '西爲 鴨綠江 東爲 土門' 비문 해석을 일본이 압록 강-두만강으로 멋대로 해석하고 우리 땅 간도 지역을 불법적으로 중국에 넘겨 준지 100년이 되는 해가 일 년밖에 남지 않은 해인지라 더욱 의미 가 있다고 본다.

이에 대하여 그동안 우리 학계에서는 나름대로 백두산 정계비 해석과 간도회복을 위한 노력을 경주한 바 있다. 일찍이 유봉영·신석호·김상기 선생 등이 고토수복을 위한 '백산학회(白山學會)'를 창립(1966.4.27)하 여 지금까지 이어져 오고 있다.[1] 그리고 그 후 이선근, 유봉영의 연구를

---

1) 북방관계사 연구를 위한 '백산학회' 창립과정의 전후 과정에 대하여는 김원모, 「치 암(신석호)의 간도 수복론과 원봉(유봉영)의 백산학회」 『최근 신석호박사 탄생100 주년 기념사업지』(2007.10) (수서원, 2007, 219-242쪽)가 참고가 된다. 더불어 최 근의 한국 간도학회 창립(2004. 6)과 『간도학보』 발간(신형식)은 한국사뿐 아니라 국제정치·국제법·정치학·외교사 및 지리학 연구자(이일휴·노계현·김우준·이강

비롯하여 지금까지 다양한 연구가 행해졌다.[2]

이와 관련하여 본고에서는 '백두선 정계비와 접반사 박권'에 대하여 고찰하고자 한다. 정계비 설립 당시 청나라 측의 강권과 조선 측 대응전략 등에 의하여 정계비 현장에 있을 수 없었던 박권(朴權, 1658~1715)에 대하여 그동안 부정적으로 평가되었다고 본다. 하지만 이제 백두산 정계비와 당시 우리 측 대표인 접반사 박권에 대하여 재조명할 필요가 있다고 본다.

이를 위하여 먼저 우리 측 북변 강역에 대한 국경인식의 변화를 고려 및 조선전기와, 조선후기를 구분하여 이해하고, 나아가 당시 조정에서의 정계비 관련 논의 과정에 나타난 우리 측 대응방안을 살펴보고자 한다. 그리고 우리 측 대표인 접반사 박권의 생애와 활동을 통하여 재조명해 보고자 한다. 따라서 본고에서 다루는 시기는 조선전·후기 북방 강역에 대한 국경인식의 변화 과정과 접반사 박권의 활동 시기 정도로 국한하고자 하며, 그 이후 19세기 후반 이후 전개되는 간도 문제는 별고를 통하여 언급되어야 한다고 본다. 왜냐하면 이삼백여 년 시대적 한계를 뛰어

원 등) 등 다양한 분야의 전공자들이 포함되었다는 면에서 또한 의미가 크다고 본다.

2) 백두산 정계비와 간도문제에 대한 연구는 일찍이 정치 외교계의 신기석(간도 귀속 문제, 1955)이 시작한 이래 이선근(「백두산과 간도문제」, 『역사학보』 17·18합, 1962), 노계현(간도협약에 관한 외교사적 고찰, 1966), 유봉영(「백두산정계비와 간도문제」 『백산학보』 13, 1972)을 비롯하여 조광(「조선후기 변경의식」, 『백산학보』 16, 1974), 박용옥(「백두산 정계건립의 재검토와 간도 영유권」, 『백산학보』 30·31합, 1985), 이인걸(「간도협약에 관한 연구」, 성균관대 박사학위논문, 1990), 이상태(「조선시대 지도연구」, 동국대 박사학위논문, 1991), 강석화『조선후기 함경도와 북방영토의식』, 경세원, 2000 ; 「1712년 조·청 정계와 18세기 조선의 북방경영」 『진단학보』 79, 1995, 「조선후기의 북방 영토의식」 『한국사연구』 129, 2005), 시노다 지사쿠(篠田治策, 『백두산정계비』, 1938, 낙랑서원 ;『간도는 조선 땅이다』, 신영길 역, 지선당, 2005), 이상태(「백두산 정계비 설치와 김지남의 역할」 『역사와 실학』 33, 2007), 조법종(「장백산 문화론의 비판적 검토」『백산학보』 79, 2007) 등에 의해 이루어져 왔다.

넘는 논리로 사건과 인물을 평가하기에는 문제가 있다고 보기 때문이다.

2. 조선조 북방 강역에 대한 국경인식과 백두산 정계비

1) 고려·조선 전기 북방 강역에 대한 국경의식

우리 문화의 중심이요, 원천지역인 백두산 지역은 주지하는 바와 같이 일찍이 고조선의 건국신화인 단군신화 한 가운데 있는 지역이다. 이 지역은 고구려에 병합되었다가 고구려 멸망 이후 발해의 판도 하에 들었던 지역으로, 발해 멸망(926) 이후 한민족의 생활무대가 한반도로 위축된 이래 만주대륙은 무주공간의 방치상태로 내려왔다.[3]

오히려 이 지역에는 女眞族[4]이 거주하면서 북쪽의 변방을 자주 침입하므로 윤관(尹瓘, ?~1101)이 고려 숙종 때(1104) 별무반(別武班)을 조직하여 침략에 대비하고, 예종 2년(1107)에는 17만의 고려 군대를 이끌고 천리장성을 넘어 두만강 연안까지 쳐 들어가 수복된 지역에 9城[5]을

---

3) 고려초 국경선은 함흥~의주지역으로 한정

4) 만주일대 거주하고 있는 200여 종족의 여진족 중 조선의 국경 부근에 거주하고 있던 종족은 100여 종족이 있어 조선 개국 이후 정묘호란 전까지 무려 131회나 침입이 있었고 조선 측도 15회 정벌전을 전개하였다(이상협, 『조선전기 북방사민 연구』, 경인문화사, 2001, 20~22쪽 참조).

5) 윤관이 쌓은 9성은 함주·영주·웅주·길주·복주·공험진·통태진·진양진·숭령진을 뜻하며 그 중 가장 북쪽에 있는 공험진의 先春嶺에 윤관이 비를 세우고 왔는데, 그 비가 두만강 이북 7백리(『고려사』 권12, 지리3 東界條)에 있었다고 오래 동안 믿어져 왔다. 그러나 『동국여지승람』 이후 두만강 이남설로 수정되어 왔지만 조선 후기 허목, 이익 등에 의하여 선춘령=두만강 이북설이 강하게 주류를 이루고 있었다(한영우, 「18세기 전반 남인 이익의 사론과 한국사 이해」 『조선후기 사학

쌓고 여진족들을 몰아내었다. 그러나 9성 지역이 여진의 생활 근거지였
으므로 그들이 고려를 부모의 나라로 부르면서 모피 등을 받치며 애원하
기도 하고, 당시 관리상 어려움이 있어 1년 만에 다시 여진족에 넘겨주
었다. 그리고 회유와 동화정책을 써서 귀화해 온 여진족에게는 벼슬이나
토지와 가옥을 주기도 해, 11세기 초 약 8천명의 여진족이 고려를 방문
하였고 12세기 초 귀화해 온 여진인이 무려 4,700여 호나 되었다. 그리
하여 이후 국경선은 길주~강계~초산지역까지 확장되었다.

한편 고려 후기 북방영역과 관련하여 두만강 넘어 이 지역이 원나라
지배하에 있을 때, 조선 태조(太祖) 이성계(李成桂)의 4대조 목조(穆祖)[6]
가 두만강 건너 오동으로 종착지를 옮겨 정착한 후, 원나라에 귀부하여
그를 따르는 170여 호를 이끌고 자리를 잡았으니 바로 오동은 경흥에서
두만강 건너 30여리 동북쪽 금동촌 부근일대였다. 이처럼 동북지역은 고
려 말 동북면을 근거로 하고 있던 이성계가 이미 이 지역의 야인들을
진무하는데 성공함으로써 국초부터 두만강 하류지역은 우리 강역에 포
함되어 있었다.

한편 이 때 여진족들이 많이 복속되는 가운데 토문(土門)이라는 지명
이 나오는데, 토문과 두만강을 구분하여 알고 있음이 주목된다.[7] 즉 '토

─────────────

사연구』, 일지사, 225쪽). 하지만 최근 공험진(선춘령 비)의 위치에 대해 학계에서
는 吉州 이남 함경도지방으로 비정하고 있다(김상기, 운무병의 논문 및 본고 3장
참조).

6) 태조 이성계의 4대조인 穆祖(李安社)는 전라도 전주→강원 삼척현→함길도 덕원
부를 거쳐 두만강 건너 오동(斡東)지역에 종착 후, 원나라에 귀부하여 五天戶所
達魯花赤(다루가치) 벼슬(고종 42년, 1255)를 지냈다. 그 이후 翼祖(李行里), 度祖
(李椿)를 거쳐 桓祖(李子春) 때 고려로 귀향한 후 이성계에 이른다(허홍식, 「고려
이성계의 세력기반」, 『역사와 인간의 대응』(고병익회갑기념 논총), 한울출판사,
1985, 참조).

7) 『龍飛御天歌』(1447, 세종 29) 권7 제53장 「土門猛安古論孛里」 細註. 이는 조선초
기 '토문'과 '두만'을 정확히 구분하여 알고 있음을 확인할 수 있는 자료로 그 의
미하는 바가 크다고 볼 수 있다(강석화, 『조선후기 함경도와 북방영토의식』, 57쪽).

문은 지명이며 두만강의 북쪽에 있다. 남쪽으로는 경원과 60리 떨어져
있고, 서쪽으로는 상가하에서 하룻길이다'(土門地名在豆漫江之北 南距
慶源六十里 西距常家下一日程也)라고 하는 기록이 그것이다.

새 왕조인 조선왕조는 건국 직후부터 적극적인 영토 확장정책을 추진
하였다. 고려말 요동정벌운동의 추진과 개국 후 정도전·남은 등의 군사
훈련 강화를 통한 요동수복계획이 있었고, 태종대 압록강 이남지역의 개
발 추진과 대규모 북방이민정책이 추진되었다. 특히 1434년(세종 16)부
터 10여 년간 세종은 평안도도절제사 최윤덕(崔潤德)으로 하여금 압록
강 연안의 평안도 북부지역을 토벌 개척하여 4郡(여연·자성·우예·무창)
을 설치하고, 두만강 유역인 함경도 북부지역은 함길도도절제사 김종서
(金宗瑞)로 하여금 야인을 정벌하여 6鎭(부령·온성·경흥·경원·회령·종
성)을 설치함으로서 비로소 이 지역에 대한 행정적 지배가 확립되었다.
따라서 조선초기 지식인들의 영토의식은 우리나라를 본래 '만리의 대
국'[8])이라고 생각하고, 지도나 지리지를 편찬할 때 만주를 우리 국토 속

고려시대의 영토
(육군본부, 『한국군사사』, 350쪽)

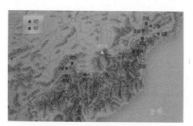

조선 세종대 4군 6진도
(육군본부, 『한국군사사』, 374쪽)

8) 惟我海東 三面阻海 一隅連陸 幅員之廣 幾於萬里(『고려사』 권56, 地理1.)

에 포함시키고 있었다.9) 그러면서 잃어버린 만주 땅에 대한 꿈을 잃지 않으려 하였던 것이다. 즉 「동국여지승람 서문」(1531)에 보면,

> '예종(睿宗)이 여진 쫓고 9성을 두었으며 뒤에 5도 양계로 정하였으니 지리의 성함이 이때가 극이었습니다. 다만 서북으로는 압록강을 한계로 삼고, 동북으로는 선춘령(先春嶺)을 경계로 삼았으니, 대개 서북은 고구려에 미치지 못하고, 동북은 그보다 지나쳤습니다'10)

라 하고 있는데 이를 통해 당시 북방 강역에 대한 의식을 알 수 있다. 그러나 조선왕조는 압록강과 두만강을 국경선으로 생각하지는 않았으며, 만주를 미 수복된 우리 땅으로 간주하였다.11)

2) 조선 후기 대내외 정치상황과 국경인식의 변화

조선후기 명·청의 교체와 두 번의 양란을 거치면서 북방 강역인 만주지역의 사정은 달라졌으며 대외적 상황이 더욱 그러하였다. 즉 중국대륙에서 1368년 명나라가 등장(고려 공민왕 17) 이후 조선과의 관계는 한 때 요동수복정책으로 긴장관계였으나 태종 이후 우호관계가 조성되고 전통적인 조공(朝貢)-책봉체제(冊封體制)가 이루어져 260여 년 동안 양국가는 평화체제를 이루고 있었다. 하지만 16세기말 17세기에 이르러 明·淸 왕조교체라는 격변이 일어나 상황은 달라졌다.

1583년 만주에서 누루하치가 이끄는 건주여진(後金)이 부상하여 명나라에 도전해 1618년 만주의 전략 요충인 무순(撫順)을 점령하고 1627년

---

9) 한영우, 『다시 찾는 우리역사』, 경세원, 228~229쪽.
10) 민족문화추진위원회 국역, 「동국여지승람 서문」『신증동국여지승람』, 1969 참조.
11) 한영우, 전게서, 229쪽. 하지만 세종대 4군·6진 개척 후 조선의 현실적인 국경선은 백두산과 두만강선을 기본으로 하였다고 본다(교육부, 고등학교 역사부도』, 1995, 28쪽 지도 및 아틀라스한국사 편찬위, 『아틀라스한국사』, 2004, 102쪽).

정묘호란과 1636년 병자호란을 일으켜 조선왕조에 큰 타격을 주었는데
그 결과는 참담했다. 국왕 인조(仁祖)는 청 태종 앞에서 무릎을 꿇고 머
리를 조아리는 삼궤구고두례(三跪九叩頭禮)라는 치욕을 당하였고, 수만
명의 포로들이 청으로 강제 연행되었다.[12] 따라서 이러한 상황인지라
조선 중기 이후 18세기 전반기인 숙종대(肅宗代)(1674~1720)에는 북방
경영이 어려워지면서 지역사정에 대한 이해가 부족하기 마련이었다.[13]
그리하여 백두산 정계비와 관련해 숙종조의 대응 전략에 한계가 있었다고
보여 진다.

한편 1636년 4월 국호를 후금에서 대청(大淸)으로 고친 만주족은 청
태종(太宗)이 사망(1643)한 후 세조(世祖)(순치제, 1643~1661)가 산해
관[14]을 점령(1644, 入關), 중원(中元)을 차지한 후 북경(北京)으로 도읍
을 정하며 삼번의 난을 평정(1681)하고 이어 대만을 정복(1683)하는 등
40년 동안에 중국 전부를 장악하기에 이르렀다. 세조에 이어 강희제(康
熙帝)(성조, 1662~1722), 옹정제(擁正帝)(세종, 1723~1735), 건륭제(乾
隆帝)(고종, 1735~1795) 3대 130여 년간 중국통일을 완성하고 청조의
극성기를 맞이하였다.[15]

특히 백두산 정계비를 지시한 강희제[16]는 61년간 재위하면서 외부의

---

12) 당시 조선의 對 여진 항쟁은 1627년 정묘호란에서 병자호란이 종결된 1637년 까
   지 10년 동안 계속되었는데 정확한 피해는 자료의 한계로 어렵지만 정묘호란(포
   로 3만여 명, 피살자 2,000여 명)과 병자호란(포로 4만여 명, 피살자 4,000여 명)
   시 10만 여명이 포로로 잡혔으며 5,000여 명이 피살된 것으로 파악되고 있다(국
   방부전사편찬위원회, 『병자호란사』, 1986, 321~324쪽).
13) 강석화, 전게서, 57쪽 참조.
14) 山海關은 만리장성이 바다와 만나는 동쪽 마지막 지점으로 만리장성 안에 따로
   關城을 쌓은 것으로 일반적으로 '天下第一關'(현관)이라 부른다.
15) 만주족의 흥기와 청대의 중국지배에 대해서는 라이샤워·페어뱅크, 동양문화사』,
   을유문화사, 1981 및 동양사학회 편, 개관 동양사』, 지식산업사, 1983 및 신채식,
   동양사개론』, 삼영사, 1993, 참조.
16) 프랑스인 부베가 지은 강희제전』 의하면 강희제는 순치제의 제3자로 8세 때 대

위협을 제거하며 매우 면밀한 내정을 펼쳐 재덕을 겸비한자로 평가받은 인물이었다. 그는 만주족이 한족(漢族)의 1~2%밖에 되지 않은 점을 고려하여 한족과 격리하며 정권을 유지하고자 하였다. 이를 위하여 사회통제와 군사통제 및 그들의 출신지인 동북지방을 격리 유지하고자 하였다. 사회통제로는 만주인에게는 상업이나 노동에 종사하는 것을 금지하고 한족과 통혼하든지 전족(纏足) 등의 한족풍습을 금지시키고 변발(辮髮)을 따르게 하였으며, 군사통제로는 만주인 장군과 부장 중심으로 그들 독자의 軍民一體의 군제인 8기군(八旗軍)[17] 제도를 활용하였고, 자민족을 유지하고자 1668년 한족에게 중부 및 북부만주로 이주해 들어가는 것을 금지시켰다. 소위 유조변장(柳條邊牆, 버들을 심은 壕)을 수백리 연장시켜서 산해관~봉천 북쪽~압록강 하구에 이르도록 한족의 거주지를 제한 획정하여 만주지방 대부분을 확보하고자 하였다.

이러한 기본 정책 하에 대외관계에서 강희제는 야소회 소속 선교사를 통해 근대적인 천문·지리·수학지식을 접할 수 있었다. 특히 근대적인 지리 지식을 바탕으로 측량 기술 등을 크게 발전시켰는데,[18] 1709년 佛 선교사 피·레지스(P. Regis)로 하여금 국토 측량에 종사케 하고 지도 및 지리지 제작을 감수하게 한 것은 향후 그들의 국경선과 관련한 탐욕과

학, 중용을 암송하고 후에는 주자학에 정통하였으며 好學의 군주로 책을 손에서 떼지 않았다 한다. 선교사로부터 서양의 기하학·천문학을 배웠고 治世 61년간 선정을 베풀어 중국 역사상 가장 이상적인 황제로 꼽히고 있는 인물이다(신체식, 상게서, 613쪽)

17) 8기군제는 만주족의 몰이사냥의 제도에서 기인한 것으로 처음에는 용병으로부터 출발하여 전 부족으로 분속시킨 민족적 봉건적 조직으로 활용된 군민일체의 군사 조직이다. 300명의 장정을 단위로 하여 1니루(화살의 뜻), 5니루는 1잘란(隊), 5잘란은 1구사, 즉 1旗(7,500명)로 구성되었으며 만주 8기 외에 한인 8기·몽골 8기병 등 17여만 명으로 구성되었다(신채식, 상게서, 602~603쪽). 만주족은 모두 8기에 就籍되는데 旗人은 세습 및 기타의 특권을 가졌다.

18) 라이샤워, 전게서 471쪽 및 이돈수, 「8세기 서양고지도 속에 나타난 북방영토」 『간도학보』 창간호, 2004, 253~260쪽 참조.

국경획정의 의지를 말해주는 것이라 볼 수 있다.[19]

이럴 즈음 강희제는 동진하는 러시아의 세력을 만주의 흑룡강에서 물리치고 네르친스크 조약을 맺어(1689) 러시아의 남진을 저지하였다. 이는 중국이 서양국가와 체결한 최초의 근세적 국제조약이며 청조의 의지가 반영된 것이었다. 그리고 이어 조선과 경계를 확정하고자 하였다.

당시의 조선 숙종대(1674~1720)에 대해서는 전란(兩亂)의 피해복구와 국가재정사업이 일단 마무리되어 중흥의 기틀이 다져진 시기로 평가되고 있다. 당시는 임진왜란과 병자호란 후 後金(淸)과의 항쟁과정에서 국방력 강화에 주력하며 붕당연합과 북벌운동과정을 거쳐 환국(換局)과 왕권강화가 전개되었던 시기였다. 즉 효종(孝宗)과 현종대(顯宗代)가 西人과 南人간 붕당연합이 이루어지던 시기였다면, 숙종은 45년간 장기 재위하면서 환국(庚申·己巳·甲戌換局)정치를 통해 왕권강화가 이루어졌던 시기였다.

따라서 청나라의 우리 측 북변 강토에 대한 지속적 경계선 확보 방침에 대하여 조정에서도 관심을 지속적으로 가지고 대비하고 있었다. 청나라 측에서 백두산 정계비를 세우기 멀리는 30여 년 전 숙종 5년(1679) 12월 경원 개시(開市)를 위하여 온 청 차사원(差使員)이 평안북도와 함경도의 산천을 상세히 그려진 지도를 가지고 있으며 백두산 일대의 지형을 반드시 탐문하려 하였음을 북병사 유비연이 치계로 보고하였고,[20] 숙종 17년 압록강 상류 백두산 일대를 살피고자 사신 5명을 파견한다는 자문(咨文)을 보내자(1691) 이의 대비책을 조정에서 논의를 하였다.[21]

---

19) 이선근, 전게 논문, 556~557쪽 및 박용옥, 전게 논문, 221~222쪽 참조.

20) 『숙종실록』 권8, 숙종 5년 12월 계유조 「必使俺見白頭山」

21) '장차 다섯 사신을 보내어 의주로부터 우리 지경을 거쳐 백두산에 가 보고 그려올 것인데, 반드시 우리나라의 지방을 잘 아는 사람을 시켜 그 길을 인도하게 하여야 한다. 또 정월 이전까지 回咨하기 바란다고 하였기 때문인데, 혹 장차 『一統志』를 지을 것이므로 산천의 형세를 두루 살피려는 것이라고 하나, 그 뜻을 헤아릴 수

그러나 북병 강역에 대한 정보가 없어 구체적인 대책을 세울 수 없었던 실정이었다. 겨우 다음 해인 숙종 18년(1692) 정월 무진일에 이현일(李玄逸)이 답자(剳咨)를 통해 조선 측의 곤궁함과 험로를 들어 거절하자고 하였지만 윤허하지 않았다.

한편 서양인을 초청 지형을 조사해 지도를 작성하고자 하기도 하였지만[22] 도로 사정을 알려 주는 자에게 사형에 처한다는 규정을 법제화[23] 하면서 문단속을 철저히 하는데 그쳤다. 그러면서 우리도 동지사 등이 청나라에 다녀올 때 청나라의 지도 「성경도(盛京圖)」 등이나 지리지 『대명일통지(大明一統志)』 등을 수집코자 노력하여 중국 측에서 사계(査界)를 요구할 때를 대비하고자 하였지만 한계가 있었다.[24]

3. 숙종조 조정의 백두산 정계비 대응과 접반사 박권

1) 조선 숙종조 조정의 백두산 정계비관련 대응

조선과 일찍이 정묘호란 후 청태조 조선발상(祖先發祥)의 성지라는 명목으로 인적을 용납지 않은 청나라는 강도회맹(江都會盟)(1627, 인조 5년 2월 신유조)으로 간도지역을 봉금시켜 무인지대(완충지대) 설정하였

없다'고 하자…(중략)…임금이 매우 염려스럽게 여겨 반복하여 물었으나, 대신들은 건명(建明)한 것이 없어 다만 대답하기를 '燕京(북경)에 간 대신이 돌아오거든 강구하여 아뢰겠습니다.'(『숙종실록』 권23, 숙종 17년 11월 병인)
22) 숙종 35년(1709) 의주 부윤의 보고
23) 『續大典』 刑典 禁制條.
24) 강석화, 전게 논문, 143~144쪽 참조. 당시의 연행사행은 보통 5개월 내외 정도 걸리는 여정이라 신속한 대응전략이 쉽지 않았다.

다.25) 이리하여 朝·淸間 실질적인 국경지대로 삼았지만 이 지역의 질 좋은 인삼 채취로 인하여 범월(犯越) 사건이 자주 일어나 양국간 분쟁이 지속되었다. 따라서 범월사건을 해결하면서 그 경계선을 분명히 해 놓고 자 하였던 것이다. 더구나 영토 점령욕이 강한 강희제로서는 조선과의 국경 재 획정을 꾀하고자 하였는데 이것이 바로 백두산 정계비 건립(1712) 으로 나타났다고 생각된다.

백두산정계비의 모습26)
(대구동산병원 의료선교박물관)

백두산정계비 내용 원문(1712. 5.15)
(당시 조정 대응전략에 따라 접반사 박권 불참)

---

25) 朝鮮國與金國 旣已講完和事 自今以往 兩國各守封疆 不許計仇 永世相好 有違此約 皇天降禍(조선국이 금나라와 이미 화친하는 일을 강구하며 완결하였으니, 지금부 터는 두 나라가 각각 국경을 지켜 원수를 맺지 말고 영세토록 서로 좋게 지냅시 다. 이 맹약을 위반하면 하늘이 화를 내릴 것입니다. 『인조실록』 권15, 仁祖 5년 2월 신유).

26) 백두산정계비는 1712년 백두산 정상에서 동남쪽 4km의 압록강과 토문강 물이 수 원에서 갈라지는 곳에 높이 2.55척, 넓이 1.83척 크기로 청나라가 일방적으로 건 립하였으나 1931년 만주사변 직후 없어졌다. 본 사진은 동산병원 의료선교박물관 정성길 명예관장이 수집가로부터 구입하여 소장중으로 본 필자에게 제공(2015. 8. 6)하여 이를 수록하였는데 정관장은 1904년 찍은 것으로 전하며 "주홍글씨로 황 백석 대리석으로 세워졌다"고 밝히고 있다.

하지만 1627년 봉금지대로 국경의 형태로 정리한 후 양국은 비교적 평탄한 우호관계를 지켜왔기 때문에 영토 점령의식이 강했던 강희제로서도 갑자기 조·청간 국경 재획정을 요구하기는 명분이 약했다.[27] 이럴 즈음 1685년(숙종 11) 10월 산삼을 캐거나 약탈해 간 후주진(後州鎭) 군민들의 범월사건[28]으로 양국의 경계를 분명히 규정할 필요가 있었다. 그러던 차 1710년(숙종 36) 발생한 평안도 위원인(渭原人)들의 범월(犯越)사건이 정계비 건립의 결정적 계기가 되었다.[29] 청에서는 이 사건을 계기로 백두산과 압록강, 토문강 일대를 명백히 조사하여 경계를 정할 것을 요구하기에 이르렀다.

즉, 1711년(숙종37) 6월 갑술조에 보면 청의 오라(烏剌) 총관 목극등(穆克登)[30]은 답사를 위한 선박과 인원의 차출을 조선에 계속 강요하면서 조선 측에서 안내하지 않으면 혼자서라도 압록강 중상류지역과 백두산 일대를 조사하겠다고 고집을 부려 만포진 적동(狄洞) 부근에서 배가 흔들리는 바람에 몸이 흔들려서 앞니가 부러지는 상처를 입기도 하였지만 계속 지형조사를 강행하려 하였다. 그러나 조선 관원들의 반대와 비협조로 끝내 백두산 답사에 실패하고 돌아갈 수밖에 없었다.[31]

---

27) 박용옥, 전게논문, 221~222쪽 참조.
28) 당시 後州 참사가 무기와 배를 제공하고 삼수·갑산의 수령 등 土卒 140여 명이 관여되었던 사건을 말한다.
29) 위원주민 李萬建 등 9인이 범월하여 청나라인 5명을 타살하고 蔘貨를 약탈하자 청인이 범인 인도를 요구하며 난동을 부리고 巡邏將을 납치하기까지 한 일이 있었다(『숙종실록』 권49, 숙종 36년 11월 기해).
30) 청나라 오라총관 목극등(1664~1735)은 몸이 밀첩하기가 마치 원숭이 같아서 다른 사람이 능히 따라갈 수 없었다(홍세태, 「백두산기」 『조선시대 선비들의 백두산답사기』, 혜안, 1998, 175쪽 참조)고 할 정도의 인물이다. 그는 길림 지역 만주인으로 경호원 출신으로 백두산 정계비 이후 吉林 副都統(1719), 오라지역 8기병 통령(1720), 신강지역 주둔(1732) 하다가 피곤이 누적되어 1735년 병환으로 졸하였다(중국역사문화명성대사전-길림, www.jl.xinhuanet.com 참조).
31) 『숙종실록』 권50, 숙종 37년 6월 갑술.

이어 1712년(숙종 38) 2월 24일 청나라는 재차에 48세의 오라(烏剌) 총관 목극등을 청차사(淸差使)로 임명하여 봄날에 다시 파견하겠다는 통보를 하는데 이르기를,

'금년에 목극등 등이 봉성에서 장백에 이르러 우리의 변경을 답사하려 하였으나 길이 멀고 물이 큼으로 얻지 못하여, 명년 봄 얼음이 풀리는 때를 기다려 목극등 등이 의주에서 작은 배를 만들어 흐름을 거슬러 올라가되 전진하지 못한다면 곧장 육로로 土門江으로 가서 우리의 지방을 답사키로 하겠다'[32]

라며 강력한 의지의 글을 보내는데, 이어서 2월 26일 칙사 목극등 등의 목적과 일정 및 제반 사항을 적은 패문(牌文)을 의주부윤이 올려왔다.[33] 따라서 조정에서도 바로 다음날인 27일부터 여러 날 이에 대응 전략이 논의되었는데 청차의 사경조사를 포기하게 하는 방도와 우리가 고수해야할 국경선 등에 대하여 정의(廷議)를 거듭하였다. 그 결과 육로와 수로의 험로를 이유로 정상을 갖추어 회자(回咨)하자고 하면서 우의정 조상우를 비롯한 여러 제신들이 거절하자고 하자 국왕 숙종이 이르기를,

'저쪽에서 이미 咨文을 보내고 이어 牌文이 있는데, 이제 만약 회자하여 방색(防塞)한다면 반드시 말썽이 생길 근심이 있으니 잘 생각하여 처리하지 않을 수 없다.'…(중략)…'저쪽에서 이미 자세히 아는 것을 우리가 없는 것으로 대답한다면 이미 성실한 것이 아니므로 마침내 또한 방색할 수 없으며, 방색함을 얻지 못하여 나라를 욕되게 하기에 이르면 어찌 무익하고 害가 있음이 되지 않으랴?'

라 하였는데 이에 대해 병판 최석항, 호판 김우항 등도 거절의 명분이

---

32) 今年穆克登等 自鳳城至長白 査我邊境因路遠水大 未攫卽低彼處 竣明春氷泮時 另差司官同穆克登 自義州造小舟沂流而上 若不能前進卽 由陸路往土門江 査我地方(『숙종실록』 권51, 숙종 38년 2월 정축)

33) 『숙종실록』 권51, 숙종 38년 2월 기묘.

약하다며 부득이 받아들이기로 하였다.[34]

이리하여 접반사(接伴使)[35]로 한성부 우윤(종2품) 朴權을 임명하였
다.[36] 1711년 사은부사로 청나라에 다녀온 후, 1712년 3월 19일 선친
묘 이장으로 원주에 있던 54세의 한성부 우윤 박권은 급히 상경하여 4
일 만인 3월 24일 서울을 출발해 7월 13일까지 근 100일 가까이 국경획
정의 업무를 수행하기 위한 1,000리의 길을 떠났다.[37] 박권은 한 달 반
만인 5월 5일 처음 목극등 일행을 혜산에서 만난 후 5월 7일 제의하기를,

> '장차 귀하께서 장백산 꼭대기를 행차한다는데 우리는 우려를 금할 수 없
> 습니다. 대체로 산 정상의 큰 못의 물이 흘러 넘쳐서 서쪽으로 내려온 것이
> 압록강 상류가 되는데, 산 아래에서 부터 정상에 이르기까지는 그 거리가 수
> 백 리가 되고, 모두가 깎아지른 절벽을 이루고 있습니다. 사냥꾼들도 겨우 붙
> 잡고 올라가거나 구멍을 뚫고 지나가는데, 험하기로 유명한 촉나라의 산길이
> 라도 그 험난함을 비유할 수 없습니다…(중략)…다만 산길이 험하기가 이와
> 같으니 귀한 몸으로 거동함은 너무나 어려운 일입니다. (중략). 들건대 귀하께
> 서 저희들로 하여금 수행하지 말고 먼저 무산으로 가서 기다리라고 한 것은
> 저희들이 노쇠하여 피로한 모양을 보고 딱하게 여겨서 곡진한 하교라 하겠습
> 니다만, 저희들만 편한 곳에 머물면 의리와 명분에 잇을 수 없습니다. 저희들
> 중 한 사람이라도 행차에 따라가도록 허락해 주면 천만 다행이겠습니다.'[38]

---

34)『숙종실록』권51, 숙종 38년 2월 경진~3월 무술.

35) 접반사란 외국사신을 접대하는 일을 맡은 임시 벼슬로 勅使에는 正卿으로 遠接使
를 임명하여 보내고, 差官이면 亞卿으로 접반사를 임명하여 보내는 벼슬이다(勅使
則以正卿差遠接使 差官則以亞卿差接伴使.『通文館志』4, 儐使差遣).

36) 처음 접반사로 임명된 사람은 대사헌 권상유이었으나 20여 일만에 질병으로 인해
교체되었다.

37) 박권,『北征日記』(백산학보 16호, 1974 ;『조선시대 선비들의 백두산답사기』, 혜
안, 1998)

38) 김지남,「北征錄」5월 7일(백산학회 육낙현 선생 원문 자료 제공) ;『조선시대 선
비들의 백두산답사기』, 95~97쪽(참고로 이 책에는 김지남·홍세태·박권·이의철·
박종·서명웅·이중화의 백두산 답사기가 국역되어 도움을 주고 있다).

라 하였는데 목극등은 답서하기를,

'비록 죽는 한이 있더라도 이 일은 사양할 수 없는 일이요, 어찌 어려운 것
을 피하고 쉬 운 데로만 나아갈 수 있겠소? 하물며 황제께서는 하늘이 돌보시
는 天子이시니 하늘이 반드시 묵묵히 도우실 것이요, 걱정하지 않는 것이 좋
을 듯하오. (중략) 만 산길이 지극히 험난하여 모두 각각 걸어서 올라가야하는
데 나이가 많고 늙으신 분들은 만에 하나라도 동행할 수 없는 곳입니다. 만약
함께 가신다면 반드시 공사를 그르칠게 될 것이요, 결코 함께 동행치 않을 것
이니 다시는 청하지 않도록 하시오.'39)

라 하면서, 조선측 접반사 박권과 함경감사 이선부 등의 동행을 거부하
고 그들 청측 일행과 조선인 역관 및 군관들만을 데리고 백두산에 올라
압록강과 두만강의 수원(水源)을 스스로 정하였다. 국경을 이루는 강의
명확한 명칭이나 수원에 대해 조선측에서 공식적으로 합의한 것이 아니
었지만 양국의 국경에 대한 명문화가 이루어진 것이라 볼 수 있다.

그러면서 백두산 가는 일행(목극등 총관 일행)과 허항령(무산과 갑산
경계)으로 가는 일행(접반사 일행)은 서로 조심하라고 하면서 헤어졌다.
이와 같은 목극등에 대한 접반사 박권의 제의는 단순히 험한 길 때문에
가지 말자고 제의한 것이 아니라, 어떻게 보면 조정에서의 백두산 정계
비 관련 대응전략에 따른 제의라고 볼 수 있다. 따라서 백두산 동행을
거부당한 뒤에 정계비에 그의 이름을 새겨야 한다는 제안에 대해 자신은
직접 가보지 못했기 때문에 이름을 넣을 수 없다40)고 한계를 분명히 하
였던 것이다.

---

39) 김지남, 「北征錄」 5월 8일 ;『조선시대 선비들의 백두산답사기』, 99쪽.

40) 김지남, 상게서 5월 15일「伴相 即謂傳令曰 重臣道臣 因摠管落後之令 既不能同往
則刻名碑端 事不誠實」

2) 접반사 박권의 생애와 활동 및 재평가

(1) 접반사 박권의 생애와 활동

백두산정계비 건립(1712. 5. 15) 당시 현장에 직접 따라가지 않았다 하여 접반사 박권(1658~1715)의 행적에 대하여 그동안 비판적이고 부정적인 평가가 있어왔다. 하지만 그의 생애와 활동을 일별해보면 새롭게 재인식될 수 있는 인물이 아닌가 생각된다.

박권의 본관은 밀양이며, 목천 현감공파 청백리공 박열(좌찬성, 종1품)의 5세손으로 父는 박시경(이판 증직, 종숙인 강계부사 박정의 양자)으로 원주목사를 지냈다. 일찍이 어려서부터 총명하고 재주가 뛰어나 글을 배운지 얼마 않되어 문리에 통하더니 성원·진사 양시(兩試)에 26세에 입격하고 대과(大科)에 28세에 급제한 후 벼슬길에 오르기 시작해 서장관으로 북경에 다녀온 후 동부승지, 동래부사, 경상감사, 이조참의, 경기감사(48세), 형조·병조참판을 거쳐 1711년 사은부사로 청나라에 다녀온 후 한성부 우윤에 제수되었다가, 1712년 3월 54세의 나이로 접반사에 임명되어 서울을 떠나 100일 이상 1,000여리의 북변의 강토를 다녀왔다.[41] 묘는 부친과 함께 원주시 문막읍 동화리에 소재하며, 영암의 죽정서원(竹亭書院)에 제향되었다.

박권은 특히 국가의 부름에 마다하지 않는 성품이라, 선산의 묘를 이장하는 중 접반사로 임명되자 새벽 4시에 장사를 지내고 바로 서울의 조정으로 올라와 3월 24일 북변으로 출발하여 임무를 수행하였다.[42] 박

---

41) 접반사 박권은 1712년 3월 24일 서울을 떠나 근 100일간 험한 함경도 지역을 다녀왔는데 바로 전해인 1711년 사은부사로 5개월 정도 청나라에 다녀왔으므로 실제 당시 54세의 나이로는 무리한 여정이었다 여겨진다. 하지만 조정의 부름에 전혀 개의치 않고 새벽에 장사를 지낸 후 하루에 100여 리씩 강행군 모습은 그의 公私에 대한 투철한 자세를 엿볼 수 있다.

42) 박권, 「북정일기」에 의하면 北邊으로 향할 때는 한양(3.24) → 금성 → 영흥(4.1)

권의 인물됨에 대하여 당시 대사성, 대사헌, 영의정을 지낸 이여(李畬, 1645~1718, 덕수이씨)가 쓴 묘표에 이르기를,

> '투철하고 강단이 있으며 선을 즐기고 의를 좋아하며…(중략)…벼슬에 있어서 임금을 섬길 때에는 한결 같이 마음을 다하고 속이지 않는 것을 첫째로 삼았고, 일을 당하면 나아가 피하려는 생각을 한 적이 없었다.' 언론이 강직하여 구차하게 영합하려 하지 않았으며, 조금도 귀하고 세력있는 집에 의지하려 하지 않아 이 때문에 번번이 당로자들에게 미움을 받았으나 공은 이겨내었다. 재주가 극무를 처리하는데 능하였다.[43]

라고 평가되어 있으며 『조선고금명현전(朝鮮古今名賢傳)』에도

> '字는 衡聖이요 호는 歸庵이요 밀양인이라. 甲子에 진사 문과로 벼슬이 이조판서에 이르고 壬辰에 청인 穆克登이 欲定邊疆界할 때, 召權爲接伴使하니 權이 臨機處變의 務以忠信하고 自接淸人에 惟公言是從이라 拓地五百餘里하다'

라고 평가되고 있다. 이처럼 5백여 리를 개척하게 되었다는 평가는 접반사 박권이 6월 치계(馳啓)하기를,

> '이른바 압록강과 토문강 두 강이 모두 백두산의 근저로부터 발원하여 江남쪽이 조선의 경계가 된지 歷年이 이미 오래되었다'라는 것은 피차의 경계

→ 함흥 → 북청(4.6) → 후치령(4.10) → 갑산(4.11) → 산수(4.13) → 강계 → 후주(4.26) → 혜산(5.5) → 무산(5.22) → 회령 → 종성 → 경원 → 경흥(6.1)을 거치는 여정이었으며, 한양으로 돌아올 때는 경원(6.2) → 회령(6.6) → 경성 → 칠보산 → 마천령(6.17) → 북청(6.19) → 함흥(6.21) → 고원(6.27) → 금강산 → 김화(7.12) → 양문(7.13) → 한양을 거치는 여정이었다(『조선시대 선비들의 백두산답사기』, 182~226쪽 참조).

43) 李畬, 「박권 묘표」 『국조인물고』(영조대 이의현 찬, 서울대 규장각, 1978, 영인본), 1251~1253쪽 ; 세종대왕기념사업회 국역, 『국조인물고』 제8집, 1999, 126~131쪽 ; 『CD-ROM 조선조문과방목』 참조.

를 논단이 지극히 명백하니, 뒷날의 염려가 없을 것입니다.[44]

라고 올린 글에서도 찾을 수 있다. 하지만 이러한 박권에 대한 긍정적인 평가와 본인 자신의 당당함과 달리 조정 내에서 문제가 제기되어 논쟁의 대상이 되었다. 즉, 함께 백두산에 오르지 않은 함경감사 이선부와 접반사 박권에 대하여 사헌부 장령(종4품) 구만리(具萬里)가 일시 두 사람에 대하여 파직 상소를 올리기도 하는 등[45] 박권에 대해 부정적으로 생각하는 인물들도 있었다. 그러나 이러한 부정적 인식은 조선후기 고대국가 강역에 대한 '변경의식(邊境意識)의 변화'를 의미하기도 한다.[46]

조선후기 실학자들의 고대 강역의식의 변화는 고려 예종 2년(1107)때 17만 명 군대를 동원하여 여진족에 대한 대대적인 정벌과 9성을 쌓고 개척한 공험진(公嶮鎭)이 두만강 북쪽 700리 지역에 세웠다는 윤관의 비(선춘령비)의 위치를 근거를 내세워 더 큰 영역을 확보하지 못함을 한탄하면서 나온 지적이라 하겠다. 즉 윤관의 정계비가 조선의 국경이 두만강 북쪽 700리까지 이른다고 보았던 이색·이중환·심상규·서명응 등의 지적이 큰 영향을 끼쳤다고 본다.[47]

---

44) 『숙종실록』 권51, 숙종 38년 6월 임술 참조.
45) 그러나 이에 대해 숙종은 윤허하지 않았다(『숙종실록』 권51, 숙종 38년 6월 신유).
46) 조광, 전계논문, 164~165쪽 참조.
47) 土門地名在豆滿江之北 南距慶源六十里 西距常家下一日程也(『龍飛御天歌』 권7, 53장 「土門猛安古論字里」 細註 ; 경성제국대학법문학부, 『龍飛御天歌』, 1938 ; 김성칠·김기협 옮김, 『용비어천가』, 들녘, 1997, 28쪽, 266~267쪽)을 비롯하여
① 尹瓘碑在先春嶺 豆滿江北七百里…(중략)…頃年穆克登之來定界也 未知奉命者能擧此爲言如徐熙之於蕭遜寧耶(李瀷, 『星湖僿說』 권2, 天地門 尹瓘碑 및 백두산),
② 使尹瓘將兵逐女眞 過豆滿江北七百里 至先春嶺爲界 後復歸地于金 以咸興爲界(이중환, 『택리지』 팔도총론 함경도),
③ 識者歎其無一人爭辨 坐失數百里疆土云(심상규, 『萬機要覽』 軍政編 5, 白頭山定界),
④ 온성 서남 1백리에 分界江이 있으니 先春嶺 밑인데, 고려 때 시중 윤관의 정계비가 그곳에 있네. 강 이름과 비석이 있는 것으로 추측해 보면 그곳이 우리 국경

(2) 접반사 朴權에 대한 재평가

접반사 박권에 대한 그동안 부정적 인식은 백두산정계비를 세울 때 현장에 참석하지 않아 칠백리의 강역을 앉아서 잃고 말았다고 보고 있기 때문이라 생각된다. 하지만 역사에 있어서 역할이란 한 개인의 역량 못지않게 시대적 조건과 한계를 뛰어넘어 행동하고 평가받기를 요구한다면 이 또한 올바른 자세로 보기는 문제가 있다고 본다.

그러한 면에서 박권에 대한 재평가를 하기 위한 그 당시 주어진 여건 하에 얼마나 충실히 임무를 수행하였는가가 먼저 기준이 되어야 한다고 본다. 먼저 당시 우리 조정에서는 북변의 허술한 방비와 쇄국적인 자세 및 지리지식의 부족으로 인한 한계도 찾아볼 수 있다. 우리 측 대표인 접반사 박권은 출발 직전(3월 23일, 24일) 청대(請對)하여 임금에게 아뢰기를,

'청나라 차관이 넘어 온 뒤에 연변의 길이 끝나면 응당 백두산 위를 경유하여 갈 것인데, 생각건대 반드시 험준하여 가기 어려울 듯하며 만약 억지로 다른 길을 묻는다면 비 록 산 남쪽의 길이 연변애서 조금 떨어진 깊은 곳이라 하더라도 장차 지시하려 합니다…(중략)…저 사람들이 정계(定界)한다고 말하는데 백두산 남쪽의 텅 빈 곳은 우리 백성들이 들어가 거접(居接)하지 않고 있으니 저 사람들이 만약 그 곳을 가리켜 그 지경(地境) 안이라고 말한다면 근거로 삼을 만한 문적(文籍)이 없습니다'

라 아뢰자 임금은 처음에는 험준한 곳을 지시하겠지만 억지로 묻는다면 형세상 그렇게 지도하라 하고 이어서 강역은 지극히 중요하니 반드시 힘

임을 의심할 나위가 없네…(중략)…두만강은 다시 백두산 동쪽으로 넘쳐흐르니, 그 근원을 쉽게 찾을 수 있었을 것인데도 7백리 땅을 하루아침에 손 한번 쓰지 못하고 잃었으니 애석한 일이 아닌가(서명응, 「백두산기」; 민족문화추진위원회 편, 『명산답사기』, 솔, 1997, 26쪽) 등으로 접반사 박권에 대한 부정적 인식이 일반화 되었다고 본다. 이에 대한 소개는 조광, 전게논문, 162~167쪽 참조.

써 다투되, 중요한 일이 있을 것 같으면 반드시 즉시 장문(狀聞)하라고
하였다.[48]

즉, 이러한 내용으로 볼 때 당시 접반사 박권과 국왕은 북변 방비가
허술하여 압록강·토문강 양강 경계처가 될 백두산이 갑산에서 6~7일
거리에 떨어져 있고 인적이 불편하므로 우리의 把守가 남쪽 5~6일 거
리에 있어, 저들이 파수처로 경계로 삼는다면 북변의 상당한 부분을 상
실하게 되므로 이를 가장 염려하였던 것 같다. 그리하여 박권은 처음에
는 아주 험준한 길을 안내하고 정 부득이 하다면 山南 공광지(空曠地)를
지나는 길을 인도하고자 하였던 것이다. 또한 박권은 청나라의 『성경지』
에 '백두산 남쪽은 조선의 지경'(白頭山南是朝鮮境)이라는 말이 명백히
있으므로 이를 가져가 쟁단이 있을 때 그 증거로 삼을 계획을 임금에게
알렸는데 이에 대해 임금이 그대로 따르게 하였다.[49]

해동지도(1750) 갑산부(한군군사사, 421쪽)　　해동지도(1750) 무산보(한군군사사, 421쪽)
(토문강과 두만강을 같은 강으로 인식하고 그림)　　(토문강과 두만강을 별개의 강으로 인식)

여기서 주목할 점은 토문강과 두만강을 청나라와 조선에서도 같은 것

---

48) 『숙종실록』 권51, 숙종 38년 2월 병오 참조.
49) 하지만 청나라의 『盛京誌』는 禁物로 저들이 만약 어디서 구득한 것인지를 詰問한
　　다면 사고가 생겨날까 염려스럽다는 지적으로 숙종도 내보이지 말라고 명하기에
　　이르렀다(『숙종실록』 권51, 숙종 38년(1712) 3월 정미).

으로 보고 있었다는 점이다.[50] 당시 청나라의 자문에 압록강과 토문강
의 근원을 밝혀야 한다는 내용이 있었으며, 이에 대해 조선 측에서는 두
만강의 근원을 확인하도록 지시하였다.[51] 즉, 이러한 정황으로 볼 때 토
문강과 두만강을 구별하지 않았었다고 보여진다.[52] 접반사 박권이 압록
강과 두만강을 경계로 한다고 하였을 때 청나라 목극등은 이에 대해 이
의를 제기하지 않았다.[53] 따라서 조선후기 실학자들의 북변 강역에 대
한 역사 지리인식과 '토문강'과 '두만강'이 별개의 문제와는 서로 상관
이 없다고 본다. 이는 인식의 문제가 아니라 사실의 문제이며 이를 제대
로 이해 못하였다고 사실이 바뀌는 것은 아니기 때문이다.

　이로 보건데 우선 당시 아직 압록강과 두만강 이남지역을 완전히 장
악하고 있는 것은 아니었으며, 실제 방어선도 내륙에 위치하고 있기 때
문에 토문강과 두만강이 같은 것이든 별개의 것이든 큰 문제가 아니었을
것이다. 그러므로 조선 측 입장에서 보면 두 강의 남쪽을 조선의 강역으
로 보장받을 수 있었던 것만도 정계비의 중요한 성과로 보았을 것이
다.[54] 즉『숙종실록』권51, 숙종 38년 5월 정해조 및 정유조를 보면,

　　'장백산 남쪽은 곧 우리의 땅이라는 말을 꺼냈는데도 대단하게 다투고 따
　　지는 擧措가 없 었으니, 경계를 다투는 일은 크게 염려할 만한 것이 없습니
　　다…(중략)…대국의 산천은 그려줄 수 없지만 장백산은 곧 그대의 나라이니
　　어찌 그려주기 어려우랴? 하였으니 이것으로 본다면 백두산 이남은 땅을 다

50)『숙종실록』권51, 숙종 38년 5월 을사 :『숙종실록』권51, 숙종 38년 6월 임술.
51)『숙종실록』권51, 숙종 38년 3월 기축.
52)『숙종실록』권51, 숙종 38년 5월 정해. 위 해동지도(1750)의 갑산부지도와 무산보
　　지도에서 각지 달리 표기하고 있음을 주목할 필요가 있다.
53)『숙종실록』권51, 숙종 38년 5월 정해 : 강석화, 전게논문, 148쪽 참조.
54) 오히려 정계비가 청측의 책임자가 세운 것이므로 만일 두만강과 토문강이 별개라
　　면 조선은 영역을 더 많이 확보할 수 있다는 이점이 있었다. 정계 이후에 조선에
　　서 강의 수원지나 목책의 위치에 대해 잠시 논란이 있다가 곧 중지된 것은 이러한
　　이유 때문이었던 것으로 보인다(강석화, 전게 논문, 148쪽).

툴 염려가 없을 듯 합니다.'

라고 치계를 올리고 있다는 점을 주목할 필요가 있다. 오히려 이번 행차
에서 박권의 활동으로 5백리의 땅을 얻었다는 평가를 받았던 것이다.[55]

두 번째 고려조 두만강 이북 700리 정도에 위치한 '공험진의 윤관비'
설과 관련하여 앉아서 국토를 잃었다는 주장은 오늘날 간도 회복론의 간
절함과 관련하여 언급할 수 있다. 즉 당시 청에서 정계비를 세울 때 함
께 확인하여 고려 때 서희(徐熙)가 담판으로 강동 6주를 얻었듯이 그 기
회를 이용하여 선춘령비까지 고려 강역을 강력히 주장하여 우리 강역을
확보했어야 하는데 고식적인 대응에 그치고 말아 수백리 땅을 잃었다고
비판하는 점이다.[56]

이러한 주장은 단지 조선후기 국방영토에 대한 깊은 관심으로 이해할
수는 있지만 6진 개척시나 백두산 정계 당시의 조·청간 상황을 고려할
때 현실성이 없다는 점을 간과해서는 않되리라 본다. 더구나 공험진의
위치에 대하여 『고려사』 지리지의 두만강 이북 700리설 보다는 『동국여
지승람』 이후로는 함경도 안에 있었던 것으로 보는 것이 통설화되어, 성
천강이 흐르는 함흥평야 일대의 지방으로 보고 있다는 점 역시 짚고 넘
어가야 한다고 생각된다.[57]

---

55) 卒能以白山之峯 定爲界限是行也 得之五百餘里(마침내 백두산 꼭대기를 경계로 정
   하였는데, 이 행차에 5백리의 땅을 얻었다. 세종대왕기념사업회 국역, 『국조인물
   고』 제8집, 1999, 126~131쪽)

56) 頃年 穆克登之來定界也 未知奉命者 能擧此爲言 如徐熙之於蕭遜寧耶(이익, 『성호
   사설』 권2, 天地門 尹瓘碑).

57) 睿宗二年 以平章事尹瓘 爲元帥…(중략)…率兵 擊逐女眞置九城立碑于公嶮鎭之先
   春嶺 以爲界(『高麗史』 권58, 地理3 東界);一云孔州 一云匡州 一云在先春嶺東南
   白頭山東北 一云在蘇下江邊(『高麗史』 권58, 地理3 公嶮鎭);睿宗二年 遣尹瓘吳延
   寵擊逐之 自咸州至公嶮鎭築九城爲界立碑先春嶺(『신증동국여지승람』 권48 함경
   도). 따라서 오늘날 公嶮鎭의 위치에 대하여는 『신증동국여지승람』 이래 磨雲嶺
   이남의 함경남도 지방이라고 보고 있다(김상기, 『고려시대사』, 동국문화사, 1966,

따라서 그 논의가 역사적·현실적 사실과 차이가 있다면 그 문제점을 제대로 아는 것이 올바른 입장이라고 본다.

4. 맺음말 -백두산 정계비 관련 최근 사료 발굴의 의미-

이상 '백두산정계비와 접반사 박권'에 대하여 살펴보았다. 이를 위하여 먼저 '조선조 북방강역에 대한 국경인식의 변화'라 하여 고려·조선전기와 조선후기의 국경인식의 변화를 당시 시대 상황과 대외 상황의 변화와 함께 보았다.

즉 고려초 국경선이 함흥~의주에서 고려말 길주~강계~초산지역으로, 조선 개국 후 세종조 4군 6진 개척 후에는 압록강에서 두만강에 이르는 지역을 현실적인 국경선으로 확장되었음을 살펴보았다. 동시에 토문과 두만강을 정확히 구분하여 알고 있어 당시 지식인들이 만주를 미수복된 우리 땅으로 간주하고 있었음을 알 수 있었다. 또한 조선후기에는 병자호란 후 어려운 대외 상황으로 북방 강역이 어려워지자 지역사정에 이해 부족으로 대응 전략면에서 한계가 있었음도 살펴보았다.

더불어 '조선 숙종조 조정의 백두산 정계비 대응과 접반사 박권'에서는 숙종조 조정의 대응 전략의 어려움과 한계를 실감하였고, 접반사 박권에 대해서는 그의 생애와 활동 및 재평가를 시도해 보았다. 즉 그의 생애에서는 그 본분을 충실히 게을리 한 것이 아니라 당시 조정의 전략에 따라 임했음을 확인할 수 있었다. 따라서 그에 대한 재평가에서는 한

262쪽 : 윤무병, 「길주성과 공험진-공험진 위치문제의 재검토-」『역사학보』 10, 1958, 59쪽, 279쪽 지도 : 강석화, 전게논문 158쪽).

개인으로서 역할을 시대를 초원하여 요구하기는 무리가 아닌가 생각해
보았다.

이와 아울러 최근 백두산 정계비와 관련하여 최근 새로운 사료 발굴
과 더불어 향후 우리가 지속적으로 관심을 가져야 점에 대해 단상을 언
급하고자 한다. 주지하는 바와 같이 최근 우리의 남북통일시대에 대비하
여 2002년부터 착수한 중국의 소위 '동북공정(東北工程)'[東北邊疆歷
史與現象系列研究工程의 약칭]이 우리의 고구려·발해와 간도(間島)·
지역을 자국 영토와 역사로 획정하기 위하여 정략적 포석임이 들어나면
서 더욱 관심의 대상이 되었다고 본다.

위에서 살펴 본 바와 같이 백두산 정계비 확정 이래 간도지방은 조선
영토로 인식되어 왔었다. 그러나 청은 토문강(土門江)은 곧 두만강이라
견강부회하면서 간도지방은 중국영토이므로 이 지역에 대한 봉금정책을
강화하면서 한인들이 두만강을 건너와 개간·이주를 일체 금한다는 조처
를 단행하였고(1882), 이에 조선정부도 1883년 어윤중(魚允中, 1848~
1896)을 서북경략사(西北經略使)로 임명하여 간도 소속 강계에 대해 감
계(勘界; 경계를 조사)를 요구하였다. 1885년과 1887년 감계사 이중하
(李重夏)를 통하여 백두산 정계비 비문대로 '서쪽은 압록강, 동쪽은 토
문강(西爲鴨綠江 東爲土門)'을 주장하여 조선의 고유영토라고 역설하
였던 것이다.

따라서 이범윤(李範允)을 간도관리사로 임명하여(1902) 간도지방 한
인들을 보호하기 위하여 힘써왔지만 1905년 을사늑약으로 외교권을 박
탈한 일본이 1909년 남만철도의 안봉선(安奉線: 안동역(지금의 단둥
역)~봉천역(지금의 산양역) 277km) 철도부설권을 얻고자 9월 4일 소위
'간도협약'을 통해 간도통치권을 청국에 양도하였음은 주지의 사실이다.
하지만 최근 이와 관련한 사료들이 속속 발굴되고 있다.

일본이 간도지역이 조선 영유권임을 알고도 청나라의 토문강=두만

강설을 인정 하였음을 알려주는 지도가 최근 발견·공개되었다(2004.9). 즉, '제9도 백두산정계비부근수계답사도(1909.10, 이종학 소장)'가 그것이다. '조선총독부 도서'라는 직인이 찍혀있는 이 지도에는 현재 중국에서 지명 자체가 없어진 '토문강'이 두만강이 아니라 두만강 북서쪽, 사도백하(四道白河) 동쪽에 위치한 송화강의 지류였음이 분명히 나타나고 있다.[58]

뿐만 아니라 청·일간 무력외교로 간도포기 협약을 얻어낸 후 '동위토문'을 명문화한 백두산정계비를 그대로 두었다가는 앞으로 한·청간 간도 영유권 분쟁이 재발할 경우 자신들에게 불리할 것을 염려하여 백두산 정계비의 형적을 아예 없애 1931년 7월 28일 이후 백두산 정계비는 감쪽같이 사라졌는데, "고구려연구재단이 사라진 백두산 정계비와 비석을 세웠던 받침돌을 처음으로 확인하였다고 밝히고 있다."[59]

또한 2007년 1월에는 '간도(間島)'지명이 표기된 중국지도가 발굴, 공개(조선일보, 2007. 1. 27)되었으며 최근 2008년 2월에는 간도문제의 원천적 무효를 주장할 수 있는 '高宗의 을사늑약 원천무효' 밀서(고종의 17번째 친서)가 독일에서 발굴, 공개(중앙일보, 2008. 2. 20)되었다. 이처럼 백두산 정계비와 간도지역에 대한 역사적 진실은 숨김이 100년을 넘기지 않으려는 듯 많은 사실들이 밝혀지고 있다고 할 수 있다.

---

58) '백두산 정계비에 적힌 그강-토문강 찾았다'라는 기사에서, "간도(間島)의 영유권 문제를 둘러싸고 조선과 청나라 사이에 국경 분쟁을 일으켰던 토문강(土門江)의 실체를 확인했다. 토문강은 현재도 백두산 천지 부근 북한 땅에서 발원해 동북쪽으로 흐르며, 천지로부터 동쪽으로 18km 떨어진 '17호 국경비'에서 중국·북한 국경과 만난 뒤 북쪽으로 방향을 바꿔 송화강(松花江)과 합류하는 것으로 확인됐다. 토문강이 중국측의 주장처럼 현재의 두만강이 아니라, 별도로 존재하는 강이라는 사실이 밝혀진 것이다"라고 보도 하였다(조선일보 2005. 2.10).

59) 백두산 정계비 위치를 확인해 주는 정계비 터를 '고구려연구재단에서 백두산 정상에서 남동쪽 4km 지점(해발 2,200미터)에서 폭 40cm 크기의 타원형 화강석의 정계비 받침돌을 찾았다'고 보도는 시사하는바 크다 하겠다(한국일보 2005년 8월 3일자).

이러한 최근의 자료 발굴은 백두산 정계비문의 내용 즉, '西爲 鴨綠江 東爲土門'이 접반사 박권의 역활에 대한 종래의 부정적 견해와 관련해 동의하기 어렵다고 본다. 오히려 조선 전·후기 북방 강역의식의 변화와 숙종조 조정에서 대응 전략의 한계 및 근현대의 淸·日간 계략이 문제임을 확신할 때, 접반사 박권을 올바로 평가를 할 수 있다고 생각된다 (졸고, 「백두산 정계비와 접반사 박권에 대한 일고찰」『백산학보』제80호, 2008 보완).

참고문헌(3부 2장, 접반사 박권 편)

『고려사』『동국여지승람』『龍飛御天歌』『신증동국여지승람』『숙종실록』『續大典』,『인조실록』『通文館志』『星湖塞說』권2 天地門 尹瓘碑,『萬機要覽』군정편 5 白頭山定界,『택리지』팔도총론 함경도

강석화,「1712년 조·청 정계와 18세기 조선의 북방경영」『진단학보』79, 1995 ;
    『조선후기 함경도와 북방영토의식』, 경세원, 2000
_____,「조선후기의 북방 영토의식」『한국사연구』129, 2005
경성제국대학법문학부,『龍飛御天歌』, 1938 ; 김성칠·김기협 옮김,『용비어천
    가』, 들녘, 1997
국방부전사편찬위원회,『병자호란사』, 1986
김상기,『고려시대사』, 동국문화사, 1966
김원모,「치암(신석호)의 간도 수복론과 원봉(유봉영)의 백산학회」『신석호박
    사 탄생100주년 기념사업지』, 수서원, 2007)
김지남,「北征錄」5월 7일(백산학회 육낙현 선생 원문 자료 제공) ;『조선시대
    선비들의 백두산답사기』
노계현, 간도협약에 관한 외교사적 고찰, 1966,
동양사학회 편,『개관 동양사』, 지식산업사, 1983
라이샤워·페어뱅크,『동양문화사』, 을유문화사, 1981
박 권,『北征日記』(백산학보 16호, 1974 ;『조선시대 선비들의 백두산답사기』,
    혜안, 1998
박용옥,「백두산 정계건립의 재검토와 간도 영유권」『백산학보』30·31합,
    1985
서명응,「백두산기」; 민족문화추진위원회 편,『명산답사기』, 솔, 1997
세종대왕기념사업회 국역,『국조인물고』제8집, 1999
시노다 지사쿠(篠田治策,『백두산정계비』, 1938, 낙랑서원 ;『간도는 조선 땅
    이다』, 신영길 역, 지선당, 2005)
신채식,『동양사개론』, 삼영사, 1993
아틀라스한국사 편찬위,『아틀라스한국사』, 사계절, 2004
유봉영,「백두산정계비와 간도문제」『백산학보』13, 1972

윤무병,「길주성과 공험진-공험진 위치문제의 재검토-」『역사학보』10, 1958
李　崟,「박권 묘표」『국조인물고』(영조대 이의현 찬, 서울대 규장각, 1978, 영
　　　　인본), 1251~1253쪽 ; 세종대왕기념사업회 국역,『국조 인물고』제8
　　　　집, 1999, 126~131쪽
이돈수,「8세기 서양고지도 속에 나타난 북방영토」『간도학보』창간호, 2004
이상태,「백두산 정계비 설치와 김지남의 역할」『역사와 실학』33, 2007
＿＿＿,「조선시대 지도연구」, 동국대 박사학위논문, 1991
이상협,『조선전기 북방사민연구』, 경인문화사, 2001
이선근,「백두산과 간도문제」『역사학보』17·18합, 1962
이인걸,「간도협약에 관한 연구」, 성균관대 박사학위논문, 1990
조　광,「조선후기 변경의식」『백산학보』16, 1974
조법종,「장백산 문화론의 비판적 검토」『백산학보』79, 2007
한영우,『다시 찾는 우리역사』, 경세원
＿＿＿,『조선후기 사학사연구』, 일지사
허흥식,「고려 이성계의 세력기반」『역사와 인간의 대응』(고병익회갑기념 논
　　　　총), 한울출판사, 1985

제 4 부
일제강점기 항일운동과 여성지식인의 활동

제1장 1930년대 '在滿 항일운동가 李紅光(본명 李鴻圭, 1910~?)'의 활동과 가계

1. 머리말

역사적 진실은 그리 쉽게 다가오지 않지만 언젠가는 밝혀지기 마련인가 보다. 한국 현대사에서 사상적 이데올로기와 남북분단 때문에 가려지거나 함구되었던 한국 1930년대 중국에서 조선인들의 사회·공산계열 항일운동 관련의 사실에서는 더욱 그러하다고 본다.[1] 하지만 이제 항일운동사도 종래 민족계열뿐 아니라 사회계열도 같이 연구될 때 올바른 항일운동사, 즉 '통일된 역사서술 '이 학계의 바람뿐 아니라, 오늘날 후학들의 과제라 하겠다.[2]

그러한 면에서 1930년대 항일운동가로서 중국 東北지역의 '抗日 게릴라의 창시자'로 평가받고 있는 '이홍광(李紅光; 1910. 8~1935. 5 ?)'에 대한 연구가 더 진전되어야 한다고 본다.[3] 이는 한 개인의 항일운동 업적의 누락 정도가 아니라 당시 동아시아에서의 항일운동의 올바른 평

---

1) 강만길, 『고쳐 쓴 한국현대사』, 창작과 비평사, 1994, 3~5쪽과 『20세기 우리역사』, 창작과 비평사, 1999, 154~159쪽.

2) 박찬욱·강만길, 「중국연변, 민족해방운동사 연구의 고민과 과제」『역사비평』겨울호, 1995, 277~278쪽 및 채영국, 「국외의 독립운동, 만주」『개정판 한국독립운동사 강의』, 한울사, 2007, 222~227쪽.

3) 신일철, 「중국의 '조선족 항일열사전' 연구」 -동북 항일연군에서 韓人을 중심으로- 『한국독립운동사연구』제2집, 1988, 550쪽.

가를 스스로 한계 지우고 있다고 본다. 그동안 중국이나 북한에서 이홍
광에 대해서 중국 동북지역 1930년대 '항일영웅(抗日英雄)'으로서 잘
알려져 있었지만,4) 국내에서는 6, 70년대 민족분단이라는 역사적·사회
적 상황에서 '항일운동가 이홍광'(1910. 8. 29~1935. 5 ?)은 사회계열의
한국독립운동사 연구차원에서 일부 연구가 있었다.5) 하지만 한인공산주
의자 '이홍광(본명 李鴻圭)'에 대하여 현재까지 그의 出身과 家系가 밝
혀지지 않은 상태에서 더 이상 연구 진척이 답보 상태로 있었다.6)

그러나 이제 1960, 70년대의 반공이데올로기의 한계를 벗어날 때도
되었고 본다. 물론 이홍광은 1933년 중반까지는 충실한 '공산(사회)주의
자'인 것이 아쉽지만, 그 이후부터 전사 때까지의 행적은 한중연합(韓中

---

4) 현룡순 외, 「항일장령 리홍광」『조선족백년사화』제2집, 심양 료녕출판사, 1984,
   174~200쪽을 비롯하여 김창국, 『남만인민항일투쟁사』, 연변인민출판사, 1986,
   10~32쪽, 황룡국 외, 『조선족혁명투쟁사』, 심양 료녕출판사, 1988, 104~25쪽4
   및 조문기·정무『항일명장 량세봉』, 북경 민족출판사, 2009, 259~265쪽 및 최근
   김양·이원명, 『항일영웅 리홍광』, 민족출판사·연변인민출판사, 2015, 38~51쪽 등
   이 참조가 된다.

5) 김준엽·김창순, 『한국공산주의운동사연구』, 청계연구소, 1986, 1~36쪽, 신일철,
   위의 글, 550~558쪽을 비롯하여 장세윤, 「이홍광 연구 -항일유격대 및 동북인
   민혁명군대 한인 지도자의 활동사례 검토-」『한국독립운동사연구』 8집, 1994,
   268~273쪽과 신주백, 「1930년대의 만주지역 항일무장투쟁」『한국사』 16권, 한
   길사, 1994, 269~291쪽, 신주백, 『만주지역 한인의 민족운동사』(1920~1945),
   아세아문화사, 1999, 344~346쪽, 황민호, 『일제하 만주지역 한인사회의 동향과
   민족운동』, 신원사, 2005, 172~191쪽 및 박영석, 『만주지역 한인사회와 항일운
   동』, 국학자료원, 2010, 107~112쪽 참조.

6) 김준엽·김창순(1986), 장세윤, 「잊혀진 항일투사 이홍광의 생애와 만주지역 항일
   투쟁」『만주에서 활약한 용인 출신 독립운동가 발표자료집』, 용인향토문화연구
   회, (2008) p.43 ;『한국독립운동사 속의 용인』, 용인항일독립운동기념사업회,
   2009, 424~427쪽 참조. 하지만 '용인출신 독립운동가'로서 이홍광이 발표된 이
   후, 本貫이 龍仁 필자에게 큰 관심을 갖는 계기는 강원대학교 원영환 명예교수와
   중국 료녕대학 김양 전교수가 "최근 학술발표에서 이홍광이 용인출신이라 하는데
   혹시 본관도 용인이씨가 아니냐?" 라는 제보(2010. 12. 1)로 시작되어 이홍광의
   출신과 가계 및 전사년도를 고찰하기에 이르렀음을 밝혀 논다.

聯合)의 항일투쟁적 측면이 강하였다는 사실은 한국근대사와 한중관계사에도 주요한 의의가 있다고 본다. 1934년 말에서 1935년 초 병력을 이끌고 압록강 넘어 국경지역에 출몰하여 일제에 충격을 주고 이후 항일 무장투쟁 및 국내 진입작전에 영향을 주었던 점이 높이 평가받고 있음은 주지의 사실이다.[7] 이는 바로 1930년대 항일투쟁이 격화되면서 반식민지 중국과 식민지 조선 및 타이완 등에서의 연대 움직임과 1931년 만주사변 이후부터 중국인과 조선인이 공동으로 항일투쟁을 해야 한다는 의식이 고조되었음은 주지하는 바이다. 따라서 1928년 일국일당제를 골자로 하는 코민테른(Comintern; 공산주의 국제연합)의 소위 12월 테제(These)'(정식명 : 조선농민 및 노동자의 임무에 관한 테제)로 만주로 건너간 조선인 사회주의자들은 이후 일국일당주의(一國一黨主義) 원칙에 따라 만주로 건너간 조선인 사회주의자들은 중국공산당 지도하에 항일투쟁을 전개하였던 것이다.[8] 따라서 이 당시 한인들의 항일투쟁은 한민족 독립운동사 내지 민족해방운동사의 범주에 포함될 수 있기 때문일 것이다.[9]

그러나 그동안 항일투사 이홍광에 대하여는 종래 출생 및 가계에 대한 것을 전혀 모른 채, 일제시대 남만주에서 활동한 조선인으로만 활동 소개와 연구 및 평가되어 왔었다. 이제 그의 사후 70여 년 만에 관련 연구업적과 자료(족보와 제적등본 및 신문보도), 친족의 증언과 답사 등을 통해 '재만 항일운동가 李紅光(본명 李鴻圭)의 가계와 친족 행적'을 고찰 하고자 한다. 이는 한 인물에 대한 고찰에 그치지 않고 향후 한국 독립운동사와 한중관계사의 새로운 관계 설정에 도움이 되리라는 기대

---

7) 동아일보, 1935년 2월 13일(호외)·16일·26일자 3월 8일자 및 장세윤, 위의 책, 2009, 259쪽 참조
8) 유용태·박진우·박태균, 『함께 읽는 동아시아 근현대사』, 창비, 2011, 48~49쪽.
9) 장세윤, 위 학술발표지, 2008, 74~75쪽.

도 있음을 밝혀둔다. 이를 위하여 먼저 종래 1930년대 만주에서 李紅光
의 항일운동 내용과 행적 및 언론 보도 내용 등을 통해 종래 전사(戰死)
년도에 대한 재고 필요성을 제기하고자 한다. 그리고 새로 밝혀진 그의
家系와 친족 행적을 통해서는 출신과 본관 및 가계뿐 아니라, 그의 본명
및 딸의 존재를 확인하고 친족들의 증언 등을 통해 항일운동가 이홍광을
재조명 하고자 한다.

이러한 고찰은 선학들의 기존 연구에 의존과 함께 1차 사료에 한계가
있어 이홍광의 족보와 제적등본, 1930년대 언론기사와 구술증언을 주로
활용하였음을 밝혀 논다. 많은 叱正을 바란다.

2. 1930년대 在滿 항일운동가 李紅光의 활동과 戰死年度

1) 在滿에서 이홍광의 항일운동

일제시대 당시 일반인들 중에서 궁핍한 생활을 면치 못하였던 조선의
농민들은 두만강을 넘어 간도와 압록강 건너 만주(중국에서는 東北지역)
로 이주하기 시작하여 1920년대에 이주하는 농민이 '人山人海'를 이룰
정도의 정세이기도 하였다. 일찍이 만주지방에 조선 사람들이 이주가 시
작된 것은 1860년대 후반 조선의 북부지방에 홍수나 가뭄과 같은 재해
가 계속되자 이재민들이 비옥하고 광대한 간도와 만주지역으로 살길을
찾아 두만강과 압록강을 건너 살기 시작하였다.

당시 이재민들은 일찍이 1881년 지금의 연변지역에 조선인이 1만 명
이나 이른다는 통계부터 시작하여 1907년 연길청 경내에 5만 여호, 당

시 漢族은 조선족의 1/4도 안되었을 정도였다. 그 후 3·1운동 전 1916
년 연변지구 총인구가 약 26만 5000명이었는데 그중 조선족이 20여 만
명이었다는 기록도 있을 정도였다. 특히 조선 사람이 북간도·서간도로
불린 동만주 및 남만주 지방으로 대거 이주간 계기는 1910년대 일본의
한반도 강점과 3·1운동에 대한 탄압 등이 그 원인이라 하겠다.10)

따라서 이홍광 가족이 일제강점기 생활의 어려움뿐 아니라 독립운동
하려는 큰 뜻을 품고 1926년 만주로 이주하였다는 언급은 당시 국내 상
황으로 볼 때 어느 정도 예상할 수 있는 이주라고 할 수 있다. 왜냐하면
이미 19세기 중엽 함경도에 기근의 빈번히 일어나자 비옥하고 광대한
간도(東滿지역)지역으로 한국농민이 정착하기 시작하였다. 특히 1910년
일제에 의한 대한제국의 명망 이후 뜻 있는 인사들은 항일독립운동을 국
내외 등지에서 전개하였다. 그 중에 대표적인 예로 1910년 대한제국이
일제에 의해 멸망하자 항일 독립운동하려는 큰 뜻을 품고 온 가족을 이
끌고 압록강 건너 서간도에 이주하여 항일무장투쟁을 위한 기지 마련과
인재 양성을 위해 전 재산을 청산하고 이주를 결행한 유명한 독립운동
가 이회영·이시영(李會榮·李始榮) 6형제와 전가족이 비상한 각오로 망
명길에 오르는 시시기도 하였다.11)

---

10) 류연산(2003)『만주 아리랑』, 돌베개, p.31의 '이주의 물결' 사진 및 강만길(2009)
   『20세기 우리 역 사』, 창비, p.155 참조. 한편 1920년에 在滿 한국인수는 46만여
   명이나 되었고 1931년에는 63만여 명, 그리고 1932년 만주국 수립이후 이주가 급
   증하여 1945년 8·15광복 때는 在滿 한국인 수가 200여만 명에 달하였을 정도였
   다(한국역사교과서연구회·일본역사교육연구회(2007)『한일교류의 역사』, 혜안,
   p.297 참조).

11) 일제강점기 항일 독립운동을 하고자 온 가족이 압록강을 건너 항일독립운동 기지
   를 마련한 인물로 友堂 李會榮(1867~1932, 영의정 이항복의 10대손)이 대표적인
   데, 그는 재산과 토지를 처분하여 자금(600억~800억원 추정)을 마련하여 1910년
   12월 30일 여섯 형제 가족과 그에 딸린 식구들 5, 60명을 이끌고 얼어붙은 압록
   강을 넘어 두 달 가까이 걸려 서간도 삼원보에 도착한 후 1919년 5월에는 신흥무
   관학교 등 20여 학교를 세워 향후 1920~40년대 항일운동을 이끈 인물로 유명한

특히 1919년 전국적인 3·1만세운동과 더불어 역시 용인지역에서도 항일운동의 결과 3월 21일부터 5월말까지 모두 15회에 걸쳐 13,200여 명의 참가하여 35명의 양민이 목숨을 잃었고, 139명이 다쳤으며, 500여 명이 일제의 고문을 겪어야만 하였다. 이러한 당시 "1919년 3·1만세운동의 여파"가 자연 이홍광의 집안에도 영향을 끼쳐 만주로의 이주를 단행하지 않았나 보여 진다.[12] 즉, 당시 일제의 식민지 수탈에 따른 국내에서의 생활 곤궁과 무관(武官)의 후손으로서 反日과 항일운동에 대한 열정이 만주로의 이주를 결행하였다고 보여 진다.

따라서 이홍광 가족도 일제의 식민지 수탈에 따른 국내에서의 생활 곤궁과 무관의 후손으로서 反日과 항일운동에 대한 열정이 당시 이홍광 집안도 동참하였다고 보여 진다.[13] 일찍이 이홍광은 용인출신으로 16세 때인 1925년 무과급제자 출신의 조부(이준상)와 부모(이복영과 심재성) 및 동생 등 8식구 전원이 남만주 길림성 반석현 이주하여 그 이듬해 길림성 이통현 류사저자돈으로 이주하면서 자연스럽게 농사일을 하면서 본격적으로 만주생활을 영위하였다. 그 후 만주에서의 어려운 농민생활은 자연 재만농민동맹에 가입하여 농민운동을 전개하면서 사회·현실의식 함양과 그 후 중국공산당에 가입하여 본격적으로 항일운동을 전개하였던 것이다. 현재까지 이홍광의 항일활동에 대한 연구된 내용을 정리하면 다음과 같다.

데 중국정부로부터 '혁명열사증명서'(2000. 1. 12)를 받기도 하였다(역사문제연구소, 『미래를 여는 한국의 역사』(5권), 웅진지식하우스, 2011, 72~75쪽 및 우당기념관 자료 참조).

12) 변은진(2006) 「용인의 민족운동」『용인시사』 1권(용인시사편찬위원회), pp.791~808 및 김명섭(2009), 전게논문, pp.210~211 참조.

13) 이홍광의 제적등본과 용인이씨 대동보 및 친족들의 증언 본문 참조

〈표 4-1〉 항일운동가 이홍광의 중국에서 활동 내용(1925~1935)

년도	활동 내용	비 고(자료 및 증언 등)
1925년(16세)	조부와 부모 및 동생 등 8식구 전원이 남만주 길림성 반석현 이주	○ 당시 일제의 억압과 예속에서 벗어나고 자 만주로 이주함(여전히 궁핍한 생활의 연속)
1926년	남만주 길림성 이통현 류사저자돈으로 이주	
1927년	중국공산당 만주성위원회 영향하에 있던 재만농민동맹 가입과 농민운동 전개	○ '일본제국주를 타도하며 조선의 절대적 독립을 바란다'라는 구호가 결성시 제정
1930년(21세)	중국공산당 가입(이통현 삼도하자구에서)14)	○ 간도 5.30 폭동사건
1931년(년말)	○ 남만주지역 최초의 항일무장대 반석유격대 조직(대장 이홍광, 대원 7명), '打狗隊'(개를 죽치는 부대)를 기반 항일유격대 조직 → 동북인민혁명군 제1군 독립사(1934)로 발전	○ 일제, 7. 2 길림성 장춘에서 만보산 사건 날조 후, '9. 18 만주사변' 일으킴(점령) ○ 중국공산당, '일본제국주의 東三省 강점을 반대하는 중국공산당선언' 발표
1932년(23세)	1월 : 중공만주성위원회, 양군무를 파견하여 이 홍광과 함께 항일무장투쟁 전개 5월 : 농민운동의 훌륭한 지도자가 됨 ① 남만주 일대의 농민봉기를 조직 지도, 5월 7일 하마하자 봉기에서 1,000여명의 봉기자 들에게 연설 ② 남만주 호라진 서쪽에서 악질지주 리보동 처단 후 이홍광 반석유격대 대장으로 임명 됨	○ 이홍광은 본격적 항일무장투쟁에 지장을 초래하지 않기 위해 아내와 갓난아이, 할아 버지를 다시 고향으로 돌려보내고, 양친과 동생 이학해는 장춘으로 피신시킴(장세윤, 발표지 57쪽) ○ 이봉창의사, 일황 히로히토에 수류탄 투 척(1. 8, 不幸不中 실패) ○ 일본, 3.1 만주 괴뢰국 세움
1933년15)	8월 : 남만주유격대 등 1,500여 명을 이끌고 호 라진 전투 성공하여 남만주에 명성을 떨침 9월 : 동북인민혁명군 제1군 독립사 창건(병력 300명 중 한인이 25%), 사장 양정우, 참모장 이홍광은 1934. 8월까지 33차 전투 전개 : 황민호 178쪽)	○ 이홍광의 전술 ; "강한 적은 피하고 피로 한 다음 친다"라는 전술로 불의의 공격, 유리한 지형 이용에 능함 ○ 일제, 10월 1일부터 11월 9일까지 1만 2천명을 병력 동원하여 독립사에 대한 토벌작전 감행

	11월 : 양정우와 이홍광 류하현의 삼원포 공격	
1934년(25세)	11월 : 동북인민혁명군 제1군 제1 독립사 참모장16) 12월 : 압록강너머 평안북도 하성읍 습격	○ 압록강 넘어 평안도 국경지대로 진출하여 항일운동 전개
1935년(26세, 혁명에 참가한지 8년째)	2월 : 이홍광이 200여 명의 병력을 이끌고 압록 강 건너 평안북도 최북단의 도시인 후창군 동 홍성(일명 厚州古邑) 습격. 국내 언론에 며칠 간 대서 특필, 일제당국은 물론 대중에게도 큰 충격으로 받아들여짐17) 5월 : 일본 수비대 200여명과 격전 중 적탄이 흉부에 적중하여 중상 후 戰死(5. 12)18)	○ 동흥성 습격 : 1930년대 만주 항일무장 투 쟁세력의 최초의 대규모 국내침입 전개 (2 월 13일 새벽 1시경). 5월 중순 : 격전 중 적탄이 흉부에 중상을 입어 우리군 진영에 호송되어 치료 중 출 혈이 심하여 전사한 것으로 전해짐(?)

* 『조선백년사화』(1984), 제2집, pp.176~199), 김준엽·김창순(1986), pp.33~34, 장세윤 (2008), 발표지, pp.43~77, 박영석, 전게서, pp.104~121, 황민호, 전게서, pp.163~181 및 동아일보(1935. 2. 13과 1936. 8. 8), 조선일보(1935. 8. 31) 등에서 추출 정리한 것임

---

14) 신주백(1994), pp.268~273 참조. 신주백은 당시 만주지역 한인들의 경제적·정치적 지위는 '대단히 불안하였다'고 하면서, 1928년 조선공산당 재조직에 관한 결정서인 "코민테른 12월 테제의 '1국1당원칙'에 따라 1930년부터 만주지역 한인들은 중국공산당에 대거 가입"은 당시 만주지역 항일무장투쟁을 이해하는데 중요하다는 정황 설명은 이해를 크게 돕고 있다.

15) 1930년대 들어서서 남만주에서의 이홍광을 중심으로 활발한 항일운동 전개의 의미는 향후 전국적 항일무장투쟁이 일어나는 단초를 열었다는 점을 간과해서는 안된다고 본다. 한편 신주백(2012). 우당기념사업회·(재) 우당장학회 주관, 「북한의 독립운동사, 어떻게 볼 것인가?」 제8차 우당역사문화강좌에서 "19세기말~20세기 초의 반일의병투쟁과 애국문화 계몽운동, 1910년대의 독립운동과 3·1운동, 1920년대의 노동자·농민운동, 그리고 새로운 단계로서 1930년대 만주지역의 항일무장투쟁이 전국적 범위에서 진행되었다"는 언급은 시사하는바 크다고 본다(서울역사박물관 강당, 2012. 10. 4, 발표지 p.3)

16) 김준엽·김창순(1986) p.32에 의하면 당시 이홍광의 이름은 李江光으로 나옴(p.32 각주 59 참조)

17) 동아일보 1935. 2. 14(조간), 2. 15 과 조선일보 동년 2. 23(석간) 및 장세윤, 위

이처럼 이홍광은 몇 안 되는 남한 출신 동북항일연군 지도자의 한 사람으로 온 가족이 항일투쟁에 헌신했다는 점과 최초로 1930년대 항일유격대 창건의 기초를 닦았다는 점 및 오늘날 중국인들에게도 '항일 빨찌산의 대명사' 널리 추앙 받고 있다는 점을 들어 인물로 일찍이 주목되었다. 그가 주목받고 있는 이유는 대부분의 항일투사들이 북한 출신인데 반해 남한 출신의 혁명가라는 점과 1937년 6월 김일성이 주도한 보천보(普天堡, 함경남도 갑산군 혜산진) 전투보다 2년 앞서 1935년 2월 국내진공작전(평안북도 후창군 동흥읍)을 펼쳐 일본군의 간담을 서늘하게 했다는 점에서 특이하다고 하겠다.[19]

즉, 1920년대 중반부터 만주지역에는 사회주의가 유입되면서 이를 이념으로 한 항일단체들이 성립되어 있었다. 사회주의 계통이 조직한 만주지역의 항일유격대들은 비록 중국공산당의 지원하 조직되었지만 중심인물이나 구성원 대부분은 한인들이었음은 이미 학계에 널리 알려진 사실

발표 글, p.68 김준엽·김창순(1986)은 특히 이홍광의 동흥읍 습격사건에 대하여 "한인의 항일투쟁에서 전 의병대장 洪範圖 장군 1919년 8월과 10월의 압록강 국경너머 갑산·혜산지역 습격과 강계·만포진 점령 사건, 1929년 조선혁명당의 독립군(조선혁명군) 사령관 梁世奉장군의 혜산지역 점령사건이래 높이 평가하고 있은데, 당시 중국의 신문은 이 전투를 '9·18이래의 항일군의 경비사상 최초의 장거'라 보고 있을 뿐 아니라 일본관동군 신문에서도 '이것은 국경경비사상 공전의 사건이다'라고 표현할 정도였다"(pp.33~36). 이처럼 이홍광의 동흥읍 습격사건을 한인출신의 항일투쟁사에서 3대 사건의 하나로 보고 있음이 주목된다.

18) 이홍광의 전사년도는 종래 1935년 5월과 달리 당시 언론보도의 재기설(1935. 8)·암약설 1936. 8)의 당시 와 딸(이오동)의 출생(1938. 5. 27) 및 이홍광 이름의 딸 출생신고(1943. 1. 5) 등과 관련하여 재고가 요청되고 있다 하겠다.

19) 김명섭, 전게논문(2009), pp. 205~206 참조. 김명섭은 "하지만 북한에서는 김일성 항일투쟁보다 선배라는 점에서, 남한에서는 그가 중국공산당에 가입해서 활동했다는 점에서 불행하기도 제대로 평가받지 못한 채 외면 받아 온 것이 사실이다"라고 현재의 이홍광에 대한 평가 상황을 밝히고 있다. 이러한 한계는 국내에서 반공지배이념이 우선시되는 1960, 70대에 이어 현재에 이르러서도 제대로 평가를 못 받고 있다.

이다. 당시 일반 중국인민들 사이에는 항일에 대한 의식이 투쟁의 단계
에까지 이르지 못한 때, 일본 제국주의자들이 '만주사변'(1931. 9)을 일
으키자 조선 사람들이 중심이 되어 유격대를 창건하고 연합으로 항일운
동을 치열하게 전개하였던 것이다.[20] 따라서 1930년대 만주지역 사회주
의 계통의 항일무장활동은 이홍광이 비록 중국 공산당원으로서 중국 南
滿지방에서 중국인들 보다 더 용맹하게 활동한 것은 민족해방운동의 일
환으로서 간주되기도 하기 때문에 우리 민족해방운동사 및 현대사에서
주목되는 인물이라 할 수 있다.[21]

이홍광의 만주에서 활동에 대해서 중국이나 북한에서는 중국 동북지
역 1930년대 '항일영웅'으로서 중국에서 널리 알려져 있음이 최근 이홍
광 연구전문가 조문기 선생(중국 요녕성 무순시 사회과학원)의 국내의
발표 글에서도 다시 확인할 수 있었다. 즉 "이홍광은 20세기 1930년대
역사무대에 데뷔하였고 두각을 나타냈다는데 1933년에 그의 이름이 매
체에 나타나기 시작했고 1935년까지 널리 알려진 인물이 되었다"고 하
면서 "당시 전국 각지 신문, 잡지에 이홍광 항일사적을 기념하고 회고하
는 기사가 인민일보, 해방일보, 동북일보 등지에 실린 회수가 1,000번이
나 넘었다고 한다."[22]

이에 비해 국내에서는 6, 70년대 민족분단이라는 역사적·사회적 상
황에서 공산계열 '항일운동가 이홍광'(1910. 8. 29~1935. 5 ?)은 사회계

---

20) 한국근현대사학회(2007) 『한국독립운동사 강의』, 한울, pp.222~225 및 강만길
(2009), 전게서, pp.156~157 참조.
21) 장세윤(1994), p.41 참조. 즉, 장세윤은 일찍이 「이홍광 연구 -항일유격대 및 동
북인민혁명군대 한인 지도자의 활동사례 검토-」 이후 학술발표(2008)등을 계속
하였지만, 현재 이홍광의 본관과 선대의 행적 등 그의 출신과 家系 등에 대해 전
혀 알려진 바가 없어 답보 상태임을 밝힌바 있다(장세윤, 「잊혀진 항일투사 이홍
광의 생애와 만주지역 항일투쟁」, pp.43~44 참조).
22) 조문기(2008) 「중국의 이홍광 연구현황과 평가」 『만주에서 활약한 용인출신 독립
운동가 발표지』, pp.81~82 참조.

열의 한국독립운동사 연구차원에서 일부 연구가 있었지만 그동안 거의 잊혀진 상태였었다. 하지만 역사적 사실과 당시 주요한 인물에 대해서는 잊혀진 상태로 오래 갈 수는 없다고 본다. 하지만 역사적 사실과 당시 주요 인물에 대해서는 잊혀진 상태로 오래 갈 수는 없다고 본다.

2) 이홍광의 행적과 再起 관련 언론 보도
-戰死年度 이의 -

이홍광 장군에 대한 출신과 행적에 대해서는 그동안 그의 출신에 대해서 중국측 자료에는 용인군 단삼동(원삼면으로 추정) 출신이나, 북한의 『력사사전』에는 1906년 충남 아산 출신으로 되어있어 정밀한 연구가 요구 근래 본격적으로 제기되었다고 할 수 있다.[23] 물론 이에 앞서 김준엽·김창순(1986)의 『한국공산주의운동사』 5권에서 「중국공산당의 초기 만주세력과 한인대원」에서 이홍광에 관한 여장군으로서 에피소드와 기존 그의 사망설에 대하여 구체적인 언급은 있었다.[24]

---

23) 위 발표 글, 장세윤, pp.43~44과 조문기, p.86 참조.

24) 이홍광에 대해서 여러 설이 있는데, 먼저 한인 여장군으로 전해져 중국인사회에 서나 한인사회에서나 상당한 존경을 받고 있던 사람으로 서 1919년에 만주로 건너가 공산게릴라에 가담했다가 1935년 3월에 사망했다는 설(서대숙(1970), 『조선 공산주의운동사』(日譯版), コリア 동경 평론사, p.281)이 있고, 또는 2차 대전 뒤 만주에서 국공내전이 벌어졌을 때 중국군의 일익으로 싸웠다는 설(陳建中 이터뷰, 1970년 11월 15일 대북시 국민당중앙본부)도 있으나 김준엽·김창순은 중공당남만성위원회 서기겸 동북항일연군 제1로군 부사령 魏拯民이 1940년 4월에 동북항일연군 제1로군 제1사장으로 있다가 1936년 가을에 전사한 것으로 나타나 있다(경성고등법원검사국사상부, 『사상휘보』 제25호(1940), 1940. 12월, pp.63~64) 하면서, 이홍광의 1936년 사망설을 정확한 것으로 보고 있는데, "왜냐하면 그 이후는 이홍광의 활동에 관한 보도가 하나도 없음을 그 이유로 삼고 있다"(김준엽·김창순(1986), pp.33~35 참조). 그러나 필자는 이에 대해서 종래 1935년뿐 아니라 1936년 사망설에 대하여도 이홍광 딸(1938. 5. 27~현 77세)의 생존 확인과 함께 이의를 제기하는 바이다.

그러다가 2005년 한겨레 신문의 "약관의 농민장군 -이홍광"(압록강 넘어 국내진격 놀래켜)란 보도 이후 일반인들도 주목하게 되었다.[25] 당시 이홍광의 초상화와 그의 주요 활동지역 지도 및 중국 요령성 신빈현에 그의 묘로 추정되는 사진도 소개되었다.

〈자료 1〉 이홍광의 초상화와 항일운동 활동지역(한겨레 신문, 2005. 8. 26)

이홍광 초상화   이홍광의 주요 활동지역

물론 이에 앞서 국내 일반인들에게 알려진 것은 인천 및 경기 지역신문인 중부일보(1992)[26]에 이어 한겨레신문(2005) 보도로 관심을 가져 학

25) 한겨레신문, 2005. 8. 26자(이본영 기자)는 '압록강 넘어 국내진격 일제 놀래켜, 약관의 농민장군 이홍광(1910~1935)' 란 기사와 함께 홍광장군의 무덤으로 전해지는 돌무덤과 홍광장군의 인물사진 및 주요활동 지역의 지도와 함께, 당시 이홍광이 사회주의 계열의 대표였다면 양세봉은 민족주의 계통의 총사령관이었는데 이들이 연합작전을 시도하였다는 내용을 기사를 실었다(2005. 8. 26일자). 그리고 용인독립운동기념사업회에서는 김태근 사무국장의 유적지 탐방(2007. 8. 16~8. 21)를 통해 길림성 반석현에 조각상과 비석('抗日 民族英雄 李紅光 將軍' 1988) 건립 사실과 반석현조선 중학을 그의 이름을 딴 '紅光中學' 사진도 확인할 수 있었다.

26) 이인영(1995) 『내 고장 용인 독립항쟁사』(광복50주년 기념 증보판), (용인군),

술답사도 가게 되었다. 그리고 최근 용인항일독립운동기념사업회 주관 (국가보훈처와 용인시 후원)한 학술발표에서 "만주에서 활약한 용인출신 독립운동가(여준, 김혁, 이홍광)"로 일반인들에게도 구체적으로 널리 알 게 되었다.[27]

국내에서 구체적으로 이홍광에 대해 소개한 한겨레신문은 이홍광이 1910년 용인에서 출생하여 1926년 이통현으로 이주와 1931년부터 활동 하기 시작하여 남만주 최초로 유격대를 창설해 수년간 항일운동을 벌였 고, 특히 1934년 말~1935년 압록강 넘어 함경도 후창군 동흥성을 습격 한 내용을 소개한 바 있다. 하지만 이홍광의 본관과 가계 및 전사 연대 에 대해서는 아직 확실치 않아 연구자들의 종래 연구의 한계를 토로하고 있다.[28] 또한 그의 전사 년도에 대해서도 종래 1935년 5월 교전 중 부상 당한 후 전사한 것으로 알려져 왔지만, 실은 그 이후 생존하여 재기 내 지 암약하고 있다는 당시 국내 언론 보도를 주목하지 않을 수 없다.

즉, <조선일보> 1935년 8월 31일자 "李紅光軍 再起 장백현내 이동, 추석전후에 습격설"이라는 제목과 함께

"지난 2월 평북관내 동흥서를 습격한 공산군 이홍광은 그 후 수차례 再起

---

pp.383~384. 저자는 동북지역을 답사하고 돌아 온 경기대학교 최홍규 교수가 이 홍광장군에 대하여 용인군 이동면 출신으로 확인되었다는 보도(중부일보, 1992. 8. 16)를 인용하여 용인시민들에게 처음으로 소개되었다고 본다.

27) '만주에서 활약한 용인출신 독립운동가' ‒ 여준, 김혁, 이홍광 ‒(용인항일독립운 동기념사업회와 강남대 인문과학연구소 공동주최, 용인향토문화연구회 주관, 2008. 11. 15)에서 장세윤(동북아역사재단 연구위원)의 「잊혀진 항일투사 이홍광 의 생애와 만주지역 항일투쟁」 발표와 조문기(1995) 선생(중국 요녕성 무순시 사 회과학원)의 보론 '중국의 이홍광 연구현황과 평가'가 주목되었고(「2008년 순국 선열의 날 기념학술대회 발표지」, 2008, pp.39~77 및 pp.81~89 참조), 후에 『한 국독립운동사 속의 용인』(용인항일독립운동기념사업회, 2009)으로 수록, 발간되 었다.

28) 장세윤, 위의 발표 글, p.43

를 전하고 있는바, 29일 함남도 경찰부에 도달한 정보에 의하면 전기 문제의
紅常 수령 李紅光의 인솔한 150여 명에 무장한 공산군은 지난 26일 장백현
팔도구 오지에 출현하여 동지에 잠거하고 있다. 연합토병대 수백여 명과 합세
하여 가지고 오는 8월 15일 추석날을 기하여 장백현내의 중요지 습격을 계획
하고 방금 전비를 굳게 하고 있는 중이라는데 이정보를 받은 동현 경무국에
서는 아연 대긴장하여 엄중히 경계를 하고 있다" 라고 보도(<자료 2> 참조)
하고 있다.

<자료 2> 〈이홍광軍 재기 및 암약설 조선·동아일보 보도〉

이홍광군 再起(조선일보, 1935. 8. 31)   홍군이홍광 暗躍(동아일보, 1936. 8. 8)

이어서 다음해 <동아일보> 1936년 8월 8일자 '紅軍 李紅光 暗躍,
무송경비진 습격계획'란 제목하에

"함경남도 경찰부에 도달된 정보에 의하면 한 때 평북 동흥을 습격하여 세
상을 놀라케 하는 공산군 이홍광·주태평의 연합부대 300여 명은 금춘이래 안

무현계 외무산에서 앵속(罌粟: 양귀비과의 한해살이 풀)을 빙자하는 동시 감자도 함께 경작하고 있던 중 최근 앵속 채유기(採乳期)를 당하여 각각 150여명씩 2대로 나누어 1대는 앵숙 채유작업을 하고 1대 150여 명은 주태평의 지휘로 무송현 벽지 1대의 경비기관을 일제히 습격하고자 지난달 25일경부터 무송현 2도 하자부근에 잠복하여 시기를 기다리며 목적달성에 고심하고 있다한다.

그러므로 동지 부근의 민심은 극도로 산만한 터이라고 하거니와 이와는 별개로 반만군 청산호의 부하 20여 명은 임감현 6도구 지방으로부터 장백현 상류지방으로 이동하였다가 다시 12도구 부운수리로 옮겨와서 잠복중인데 그들은 통구선와자 채목공사 벌목계류소를 습격하고자 기회를 엿보고 있는 중으로 함남국경 각 경찰서에서도 제1선 경관등을 동원시켜 압록강을 엄중 경계중이라고 한다"고 보도하고 있다.[29]

이는 종래 국내외 이홍광의 1935년 5월 12일 戰死에 대한 재론이 불가피하다고 하겠다. 현재까지 이홍관의 전사와 관련해서는 1935년 5월 11일 격전 중 적탄이 흉부에 중상을 입어 우리군 진영에 호송되어 치료중 출혈이 심하여 다음 날(5월 12일) 전사한 것으로 전해졌음은 주지의 사실이었다. 그러나 이홍광은 1935년 8월과 1936년 8월에 당시 언론 보도 처럼 '재기'와 '암약' 등이 구체적으로 크게 보도되고 있는 것으로 볼 때, 이홍광은 1935년 5월 11일 적탄에 맞아 다음날 바로 전사한 것으로 알려졌지만 실제는 잠복하면서 치료를 받아 어느 정도 회복 후 그해 8월과 1936년 8월 다시 항일운동을 재기 및 암약하였다고 추정된다.

이러한 근거는 이홍광이 1935년 5월 부상 이후 회복되어 항일운동을 다시 활동하기 시작하였는데, 이후 행적을 그의 제적등본(除籍謄本)에 의하면 그의 둘째 딸 이오동(李吾童)이 출생(1938. 5. 27)하였다는 점이다.[30] 더구나 이홍광의 제적등본에 보면 그의 딸 출생 신고인 부(父) 이

---

29) 물론 1935년 5월 이홍광의 부상이후 그의 재기설 및 암약설에 대해서 당시 언론 보도에 대하여 장세윤도 학술발표시 언급한 바 있었다(위의 발표 글, p.72 각주 111 참조).

홍규(李鴻圭, 이홍광의 본명) 이름으로 기재되어 있는데, 이는 이홍광의 부상 후 재기설과 함께 주목되는 자료라 하겠다.

따라서 그의 전사년도는 1935년 5월 부상 후 전사한 것이 아니라는 사실이다. 그는 부상이 회복되어 항일운동(1935. 8과 1936. 8 언론 보도 참조)을 전개하였고, 그리고 적어도 그의 둘째 딸이 태어 난 1938년 5월경까지는 생존하였다고 보여진다. 더 나아가 그의 제적등본상 딸 출생신고를 이홍규(이홍광의 본명) 이름으로 한 1943년 1월 5일 당시까지 생존 가능성도 있다고 본다. 후술하겠지만 1945년 광복직전에 전사하였다는 이야기를 이홍광의 어머니이자 본인의 외할머니(정창학)한테 전해 들었다는 이홍광의 생질(최창현)의 증언도 참조가 된다.[31]

즉, 종래 중국에서는 그의 항일투쟁을 기념하기 위하여 신빈만족자치현 인민정부와 중공신빈만족자치현위원회가 만주사변 60주년을 맞이하여 이홍광 등 19명의 항일영렬을 추도하기 위하여 '항일영렬기념비(抗日英烈紀念碑)'를 건립하였는데, 이 기념비 뒷 편에는 양세봉(梁世奉)과 함께 조선족 항일투사 이홍광의 흉상('李紅光 烈士' 1910~1935)에 그의 전사년도를 1935년으로 기술되어 있는데 수정이 불가피하다고 본다.[32] 이는 한 인물의 생몰 년대에 그치지 않고 1930년대 만주에서 韓

---

30) 이홍광(본명 이홍규)의 「除籍謄本」(경기도 용인시 처인구 포곡읍장, 2011. 7. 22 발행)과 이홍광의 딸(李吾童) 「住民謄本」(충북 음성군 금왕읍장, 2011. 8. 10) 및 생질 최창현 증언('항일운동가 이홍광 관련한 주요 면담 일지') 본 논문 표6) 참조.
31) 물론 이홍광이 쫓기는 신분이었던 관계로 일제시대 1943년 1월 초 용인에서 출생신고를 하기는 어려웠다고 보이지만 다른 사람이 출생신고를 대신 하였다 하더라도 적어도 그 때까지는 이홍광이 생존해 있었기 때문에 신고자 이름으로 이홍광이 나올 수 있었다고 보며, 설사 이홍광 본인이 직접 출생신고를 할 처지가 아니도 당시 전사하였다면 亡者나 대리인 이름이 기록되었을 것이다. 그리고 후술할 이홍광 생질(최창현)의 증언 중 "이홍광 장군이 발목 부상으로 치료차 백말을 타고와 치료받고 갔다"는 내용과 "이홍광이 팔로군 사령관으로서 일본군과 싸우다 1945년 8·15 광복 직전에 전사하였다"는 증언 등을 고려할 때 적어도 1935년 5월 戰死說은 재고가 불가피하다고 본다.

中간 항일운동의 대표적 인물로 추앙되고 있는 열사에 대한 제대로 평
가를 위해서도 필요하다고 본다.

3. 새로 밝혀진 이홍광(본명 李鴻圭)의 家系와 친족 행적

1) 새로 밝혀진 이홍광의 家系와 생존 딸(李吾童) 확인

항일운동가 이홍광에 대하여는 2008년 용인항일독립운동기념사업회
주관, '만주에서 활약한 용인출신독립운동가'(여준, 김혁, 이홍광) 학술
대회에서 인연이 되었다. 당시 항일 독립운동사에 관심이 많은 전 중국
심양 요녕대학의 조선족 출신의 김양선생이 『용인이씨대동보』(부록편)
중 '龍仁'이란 글을 보고 반가워하면서 필자에게 문의가 온 것이 계기가
되어 수십 차례 메일(2010. 12. 1 부터~현)을 주고받으며 용인이씨 중
이홍광이란 인물에 대해 확인 작업에 나서게 되었다.[33]

---

32) 그러나 최근 『항일여웅 리홍광』, 민족출판사, 2015의 필자와 공동저자 김양은 제
1장 출신과 가계에서 필자가 자료로 제시한 이홍광과 관련한 용인이씨 족보와 제
적등본 등 및 가계도를 수록(8~18쪽)하면서, 이홍광의 전사년도에 대해서는 일반
적으로 현 중국 및 국내(박환, 『만주지역 한인유적답사기』(개정판), 국학자료원,
2012, 134~135쪽의 흉상 사진의 내용참조) 에서 통용되고 있는 이홍광의 전사년
도(1935.5.10)와 달리 "1935년 5월11일 중상을 입고 해청화락 흑할자망밀영으로
이송된 후, 다시 농촌으로 이송되어 치료 중 1937년 하반기에 희생된 것으로 추
정하고, 지금까지 희생 지점과 시간이 확인되지 못했고, 유해를 찾아내지 못하였
다"고 밝히고 있어 주목된다(『항일여웅 리홍광』, 2015, 350쪽 참조).

33) '항일운동가 이홍광'에 대한 김양교수의 관심은 필자로서는 메일을 주고받으며
알게 되었지만 직접 한국에 와 홍광장군의 혈육을 만나고자 한국을 방문하면서
구체화되었다. 즉, 김양선생이 한국에 탐방(2012. 8. 31~9. 2)시 필자의 안내로
홍광장군의 어머니 鄭昌學 묘소(용인시 신원리) 탐방과 생존하고 있는 딸 李吾童

먼저 국내보다도 중국에서 항일열사(抗日烈士) 내지 불멸의 영웅으로서 더 알려진 이홍광에 대한 소개를 일별할 필요가 있는데,[34] 그의 전기물에 의하면 그는 1910년 용인군 단삼동에서 빈농의 이보경의 아들로 태어났다 기술하고 있다. 이와 아울러 구체적으로 이홍광에 대한 전기물에 의하면,

> "리홍광은 1910년 경기도 룡암군 단삼동(丹參洞, 또는 丹洞)에서 순박한 빈농 리보경의 가정에서 태어났다. 그의 어렸을 때의 이름은 리학규라고 불렀다. 그 후 그는 리홍해, 리의산, 리홍광이라고 이름을 고쳤던 것이다. 리홍광 고조부 리상준은 학식이 있는 농민이었고 그의 부친 리보경은 순박하고 어진 농민이었다. 그는 여동생이 셋이 있었는데 그들의 이름은 리경희, 리경순, 리경남이었고 남동생은 리학해였다.

(1938. 5. 27생, 현 충북 음성 거주, 현 77세) 확인하기에 이르게 되었다. 참고로 이미 조선족 김양선생은 료녕대학 교수를 사임하고 1995년 료녕민족출판사에 근무시 편찬한 『항일투쟁 반세기』를 저술한바 있다(김양(2010) 『항일명장 량세봉』, 북경 민족출판사, p.307)

34) 이홍광에 대한 소개는 일찍이 1938년(『이홍광열사전』, p.118과 『동북항일연군』, 120쪽)부터 간략히 찾아지고 있고, 좀더 구체적으로 고가희(1951) 편 「동북항일연군제1군제1사師長 이홍광열사전」, 『중조인민적전투우의』, 북경 인민출판사, 6~8쪽에 이어 1965년 '이홍광열사전략(修改稿)'에서는 이홍광의 출신지를 조선 경기도 용임군 단동으로 기술하면서 그의 이름이 이홍해, 이의산 등을 사용하였음을 밝히고 있다(중공요령성지방당사편위공실, 123~126쪽). 그리고 1980년대 들어서서는 그의 畵像과 함께 출신지와 좀더 소개와 활약상이(1980) 『東北抗日烈士傳』제1집(흑룡강, 흑룡강인민출판사, 69~87쪽과 1982) 『요령항일열사전』, 심양 요령인출판사, 1~19쪽에 소개되었고, 1984년도에는 그의 8명의 가족이름부터 그의 활약상이 구체적으로 소개되었고(『조선백년사화』 제2집(료녕 인민출판사, 174~200쪽, 김창국(1986) 『남만인민항일투쟁사』, 연변 연변인민출판사, 10쪽에서는 그의 이름을 리동일(리동광)으로 기술하고 있다. 한편 국내에서 이홍광에 대한 연구는 김준엽·김창순(1986), 30~36쪽에서 다양한 국내외 자료를 소개된 이후, 장세윤이 1990년대부터 꾸준한 연구가 진행되어 이 분야에 이바지 하고 있지만 아직 구체적으로 이홍광의 정확한 출신지와 본관 및 선계에 대한 확인하기가 불가능하다고 하여 아쉬움을 토로하고 있다(장세윤(2008), 위의 발표 글, 43~49쪽 : 장세윤(2009) 『한국독립운동사 속의 용인』, 424~425쪽 참조).

여덟 식구되는 리보경의 가정은 수많은 조선농민들의 가정처럼 처참한 생활을 하지 않으면 안되었다. 리보경은 그처럼 어려운 생활처지에도 맏아들인 리홍광을 학교에 보내어 공부시켰다. 리홍광은 어려서부터 남달리 용감하고 총명하였으며 누구보다도 공부를 잘하였다. 근 1년간 학교를 다니는 그는 일본말을 유창하게 할 수 있었다. 그러나 그는 일본 경찰의 아이를 때린 탓으로 끝내 학교에서 퇴학을 당하고 아버지를 따라 힘겨운 농사일을 참가하지 않으면 안되었다. 어려서부터 배우기를 즐겨하는 그는 고된 노동 속에서도 할아버지에게 고한문을 부지런히 배웠다.

1926년 리홍광의 가정은 조선에서 쪼들리는 가난한 생활, 일본제국주의 예속과 억압에 못이겨 수 많은 조선난민과 더불어 정든 고향을 떠나 길림성 류사저자둔에로 이사왔다. (중략) 1927년 17세 되던 해 '농민동맹회'에 가입하고 20세 되던 해에 삼도구에서 중국공산당에 가입하였다. (중략) 남만유격대를 창설하고 농민운동의 훌륭한 지도자를 거쳐, 남만지구 항일유격전쟁에서 탁월한 공헌을 이룩하여 혁명에 참가한지 8년째 되는 봄(1927~1935. 5) 적탄이 리홍광의 흉부를 관통하여 26세의 일기로 눈을 감은 불멸의 영웅이었다."[35]

고 밝히고 있다. 이처럼 중국에서의 이홍광은 1910년 경기도 룡암군 단삼동(丹參洞, 또는 丹洞) 빈농 이보경의 아들로 태어난 것으로 알려졌고,[36] 고조부 이상준은 학식이 있는 농민이었고 그의 부친 리보경은 순박하고 어진 농민이었다. 그리고 남동생은 리학해이었고 여동생으로 리경희, 리경순, 리경남을 두고 있다 하였다.

따라서 필자는 이홍광에 대한 1차 사료가 부족한 현실에서 족보(族

---

35) (1984)『조선백년사화』제2집, p.174, 한편 장세윤은 이홍광이 부모를 따라 중국 길림성 반석현으로 이주한 해는 1925년이고, 이듬해 1926년 이통현 유사저자둔으로 이사하였다고 기술하고 있어 차이를 보이고 있다(장세윤, 위의 발표 글, p.44 참조).

36) 지금까지는 이홍광의 출생지로 중국 전기물에는 경기도 龍岩(또는 龍任郡)이나 충청도 아산군에서 태어 났다고 하는가 하면, 국내에서는 장세윤도 용인군 단삼동을 용인군 원삼면으로 추정(장세윤, 전게서, p.43, 각주 17) 참조)하였지만 그의 족보 및 제적등본에 의하면 이홍광은 용인시 처인구 포곡읍 신원리 401번지에서 태어 난 것이 확실하여 이제 수정이 불가피하다고 본다(자료 3, 4 참조).

譜)와 관찬기록인 제적등본(除籍謄本)[37]등을 중심으로 활용하기에 이르
렀다. 용인이씨는 용인지역을 토성으로 하는 성관으로 그 시조(이길권)
는 고려 건국공신으로 알려져 현재에 까지 1000여년 넘게 지속된 용인
지역에 일찍이 뿌리 내린 성관이라 하겠다.[38] 먼저『용인이씨대동보』는
처음 임자보(1732, 도곡 이의현 찬, 9편 3권)와 계사보(1773, 12편 6권)
가 1700년대에 만들어진 이후 기사보(1869, 12권), 을묘보(1915, 17권),
을축보(1925, 3권 派譜), 경자보(1960, 8권 派譜), 계해보(1983, 6권) 및
무자보(2008, 7권) 등 7, 8차례 발간되어 현재에 이르고 있다.

처음 족보에서 이홍광이란 이름은 찾기가 쉽지 않아 일제시대에 생존
한 인물로 특이한 경력이나 이력사항을 찾아보기로 하였다. 서너 달 후
이홍광이란 이름은 아니지만 판관공파 후손 중 1910년생으로 이홍규(李
鴻圭)란 인물이 동생 이학규(李鶴圭)와 함께 1977년 5월 31일 '실종선
고심판확정(失踪宣告審判確定)'을 받은 특이한 사실 수록과 이홍규의
딸 이오동(李吾童)이 최근 발간된 무자보(4권, 527쪽)와 제적등본에 수
록된 사실도 확인할 수 있었다(<자료 3> 참조).

한편 제적등본 나타나 있는 이홍광의 딸 이오동(1938. 5. 27~현 78
세)을 4개월 만에 어렵게 수소문하여 찾아 면담할 수 있었다.[39] 더구나

---

37) '제적등본(除籍謄本)'이라하면 종래 호적등본(戸籍謄本)을 말하는데 2008년 1월 1
일부로 戸籍이란 용어대신에 법률적으로 사용하기 시작하였는데, 2008년 이전의
호적상 변동사항이 기재된 국가 공문서라 하겠다. 이는 구한말 및 일제시대부터 각
개인의 변동사항에 관해서 법률로 인정하는 신빙성이 있는 공적 문서라 하겠다.

38) 김영미(2013)「고려시대부터 이어온 뿌리 깊은 가문」p.8과 졸고(2013)「조선시대
경기도 경화사족 고찰 - 토성출신의 용인이씨를 중심으로 -」『경기의 뿌리를 찾
아서, 천년의 뿌리 용인이씨』, 경기도박물관, pp.132~137 및 졸고(2013)「고려조
3대절신의 후손」『용인이씨현조사적 - 고려조 3대 절신후손 사간공파』, 용인이
씨 대사간공파종회, pp.15~24 참조.

39) 이 때(2011. 3. 18) 필자는 용인시 포곡면 유운리에 대대로 거주하고 있는 이광섭
종인과 함께 당시 용인이씨 대종회 총무(이홍근)로부터 어렵게 수소문하여 서울
은평구 갈현동 반 지하에 '생활보호대상자'로 어렵게 살고 있는 이홍광의 딸 이오

〈자료 3〉 이홍광(본명, 李鴻圭)의 족보 및 제적등본

| 용인이씨대동보(戊子譜, 4권, 2008, 527쪽) 이홍광 직계(조부 이준상- 복영-홍규(홍광)-딸 오동) | 이홍광(이홍규)제적등본(2011. 1. 25) (처 심재성 1933. 7. 14 결혼 및 1977. 5. 31 수 원지원의 실종선고심판 등 기재) | 이오동의 제적등본 출생(용인군 포곡면 신원리 403번지)과 출생 신고일(1943. 1. 5) 및 신고인(父 이홍규) |

이홍광이 부상당한 후 전사한 년도로 알려진 1935년 이후에 딸 李吾童이 1938년 5월에 태어나 족보에 올라 있음을 확인 할 수 있다. 이홍광과 관련한 실종선고심판확정선고(1977. 5. 31) 내용이나 딸(이오동)이 등재되기는 2008년에 발간된 무자보(戊子譜)에 처음 수록되었는데, 이러한

동씨를 만났다. 그녀는 그동안 구체적으로 아버지(이홍광)에 대해서 소식을 듣지 못했을 뿐 아니라, 당시 자신이 호적에도 오르지 못한 것으로 생각하여 결혼(19세 때 강화사람 김근영씨와 혼인)신고도 못하고 동거인으로만 살아왔던 어려운 사정과 어머니(심재성)가 만주에서 귀국(1937년말~1938년 초) 후 생활형편과 신세의 어려움을 비관하여 용인의 경안천변에 빠져 자살을 기도하다 구해준 황씨(황희석)와의 인연으로 이후 어머니가 황씨네로 改嫁하는 바람에 어릴 때는 黃氏 姓과 李氏 姓을 같이 써야만 했던 내용 등 눈물의 하소연을 들었다. 이후 한 달 만에 이오동씨는 시집간 둘째 딸(김순옥)이 있는 충북 음성군 군왕읍 무극리로 이사(2011. 4. 19 전입)하여 현재에 이르고 있다.

이유는 1983년 계해보(癸亥譜) 때만 해도 70년대 후반부터 시작된 족보
준비기에다가 아직 사회전체가 반공이념이 강한 시기인지라 공산계열
항일운동가 이홍광을 족보에 올리기는 어려웠을 것이고, 민주화된 2000
년 이후에 이르러 발간된 무자보(2008) 때에 이르러서야 비로소 이홍광
의 실종선고 사실을 기재하고 호적등본에 있는 딸 이오동(李吾童)이 용
인이씨 족보에 처음으로 오를 수 있었다고 생각된다.[40]

따라서 용인이씨 역대 족보류(1937~2003)와 제적등본 및 주민등본의
자료를 통하여 '이홍광'의 본명은 이홍규(李鴻圭)이고, 출생지는 경기도
용인시 처인구 포곡읍 신원1리 401번지이며, 본관은 용인지역 세거성씨
인 용인이씨 판관공파 36세손(李鎰 장군의 13대손, 무자보 4권, 526쪽)
임을 알 수 있다. 즉, 이홍광은 이복영(李福榮)(1894~?)과 정창학(鄭昌
學)(1891~1978) 사이에 6남매 중 장남으로 태어났고 조부는 17세 때
(1888년) 무과에 급제한 이준상(李駿相)(1871~1950) 이었다.[41] 1910년
한일합방 때 태어난 이홍광(본명 李鴻圭, 1910. 8. 29 생)과 동생(慶姬,
鶴圭, 丁淑, 敬淳, 慶南) 및 딸(和順, 吾童) 등을 확인할 수 있다. 그 중
에 족보에 오르지 않은 여동생(경희, 정숙, 경순, 경남) 4명과 큰 딸(화순)
도 제적등본에는 올라있음을 찾을 수 있었다.[42]

이처럼 용인이씨 족보 내용과 이홍광(홍규)의 제적등본 등에 의하면

---

40) 이러한 내용을 필자와 함께 확인 작업을 한 용인문화원 문화위원으로 있던 이광
   섭씨한테 전해들은 용인독립운동기념사업회 사무국장 김태근은 용인시민신문
   (2011. 1. 26)에 '용인출신으로 새롭게 밝혀진 항일영웅 이홍광'이란 제목으로 기
   고한바 있다.

41) 용인이씨대종회(2008)『용인이씨대동보』(무자보) 권4, pp.526~527 참조. 참고로
   이홍광 장군의 조부(이준상)은 武科 급제자이지만 관직에는 나아가지 못한 것 같
   고, 큰 조부 李圭相(34世)는 武科 급제 이후 함경북도병마절도사와 영원군수를 역
   임한 인물이다.

42) 이러한 차이는 최근(2008)에 만든 용인이씨 족보 발간 당시 이미 출가하였거나
   죽었기 때문에 족보편찬 관례로 올리지 않은 것 같다.

'이홍광'의 본명은 '이홍규(李鴻圭)'임이 확인되고 그의 출생일은 1910
년 8월 29일 경기도 용인시 처인구 포곡읍 신원 1리 401번지에서 출생
하였음을 알 수 있다. 이 날은 조선이 일본에 합방으로 명망에 이른 운
명적인 날이기도 한 것을 보면, 이홍광의 항일운동은 어쩌면 숙명이 아
닌가 생각이 들었다. 그리고 제적등본에 오른 이홍광의 딸(李吾童) 출생
연월일(1938. 5. 27)도 확인할 수 있었다.

그동안 항일운동가 이홍광에 대하여 국내외 학계에서는 "가계에 대해
서는 별로 알려진 바가 없어 본관이 어디인지, 또 그의 선대가 어떠한
행적을 보였는지 확인하기가 불가능한 형편이라 더 이상 진전이 어려운
형편"이라는 국내 연구와 중국에서도 역시 "이홍광은 생전에 결혼하지
않고 자녀가 없었기 때문에 그의 본적, 희생지와 매장지를 잘 아는 사람
이 없다는 것은 이홍광 연구의 난점이 된다. 일본 투항 후 이홍광 가족
은 이통, 판석 등지에서 거주한 적은 있지만 가까운 친척을 아직 찾지
못한 상태이다"라 하여 그 한계를 토로하고 있었다.[43]

〈자료 4〉 항일운동가 이홍광(본명 이홍규)의 딸 이화순과 이오동

이홍광의 맏딸, 이화순(1930. 4~
1970. 5) (이준상의 구제적등본, 7쪽)

이홍광의 둘째딸, 이오동(1938. 5~
현 77세) (이준상의 구제적등본, 8쪽)

---

43) '만주에서 활약한 용인출신 독립운동가' p.43, 장세윤(2008), 위의 발표 글과 조문
기(2013), 위의 발표 글, p.86 참조.

하지만 이번 필자의 용인이씨 족보와 제적등본을 중심으로 이홍광의 본명은 이홍규이고, 본관은 용인이씨이며, 그의 후손으로 1938년 5월 출생으로 유일하게 생존하고 딸 이오동이 처음 확인된 셈이 되었다.

따라서 항일운동가 이홍광(본명 李鴻圭)에 대하여 선계에 관하여 역대 용인이씨 족보에서의 그에 관한 기록을 찾아보면, 임자보(7권, 1732)에는 시조 李吉卷부터 시작하여 28世(희설)까지, 계사보(4권, 1773)에는 30世(응호)까지 수록되었다. 이어 을사보(7권, 1869)에 큰 조부 이규상(李圭相)(34世)까지 수록이 확인된 이후, 1983년 계해보(4권 533쪽)에 이르러 이홍광의 조부(이준상) −아버지(이복영)− 이홍광(본인) 및 학규(동생) 36世까지 수록되었고, 최근 발간된 무자보 4권(2008) 526쪽에는 이홍규(홍광)의 선대 전체와 그의 딸 李吾童(37世)도 수록되어 있다. 그는 무신 출신을 많이 배출한 용인이씨 판관공파(判官公派) 36세손이었다.[44] 항일운동가 이홍광(본명 이홍규)의 가계도를 정리하면 아래 <표 3>과 같다.

그리고 그의 큰 조부(李圭相)는 무과급제자(1878)로 함경북도병마절도사겸 만호를 지냈고, 일제시대 온 가족 8명을 인솔하여 만주로 데리고 가 항일운동에 상당한 영향을 준 이홍광의 조부(李駿相)도 武科(1888) 출신임을 알 수 있다.[45] 따라서 이홍광의 만주에서의 항일운동 전개에서 보이는 그의 기개와 용맹의 혈기는 무과출신을 많이 배출한 그의 선조의 기상이 전해지는 것 같았다.

---

44) 이홍광은 용인이씨 판관공파 36世孫으로 조선 중기 여진정벌과 임진 왜란시 활동한 유명한 李鎰(이일, 1538~1601, 23世)장군이 그의 13代祖이고, 1624년 발생한 李适의 난 때 인조를 백의 호종으로 寧國原從功臣과 의금부도사에 오른 李涌(이용, 1583~1665, 호는 蒲谷, 25世)이 그의 9代祖이다(『용인이씨대동보』 壬子譜(1732), 1, 2권 및 졸저(2010)『장양공 이일장군연구』, 국학자료원, pp.49~52 참조).

45) 홍광장군의 큰 조부 李圭相은 1878년, 조부 李駿相은 1888년 武科에 각각 급제한 敎旨가 이일장군의 종손 이승한(경기도 광명시 거주)씨 보관중임(졸저, 『장양공 이일장군연구』, 화보 8쪽 참조).

2) 이홍광의 친족 증언과 친족의 행적

필자는 항일운동가 이홍광에 대하여 지금까지 그의 본적과 본명 및 딸 이오동(李吾童, 현 78세)을 만났지만 의외로 아버지 이홍광에 대한 내용은 거의 얻지 못하였다. 이에 그 주변 인물과 현장 답사 등을 통하여 보완하기로 하였다. 이를 위하여 먼저 족보와 제적등본상의 기록과 함께 친족들의 증언을 정리하고 이어서 이를 바탕으로 일정 강점기 만주로 온 가족이 이주 때부터 만주에서의 생활 및 귀국 후 행적에 대하여 살피고자 한다.

그동안 이홍광에 대한 자료는 용인이씨 족보와 제적등본상에 보이는 출신(본관)과 출생지 및 가족관계와 관련한 간단한 자료가 거의 전부였고, 항일운동과 관련해서는 중국에서 항일활동에 관한 것이 거의 전부였었다. 따라서 이홍광 관련 가족이나 친지들에 의한 증언과 행적에 대한 자료가 필요하였다. 이미 언급한 있지만 4개월 반 만에 이오동이 이홍광의 유일한 생존하고 있는 후손임을 확인하고, 이어서 이홍광의 딸(이오동)과 생질(최창현) 및 사촌동생(이천규·문규) 등과 여러 차례 통화와 증언을 들을 수 있었다.

(1) 이홍광 딸(이오동)의 부모(이홍광, 심재성)에 대한 증언

항일운동가 이홍광과 어머니 심재성(1911. 4~1973. 1) 사이에 만주에서 귀국 후 태어난 딸 이오동(1938. 5. 27~현 77세)은 아버지(이홍광)에 대한 얘기는 평소 어머니한테나 주변인들한테 거의 들지 못하고 자랐다고 하였다. 만주에서 항일운동 하다가 사정이 여의치 않아 국내로 귀국시(1932년 말~1933년 초로 추정) 마차가 뒤집히는 사고의 후유증으로 그녀의 어머니 심재성은 곱추가 되다시피 하였다.[46]

---

46) 이홍광 가족들의 귀국 당시 사정은 딸 이오동의 증언(2011. 3. 18) 참조. 한편

그 후 심재성은 생활고와 처지의 어려움을 비관하여 용인 경안천변 빠져 자살을 시도하였는데 이를 구해준 황씨(황희석)과의 인연으로 재혼을 하게 되니 이오동은 어릴 때 어머니가 개가한 황씨네에서 자랐다고 하였다.[47] 이처럼 이오동은 그녀의 어머니 뿐 아니라 주변에서 아버지 이홍광에 대한 얘기는 거의 들은 적은 없었고, 어릴 때 황씨네 집에서 자랐기 때문에 의기소침하게 살아왔다고 하겠다.[48]

한편 독립운동의 후손이 대부분 그러하듯이 이홍광의 딸 이오동은 6.25 때(12세) 남의 집에 있다가 집에 온 후 14세부터 19세(1957) 시집갈 때까지 서울의 여러 집(종로 1가, 을지로 2가, 을지로 중부서 앞, 종암동 등지)의 가사 도우미 생활하며 어려운 환경에서 지낼 수밖에 없었다.[49]

1932년 가족들을 귀국시킨 후, 국내 용인에서 1938년 5월 27일 딸 이오동이 태어난 것으로 볼 때 적어도 이홍광은 1937년 여름 7월경에도 생존하였다는 얘기가 된다.

47) 이러한 환경에서 자연 이오동의 모친 심재성은 전 남편인 이홍광에 대한 얘기는 할 수 없었고 할 처지도 못되었다고 보인다. 그래서 어릴 때 '황오동'이라하면 아이들이 "이동, 산동, 오동"이라하며 놀리기도 하여 언니가 '황윤'(7, 8세 때)으로 고쳐 부르게 하여 나중에 교회에서는 황윤 권사로 알려져 있다고 하였다(2012. 10. 22). 그러므로 홍광장군의 유일한 생존자인 이오동씨는 황오동에서 자라다가 어릴 때 황윤으로 불리다가 커서 李吾童으로 다시 불리게 되었다 하겠다.

48) 이오동씨가 황씨네에서 자랄 때 "초등학교 입학하라고 하는데 왜 호적이 없어" 상처를 받은바 있었고, 또 언니(이화순)가 외가(충남 당진)에서 자랄 때 한번 외숙모 제사 때 갔었는데 당시 말하기를 "남편(이홍광)이 빨갱이"라 하며 어머니에 대해 험담하는 소리를 들어 그 이후로는 발길을 끊었다고 한다. 한편 15년 전(1998?) 용인지역이 개발되자 용인 신원리 땅이 포함되어 보상이 나오자 분배 관계로 연락(이홍광의 사촌동생 이문규씨)이 되어 약간의 돈을 받았다고 한다. 그리고 어느 날 용인이씨 네 집에 갔을 때 7촌 동생이 누나로 불러주어 고마웠고 "황오동이 아니고, 실은 이오동"이라고 해주어 그 후 40여년 본인을 어릴 때 키워준 양아버지인 황씨네 집에 가지 못하였다고 한다(2013. 3. 22 증언).

49) 그러나 당시 다행히 다들 좋은 주인을 만나서 그런대로 곱게 자랄 수 있어 현재의 모습에는 말씨나 생활 매녀 면에서는 서울의 평범한 아주머니 내지는 할머니로 보이고 있다. 한편 결혼은 초등학교 소사를 하던 강화사람(김근영, 2002년 쭈)과 결혼하였지만 호적이 없다고 생각하여 출생신고도 못한 상태였다가 1962년 '주민

〈자료 5〉 이홍광 딸(이오동)의 근황

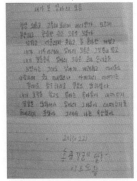

입원 중인 이오동(2012. 8. 31) (중국의
김양선생과 이홍광의 생질 최창현 및 필자)

이홍광의 딸(이오동)의 편지 '내가 본
엄마의 모습'(2013. 2. 21)

하지만 어려운 환경 속에서도 신앙을 굳게 믿어 크게 위안을 받으며 생
활하였다고 하고, 어느 날 이오동씨가 "어머니한테 예수를 믿자고 하자"
말하기를 "나의 한이 예수 믿는다고 풀리느냐? 너만 잘 믿으라…"는 소
리를 들었노라고 눈시울을 붉히었다.[50]

(2) 이홍광 생질(최창현)의 이홍광과 이홍광 어머니에 대한 증언

이홍광의 생질 최창현(1940~현 75세)은 이홍광의 여동생 이경순
(1921~2005)의 아들로 만주 길림성 이통현 영성자방에서 태어나(제적
등본 참고) 만주에 있는 마동인민학교 2학년 까지 다녔던 이홍광의 생질
이다. 그는 "외택하여 키가 크다고 하면서 그는 홍광장군의 모친이 바로
외할머니(정창학)과 함께 만주에서 뿐 아니라 1.4 후퇴 후 귀국해서 의정

등록법'이 새로 생겨 신고하여 큰 딸을 낳은 후 주민등록을 찾았다 한다. 그 후
3남 2녀를 두었지만 법적으로는 미혼으로 되어 있고 현재는 시집간 딸들의 도움
과 '생활보호대상자' 지원금으로 근근하게 생활하고 있다고 하였다(2013. 3. 22
증언).

50) 이오동의 2013. 3. 22 증언

부에서도 오랜 동안 같이 살면서" 보고 들은 당시 생활상과 외할머니(이홍광의 어머니)에 대한 일들을 많이 알고 있어 부족한 관련 자료를 보완해 주었다.

일찍이 최창현의 아버지 최봉영(원적, 황해도 평산군 상월면)이 만주 길림성으로 이주하여 농사일을 열심히 하던 중, 당시 근처로 이주해 온 외할머니가 아버지(최봉영)을 잘 보고, 이홍광의 여동생 이경순(1921~1981)과 결혼을 하게 하니 '일종의 데릴사위(처가에서 데리고 사는 사위)'로 삼아 혼인을 하게 되었다고 한다. 그리고 외삼촌 이홍광 장군에 대한 이야기로는 "이홍광장군이 이끄는 八路軍51)부대가 집 앞 대로로 행군할 때는 약 40분 정도 행렬이 지날 정도의 큰 부대이었고, 발목 부상으로 치료차 백마를 타고와 치료받고 갔다는 내용과 이홍광이 팔로군 사령관으로서 일본군과 싸우다 1945년 8·15 광복 전에 전사하였다"고 중요한 내용의 사실을 증언과 함께 편지로 전하고 있다.52)

오랜 동안 이홍광의 생질 최창현은 외할머니 정창학(이홍광의 어머니)과 같이 생활하면서 이홍광에 대하여 들었던 내용을 전하기를, "학식

---

51) 생질 최창현의 증언 중 '이홍광장군이 이끄는 八路軍'이 사실이라면 이는 이홍광이 1937년에도 실제 활동하고 있었다고 추정된다. 참고로 八路軍의 정식이름은 '중국 국민혁명군 제8로군(1937~1935)'으로 중국인으로만 구성된 것이 아니라 조선의용군이라고 하는 조선인들도 포함되어 있었는데, 1937년 제2차 國共合作 후 중국 공산당 휘하 독립적 성향을 가진 부대로 설립되어 中日戰爭(1937. 7. 7)이 발발하자 최전선의 抗日戰을 담당하여 일본 關東軍에게 매우 두려운 존재가 되었는데 이는 신출귀몰적인 게릴라전 능력 때문이었다고 전한다(http//blog.daum.net/jspoly, 검색일 2013 .12. 20 및 한상도(2004),『중국혁명 속의 한국독립운동』, 집문당, pp.144~147).

52) 최창현의 증언(2012. 8. 20)과 편지 참조. 이와 아울러 최창현은 외할머니와 함께 고국으로 귀국 후 생활의 곤궁을 겪은 내용을 증언하였고, 이홍광의 막내 동생인 이모 李慶南(1924~2012.11)에 대한 기억으로 귀국시 이모부 조씨와 함께 걸어서 이모부 고향인 마산까지 걸어서 내려갔다가 후에 용인지역으로 이사와 살았었다고 기억하고 있는데 작고하였다.

이 풍부하며 남달리 기억력이 뛰어난 분으로 평소에 삼국지와 무협지 소설을 즐겨 큰 소리로 자주 읽어 주시곤 하였다. 외할아버지(李福榮, 1894~?)은 만주로 이주 후 항일운동하는 이홍광 때문에 왜경한테 끌려가 고문당한 후 그 후유증으로 돌아가셨으며, 이홍광의 동생 이학해(본명 李鶴圭, 1917년~?)은 만주에서 군 입대 후 전사통지를 받았다는 내용을 들었다"고 전하고 있다.[53]

〈자료 6〉 이홍광의 모친 정창학과 생질 최창현

홍광장군의 모친 정창학   홍광장군의 생질 최창현 결혼식(1964)   생질 최창현(현 75세)

특히 이홍광에 대한 증언을 보면 "외할머니(이홍광의 어머니, 정창학)는 학식이 풍부하며 남달리 기억력이 뛰어나고, 소설책을 즐겨 구입하여 보는데 특히 삼국지를 즐겨 읽었었고 관우와 조조 등에 관해서도 외손자인 본인에게도 즐겨 이야기해주곤 하였다. 하지만 아들 이홍광에 대하여는 가족이 불리함을 당할까봐 일절 이야기를 하지 않았고, 외할아버지(이홍광의 아버지, 이복영)는 용인에서 서당 선생을 하다가 만주로 이주하여 아들 때문에 일본군에 끌려가 맞아 그 후유증으로 돌아갔다, 홍광 동생(이학규)은 군입대후 전사 통지를 받았다고 전해 들었다"고 증언하고 있다.

---

53) 동생 이학해는 1934년 소년영 대원으로 활동하다가 전사로 알려짐(장세윤, 위의 발표 글, p.57).

〈자료 7〉 이홍광의 생질, 최창윤 편지

생질, 최창현의 편지 1쪽 '이홍광 어머니이
자 외할머니 정창학'에 대한 단상

생질, 최창현의 편지 2쪽(2013. 2. 15)

한편 최창현은 지난 2012년 8월 31일 중국학자 김양선생과 국내의 홍광장군 관련 탐방시 필자와 함께 홍광장군의 집터와 외할머니 정창학 묘소와 막내 이모 이경남을 만나기도 하였는데, 그 이후 11월 14일 이홍광의 유일한 남매인 막내 이모(이경남)가 우환으로 졸하니 생전 마지막의 만남이 되었다.

〈자료 8〉 이홍광의 옛 집과 모친 정창학 묘소(2012. 8. 31)

이홍광의 집터(출생지)에서 (용인시 신원리 401번지, 이광섭, 김양, 필자)

이홍광의 모친, 정창학 묘소(용인시 포곡읍 신원리 묘소, 이문규, 필자, 김양, 최창현)

이홍광의 막내 여동생, 이경남의 생전 모습(중) (김양, 이경순, 최창현)

(3) 이홍광 사촌(이천규·문규 형제)의 증언

李天圭(1929~현 86세)와 李文圭(1938~현 77세)는 이홍광의 사촌 동생으로 그 중 이문규는 이홍광의 제적등본에도 같이 올라와 있기도 하다. 이들은 주로 이홍광에 대해서는 큰 어머니(鄭昌學)로부터 들은 이야기와 무과급제자 출신의 큰 할아버지(李駿相, 1871~1950)에 대해서는 만주에서 귀국 후 10여년 고향 용인에서 좀 떨어진 이천의 서당에서 글을 가르쳤다는 내용을 큰 어머니로부터 들었다고 증언하고 있다.

특히 이홍광에 많은 영향을 끼쳤을 증조부(李源喆)과 조부(李駿相)와 관련하여서는. 원래 큰 집인 이홍광 집안은 증조부 이전부터 용인 포곡면 신원리에서는 제일 가는 부자로 소문이 나 있었는데, 당시 묘소 이장(신원리 공동 묘지에서 근처로 이장)의 밀례를 잘 못 하여 집안이 어려워졌다는 이야기를 들었다고 증언하고 있다. 무과급제자로 기골이 장대하고 학식이 풍부한 이홍광의 조부 이준상(1871~1950)은 부인 전의이씨(1867~1891)·밀양박씨(1872~1911)가 모두 2, 30대에 돌아가자(용인이씨 족보 참조), "일제 강점기 어려운 형편의 용인에서의 탈피하고픈 생각과 함께 만주에서의 독립운동을 하려는 큰 뜻을 품고 그의 나이 50대 중반인 1925년 30대 초반의 아들내외(이복영과 정창학)와 이홍광 등 어린 손자 5명 등 온가족을 데리고 8명이 만주로 떠났다. 하지만 만주에서도 여의치 않아 10여년 만에 귀국하여 경기도 이천의 서당에서 글을 가르치며 생활하였다"고 하였다.[54]

그러면서 이홍광도 만주로 떠나기 이미 집에서 무과급제자인 할아버

---

54) 이천규, 이문규 증언(<표 4> 참조). 특히 조선시대 식년 武科의 경우 『경국대전』 권4 兵典 試取條에 의하면 初試에는 군사상 필요한 무예중심의 실기 시험으로 선발(120인)하고, 2차 覆試에서는 무예와 함께 四書五經이나 武經 7書 중 1書를 시험을 보아 선발(28인)하였기 때문에(이성무, 증보개정판 『한국의 과거제도』, 집문당, 237쪽, 1994) 자연 무과급제자는 관직에 나아가지 못할 경우 서당에서 훈장 등을 하여 자연스럽게 이홍광도 일찍이 조부한테 한학을 배웠던 것이다.

지한테 특히 한학을 배웠는데 남달리 뛰어났다는 이야기를 들었노라고
증언하고 있다. 참고로 여러 차례 필자와 통화와 증언을 해 온 이홍광의
딸(이오동)과 생질(최창윤) 및 사촌들의 증언 내용을 정리하면 <표
4-2>와 같다.

〈표 4-2〉 항일운동가 이홍광 관련한 주요 증언 내용

면담자	일시	면담 및 청취 주요 내용
이오동 (이홍광의 딸)	2011. 3. 18	필자와 수소문하여 처음 만남(은평구 갈현 2동), 이광섭과 함께 증언 청취
	2011. 10	판관공파 우곡종중 임원들의 저녁 초청(영등포 당산동에서 이태영, 이대영, 이환규, 이광상, 이광섭, 필자 등 참여)
	2012. 8. 31	중국학자 김양교수 항일운동가 이홍광 연구차 내한, 충북 음성군 금왕리 병원에 입원중인 오동씨를 방문하여 청취(김양, 최창현, 필자)
	2012. 10. 22	어머니에 대한 인상과 어릴 때 이름(황오동 → 황윤 → 이오동)의 변화 등 증언(둘째 딸 김순정 나옴)
	2013. 2. 21	영등포 당산동에서 어머니에 대한 회고를 간단히 적은 편지와 함께 가족사진(언니 이화순) 등을 전달받음
최창현 (이홍광의 생질)	2011. 1. 26	첫 통화 후, 이홍광의 어머니이자 본인의 외할머니 정창학씨와 관련한 내용 청취
	2012. 8. 20	의정부에서 만주에서 이홍광 관련 내용을 외할머니를 통해 들은 내용과 만주에서 1.4후퇴 후 외할머니 생활담을 청취
	2012. 8. 31	중국학자 김양교수 내한시 함께 동행하여 이홍광의 옛집과 외할머니 산소, 이홍광의 막내 여동생 이경남 방문 및 충북 음성에 있는 이오동 방문시 함께 관련 내용을 청취
	2013. 2. 15	이홍광과 외할머니(이홍광 모친) 관련하여 편지지 2장 정도로 정리하여 우편으로 보내옴.
이천규 (이홍광의 사촌)	2012. 8. 17 ~8. 18	통화시 이홍광의 조부 이준상에 대한 얘기를 큰 어머니(정창학)한테 들은 내용을 증언

	2013. 6. 2	왜 이홍광 가족전체가 만주로 가족 전체가 이주한 이유와 귀국 후 국내 이천에서 서당에서 한문선생으로 10여년 활동한 내용 등 청취
이문규 (이홍광의 사촌)	2013. 8. 31	김양선생이 내한 시, 이홍광의 모친이자 큰 어머니인 정창학 묘소(용인시 포곡읍 신원리, 유후공·청백리공과 종중 재실 뒤편 소재) 안내
이광섭 (종인, 향토학자)	2011. 1. 25 ~현재까지	이홍광 출생 주소와 및 이오동의 출생년원일 및 신고인 등이 기재된 제적등본을 떼는 일과 이오동씨를 처음 찾는데 동행, 그리고 용인 항일독립운동기념사업회와의 연결과 중국인 김양선생 내한시 동행 등 지금까지 전폭적인 지원을 아끼지 않았음

* 이오동, 최창현, 이천규, 이문규, 이천규 증언 내용을 정리한 내용임

즉, 이홍광은 경기도 용인시 처인구 포곡읍 신원1리 401번지에서 한일합방의 날(1910. 8. 29)에 태어나 항일운동이 어떻게 보면 숙명적인 일이 아닌가 여겨진다. 그는 조선후기 경화사족인 용인이씨 후손으로 그 중 무과출신(武科出身)이 많이 배출한 판관공파 36世로 여진정벌과 임진왜란시 유명한 李鎰 장군의 13代孫임이 확인되었다.

이홍광(본명 이홍규)의 집안은 용인에서 뿌리를 내리고 살아온 용인이문 중 무과출신 조부(이준상)가 중심이 되어 큰 뜻을 품고, 부모(이복영, 정창학)와 2남(이홍광, 학규) 3녀(이경희, 경순, 경남) 등 가족 8명이 1925년 만주로 이주한 이후, 이홍광(본명 이홍규)은 1927년부터 본격적으로 1930년대 중반까지 항일운동을 치열하게 항일운동을 전개하였음을 알 수 있었다. 그리고 그 사이에 딸 이화순(1930.4~1970. 5)과 이오동(1938. 5~현 78세)이 태어났음이 확인되었다.

〈부록〉 항일운동가 이홍광(본명 鴻圭)의 判官公派 家系圖(『임자보』~『무자보』 활용
하여 작성함)

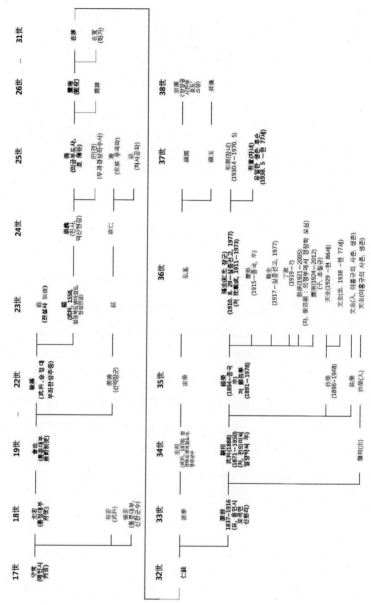

4. 맺음말

이상 필자는 "1930년대 在滿 항일운동가 이홍광(본명 李鶴圭) 家系와 친족 행적 일고찰 - 1930년대 항일운동가, 이홍광의 부활을 위하여 - " 하였다. 이를 위하여 국내외 이홍광에 대한 종래 연구 성과뿐 아니라, 관련 언론보도와 용인이씨 대동보(1732년의 壬子譜를 비롯하여 癸巳譜, 癸亥譜 및 戊子譜)와 이홍광의 除籍謄本(신, 구) 및 친족들의 증언 및 탐방을 통해 이홍광의 출신과 가계 및 친족 행적을 확인할 수 있었다.

먼저, '1930년대 재만 항일운동가 이홍광의 활동과 전사년도'에서 그의 항일운동 행적을 기존 연구 성과를 중심으로 일별 정리해 보았다. 그리고 그의 전사년도를 기존 1935년 5월이 아니라, 그의 딸 이오동이 1938년 5월 출생 이후나 이홍광 본인 이름으로 딸 출생을 신고한 1943년 1월을 주목하였다. 그리고 당시 신문보도(조선, 동아일보)가 상당한 근거가 있다고 간주되는 1935년 8월과 1936년 8월의 그의 재기설과 암약설 보도 등으로 볼 때, 그의 전사년도는 적어도 1935년 5월 부상 이후 회복된 이후 활동한 것으로 볼 때 그의 전사년도는 세 가지로 정리할 수 있다. 즉, ① 1936년 8월 부상에서 재기한 이후에서 딸이 출생한 1938년 5월 27일 이후 전사, ② 본인이 딸 출생(1938. 5) 신고를 한 1943년 1월 5일 이후 전사, ③ 그가 八路軍(중국 국민혁명군 제8로군)을 이끌었고 8·15 광복전에 전사했다는 증언으로 보면 팔로군이 존속되었던 1937년에서 1945년 8월 사이에 이홍광이 전사한 것으로 추정된다. 따라서 이 세 가지 경우를 생각하더라도 종래 이홍광이 1935년 5월 부상에 이어 곧 전사하였다는 전사년도는 수정이 불가피하다고 본다.

둘째, '새로 밝혀진 이홍광(본명 李鶴圭)의 家系와 친족 행적'에서는 그의 가계는 용인이씨 判官公派 36世孫으로 본명은 李鴻圭이고 유명한 여진정벌과 임진왜란시 활동한 李鎰 장군의 13代孫임을 확인할 수 있었다. 그리고 그의 조부(이준상) 역시 무과급제자로서 일제강점기 고향 용인에서의 어려운 생활을, 저 멀리 만주로 이주하여 항일운동으로 새로운 도전을 행한 집안임을 확인할 수 있었다. 그리고 친족들의 증언을 통해 그의 활동과 가족 관계 및 전사년도를 추정할 수 있었다.

이러한 고찰의 결과 그동안 1930년대 무장 항일영웅으로까지 칭송을 받았던 이홍광에 대해서 그의 가계와 출신 및 본관 등을 알 수 있어 제대로 평가를 받는 계기가 되기를 바라마지 않는다. 이제 향후 과제는 동아시아 사회·공산계열 항일운동에 대한 인식의 전환이 필요하다고 본다.[55]

현재 한·중 양국인이 관광 등으로 한해 400만 명 정도가 방문하는 상황에서 아직도 1960, 70년대 국내 반공이념의 산물로 일제시대 만주에서의 사회·공산계열 항일운동에 대한 이해 시각이 여전히 경색되어 있다면 이제 그 덧을 내려놓을 때가 되었음을 의미한다고 본다. 즉, 1930년대 만주지역에서의 사회·공산계열 항일운동을 이제는 제대로 독립운동사 내지 민족해방운동사 범주에 포함시켜 연구와 평가받아야 한다고 본다.[56] 이러한 과제를 이루기 위해 이홍광의 생애와 활동에 대한 재조명이 이루어진다면 1930년대 중국과 한국에서의 항일운동사에 대한 폭

---

55) 유용태·박진우·박태균(2011) 전게서, pp.47~49. 특히 1931년 만주사변 이후 항일독립운동은 중국인과 조선인이 공동으로 항일투쟁을 해야 한다는 의식이 더욱 고조되었음은 주목되어야 한다고 본다. 아울러 필자는 1930년대 在滿 항일운동가 李紅光(본명 李鴻圭)에 대한 제대로 평가가 이루어져 향후 '항일독립운동 유공자' 서훈 추서 및 '유가족 보훈심사'가 이루어지기를 바라는 것도 먼 희망만은 아닐 것으로 사료된다.

56) 더구나 1992년 8월 24일 중국과 국교를 수립하여 20년이 지나 그동안 교류의 성과는 이제 "한중 수교 20주년 성년을 맞아 지난 50년간은 미국과 살았다면, 앞으로 50년은 중국과 더불어 살아야 한다"(조선일보 2012. 8. 24일자 참조)는 지적은 시사하는바 크다고 본다.

넓은 이해뿐 아니라, '在滿 항일운동가 이홍광(본명 이홍규)의 復活'이
그리 오래 걸리지 않을 것으로 본다.

이는 항일운동가 이홍광에 대한 개인적인 부활로만 끝나지 않고, 강
점기 일본제국주의 대한 올바른 역사인식이 요구되는 최근 한국과 중국
간 동북아시아 평화와 협력이 요구되는 시기에 이홍광의 당시 항일운동
은 시사하는바 크다고 본다.

참고문헌(4부 1장, 이홍광 편)

1. 사료 및 족보류

『龍仁李氏大同譜』(壬子譜, 癸巳譜, 己巳譜, 更子譜, 癸亥譜, 戊子譜), 除籍謄本, 住民謄本

2. 논저

강만길(1994), 『고쳐쓴 한국현대사』, 창작과 비평사

_____(1999), 『20세기 우리역사』, 창작과비평사

고가회편(1951), 「동북항일연군제1군제1사師長이홍광열사전」, 『중조인민적전 투우의』 북경인민출판사

김명섭(2009), 「한국에서의 이홍광(李紅光) 연구현황과 향후 과제」『용인향토 문화연구』제10집(용인향토문화연구회)

김양·이선우(2012), 『리진용 장군』, 북경 민족출판사·연변 인민출판사

김영미(2013), 「고려시대부터 이어온 뿌리 깊은 가문」『경기도의 뿌리를 찾아 서, 천년의 뿌리용인이씨』, 경기도박물관,

김준엽·김창순(1986), 『한국공산주의운동사연구』5권, 청계연구소

김창국(1986), 『남만인민항일투쟁사』, 연변인민출판사

동북항일연군투쟁사편사조(1991), 『동북항일연군투쟁사』, 북경 인민출판사

류연산(2003), 『만주 아리랑』, 돌베개

박영석(2010), 『만주지역 한인사회와 항일운동』, 국학자료원

박찬욱·강만길(1995), 「중국연변, 민족해방운동사 연구의 고민과 과제」, 『역사 바평』 겨울호

박 환(2012), 『만주지역 한인유적답사기』(개정판), 국학자료원

변은진(2006), 「용인의 민족운동」『용인시사』 1권(용인시사편찬위원회)

신일철(1988), 「중국의 '조선족 항일열사전' 연구」, 『한국독립운동사연구』 제2집

신주백(1994), 「1930년대의 만주지역 항일무장투쟁」『한국사』16권, 한길사

_____(1999), 『만주지역 한인의 민족운동사』(1920〜1945), 아세아문화사

_____(2012), 「북한의 독립운동사, 어떻게 볼 것인가?」『제8차 우당역사문화 강좌 자료집』(우당기념사업회)

역사문제연구소(2011), 『미래를 여는 한국의 역사』(5권), 웅진지식하우스

요령인민출판사(1984), 『조선족백년사화』제2집, 심양 료녕인민출판사

용인항일독립운동기념사업회(2009), 『한국독립운동사 속의 용인』 용인군

유용태·박진우·박태균(2011), 『함께 읽는 동아시아 근현대사』, 창비

이성무(1994), 개정증보판 『한국의 과거제도』, 집문당

이원명(2006), 「조선후기 근기지역 경화사족 고찰」, 『향토서울』 67호

_____(2008), 『용인이씨대동보』 戊子譜(부록편), 용인이씨대종회

_____(2010), 『장양공 이일장군 연구』(공저), 국학자료원

_____(2013), 「조선시대 경기도 경화사족 고찰」, 『경기도의 뿌리를 찾아서,
　　　천년의 뿌리 용인이씨』, 경기도 박물관

_____(2013), 「고려조 3대절신의 후손」, 『용인이씨 현조사적』, 용인이씨 사간
　　　공파종회

이원명·김양(2015), 『항일영웅 리홍광』 －중국조선족명인평전시리즈－, 민족
　　　출판사·연변인민출판사

이인영, 『내 고장 용인, 용인독립항쟁사』(광복50주년 기념 증보판), 용인군

일본역사교육연구회·한국역사교과서연구회(2007), 『한일교류의 역사』, 혜안

장세윤(1994), 「이홍광 연구」『한국독립운동사연구』8집

_____(2008), 「잊혀진 항일투사 이홍광의 생애와 만주지역 항일투쟁」『만주에서
　　　활약한 용인 출신 독립운동가 발표 자료집』, 용인향토문화연구회

_____(2009) 『한국독립운동사 속의 용인』, 용인향토문화연구회

_____(2009), 『1930년대 만주지역 항일무장투쟁』, 한국독립운동사편찬위·독
　　　립기념관한국독립운동사연구소

조문기(2008), 「중국의 이홍광 연구현황과 평가」『만주에서 활약한 용인 출신
　　　독립운동가』, 용인향토문화연구회

조문기·정무(2008), 『항일명장 량세봉』, 북경 민족출판사

중공요령성위당교당사교연실 편(1982), 『요령항일열사전』, 심양 료녕인민출판사

채영국(2000), 「국외의 독립운동, 만주」『개정판 한국독립운동사 강의』, 한울

한상도(2004), 『중국혁명 속의 한국독립운동』, 집문당

황룡국 외(1998), 『조선족혁명투쟁사』, 심양 료녕출판사

황민호(2005), 『일제하 만주지역 한인사회의 동향과 민족운동』, 신원사

현룡순 외(1996), 『조선족백년사화』제2집, 심양 료녕출판사

흑룡강성사회과학원지방당사연구소·동북열사기념관편(1980), 『동북항일열사
      전』 제1집, 흑룡강인민출판사

3. 언론보도

조선일보(1935. 2. 15 및 1935. 8. 31일자)
동아일보(1935. 11. 2 및 1936. 8. 8일자)
중부일보(1992. 8. 16일자)
용인시민신문(2001. 11. 29일자)
한겨레신문(2005. 8. 23일자)
강원일보(2005. 11. 7일자)
내일신문(2007. 8. 10일자)

제2장 일제강점기 여성지식인 고황경 (1909~2000)의 사회활동
―'경성자매원'을 중심으로―

1. 머리말

서울여자대학교 설립자 바롬 고황경박사(1909. 3. 9~2000. 11. 2) 탄생 100주년을 맞아 학술발표회 때 필자는 '바롬 선생의 가계와 활동을 통한 삶의 재조명'를 발표한바 있다. 당시 필자는 사학과에 재직하고 있는 관계로 지난 13년 전 서울여대40년사 편찬위원장(2000. 9~2002. 2)으로서 총론부분인 제1편 <서울여자대학교 설립 배경과 건학이념>을 기술한바 있다.[1] 그 때 앞으로 50년사를 집필하게 된다면 바롬 고황경 선생님에 대한 家系와 活動을 통한 삶의 재조명이 더 있어야 되지 않을까 생각하게 되었다. 그러던 차 다시 서울여자대학교 50년사편찬위원장(2009. 9~2012. 2)으로서 서울여대의 초창기의 역사와 아울러 서울여대의 철학과 건학이념을 이해하기 위하여 '바롬 고황경 선생의 家系와 活動을 통한 삶의 재조명'을 발표한바 있고,[2] 이를 바탕으로 『서울여자대

---

1) 졸고, 『서울여자대학교 40년사』, 2002
2) 당시 고황경박사 탄생 100주년 기념 학술발표회는 필자의 「바롬 선생의 가계와 활동을 통한 삶의 재조명」외 차영숙(서울여대 1회 졸업생) 「바롬 선생의 신앙과 믿음 세계」, 김신일(서울대학교 명예교수), 「바롬 고황경 선생의 교육철학」및 송보경(서울여대 교수), 「바롬 선생의 사회활동과 서울여자대학교의 위상」이 발표되

학교 50년사』에 <서울여대의 설립배경과 건학이념> 중 '바롬고황경 박사의 삶'이라 하여 수록한바 있다.

아마 그것은 한국 근현대사에 있어서 우리 한국인에게는 고난의 시기 였기에 구한말에 태어난 한국 여성 지도자로서 그 역할을 다한 바롬 고 황경의 行蹟을 올바로 이해할 필요가 있다고 보기 때문이었다. 바롬 고 황경은 우리나라 초창기 기독교 가정에서 태어나 일생을 독실한 기독교 신앙인으로서, 당시 최초의 여성 사회학자로서 사회활동과 교육자 및 민 간외교가로서 '위대한 개척자·창업자'요, 여성교육의 선구자요이며 바 른 인성 교육을 외친 선각자로서 활동하였던 인물에 대한 바른 이해가 필요하다고 보았기 때문이었다.3) 하지만 발표 시간과 지면 제약상 좀더 심도있는 고찰은 후고를 약속한 바 있었다.

본고는 이를 위하여 먼저 시대적 배경으로서 구한말 기독교전래와 함 께 바롬 고황경의 가계 및 가정·학교교육을 살펴보려 한다.4) 그리고 일 제 강점기 바롬 고황경의 유학생활과 경성자매원의 설립을 주목하여 13 여 년간의 일본과 미국에서의 유학생활과 경성자매원 설립과 활동을 통

없다(바롬 고황경박사 탄생100주년기념 학술발표집, 2009. 6. 5, 金, 한국프레스센 터) ; 『바롬교육으로의 초대』 II, 정민사, 2009 참조.

3) 오리 전택부(전 YMCA 총무), 「고황경박사님을 기린다」 『참으로 행복하게 살고 싶을 때』(서울여대총동창회, 2001) 및 이광자, 「고황경 , 바른 인성교육을 외친 여 성교육의 선각자」 『한국사 시민강좌』 제50호(대한민국의 가꾼 사람들, 33인), 일 조각, 2012.

4) 당시 시대적 배경으로는 한국근대사학회, 『한국근대사』, 한울아카데미, 2007과 윤경로, 『105인 사건과 신민회 연구』, 한성대출판부, 2012, 그리고 바롬선생에 영 향을 준 김마리아와 김필례선생에 대한 것으로는 『나라사랑 제30집 - 김마리아 특집호 -』(외솔회, 1978), 『교육의 길 신앙의 길 - 김필례 그 사랑과 실천 -』(이 기서, 1988, 정신여자중고등학교총동창회 ; 북산책, 2012), 『貞信百年史』(정신여 자중고등학교, 1989), 『김마리아』(박용옥, 2003, 홍성사)가 있으며, 『남대문교회사』 (남대문교회사편찬위원회, 1979), 『인술, 봉사 그리고 개척과 도전의 120년』(연세 의료원 120년사 편찬위원회, 2005, 연세의료원)를 참고하였다.

해 그의 행적을 살펴보려고 한다. 이어서 광복이후 사회학자로서 사회활동과 서울여대에서의 여성교육을 통한 생활교육을 통한 인성교육의 성격과 의미를 재음미하고자 한다. 이를 위하여 그동안 바롬 고황경과 관련한 기존 자료와 증언 및 일부 연구 성과 등에 힘입었다.[5]

더구나 최근 격변하는 사회환경과 대학 구조조정이라는 상황에서의 서울여대가 지향할 방향의 올바른 좌표설정을 위해 50여년의 정체성을 먼저 고찰할 필요가 있다고 보았다. 이를 위해 바롬 고황경의 삶의 궤적과 교육 철학을 통한 그동안 50여년 서울여대의 정체성 이해와 이를 통한 구성원들의 동질감이 그 어느 때보다 필요한 시기로 생각하였다. 이러한 입장에서 서울여대의 향후 방향을 모색하는데 도움이 되지 않을까 하는 뜻에서 고찰하였음을 밝히고자 한다.

---

5) 고황경에 대한 연구로는 일찍이 림영철, 『고황경박사 그의 생애와 교육』(도서출판 삼형, 1988)을 비롯하여 바롬연구회, 「바롬 고황경박사 연구를 위한 기초자료 수집에 관한 보고서」(2001, 257쪽, 69명 인터뷰), 서울여대 역사를 정리하기 위한 이원명, 정연식 교수의 관계자들과의 증언·면담자료 "최경한 교수·권문경 여사의 초창기 학교역사 관련 면담"(1998. 2. 18), "초창기 학교 모습과 농활에 대한 증언"(1999. 2. 4), "동교동 경성자매원 운영 시절에 대한 증언"(1999. 6. 21)의 고황경 선생의 글들을 모은 『참으로 행복하게 살고 싶을 때』(서울여대총동창회, 2001), MBC라디오 '남자 속의 여자, 고황경편'(제12화, 1988), 서울여자대학교개교 40주년 기념, "바롬교육 40년의 성과와 전망"(재단법인 바롬장학회, 2001)과 바롬기념관소장 자료, 필자의 「바롬 선생의 가계와 활동을 통한 삶의 재조명」, 2009, 각주 2 및 최근 김성은의 연구 「일제시기 고황경의 근대체험과 사회사업『이화사학연구』41집, 2010과 「일제시기 고황경의 여성의식과 가정·사회·국가관」 『한국사상사학』 36집, 2010 등을 참고하였다.

2. 기독교 전래와 바롬 고황경의 가계

1) 구한말·일제강점기 시대적 배경과 기독교 전래

바롬 고황경이 1909년 태어나 성장하였던 시기는 한국근현대사에서 서세동점의 격동기인 구한말(대한제국기 : 1897~1910)과 일제 강점기(1910~1945)에 성장하고 일본과 미국에서 유학생활을 보낸 후 활동하였던 시기이다.[6] 한편 이 시기는 구미열강들이 무역시장을 개척하기 위하여 동양으로 진출하여 식민지를 구하고자 혈안이 되어 있었고, 일본은 재빨리 구미의 과학문명과 제도를 받아들여 국제사회에 대응해가고 있었던 시기이기도 하다.

하지만 대원군의 쇄국정치와 동학들의 척왜양창의가 주류를 이루어 1876년 준비 없는 강제적 문호개방으로 일본을 포함한 열강들의 타켓이 되더니,[7] 30여년 지난 후에는 종국 일제의 강점기를 맞이하기에 이르렀던 것이다. 다행히도 이러한 국권의 위기를 맞아 이 위기를 극복하기 위

---

6) 바롬 고황경은 1909년 3월 9일(음 1월 27일) 서울 퇴계로에서 태어난 이후 일곱 살에서 열한 살까지 배나무와 밤나무로 꽉 찬 과우원이 있는 황해도 수안군 남정리 7세에서 11세까지 살았다. 당시 세브란스 의학교 제3기 외과의사로 영어에 능통한 아버지 고명우가 1912년 경 러들러(A.L. Ludlow ; 미국 오하이오주 클리브랜드시의 유지로서 오늘날 연세대학교 세브란스병원의 이름은 당시 4만 5천 달러 기증한바 있는 세브란스(Louis H. Severance)의 가정의사)의 거듭 요청으로 세브란스분원으로서 황해도 수안군 남정리 광산촌에서 부상당한 노동자를 치료를 통해 일찍이 기독교 신앙 속에서 배워 온대로 가난하고 불상한 벽촌인을 위한 봉사의 기회로 여겼다(림영철, 전게서. 21~23쪽 및 고황경, '알맹이' 참으로 행복하게 살고 싶을 때, 41쪽 참조).

7) 1876년 일본에 문호개방 후, 미국·청(1882), 영국·독일(1883), 이태리·러시아(1884) 및 프랑스·오스트리아(1886)와 잇달아 통상조약이 체결되었고, 그 중 프랑스는 이를 천주교 포교에 활용하였다(한영우, 『다시 찾는 우리역사』, 경세원, 2008, 466쪽). 이후 시대적 배경과 기독교에 관한 내용은 한영우와 박용옥 및 임영철의 전게서를 주로 참조하였음을 밝혀둔다.

하여 민족적 노력이 전개되면서 민족의식이 성장하기 시작하였다고 본
다. 민족적 위기를 맞아 나타난 민족의식에는 보수적인 유생들의 위정척
사(衛正斥邪) 운동과 급진파의 개화자강 운동으로 나타났던 것이다. 이
운동은 목표는 물론 구국운동이었지만 방법면에서 차이가 있으니 의병
운동(義兵運動)과 문명개화 운동으로 전개되더니, 의병운동은 곧 의병
전쟁으로서 문명개화운동은 계몽운동(啓蒙運動)로 발전하였다.

먼저 의병전쟁은 일찍이 명성황후가 시해(1895) 당하는 을미의병과
서재필 등 독립협회의 민권운동으로 전개되었지만, 일본의 본격적 침투
는 외교권을 박탈하는 불법적 을사늑약(1905)과 군대해산(1907)후 더욱
치열하게 의병항쟁이 전국적으로 전개되었다. 을사늑약 체결 후 의병활
동이 치열했던 곳은 충청·전라·경상도 지방으로서 그 지도자는 유생과
농민중심으로 전개되더니, 군대해산 이후에는 더욱 치열하게 전개되어
평민층까지 확대되어 상인·광부·머슴·포수들까지 참여하니 무려 전사
자가 1만 7천여 명이고 부상자는 3만 6천여 명에 달해 그 치열하였음을
알 수 있다. 그리고 1909년 이후에는 일본군의 악랄한 탄압으로 국내에
서 활동이 약화된 반면, 국치이후에는 그 무대를 중국 간도·연해주 지역
으로 확대하여 독립군으로 발전하여 가장 적극적으로 항일운동을 이끌
었다고 할 수 있다.

한편 계몽운동은 을사조약 전후하여 지방유생과 평민들이 항일의병
으로 격렬하게 전개되고 있을 때, 서울 및 지방도시의 자산가·지식인·
관료 그리고 개혁적 유학자들은 교육·언론 등 문화활동과 특히 기독교
를 통한 교육구국 내지는 농촌계몽운동으로 나타났다. 즉 계몽운동은 애
국 계몽운동이나 구국계몽운동 또는 애국문화운동, 자강운동, 실력양성
운동 등으로 불리는데 국권회복운동을 목적으로 전개된 교육·언론·문화
부분의 실력양성운동을 의미한다고 하겠다. 이러한 한말 계몽운동은 전
통유학을 수학하였으나 서구문물의 수용이 필요하다고 인식한 개신 유

학자층과 국내외에서 신교육을 받은 신지식층이 주도하였다. 따라서 계몽운동은 기본적으로 문명개화론에 기초를 두고 서구문물의 수용에 주목하여, 이를 통해 국민의 실력을 양성하여 '자강'을 이룩하자는 국권회복론이었던 것이다. 구체적으로 전국각지에서 私立學校를 설립하여 민족교육을 전개하였다.8) 그 중 한말 정치·사회단체 중 島山 安昌浩 등이 조직한 비밀결사 신민회(新民會)(1907)는 민족자본을 육성하면서 교육·문화사업을 통해 국민들의 민족의식과 민주의식을 고취시키는 일을 병행하면서 전개하였다.

그리고 구국계몽운동의 일환으로 기독교 중심의 종교운동도 전개되었다. 이미 개항 직후부터 미국선교사들의 활약으로 개화파인사들 사이에 기독교인 수가 부쩍 늘었는데 특히 서북(關西)지방에서 큰 호응을 얻었다.9) 일찍이 서북지방은 당시 청나라와의 무역에서 銀의 수요가 늘어감에 따라 은광[銀店]개발이 점차 활기를 띠어 17세기 말에는 70개 소에 가까운 은광이 설치되었고, 18세기 중엽부터는 상인들이 광산개발에 이익이 많자 금광·은광 개발하여 큰 자본을 모으기도 하였는데 금광은 평안도 자산·성천·수안이 유명하였다.10) 서북지역은 유학의 뿌리가 약할 뿐 아니라 상공인 세력이 상대적으로 강하여 자본주의 문명과 결합된 기독교를 구국계몽운동의 일환으로서 종교운동차원에서 활발하게 전개하였다.

---

8) 당시 1890년대 후반부터 한국인이 사립학교를 설립하기 시작하여 을사조약(1905. 11) 체결이후 교육을 통한 국권회복을 목적으로 전개한 신교육운동의 결과 전국 각지에서 세운 사립학교가 5,000개교에 이르러 1개 군당 20개 교에 가까운 숫자였는데, 지역적으로는 중국(만주)을 통한 문명개화사상과 기독교전래에 유리한 위치였던 평안도와 황해도지역이 전체 사립학교의 3분의 2이상이 집중되었음이 주목된다 하겠다(한국근대사학회, 전게서, 294~300쪽 및 한영우, 전게서, 514~515쪽 참조).

9) 윤경로, 전게서, 81~85쪽 참조

10) 한영우, 전게서, 404쪽

한편 당시 조선 정부의 쇄국정책이 풀리면서 1882년 미국과 수호통
상조약이 체결되자 이듬해인 1883년 5월 미국은 우리나라에 공사관을
설치하고 초대 공사(푸트)를 파대한 답례로 전권대신 민영익(閔泳翊)(당
시 24세), 부대신 홍영식, 서기관 서광범 등 8명으로 구성된 사절단(報聘
使)을 미국으로 보내어 선진문명을 시찰하고 돌아오게 하였다. 이럴 즈
음 1884년 고종황제는 일본에서 선교사로 사역하고 있던 멕클레이 선교
사(감리교)가 당시 일본에 와 있던 김옥균과 친분 등을 계기로 인도주의
적 입장에서 의료사역과 교육사업을 해도 좋다는 허락을 받자(1884. 7.
4),[11] 그 이듬해인 1885년부터 수많은 선교사를 조선으로 파송하였다.
즉 의료와 교육분야에 선교사의 입국이 허용되자 의료선교사 알렌과 아
펜젤러(감리교), 언더우드(장로교) 등이 입국하였다.[12] 중국과 일본을 통

---

11) 개신교 선교사들에 의한 1884년 7월 의료와 교육사역을 통한 허락은 그 천주교박
해와 비교하면 놀라운 사건이라 하겠는데, 천주교는 1785년(정조 9) 邪教로 규정
되고 神主를 불사른 윤지충의 첫 사형(1791년)에 이어 순조가 즉위한 이후 南人時
派를 숙청하는 과정에서 대규모의 탄압이 가해지기 시작하였다. 즉, 1801년(순조
1) 소위 '황사영 帛書事件' 등으로 辛酉迫害와 이어 헌종 5년의 己亥迫害(1839년),
그리고 1866년(고종 3년) 제너럴 셔먼호 사건이 발생한 후 1866년부터 1870년 사
이에 천주교 최대의 박해사건에서는 적어도 8천명에서 1만여 명의 천주교 신자들
이 '서소문 밖' 성지에서 殉教를 당하는 丙寅迫害가 있었다(전택부, 전게논문, 91
쪽 및 졸고, 「조선시대 '서울 한양도성'과 西小門의 재조명」『향토서울』 제82호,
2012, 36~38쪽 참조).
12) 우리 나라 최초로 입국한 宣教師는 1883년 중국을 거쳐 들어 온 1884년 의료선교
사 알렌(Horace N. Allen, 당시 26세)이었고, 그 다음해 부활절 날(1885. 4. 5)에
미국 장로교와 감리교 선교사인 아펜젤러(H.G. Appenzeller, 당시 26세)와 언더우
드(H.G. Underwood, 당시 25세)가 일본을 거쳐 입국하여 죽을 때까지 우정을 지
키며 선교의 씨앗을 뿌리고 교육·의료사업에 앞장섰다(조선일보, 대한민국 제1호
(개신교 교회) "인삼장수 형제가 황해도에 소래교회 세워", 2010. 7. 14일자 참조).
한편 의료 선교사 알렌은 1884년 12월 4일 갑신정변시 개화당의 대표인물 閔泳
翊(명성황후의 조카, 당시 25세)이 피습을 당하자 봉합수술로 생명을 구한 것을
계기로 왕실의 신임을 얻어 병원 설립안을 제출하여 1885년 4월 23일 우리나라
최초의 서양식 근대식 병원 廣惠院(당시 40병상 600평 규모로 현 세브란스 병원
내 옛 모습이 복원되어 있음)으로 개원(1885. 4. 10)되어 세브란스 의과대학의 효

해 수용된 종교는 개신교였다. 초기 서양선교사가 들어오기 전 조선후기 성리학에 대한 비판의식이 강했던 북인계열의 학자들 중심으로 서양학문의 하나로서 西學을 받아들이기 시작하였다. 천주교(1784년 북경에서 이승훈이 서양신부로부터 세례 받음)를 받아들인 계층이 근기지방의 양반 지식층이었다면, 100여년 뒤 고종의 개화정책과 각국과의 통상조약에서 포교의 자유가 허용됨에 따라 도입된 개신교 초기 수용계층은 서북지방의 자립적 중산층이었다는 것이 주목된다.[13]

당시 서북지방은 바로 자립적 중산층(중소지주, 자작농상인)이라는 비교적 근대지향적 사회계층의 형성에 힘입어 근대문화 수용의 일환으로서 개신교를 신속히 받아들였으며 그 교세가 크게 확신되어 나왔던 것이다. 개신교를 수용한 당시 이 계층은 '무형의 개화'(개신교)가 유형의 전제조건이라고 믿었고, 개신교는 대신 이 계층에게 새로운 인간관, 세계관, 논리관, 생활관을 제시해 주었다. 그리고 이 양자가 서로 연관되어 초기의 교회는 윤리적인 동시에 정치·경제·사회·교육활동 전반에 적극적이기 때문에 개신교의 교세는 비약적으로 신장되어 나갔다. 서북지방

시가 되었다. 이후 '濟衆院'으로 이름을 고치고 진료업무가 번창하자 1886년 왕실 소유의 한성 남부 동헌의 왕실 소유부지(을지로입구와 2가 사이에 있는 옛 혜민서터로 현 한국외환은행 본점자리)로 옮기니 이른바 '구리개 재중원'시절을 맞게 된다. 이후 캐나다 토론토대학교 의과대학 교수였던 올리버 에비슨(Avison, Oliver R)박사가 인계받아 1902년 남대문 밖 도동(서울역 맞은편 현 연세세브란스빌딩 자리)에 공사를 시작하여 그해 추수감사절에 알렌에 의해 주춧돌이 놓여지고, 1904년 건축기금 4만 달러를 제공한 사업가 세브란스를 기리는 뜻에서 '세브란스 병원'으로 고치고(1904. 9. 23), 이후 1957년 연희대학교와 세브란스 의과대학이 통합되어 연세대학교가 탄생하였다(전택부, 「소래마을과 기독교와 김마리아 일가」 『나라사랑』 제30호, 1978, 88~91쪽, 연세세대학교 의과대학 홈페이지 및 연세동문회보 제497호, 2015.5.1 참조).

13) 이우성, 「조선후기 근기학파에 있어서 정통론의 전개」 『역사학보』 제31집, 1966, 174~179쪽, 조광조, 「조선후기 천주교지도층의 특성」 『역사학보』 제105집, 1985, 43쪽, 한영우, 전게서, 450~451쪽과 476쪽 및 윤경로, 전게서, 82~84쪽 참조.

의 개신교 발전에 대하여 1886년에 육영공원 영어교사로 입국(당시 24
세)한 선교사 헐버트(H.B Hulbert, 1863~1949)는 "장로교 선교회의 관
할에 잇는 한국 북부지방은 세계에서 가장 성공한 지역으로 널리 주목받
고 있다. 그것은 단지 교회와 연관을 갖고 있는 사람 수가 많다는 것 때
문만이 아니라 그들 스스로가 독자적으로 교회를 운영하고 있다는 놀랄
만한 결과 때문이다"라고 밝힌 정도였다.

이는 1885년부터 1910년까지 장로회 교회설립에 관한 통계를 보면
전체 687개소 가운데 평북지역이 98개소, 평남지역이 163개소, 황해도
지역이 103개소로 서북지방이 총 364개소로 전체 과반수를 넘었다.[14)
더구나 1910년 장로교회의 도별 세례교인수를 보더라도, 전체 세례교인
39,384명 가운데 평북 7,901명, 평남 4,740명, 황해도 4,740명으로 관서
지방이 총 세례교인이 23,484명으로 전체 60%를 차지할 정도였다.[15)

특히 바롬선생의 친가와 외가가 있었던 황해도 해주 지역이 그 중 대
표적이다. 그 중 황해도 장연군 끝자락에 있는 대구면 소래마을이 주목
된다. 소래마을(솔내, 松川里)은 황해 바다를 끼고 유명한 구미포(소래마

---

14) H.B Herbert, The History of Korea, Vol, Ⅱ, 서울, 1905 325~326쪽
15) 윤경로, 전게서, 82~84쪽 참조. 한편 학교설립에 있어서도 서북지방의 개신교가
   두각을 보이고 있는 통감부가 1908년 8월 <사립학교령>으로 많은 사립학교가
   폐지되었지만 1910년 5월 현재 사립학교 총수는 2,203개교에 달하는데, 그 가운
   데 36% 정도인 801개교가 종교단체에서 섦된 학교였는데, 그 중 개신교의 장로
   교와 감리교가 세운 학교가 659개교인데, 평북에 104개교, 평남에 237개교, 황해
   도에 170개교 등 총 511개교의 기독교 학교가 관서지방에 있었다. 참고로 윤경로
   의 연구에 의하면 1911~1912년 서북지방의 기독교세력과 반일민족 세력을 제거
   할 의도에서 만들어 낸 허위사건인 소위 '105인 사건'에 연루된 기소자는 개신교
   91명(장로교 80명, 감리교 7명, 조합교 2명, 기타 2명), 천주교 2명, 천도교 2명,
   무교 10명 등 105인으로 파악되고 있다. 참고로 서울에서는 외국인 선교사들에
   의해 많은 학교가 세워져 기독교 전파와 서양문화를 보급하였는데 당시 세워진
   학교로는 1886년에 아팬제러(감리교)가 배재학당, 스크랜튼이 이화학당을, 언더우
   드(장로교)가 경신학교를 세워지고, 1890년에는 엘리어즈(장로교)가 정신여학교가
   세워져 그 일익을 담당하였다.

신식 건물로 복원된 우리나라   평양선교회에 참가한 세브란스   세브란스 1회 졸업생 7명
최초의 소래교회(1895, 8칸)   와 에비슨 등 선교사(1907)   (고황경의 외숙부 김필순,
                                                        맨 뒷 줄 첫 번째 사람,
                                                        1908)

을)를 비롯하여 아랑포·몽금포 등 수심 깊은 포구들이 있어 중국 상선들
의 내왕이 빈번했고 제물포와도 가까워 해상교통이 발달했다. 기차가 다
니기 전에는 육로보다 포구에서 배를 타고 인천을 경유해 가는 경우가
더 많았다. 이 때문에 이곳은 일찍부터 외래문화의 영향을 받았고 그 수
용 능력 높아 주체적으로 기독교를 수용하여 1885년도 이 곳 소래마을
은 58세대 중 50세대가 기독교를 믿는 가정이었을 정도였고 1886년 우
리나라 최초의 교회(소래교회)가 설립되었다(8칸 짜리 신축 예배당 복원,
1895년).16) 우리나라의 기독교 전파는 서북지방인 황해도 장연 소래마
을에서 외래문화의 영향을 받아 주체적으로 이루어진 것이 큰 특징인데,
그 중심에 바롬 고황경의 친·외가 3대에 걸친 개신교신자로서 일익을

---

16) 소래마을과 기독교 수용에 대하여는 일찍이 전택부선생의 언급(「소래마을과 기독
　　교와 김마리아 일가」, 88~101쪽, 「고황경 박사님을 기린다」, 2001), 이기서, 『교
　　육의 길 신앙의 길 - 김필례, 그 사랑과 실천 - 』, 북산책, 32~35쪽, 박용옥, 전게
　　서, 25~29쪽, 림영철, 전게서 6~10쪽, 서명원(미국인 선교사), 『한국교회성장사』
　　(Church Growth in Korea, 이승익 역), 대한기독교서회, 1966, 47~48쪽, 『貞信百
　　年史』(정신여자중고등학교, 1980), 303~304쪽, 총신대학교 신학대학원(용인시
　　양지 소재)이 1988년 16칸(32평)으로 증축된 소래교회의 복원 및 조선일보, 대한
　　민국 제1호(개신교 교회) "인삼장수 형제가 황해도에 소래교회 세워" 참조.

담당하면서 본격화된 것이 큰 의미가 있다고 본다.

이처럼 구한말 항일의병전쟁과 계몽운동 차원에서의 구국운동은 종교운동으로 발전할 수 있었다. 하지만 이러한 운동이 종국에는 일제에 의해 한반도 점령은 우리나라를 1910년 식민지로 만들고 1945년까지 좌절과 시련의 시기로 나름대로 35년간 이를 극복하기 위한 운동을 전개하면서 맞서 나갔다. 즉 일제가 총독부를 설치하고 3단계로 지배하니, 1910년대 무단통치와 경제적 약탈의 시기(1910~1919. 3.1 운동) 및 1920년대 민족말살정책과 병참기지화 시기(1930~1940년 초) 였다. 물론 이에 맞서 우리 민족도 국내외 민족운동의 전개와 3.1운동을 일으켰고, 1920년대에는 독립군의 무장투쟁과 실력양성운동의 전개와 1930년대 이후에는 민족문화 수호운동과 항일무장투쟁을 병행하면서 민족문화 수호운동과 농민운동 등 민족통일 전선운동으로 전개해 나갔다.[17] 이시기 바롬 고황경은 유년시절 가정교육을 통하여 민족애와 실력을 키워 나갔던 것이다.

2) 고황경의 친·외가의 家系와 가정 및 학교교육

일제시대에 아동기를 보낸 바롬 고황경은 누구보다도 독실한 기독교 신자로서 민족애를 기초한 가정교육 환경에서 자랐다. 바롬 선생의 친·외가의 家系는 한국 근현대사에서 기독교 전래와 독립운동 및 여성 교육가로서 가장 큰 족적을 남긴 집안이라 할 수 있다. 먼저 소래와의 인연은 바롬 고황경의 외가가 훨씬 오래되었지만 친가도 나름대로 큰 역할을 한 집안이기도 하다.

먼저 바롬선생의 조부 고학윤(高學崙; 본관, 제주) 가계에 대해서는 그리 잘 파악되고 있지 않지만, 그는 원래 황해도 장연에서 태어나 한학

---

17) 한영우, 전게서, 16쪽 목차 참조.

에 조예가 깊은 鄕士였다. 할아버지 고학윤은 유교적 소양이 깊은 분이
되, 유교라는 구가치관으로는 변화하는 당대 사회의 욕구를 수용 해결하
기에는 부족하다고 느끼고, 낡은 사회를 변혁시킬 새로운 가치, 새로운
문화를 갈구하는 뜨거운 열정이 있었던 인물로 알려졌다. 그의 이러한
열정은 그가 황해도 장연군 대구면 소래마을에서 태어나 살았기에 가능
할 수 있었다. 고황경 선생의 조부는 서상륜형제가 당시 만주로부터 기
독교를 들여와 소래마을에 전파할 때 신자가 되었고, 소래교회에서 교회
공동체 생활을 하면서 신앙을 키웠다. 그리고 우리나라 초대 교회인 소래
교회를 세운 김마리아 집안의 사람들과 신앙적으로 교류를 하고 있었다.

1887년 가을에 언더우드(H.G. Underwood, 1859~1916, 당시 28세)
선교사가 황해도 소래에 와서 세례를 줄 당시에 세례를 받아 기독교 가
정을 이루고 부인 안리아와 아들 고명우를 데리고 서울로 이주하였다.
이때부터 고학윤은 새로운 이색 직업인 선교사의 한국어 어학선생 겸 조
사로 일하면서 결국 기독교 신자가 되었는데, 바롬 선생의 아버지 고명
우의 일생에 절대적인 영향을 주었던 것이다. 조부는 처음에는 윌리엄
베어드(W.M. Baird, 1862~1931, 숭실대학 설립자이자 초대 학장 역임)
의사 선교사의 조사로, 다음에는 어빈(Dr. Irvin) 선교사와 동역하며 부산
지방의 북장로교 병원에서 일하게 되자, 아들 고명우(高明宇)는 선교사
들과 함께 생활하면서 영어를 배우고 오르간을 배우는 등 서구식 생활을
일상의 생활로 하게 되면서 자연 깊은 기독교 신앙을 갖게 되었고, 의술
이 절대 필요한 우리 사회에 기여할 의사의 길을 걷게 되었다.[18]

이미 언급 한 것처럼 황해도 소래지방에 첫 번째 기독교 교회가 세워
지기 이전 1889년 침례교의 캐나다 선교사 말콤 펜위크(M.C. Fenwick)

---

18) 림영철, 전게서, 8~9쪽 "당시 병원이 외과시설이 갖추지 못하여 외과환지는 많이
    치료하지는 못하였으나1895년에서부터 1896년까지 어빈의 치료 환자는 무려
    7,021명이나 되었다고 한다" 및 박용응, '바롬 선생의 가계와 활동을 통한 삶의
    재조명' 토론 요지(『바롬교육으로의 초대』 II, 정민사, 2009, 34~36쪽 참조.

가 겨울에 입국하여 서울에서 10개월 간 한국어를 배운 뒤, 교통과 거리 면에서 활동하기 좋은 소래마을에 와서 살며 초교파적으로 전도하였다. 그 외에도 한국에서 일하던 선교사로서 대중 접촉을 원하든지 한국어를 배우고자 하는 선교사마다 이 작은 소래마을을 다녀가지 아니한 사람이 별로 없을 정도라 자연 선교사의 한국어 교사가 많이 필요하였다. 그 때 의사 선교사 에비슨과 어빈(C.H. Irvin ; 1893년 제중원에서 잠시 환자를 봄)의 한국어 선생으로 일하였다.

한편 바롬 고황경에게 가장 큰 영향을 끼친 아버지 고명우(1883~ 6.25 때 拉北, 60대 후반)도 황해도 해주의 장연에서 출생하여 자랐는데 조부 고학윤이 당시 의사 선교사의 한글선생으로 있어 자연 함께 지내게 되어 영향을 받았다고 본다. 그도 부친을 따라 서울에서 살다가 부산으로 이주하여 갈 때도 함께 가게 되어 의사 선교사 어빈의 영향을 받게 되어 신앙뿐 아니라 의사의 길을 택하게 되었다고 본다. 고명우는 1896~1909년까지 부산의 선교병원에서 어빈의 조수로 일하면서 1910년 관립의학교에 입학하였으나 한국병합과 함께 자퇴하고, 세브란스병원의학교(1910년부터 4년제로 운영)에 편입해서 제3회 졸업생(1913년)이 되었다. 그는 1914년부터 1920년까지 황해도 수안에 위치한 광산의 의무책임자로 일하면서 교회와 학교(은진의숙)를 세웠다. 그 후 모교로 돌아와 러들러의 제1교수가 되었으며 그해 강사로 진급했다. 당시 대학에 남아 있으려면 식민당국이 인정하는 학위(M.D)가 필요하여 1926년 뉴욕의과대학에서 수학한 뒤 롱아일랜드 의과대학에 편입해 1928년 졸업하였다. 그리고 같은 해 10월 모교 외과학교실의 조교수가 되었고 세브란스병원부원장으로 활동하였다. 하지만 신사참배문제로 식민당국과 갈등하다 학교를 사임하고 개업하였다.[19]

---

19) 고명우에 대한 자료도 6.25 때 납북되어 잘 알려지지 않았으나 최근 그의 가족사진(서울여대 바롬기념관 소장본) 뿐 아니라 당시 세브란스병원의학교의 교과과정

광혜원(제중원, 600평 40병상의 첫 근대식 병원)
(1885년 현 헌법재판소 자리, 연세세브란스병원 뒤
수경원(영조의 후궁)터에 이전 복원, 2003)

고명우가 다녔던 남대문 밖 세브란스(1904)
(현 서울역 맞은편 세브란스 빌딩 자리 위치,
연세동문회보 2015. 5.1)

한편 아버지 고명우는 10세 정도부터 선교사를 통한 영어와의 만남도 일찍 이루어져 그의 뛰어난 영어실력으로 교인들 중 통역을 원하는 사람들에게 큰 길잡이가 되었다. 당시 고명우의 꿈은 이들 선교사들처럼 의사가 되어 의술로 쓰러져 가는 민족에게 힘껏 봉사하고 싶었던 것이었다. 고명우는 어릴 때 서울 중구 정동교회(貞洞敎會)에 다녔는데 오르간을 도맡아 쳐 교인들이 모두 놀랐다는데 이는 부산에서 어빈의 지도로 찬송가와 오르간도 배울 수 있었던 것이다.[20] 당시 정동지역에는 선교사 아펜셀러와 언더우드의 사저에서 각각 정동교회(1885. 7)와 새문안교회(1887.9, 당시 정동 3번지의 현 예원학교 운동터 자리)로 발전하였는데, 고명우는 세브란스 입학 후 남대문 교회를 다니게 된 것은 아마 남대문교회가 병원과 함께 구리개에서 이전(당시 남대문밖 교회)하니 자연 의학교에 있는 남대문교회(1910. 12. 4 헌당식)에 다니게 되고 장로(1922. 6. 19, 당시 40세)가 되기도 하였고, 당시 고황경의 언니 고봉경은 역시 피아노 반주를 맡아(1920. 6. 12)다는 기록을 찾을 수 있다.

과 교수진 및 졸업생 사진까지 확인할 수 있어 도움을 주고 있다 하겠다. 참고로 당시 주요 교수진에는 에비슨, 허스트 등 의료선교사와 김필순(고황경박사 어머니의 삼촌), 홍석후, 박서양 등 1회 졸업생들 이었다(연세대학교 세브란스, 「시대의 아픔과 사명을 온몸으로 짊어진 의사들 - 제2, 3회 졸업생 - 」『세브란스병원』(잡지), 2013. 1, 24~25쪽 참조).

20) 림영철, 전게서, 10쪽과 남대문교회, 홈페이지(www.ndmc.or.kr/church) 참조.

이후 고명우는 세브란스(3회 졸업) 외과의사로 지내다가 1914년 모교의 러들러(A. I.Ludlow, 1875~1961, 1912년부터 1938년까지 26년간 한국생활함, 세브란스씨의 주치의사)교수가 황해도 수안군 남정리에 미국인 기술자가 많이 있는 수안금광병원에 영어 잘하는 의사 파견요청으로 6년간 원장 일을 보면서 '은진의숙(隱眞義塾)'이라는 학당을 세워 그의 자녀와 함께 어린이들도 가르쳤다.[21] 이러한 일련의 모습은 어린 바롬 고황경에게 깊은 영향을 주어 나중에 유학 후 이화여전교수로 있으면서도 농촌활동이자 이상촌의 한 모델인 '경성자매원' 설립(1937)의 뜻이 이 때 형성되었다고 회고하고 있음이 주목 된다.[22]

다음 바롬 선생의 외가 즉 어머니 金세라의 집안을 보면, 광산김씨 문숙공파 33세손 고조부(金世亨)까지는 서울에서 대대로 이름난 명문이었으나 판서였던 고조부가 부패한 정치에 염증을 느껴 관계에서 물러나

---

21) 물론 그곳 광산은 일본인 소유 것이라 처음에는 거절하였지만 당시 미국인 의사 러들러의 요청 '그 곳에서 일하는 2,000여 명의 한국인 노동자가 일하고 있는데 매일 부상자 10여 명을 모른 채는 할 수 없지 않느냐'는 제안에 대하여 고명우 선생은 직접 그 곳 광산에 가서 안전시설과 복지시설도 없는 열악한 조건을 보고 '오히려 가겠다'고 하고, 그곳 초가집을 구입해 '은진의숙(산 지명이 은진에서 따옴) 세워 자신의 딸(고봉·고황경)과 그 지역 주민들의 어린이를 위한 학교를 세우 가르쳤다(림영철, 전게서, 9~10쪽 및 MBC 라디오, '남자속의 여자, 고황경 편' 1988, 녹음 테이프 참조).

22) 참고로 고황경 자매의 '경성자매원'이라는 사회사업을 전개하는데 어느 정도 영향을 주었고 추정되는 자료로는 고명우가 남대문교회가 장로가 되기 전인 1919년 남대교회에서 교인 김병찬 등이 1919년 '경성고아원'을 개설하고 1920년에 '경성보육원' 운영과 1922년 5월에는 문맹퇴치와 가난한 이들의 교육을 위해 초등학교 교과 과정의 야간학교를 시작하였다는 기록을 찾을 수 있다. 그리고 동교동 근처의 서교동교회(언더우드가 새문안 교회에 이어 1895년 세움)의 자료를 보면 1908년 소학교를 설립하여 어린이 교육을 시작하고 1920년에 야학교 설립에 이어 1925년 11월 문맹퇴치를 위해 培英義塾, 1937년 7월부터 고황경자매가 배영의숙의 모태인 경성자매원(서교동교회, 1940년 유치원 개원)을 유치 본격적인 어린이 교육을 실시하였다는 자료가 찾아져 주목 된다(남대문교회 홈페이지와 서교동교회(www.skdch.or.kr) 참조).

이 곳 황해도 소래로 낙향하여 3형제가 그 곳을 비옥한 땅으로 개간하여 소래마을의 개척자이자 지주가 되었다고 전한다. 그 후손도 대대로 고조부의 개척 정신을 이어 받아 생활의 터전을 굳건히 하였을 뿐 아니라 그 곳 유지로 개화에 앞장선 집안이었다. 아마 우리나라에서 제일 먼저 복음화가 이루어진 소래마을에서 나고 자랐기 때문에 자연스럽게 온 가족이 기독교를 받아들였다. 이들은 굳건한 신앙과 신교육을 통하여 개화의식과 애국애족의식이 남달리 강했으며 이를 실천하며 살았던 명문의 집안이다.[23] 그리고 고황경 외가인 어머니 쪽 집안을 보면 삼촌과 고모들 형제가 많았는데 네 명의 삼촌(김윤방, 김윤열, 김필순, 김인순)과 네 명의 고모(김구례, 김노득, 김순애, 김필례) 등 9명이나 있는데, 한국 근현대사에서 족적을 남긴 분이 대다수이다.[24]

바롬 선생의 어머니 김세라(金世羅; 1885~1971)는 김윤오(金允五: 1865~?, 서북학회 총무)[25]와 김경애(金敬愛)사이에 태어나 같은 고향 황해도 장연에서 출생한 남편 고명우(당시 23세)와 1906년 결혼하였다. 김세라는 소래마을을 처음 기독교를 전한 이는 서상륜·서경조형제이었

---

23) 특히 바롬선생의 外家 光山金氏 문숙공파 가계도 '광산김씨김 마리아가 계보'(57쪽)가 잘 정리되어 있어 도움을 주고 있다(박영옥, 전게서, 34~38쪽 및 55~80쪽 참조).

24) 바롬 선생의 외가 어머니쪽을 보면, 즉 첫 번째 할머니 슬하에 3형제(김윤방, 김윤오, 김윤열)가 있고 두 번째 할머니(安聖恩, 1859~1940)에서 2명의 아들(김인순)과 네 명(김구례·노득·순애·필례)의 딸을 두니 모두 9명이나 되었다. 그리고 김윤방의 세 딸(김함라, 김미렴, 김마리아)중 유명한 순국열사 김마리아(1892~1944, 1962년 3월1일 대한민국건국공로훈장 추서됨, 1989년 현재 보라매공원에 김마리아 열사 동상 세워짐)선생은 바롬 고황경이 가장 흠모하는 인물 중 한 분인데 바롬 고황경은 생전(1983~2000)에 순국열사 김마리아선생 기념사업회 회장을 지내기도 하였다(외솔회, 『나라사랑』 제30호, 김마리아 특집호, 1978 참조).

25) 고황경의 외할아버지(1865~?) 金允五는 소래교회의 집사였으며 황해도 해주에서 어린 시절을 지낸 白凡 金九(1876~1949, 안동김씨)선생과도 가까이 지냈던 것 같다. 백범의 약혼녀 죽자 그녀의 어머니(장모)를 김윤오에게 부탁하여 예수교를 믿게 하였다(도진순, 『백범일지』, 돌베개, 1997, 186쪽).

는데, 어머니 김세라의 백부(伯父) 김윤방(金允邦; 1861~1894, 김마리
아 부친)은 서상륜 형제의 예배 보는 장소가 협소함을 보고 그가 살던
100칸이나 되는 큰 집의 사랑방 몇 칸을 선 뜻 교회로 쓰도록 내 놓으니
이는 경제력 뿐 아니라, 조정에서 허락되지 않은 교회 신축을 허락하는
것은 용기와 신앙심이 없으면 불가능한 처사였다.[26]

당시 언더우드 목사가 김씨 집안의 딸들에게 세례를 주면서 처음 지
어 준 이름이 어머니 김세라(1885~1971, 정신여학교 1회 졸업)와 백부
김윤오의 세 딸 김함라(1887년생, 정신여학교 2회 졸업생으로 남대문교
회여전도회 회장 역임하였으며 남편은 장로교신학대학 총장을 역임하는
신학박사 남궁혁임), 김미렴(1889년생, 남편은 의사 방합신), 김마리아
(1892~1049, 백부 김윤방의 딸, 정신여학교 4회 졸업생으로 일본 동경
여자학원과 미국 미주리 파크대학 및 콜롬비아대학을 수학한 후 독립운

---

26) 고황경의 큰 외할아버지 金允邦은 에비슨(Oliver.R. Avison, 1860~1956, 초대 세
브란스병원장 역임)과 언더우드(H.G Underwood, 1859~1916, 연희전문학교 초
대교장 역임) 선교사가 이 곳 소래교회 올 때면 소 한 마리씩 잡아 온 교회 식구
들이 한자리에 모여 잔치를 베풀곤 하였다 한다(림영철, 전게서, 13~14쪽). 참고
로 에비슨은 1893년 당시 34세·때 한국에 의료선교사로 온 후, 당시 미국사업가
'세브란스(L.H Severance, 1838~1913)'씨가 1만 달러 기증 시작으로 총 4만 달러
를 기증받아 남대문 밖 복수아골(도동)에 세브란스 병원을 1904년 개원 후 병원
장을 지냈다. 이후 1909년 제중원의학교는 사립 세브란스 의학교로, 1922년 '세
브란스 의학전문학교로 개칭되고, 1947년 6년제 '세브란스 의과대학'으로 개편되
었다. 그리고 언더우드는 1915년 경신학교에 대학부를 개설하여 2년 후 사립 연
희전문학교로 발전시켰고, 이후 연희전문학교(1923)로 개칭되었다. 광복이후에는
'연희대학교'로 승격(1946)되고 1957년 연희대학교와 세브란스 의과대학이 통합
되어 오늘날 '연세대학교'가 되었다. 그 후 세브란스씨는 사업가이지만 교회와 선
교사업에 관심이 많아 정신여학교에도 1905년에서 1910년 사이 거금 1만 5천 달
러를 기증하여 지하 1층 지상 3층 건물(총 건평 679.5평)을 종로 연지동 교사내에
세브란스관(본관)을 세워주기도 하였다. 한편 마포구 합정동 양화진 외국인선교
묘원에는 에비슨 2대, 언더우드 3대, 아펜젤러, 베어드, 헐버트 등 25분묘가 안치
되어 있다(http://blog.naver.com, EBS 특집, '루이헨리 세브란스 일대기' 방영
(2012. 7. 4) 및 이기서, 전게서 92쪽 참조).

222 제4부 일제강점기 항일운동과 여성지식인의 활동

동가로 활동, 1962년 건국 공로 훈장을 추서 받음) 등이 있다.[27]

그 중 김필순(金弼淳; 1878~1919)은 황해도 소래마을에서 출생 하여 1894년 기독교 교인으로서 세례를 받고 소래마을에 다니러 온 선교사 언더우드의 권유로 17세에 서울로 올라와 배재학당을 마치고 세브란스 의학교를 졸업(1회)한 우리나라 최초의 양의사이다. 그는 세브란스 외래 책임자 교수를 거쳐 서간도 통화로 망명하여 군의관으로서 활동하다 북 만주 치치할에서 41세로 서거한 유명한 인물이다. 그는 우리나라 최초의 양의사로 세브란스 의사이자 교수(해부학·생물학·생리학 한글로 된 최 초의 外科學 교과서 외과총론 펴냄)였지만 의사로서 편안한 생활대신에 독립군 군의관으로 활동한 독립유공자이었다. 그는 1911년 9월 총독부 가 신민회 중심의 항일지식인 7백여 명을 검거하는 '105인 사건'에 연루 되어 중국을 떠나 만주지역에서 독립군 군의관으로 활동한 인물이다.

김필순은 당시 안창호, 양기탁, 신채호 등이 조직한 新民會에 가입하

---

27) 바롬 고황경박사에게 영향을 많이 준 인물로 의사 아버지 고명우는 정신여학교 졸업생들인 金弼禮 선생(1891~1983)과 金마리아 선생(1892~1944) 활동을 대단 히 높이보고 있어 그의 딸들도 그렇게 성장하고 활동하기를 바랐다. 참고로 金마 리아는 고박사 어머니의 외사촌 동생으로 伯父 金允邦 딸, 정신여학교 4회 졸업 후 일본 히로시마 여학교 유학, 재일조선청년독립단의 1919년 2·8독립선언 참석 으로 체포되기도 하였고 그 후 정신여학교 교사로 봉직 중 1920년 애국부인회사 건으로 징역 3년 언도 받은 후 1922년 2월 중국으로 망명하여 남경 금릉대학에 학업 후, 1924년 미국 파크대학 3학년으로 입학 후 졸업 뉴욕에서 항일여성단체 '근화회' 조직하여 회장에 선임되고 1928년 콜롬비아 사범대학원 입학(교육행정 학 전공)하고 그후 장로교여전도회 제7대 회장에 선출(1934, 43세)되어 여전도회 를 크게 활성화 시켰으나 항일운동시 고문 등이 악화되어 1943년 원산자택에서 졸도 후 평양기독병원에 입원과 가료를 받았으나 1944년 3월 숨져 유골은 대동강 에 뿌려졌고 1962년 3월 1일 대한민국 건국공로훈장 독립장 추서받은 독립운동 가이었다(림영철, 전게서. 13~16쪽과 MBC라디오, '남자 속의 여자, 고황경편', 박용옥, 전게서, 연보 참조). 또한 어머니의 伯父 金允邦은 1906년 둘째 딸 김미렴 은 연동여학교에, 셋째 딸 김마리아(당시 15세)는 처음 이화학당에 입학시켰다가 2주 만에 자퇴시키고 연동여학교(1909년 정신여학교로 명칭 변경)로 전학시켜 언 니들과 고모들과 함께 수학하도록 하였다(박용옥, 전게서, 연보, 491~502쪽 참조).

여 독립운동에 적극 참여하다가 1911년(33세) 서간도 통화로 망명하 여 독립군 군의관으로서 활동하였다.[28] 도산 안창호선생이 안중근의 이토 히로부미 저격사건의 배후 인물로 지목되어 일본군 헌병대에 모진 심문 을 받고 세브란스에 입원(1910. 2)할 때 도움을 주었고, 그 후 1913년 10월에는 이회영부인(이은숙)의 생명을 구하는 등 활동하였다.[29]

그리고 김필순의 동생 김필례(金弼禮) 선생(1892~1983)은 고박사 어 머니의 막내 고모로 황해도 소래마을 출생으로 연동교회에서 밀러목사 에게서 세례 받았고, 정신여학교 1회 졸업후 동경여자학원 중고등부 (1913~1916)와 미국 엑네스컷 여자대학과 컬럼비아대학교 대학원 수료 (1925~1927)하였고, 세계기독교학생대회 조선학생대표로 중국과 인도 에 참석(1922, 1928), YWCA 발기회 주관(1922)하였고, 광주수피아학교 교장과 정신여자중고등학교 교장 및 여전도회 회장(1950~1959)을 역임 하고 한국 YWCA를 창설하였는데 대한민국 국민훈장 목련장 수상 (1972. 8)한 대표적인 신앙가이며 여성 교육자였다.[30]

---

28) 세브란스(당시 제중원의학교) 1회생 졸업생 김필순은 1912년 3월 8일 도산 안창 호에게 보낸 편지에서 1911년 12월 신해혁명 당시 위생대로 일하기 위해 중국으 로 건너 왔다는 것과 그곳으로 가는 조선인과 독립운동가의 상황을 아리는 편지 글이 찾아진다(연세동문회보, 481호, 2013. 12. 1자 14면 편지 ⑥ 참조)

29) 金弼淳은 서간도 通化로 망명(1911. 12. 31)한 후 몽골 근처 북만주의 치치하얼(동 북지역의 중심인 하얼빈과 기차로 연결되는 교통로)로 이주(1916년) 개원하여 우 리 동포들을 돌보아 주는 유일한 의사(이 때 독립운동가 이회영 부인이 총상을 입어 위급할 때 달려가 치료하기도 함)이자, 애국 청년들을 규합하여 독립군을 양 성하기로 하는 理想村을 세울 때 형 金允五(바룸선생의 외조부)도 이곳까지 와서 농토를 개간하는 등 이상촌 건립에 감독 일을 보기도 하였다. 그 후 김필순은 1997년 독립유공자로 건국훈장 애족장 수상하였다(박영옥, 전게서 79쪽 및 신양 선, 「조선인 이상촌 치치하얼과 김필순」『문명학논총』, 2007, 693~694쪽, 참조).

30) 김필례선생은 세브란스 의학전문학교를 졸업(6회)하고 광주 기독병원에 근무하던 崔永旭과 당시 연동교회에서 결혼식을 올린 후 서간도 흑룡강성 치치하얼에서 신 혼생활을 보내기도 하였는데, 이는 105인 사건에 연루된 넷째 오빠 김필순이 그 곳에서 병원 개업하고 있었기 때문이었다. 남편 최영욱은 후에 光州에서 개업의

이렇게 보면 바롬 선생의 가계는 남성들 못지않게 여성들의 활약도 상당하였는데 이는 소래마을에서의 경건한 기독교적 가풍과 시대적 환경에 민족의식이 강한 인물들이라고 볼 수 있다. 바롬선생의 親外家의 교육과 출신학교를 보면 여성들은 정신여학교[31]와 남성들은 세브란스 출신이 많은 것은 기독교적인 가풍과 초창기 의료선교사들의 영향을 받아 의사들이 의외로 많은 것을 알 수 있다.[32]

이러한 바롬 고황경의 가정환경은 이미 언급한 것처럼 친외가를 통해 3대째 내려오는 독실한 기독교 신앙과 경제적 여유 등으로 기독교적인 신앙과 개화사상 및 유교사상도 아울러 일찍부터 몸에 익혔다고 할 수 있다. 고황경은 서울에서 태어났지만[33] 아버지가 황해도 수안군 남정리의 수안광산병원장으로 6년간 근무할 때, 초가 한 채를 사서 세운 은진의숙(당시 동래 이름 은진을 따서 붙인 이름)에서 소학교 과정을 7세에

와 광복 후 미 군정시 전라남도 협동도지사를 지내기도 하였다(이기서, 전게서, 92~98쪽 및 186쪽).

31) 여성 독립운동가들 중에서 정신여학교 졸업생이 김마리아선생을 비롯하여 애국부인회 회원들이 대부분 여기에 속하였고, 독립운동가인 김규식·안창호·서병호·이갑성의 부인들이 모두 정신여학교 출신들이었다(신양선, 전게논문, 682~683쪽).

32) 세브란스 의과 졸업생으로 아버지 고명우(3회) 외에 김필순(1회)·최영욱(6회, 김필례 남편)·방합신(김미렴 남편)이 있고 바롬 선생의 동생 高元永(세브란스 졸업 후 미국에서 의사생활)외에 김필순의 아들 김덕봉도 세브란스 출신이며, 여동생 高鸞京(동경여자의과대학과 미국미시건대학 보건대학원 졸업 후 세계보건기구에서 활동)과 김필순의 아들 김덕호는 치치하얼에서 의사로 활동하였고, 당시 민족의식이 강하여 신사참배를 거부하기 위하여 1938년 자진 폐교한 학교인 정신여학교 출신으로는 바롬 고황경의 어머니 김세라(1회, 1907)를 비롯하여 외가쪽으로 김필례(1회)·김함라(2회)·김순애(3회), 김마리아(4회)·김미렴(4회)이 정신여학교 출신들이다(『貞信百年史』 上, 89, 300쪽 및 신양선, 전게논문 중 <김필순 가계도>, 703쪽 참조).

33) 바롬 고황경은 서울에서 태어났는데, 그의 신원진술서(1976. 6)에 의하면 본적이 서울 중구 남대문로 5가 115번지로 되어 있고, 서울여자대학 학장으로 이곳 도봉구 공릉동 228번지로 오기 전 전주로서 서울 용산구 원효로 3가 184번지로 되어 있다(바롬 기념관 소장품 중).

서 11세까지 4년간 수학하며 정서적으로 풍요로운 생활을 영위하였던
것 같다. 이 당시 어릴 때 생활을 회상하기를, "내가 어렸을 때 살던 집
은 언덕 아래에는 배나무 밤나무로 꽉 찬 과수원이 있었다. 해마다 제철
이 되면 꽃이 피고 열매가 달릴 때 내 나이가 한 살씩 더 먹는 대로 해마
다 신비성을 느끼던 것을 기억한다. 배꽃과 밤꽃은 모양도 향기도 틀리
지만 열매도 그렇게 틀릴 수가 없다"고 기억을 토로하고 있다.[34]

한편 일제는 당시 한반도를 영구 식민지로 만들기 위하여 교육정책을
가장 적극적으로 펴나간 부분이 식민지 교육 분야이었다. 이를 위해 소
위 '한일 합방' 직후 <조선교육령>(1911. 8)과 <사립학교 규칙>
(1911. 10) 등을 통해 일제는 조선에서의 교육목적을 '忠良한 국민을
만드는 데에 두고 조선의 교육을 보통교육과 실업교육 및 전문교육으로
한정하고 사립학교를 탄압하고 관·공립학교를 육성하는 방향이었다. 따
라서 초등교육기관의 경우 일본은 6년제에 비해 우리는 4년제 내지 5년
제의 보통학교로 하였고, 중등교육기관은 일본이 5년제이고 우리의 중
등은 4년제 고등보통학교로 했으며 여자는 3년제로 하였다.[35]

한편 광산마을의 은진여숙은 동래 여자아동들 30여명을 서울에서 초
빙된 초등학교 교사와 교회 전도사 등 교사 5명이 열심히 가르쳤다고
전한다. 당시 이곳 병원원장인 의사 아버지 고명우는 영어를 포함하여
물리와 화학 및 생물 등 과학에 해당하는 기초과목을 가르쳤고, 음악은
주로 찬송가를 가르쳤는데 한권의 노래를 거의 다 부를 수 있을 만큼
많이 가르쳤다. 학생들도 열심히 배웠는데 매일 아침 공부 시작하기 전

---

34) 고황경, 「알맹이」『참으로 행복하게 살고 싶을 때』, 서울여대총동창회, 2001, 41쪽.
35) 일제는 그후 1919년 3.1운동 후 당황한 식민지 문화정책의 완화 일환으로 <교육
   령 개정>(1922. 2)에 의해 일본인 학교와 같이 한국에서 보통학교 수업 년한은
   6년으로 연장할 수 있게 하였고 고등보통학교는 5년으로, 여자고등보통학교는 4
   년으로 연장했다(강만길, 『고쳐 쓴 한국현대사』, 창작과 비평사, 1994, 174~176
   쪽 참조).

먼저 예배를 드렸으며 주일에는 이 학교 건물을 교회(남정리 교회)로 사용케 하여 그 동래 주민들과 광부들이 다녔던 것이다.

그리고 바롬 선생 집안의 아동기 가정교육 중 특이한 것 하나는 외국의 위대한 여성이야기를 읽어주면서 여성 지도자의 꿈이 심어졌고, 부모는 그러한 여성으로 활동하기를 바라지 않았을까 한다. 그리고 음악교육을 들 수 있는데, 그의 4남매 자녀들에게 장래 그들의 전공 여하를 막론하고 최소한 교회에서 찬송가를 반주할 정도가 되어야 한다며 집안에 풍금을 사놓고 친히 가르쳤으며 모두 10세 이전에 찬송가를 반주할 정도였다고 한다.[36]

또한 조부(고학윤)로부터는 전통적인 동양사상도 가르침을 받았는데, 일찍부터 孟子를 암송시켰고 또 한문 공부를 열심히 시켜 입춘 때는 10세가 안된 아이가 쓴 글씨를 붙이면 귀신이 쫓겨 간다는 말이 있어 8, 9세 때 글씨를 써 달라는 사람이 너무 많아 무려 수백 장을 '立春大吉' '建陽多慶' 등을 쓰느라 팔이 아파 혼 난적이 있다'고 할 정도였다. 이렇게 보면 당시 바롬 선생은 할아버지로부터 유교교육과 아버지로부터 개화교육을 받아 당시로는 그 어떤 가정에서도 쉽게 찾을 수 없는 좋은 환경이라 할 수 있다. 그러면서 고황경의 아버지는 특별히 어떻게 하라고 강요하는 교육이 아니라 나라에 유익한 인물이 되길 희망하였다. 그 중에서도 한국의 어려운 여성들의 지도자가 되어 줄 것을 기대하였다. 그러면서 그는 세계 여러 나라의 훌륭했던 여성 지도자들의 전기(영어로

---

36) 그러한 영향으로 언니 高鳳京(이화전문음악과 졸업하고 미국 웨슬리안대학 음악과 전공)은 귀국 후 협성신학교 음악교수가 되었고, 바롬 선생도 음악 실력이 상당해 '한 줄기 맑은 샘물 힘차게 솟아나니, 흐르는 곳곳마다 생명이 새롭다…'로 시작하는 서울여대 '校歌'(1961년)를 작사와 작곡할 정도였다. 참고로 바롬선생의 부모가 결혼식(1906) 때 우리 나라에서 처음으로 웨딩마치(wedding march)에 보조를 맞추어 결혼식장에 들어가 근대화된 기독교식이 거행되었다고 하는데 아마 이러한 음악적 환경에 있었기 때문에 시도한 것으로 보인다(고황경, '기도의 힘' 『참으로 행복하게 살고 싶었을 때』, 175쪽).

된 책을 한역하여)를 자주 읽어 주면서 은근히 그러한 인물이 되어 줄 것을 기대하였다. 아버지의 이러한 교육방법은 소녀시절 고황경에게 영향 주었고 본인도 여성지도자가 되기 위해서는 결혼을 포기하고 자유스럽게 그의 뜻을 펼쳐 보이는 것이 좋을 것으로 여겼다고 보여 진다.[37]

이처럼 아버지 고명우는 광산촌병원에 원장으로서 활동하면서 딸들을 위한 은진여숙이라는 소학교를 세워 가르치고 성장하게 하였다. 이후 고명우는 딸들이 소학교를 마칠 때가 되어 중학교 진학문제와 러들러(A.I. Ludlow) 박사가 모교인 세브란스 병원으로 소환권고에 따라 1918년 서울로 돌아오게 되었다.[38] 그리고 아버지는 전형적인 식민지교육을 하였던 관립 경성공립여자고등보통학교(경기여자고등학교 전신)로 입학시켰다. 언니인 고봉경은 2학년에, 동생 고황경을 1학년에 입학시켰다. 의외로 두 딸을 관립학교로 입학시켰다. 바롬 선생의 어머니를 비롯하여 김필례 선생과 이모인 김마리아 선생이 모두 민족정신이 투철한 미선계통의 정신여학교를 졸업한 것에 비하면 경성공립여자고등보통학교는 일제의 관립학교이었기 때문이었다.

그러나 아버지 고명우박사는 그의 가정배경이나 신앙과 교육 등 그녀의 딸들은 절대로 일제화(소위 '親日化')가 될 수 없다는 확신이 있었던 것 같다.[39] 이와 아울러 딸들이 혹시 일제의 식민화교육에 오염되지 않

---

37) 림영철, 전게서 29~32쪽 참조.

38) 고명우는 광산촌에서 얻은 그의 봉사정신과 희생정신은 1918년(당시 36세) 돌아온 후 10년을 하루 같이 봉사하는 자세로 임하였으며, 1926년 미국 뉴욕의 롱아일랜드의과대학에 입학하여 1928년 의학박사를 취득한 후 귀국하여 모교에서 10년간 교수로 재직하다가, 일본이 中日戰爭 다음해 압력을 가해 러들러교수가 미국으로 돌아가게 되자 그와 행동을 같이 하기위하여 1938년 퇴임하고 원효로에서 병원을 개업하여 1950년 6.25사변으로 납북될 때까지 환자치료에 역량을 다하였고 딸들이 세운 경성자매원(1937~1945) 운영에 도움을 많이 주었던 것이다(림영철, 전게서, 24쪽 및 85~87쪽).

39) 당시 고황경의 학교 성적은 3등 이하로 떨어져 본적이 없었다고 하며 특히 영어실력은 단연 우수했다고 한다. 이는 이미 어렸을 때부터 그의 부친으로 부터 기초

기 위해 집에서는 한국의 민족교육을 재차 시켰던 것이다. 이는 당시 기
독교계 명문학교(정신여학교나 이화여학교 등)로 보낼 수 있지만 고명우
는 자신이 다니는 남대문교회의 항일민족적 환경(당시 33인 중 한 분인
이갑성 선생도 집사로 활약 중)속에서 오히려 딸들을 훌륭한 여성운동
지도자로 키우기 위하여 먼저 일제를 아는데 유리한 관립학교 4년제 경
성여자고등보통학교(경기여자고등학교 전신)를 택하였던 것이다. 먼저
우리 민족의 적인 일제를 아는데 유리한 관립학교를 택한 것이 3.1운동
이 일어난 다음해 1920년이었다.

고황경박사 가족 1(윗줄 : 고황경, 고봉경,   고황경박사 가족 2(윗줄 : 고봉경, 황경, 난
아랫줄 : 고명우, 고원영, 김세라, 고난경)   경, 원영남매, 아랫줄 부모 : 김세라 고명우)

여성 교육의 선각자 김필례선생(서울여대 설립의 항일독립운동가 김마리아선생(미국 파크
산파역)과 잠실로의 이전 옛 연지동 정신여학교 교 대학 졸업 때 모습)과 독립운동으로 고문
정의 모습(1978)   받아 세브란스 입원당시 모습(1920)

영어를 다 배워 경기여중에 입학 당시 때 이미 쉬운 동화책 정도는 읽을 수 있을
정도였다(림영철, 전게서, 32~33쪽).

3. 일제강점기 여성지식인 고황경의
　유학생활과 경성자매원

1) 바롬 고황경의 일본 및 미국 유학생활

바롬 고황경은 은진의숙(7세~11세)과 1920년 현 경기여고에 입학하여 4년간 수학한 15세(1924) 때, 졸업과 동시에 일본으로 유학(1924~1931)을 가게 되었다. 이는 경기여고에 입학할 당시 목표처럼 이제 일본에 직접 가서 그들의 종족과 문화와 생각을 직접 느끼고 체험해 보아야 한다고 생각하여 일본 교토(경도)의 도시샤(同志社)여자전문학교 영문학과(1924~1928)로 입학하였다.40) 당시 교육제도는 중등 과정을 마치고 대학에 들어가자면 먼저 전문학교 과정 4년을 마쳐야 대학 3년 공부할 수 있었기 때문에 동지사대학안에 있는 동지사여자전문학교에 입학하였다.

바롬 고황경이 첫 유학한 동지사대학은 일본 明治時代(1868~1911)41)에 활동한 니이지마 죠오(新島襄) 목사가 투철한 사명감과 개혁정신을 가지고 기독교 정신에 따라 세운 미선계 학교로 일본의 개화에 큰 몫을

---

40) 동지사(同志社)대학은 1875년 니지마 조오(新島襄, 1843~1890, 목사)가 중심이 되어 야마모토 가쿠마(山本覺馬)와 미국인 선교사 제롬 D. 데이비스의 도움을 받아 창립한 도시샤 영어학교가 전신이다. 1904년 전문학교령에 따라 동지사 전문학교, 동지사 신학교가 인가되었으며 1912년 양교를 합병하여 도시샤대학이라 개칭했다. 1920년 대학령에 따라 대학으로 인가받았으며 1948년 현 학제의 대학이 되었고 현재 140년의 역사를 가진 대학이다(한국어 위키백과사전 참조),

41) 일본의 메이지(明治) 시대(1868~1912)는 일본 제국주의 외교의 시작으로 메이지 유신의 일본제국의 성립이다. 1868년부터 1911년까지은 도쿠가와 막부가 체결한 불평등 조약이 전폐한 시기이기도하다. 메이지 정부는 국력을 강화하기 위하여 "외국인 초빙사"을 초청하였고 서양 문명의 보급에 의한 일본의 발전에 크게 공헌했던 시기이기도 하다. 쑨원과 장제스 등 대륙시기 중화민국의 지도자들은 메이지 년간의 일본제국에 유학하기도 하였다(한국어 위키백과사전, www.http// ko.wikipedia 참조).

담당했던 곳으로 전통 깊은 명문 사립대학으로 알려졌다. 동지사대학은
예배를 보고 성경을 가르치는 등 기독교 풍토에서 성장한 학생들에게는
친숙히 지낼 수 있는 자유로운 교풍의 명문학교라 외국인이 선호하는 학
교였다.[42] 고황경의 그곳 대학 생활은 매일 아침 채플 시간과 기숙사 생
활(보딩 스쿨)은 현 서울여대와 유사한 교육과정의 대학이라 하겠다.[43]
동지사전문대학을 졸업한 이후 동지사(同志社)대학 법학부 경제학과
(1928~1931)를 졸업하여 법학사가 되었다.[44] 7년간의 일본 유학생활이
었다.

바롬 고황경이 전문학교에서 영문학을 선택한 것은 외국학문을 받아
들이는데 어학이 그 기초라 생각하였고, 대학에서 法學을 전공한 것은
장차 독립운동이나 여성운동을 위해서 필요한 것이기 때문이었다. 이는
여성 지도자로 사회활동을 결심하며 평생 독신으로 열정적 활동을 전개
하면서 자부심을 가지며 일본 유학생활을 지냈다고 본다.[45] 당시 일본

---

42) 림영철, 전게서, 34~35쪽 및 '최경환교수·권문경여사의 초창기 학교 역사관련 면
담'(1999. 2) 자료 참조.

43) 바롬 고황경은 동지사 대학에서 생활을 많이 참조하여 서울여대의 초창기 대학운
영은 Small College와 아침 6시에 기상하여 7:00에 식사하고, 채플시간(8:30부터
9:00까지 참여) 및 생활관교육(처음 7년간은 생활교육기간 3년간 교육)을 바탕으
로 그의 교육철학을 실천하였는데, 당시 학생들은 '농촌이 살아야 한다'와 '여성
지도자' 이 두 가지 교육목표가 뚜렷하여 자부심은 강하였다고 회고하고 있다(각
주 5)의 '최경환교수·권문경여사의 초창기 학교 역사관련 면담'(1999. 2) 및 '초창
기 학교 모습과 농활에 대한 증언-최경환, 이인돈, 이동영, 심영현, 윤영애 선생
-'(2015. 1. 3) 자료 참조).

44) 바롬 고황경박사가 기억하고 있는 동문으로 그와 친했던 金末峰(女)과 시인 鄭芝
溶, 부총리를 지낸 朴忠勳과 李漢彬(숭실대학과 아주대학 총장도 역임) 등 이름난
인사들이 많다. 특히 유명한 시인 정지용(1922~1929, 영문학과 졸업)과 서사시인
尹東柱(1942년)가 다녔던 대학이기도 하는데, 현재 동지사 대학교정에는 대학 재
학 중 독립운동에 참여했다는 이유로 후쿠오카 형무소에 끌려간 뒤 그를 기리는
윤동주의 詩碑가 세워져 있고, 그 옆에 정지용 시비도 세워져 있다('최경환교수
권문경여사의 초창기 학교 역사관련 면담' 및 사진 참조).

45) 바롬 선생은 외모로 보나 여성스러운 면이 많으나 결혼에 대한 생각은 일찍부터

유학 생활 중 소풍 등 대외 활동시 한복을 꼭 입어 한국 사람임을 내세웠음을 알 수 있다.[46]

일본 유학 후 1931년(당시 22세) 바롬 고황경은 곧바로 6년간 미국 유학 생활(1931~1937)을 하였다. 그가 어렸을 때부터 선교사와 아버지로부터 들어왔던 아름다운 나라로 깊은 기독교 신앙을 가지고 있는 평소에 천국과 같은 나라로 생각해 왔었다.[47] 더구나 동양인 여성에게 주어지는 장학금(4년간)을 한국인으로는 첫번째로 받은 바-버장학금(Barbour Scholarship)으로 미국 미시간대학(University of Michigan)으로 유학을 떠났다. 미시간대학은 1817년 미시건주 주립대학교로 선구적인 연구중심의 공립대학으로 유명한 대학이었다. 1931~1933년 미국 미시건대학 대학원 경제학 전공(석사)을 하고 이어서 1933년에는 미시건대학 대학원 박사과정에서는 사회학 전공(철학 박사)을 하였다. 장학금 수여 기간이 4년이라 부지런히 하여 석사과정을 1년 반 만에 수료하고 2년 반 만에 박사과정을 마쳐야 하였다.[48]

아버지로부터 여성 지도자로서 '나라를 위해 큰 일'을 하였으면 하는 교육이 자연스럽게 각인되지 않았을까 한다. 30세를 막 넘었을 때인 1939년 경성자매원 설립 후 활동할 때 소년심판소 소장과 나누는 대화에 '왜 결혼을 하지 않은지' 조심스럽게 묻자, 바롬 선생은 정색을 하며 이르기를 '나는 흥미를 못 끼지 않는다며 토론 하는 것조차 흥미를 못 느끼니 화제를 바꾸자'는 반론은 여성운동가로서 본인의 역할이 무척 많이 남았음을 나타내는 자세의 표현이라고 볼 수 있지 않을까 생각된다(MBC라디오, '남자 속의 여자' 대담 중).

46) 고황경의 한복 착용은 항일독립운동가 김마리아도 1912년(당시 21세) 일본 히로시마 유학시절에 한복을 입고 찍은 기념사진도 찾아지고 있어 평소 존경하던 김마리아의 영향이 있었음이 추측된다 하겠다(박용옥, 전게서, 2쪽 사진).

47) 미국 유학 생활 등 그에 관한 내용으로는 림영철, 전게서, 40~49쪽 활용하였음을 밝혀 둔다.

48) 당시 미시건대학(University of Michigan) 대학원 박사 과정은 컬럼비아대학처럼 한문이나 일본어를 선택할 수 없고, 외국유학생에게도 자국의 언어를 외국어로 인정해 주지도 않아 부득이 필수인 불어와 독일어를 이수해야하는 어려움이 있었다. 다행히 학부시절 해놓은 佛語가 있어 독어를 더하여 미시건 대학 대학원을 4

드디어 고황경은 미시간대학교가 위치한 디트로이트(Detroit)市에서 발생한 소년범죄의 연구로 취득한 박사학위 논문 주제는『디트로이트에서 발생한 소녀 범죄의 계절적 분포』(Seasonal Distribution of Girl Delinquents in Detroit) 였다(1937). 이는 종래 사변적이고 추상적인 연구방법을 버리고 경험성과 실증성을 확보할 수 있는 사회조사 방법으로 각종 통계적 조사방법이 안출되어 사회현상을 수량적이고 통계적으로 파악하고자 하는 연구이었다. 당시 미국에서의 사회학 연구가 실증적 연구방법을 택하고 있음을 알 수 있는 것으로 이러한 연구방법은 향후 조국을 위해 봉사하고자 할 때 유용하게 활용할 수 있었던 것이다. 이러한 바탕에서 먼저 1937년 '경성자매원' 설립과 운영 등으로 일제시대 활동을 살펴보고자 본다.

2) 일제강점기 경성자매원 설립과 바롬 고황경의 활동

일제 강점기 일제의 토지사업(1912~1918)과 산미증식계획(1920~1932)의 식민지 경제수탈 농업정책 등은 1920, 30년대의 조선농민이 절대빈곤에 빠져 농민 상당수가 농촌을 떠나지 않을 수 없었다. 농민들은 농촌빈민과 화전민, 토막민 등 3대 빈민층으로 전락하거나 농촌을 버리고 일본·만주 등지의 노동시장으로 흘러 들어가 1930년대에는 해마다 10만 명 이상이 일본 노동시장에서 극심한 차별대우 속에서 연명해 갔다.[49] 한편 이 당시 1919년 3·1운동후 탄압이 심하자 조선 사람들은 만주로 대거 이주해 갔는데 1920년 在滿 한국인 수가 46만여 명이나 되었고, 1931년에는 63만 여명나 되고 1932년 만주국 수립이후 이주가 급증

년 이내 석사와 박사과정을 마칠 수 있다는 것은 정말 어려운 일인데 무사히 수료할 수 있었다(림영철, 전게서, 41~44쪽).
49) 강만길, 전게서, 128~130쪽.

하였다. 1945년 8·15광복 때는 한국인 수가 200만여 명에 달하여 그 중 한국인들은 중국사회주의 세력과 항일운동을 전개하기도 하였다.[50)

한편 고황경은 미시건대학에서의 박사과정을 마치고 귀국하여 이화 여전 교수로 임용되니 약관 26세(1935)이었고, 교수로 재임 중 드디어 1937년에는 박사학위 논문이 통과되어 우리나라 사회학 여성 1호 박사 가 되었다. 이 때 바롬 고황경은 1930년대 이러한 암울한 시기를 맞아 교수로 재임하면서도 실천적이고 개척적인 일을 전개하였는데 그것이 1937년 '경성자매원' 설립이었다(7. 21 개원).[51) 경성자매원은 일본과 미국에서의 유학생활 10여 년 생활을 마치고 이화여전 교수로 임명 (1935년, 당시 26세)되어 교수로 재직하면서 1937년 여름부터 1945년 해방까지 계속된 사회사업이었다.

경성자매원 설립은 종래 선배들의 농촌계몽운동의 명맥을 유지해야 겠다는 의지의 산물이었다. 이는 종래 청년과 아동 중심의 농촌계몽운 동[52)과 달리 의사와 간호사까지 도움을 주어 어린 영아부와 소년부를 비롯하여, 자매학원, 경로부, 시료부(施療部), 임신상의부 및 인사상담부 등 나이별 처한 여건별로 그 대상을 나누는 종합적인 교육 및 사회사업 이었다.[53) 특히 주민에 대한 무료진료 봉사와 노인을 위한 경로프로그

50) 한국역사연구회·일본역사교육연구회, 『한일교류의 역사』, 2007, 혜안, 297쪽 및 졸고, 「1930년대 '재만 항일운동가 이홍광(본명 이홍규)'의 전사년도와 가계에 대한 일고찰」, 2014, 133~134쪽 참조).
51) 경성자매원 설립일은 1737년 7월 21일인데 이날은 바로 박사학위를 받은 다음날 600명에 가까운 이곳 동교동에 사회사업 기관을 창설하였음을 확인할 수 있다(바롬기념관 소장의 고박사의 옛 원고에서).
52) 종래의 농민교육으로는 1920년대 독립운동의 일환으로 전개된 농민운동과 협동 조합운동, 농촌계몽운동의 큰 흐름 속에서 YMCA와 YWCA(김활란, 김필례 등), 황애득·김노득의 계몽운동 및 최용신의 농촌 계몽운동 등이 나름대로 다양하게 있었지만 일제의 노예화 정책으로 모든 농촌운동과 교육운동이 억제되거나 금지 되고 당시 농촌운동은 대단히 어렵게 되었다(림영철, 전게서, 71~83쪽 참조).
53) 당시 경성자매원에서 운영하고 있는 구체적 내용은 6.25 전쟁 때 소실 등으로 인

램까지 다양한 종합적 사회사업적 성격을 지니고 있었다.

당시 어려운 농촌과 다름없는 지역이면서 재직하고 있는 이화여전과 멀지 않은 당시 경기도 고양군 연희면에 위치한 동교동지역을 택하였던 것이다. 이는 용산역과 서울역간 교외선[54]이 다닐 때 세교리역(경기도 고양군 연희면 면사무소가 있었던 세교리, 오늘날 마포구 동교동 66번지로 마포구 동교동 로터리 근처 위치)에 장소를 물색하였다. 당시 이곳은 기와집 한 채도 없는 초가집으로 가까운 근처에 학교도 없어 아이들 대부분은 학교에 다니지 못하고 있는 실정이라 이곳에 무료강습소를 세우면 의미있는 훌륭한 일이라 생각하였다. 처음부터 단순히 글을 가르치는 교육 말고도 무료진료 봉사와 노인을 위한 프로그램 등 다분히 사회사업의 성격을 띠고 있었다. 당시 이화여전 피아노 교수로 있는 언니 고봉경과 함께 학교에서 받은 봉급을 다 털어 무료로 가르치는 일과 의사인 아버지와 가르치고 있던 이화여전 학생들의 도움을 받아 운영하였다.[55]

은진의숙이 모델로 되었을 것 같지만 그의 발상과 추진력은 실로 대단하였던 것이다. 처음 교사를 얻기 위해 노인들을 설득하면서 '월사금

한 자료부족과 이로 인한 연구부족이 아쉽지만 림영철, 전게서, 83~96쪽과 증언(2010. 4.16 전화 통화) 및 당시 동아일보 기사(1937. 10.27 기사 등), 경성자매원 출신들의 증언 등을 주로 참조하지만 향후 구체적 연구는 과제로 본다.

54) 일제 당시 교외선이 다녔던 이곳은 용산역을 출발하여 서강역-세교리역-당행리발전소(화통을 교체하여 다시 출발)-서강역-신천역-서울역(화통 교체)행 이었는데, 당시 고황경 박사가 이화여전교수로 있었으므로 서울역에서 온 교외선을 신천역에서 타서 세교리역에 내려 찾아든 곳이 현 동교동 로터리부근 언덕에 위치에 공회당(마을 행사도 하였던 곳으로 공회당 근처에서는 10월 상달에 당산 굿 등을 하기도 했던 곳으로 기억)을 동네 분들이 내주어 이를 경성자매원으로 개원한 것으로 보고 있다(1999. 6. 21, '고황경박사의 동교동 시절에 대한 증언기록' 참조).

55) 림영철, 전게서, 85~86쪽 및 동아일보, 1940. 1. 6일자(7면, '영예직과 집을 버리고 세민사업에 착수'기사)와 동아일보 1940년 2월 15일자(3면 '자매원은 우리의 이상향' 기사) 참조.

안내고 다니는 학교를 세우겠다'는 뜻을 관철하기 위한 3개월(1937. 4~7) 가까운 노력 끝에 그 동네의 유일한 기와집인 공회당을 어렵게 확보할 수 있었다. 약 100평에 세워진 10칸짜리 공회당 건물 기와집에서 시작할 수 있었다. 후에는 남학생도 입학할 수 있도록 개방하였지만 경성자매원은 여성만을 위한 교육을 설립목적으로 하였다. 당시 동아일보에서 "경성자매원 사업 - 사회독지가여 많이 성원하라 - "란 사설을 통하여 칭찬과 용기를 불러 넣어주었다. 이는 실로 조선에서 새로운 시험인 사회사업의 하나로서 그 장래를 기대할 바 많다고 하였던 것이다.[56]

그러면 경성자매원에서 행해진 사업 내용을 정리하면 전생애를 대상으로 연령별 분야별 교육사업이 주였고, 사회사업과 여성운동사업으로 겸하여 마치 종합사회복지관 형태의 운영이었다. 이를 정리하면 아래와 같다.

〈표 4-3〉 경성자매원(동교동과 공덕동) 운영 내용(1937. 7. 21~1945)[57]

분야		대상과 활동 내용	비고
교육사업	영아부 (嬰兒部)	출생~4세의 유아 30명 정도 수용, 매월 2, 4째 금요일 교육(당시 신문을 보고 자원한 소아과·산부인과의사와 간호원들이 신체검사와 치료도 해줌)	동교동
	유치부	5~6세, 개원 후 가을부터 실시(초등학교 교사초빙)	
	자매학원	7세~14세 소녀 대상으로 오전, 오후 나누어 가르치다가 2년 후 남학생도 입학. 교과목은 수신, 국어(일본어), 조선어, 창가 등 5과목	
	소녀부	15세~20세 결혼적령기 소녀 대상의 위생과 요리 강습(바느질과 뜨개질 및 육아아동지도 등)	

---

56) 경성자매원의 설립과 운영에 대하여 처음부터 큰 관심을 보이고 이를 사설과 잦은 보도로 잘 소개하고 있는 동아일보가 있어 큰 의미가 있었음을 알 수 있다(동아일보, 1937. 10. 29자 사설 '경성자매원 사업 - 사회독지가여 많이 성원하라 - '와 1940. 1. 6일자 및 1940. 2. 15일자 참조).

	어머니 모임	15세~40세 부인 대상의 성인교육. 조선어, 산술, 건강교육과 미신타파, 변소 및 부업개량의 생활개선 교육(후에 1958년 대한어머니회로 계승됨)	
사회사업	경로부	60세 이상 노부인 대상으로 오락 프로그램으로 행사, 두 달에 한번	
	시료부 (施療部)	어린이와 가정주부 무료진찰과 치료를 위한 프로그램(세브란스 외과과장 겸 남대문교회 장로 아버지와 남대부교회의 지휘자겸 반주자 언니의 도움이 컸음). 셋째 주 토요일 오후	
	임산부 상담부	호별 방문해 보건 및 임산부 진찰과 상담. 첫째 주 토요일 오후 간호원 2명이 보건문제 상담	
	인사상담부	부인 대상으로 여권신장을 위한 상담, 매월 한번	
	영아관 (嬰兒館) 개원(공덕동)	버려진 아이들을 모아 키우다가 2세 때 고아원에 인계. 공덕동(당시 경성부 공덕정 175-212번지)에 세를 얻어 '경성자매원 영아관'에서 20명쯤 돌봄 (1942. 5. 1 개원)	공덕동
	가정료 (家庭僚; 소녀감화원) 개원(공덕동)	소년심판원에서 유죄판결을 받은 여자아이 중에서 보호해줄 사람이 없는 19세 미만의 소년만을 인수받아 수용하여 교육을 위해 새로 공덕동에 집 두 채를 얻어 5, 60명 수용(1943년 봄~1945)	공덕동

더구나 바롬 고황경의 경성자매원 설립과 운영이 평시에도 쉽지 않은 규모의 사회사업이자 사회교육인데 1930년대 일제의 민족말살정책으로 그 운신 더 어려운 시기였다. 당시 시국은 일제가 1939년 11월 우리의 성과 이름을 일본식으로 바꾸는 이른바 창씨개명(創氏改名) 요구(1940. 2. 11~8월까지 씨를 결정하여 당국에 신고 토록 강요)와 조선어 교육까지 금지(1941. 3)하니 경성자매원도 존폐 논의(1942)가 될 정도로 고통의 연속이었다. 창씨개명하지 않으면 학교입학이나 공문서 발급이 금지

---

57) 서울여대 바롬기념관 소장 원고 일부, 림영철, 전게서, 83~110쪽, 필자의 발표 글, 24~29쪽, 김성은, 「일제시기 고황경의 근대체험과 사회사업」(이화사학연구 41집, 2010) 224~225쪽 및 동아일보(1937.10. 29, 1940.1.6 및 동년 2.15 기사) 참조.

되고, 식량과 물자의 배급에 제외되었으며 우편물도 전달되지 않았고,
대학들도 교수 한 사람이라도 이에 응하지 않을시 학교를 폐쇄한다는 압
박은 실로 대단히 컸던 것이다.58) 이처럼 창씨개명과 관련하여 당시 바
롬 고황경박사가 이화여전 교장 김활란 박사와 나눈 대화는 시사하는바
크다고 본다.59)

---

58) 유종호(문학평론가), 『나의 해방전후』(1940~1949), 민음사, 2004, 11~15쪽 참조.
참고로 우리나라의 지조시인 저항 시인 尹東柱도 왜 창씨개명 하였는가라는 한
학생의 질문에 대해서, "평소에 별로 생각해 보지 않은 사안이어서 객관적인 상황
이 창씨개명을 불가피하게 했지 않았나"하면서, 고향집에서는 일제의 탄압과 渡
日의 수속을 위해 성씨를 '히라누마'(平沼)로 창씨하였다고 알려졌다고 하였다. 그
러면서 누구에게나 빛과 그늘이 있다며 "親日派를 한일합방 때 나선 一進會처럼
일제에 붙어 이익을 본 사람들이라면서, 일제 말기 徐廷柱(1915~ 2000)가 친일
시를 썼다고 하지만 당시 그의 시를 읽고 감동받아 일본 군대에 간 한국인은 없
다"란 지적은 시사하는바 많다고 본다(조선일보, 2005. 8. 9일자, '광복이야기 -
10세 소년 유종호 눈에 비친 8·15'). 참고로 고황경 박사의 1937년부터 경성자매
원 운영은 표면적으로 일제협력이라는 '소극적 친일'이 불가피하였을 것으로 보
고 있다(림영철, 전게서, 103~105쪽). 한편 김성은 이를 '이상적 현실주의자'로
당시 지식인의 사명의식과 실천력의 구현이라는 면에서 주목하고 당시 황애덕과
박인덕의 농촌사업과는 비교되는데, 이는 민족에게 실질적 도움을 주기 위해 불
가피한 소극적 친일의 선택이었을 것으로 보지만 사회책임의식과 기독교신앙의
구현으로 평가하고 있어 주목된다(상게 논문, 232~235쪽 참조).

59) 당시 창씨개명에 대하여 바롬 선생은 아버지가 다카시(高)로 하였다고 하는 임기
응변은 당시 경기도 지사가 다카시(高 ; 다카시 야스히코 高安彦, 1942. 6~ 1943.
12 재임)임을 알고 기지를 발휘하였던 것이다. 이러한 내용을 이화여전 교장으로
있는 김활란박사에 전하자 이는 코메디라 하면서 '비극 중의 경사'라고 부르기도
하였다. 이 때 김박사는 '나를 보세요…학교를 지키기 위하여 창씨개명 하였으니
우리 후손이 친일파였다고 조소를 퍼 부을 것 아닙니까?' 하자, 바롬 선생은 오히
려 '누군가가 오늘의 우리의 아픔을 정확히 전해야 할 줄 압니다. 그래야 민족사
의 혼탁을 미연에 방지해야 할 것입니다' 하면서, '그건 걱정 마세요, 제 생전에
우리나라가 독립하게 되어 박사님의 그 고충을 증언하겠습니다. 학교를 지키기
위하여 박사님 자신을 희생한 것은 이 보다도 거룩한 희생이 어디 있습니까?'라고
위로해 드리는 대화는 당시 선각자들 모두의 큰 고통이요, 비극이라 할 수 있다
(MBC라디오, '남자 속의 여자', 고황경편 및 림영철, 「한국인 지도자에 대한 위협
과 유화정책」, 전게서, 60~63쪽 참조).

한편 일제는 당시 한국인 지도자에 대한 위협과 유화정책으로 방송 강연활동과 각종 위원회 가입이 강제되고 있었다.[60] 특히 1941년 12월 9일 미국의 진주만 기습공격으로 일어난 태평양전쟁은 바로 한반도에 영향을 미쳐 민족말살정치가 전개된 시기이기도 하였다. 즉 1941년 3월 25일 소학교를 초등학교 개칭하고 조선어 교육을 금지와 함께 모두 일본어만 사용케 하는 조선어 말살정책이 그것이었다. 이렇게 되자 경성자매원은 조선어를 가르칠 수 없어 가사상태에 빠져 1942년에는 벌써 폐관된 상태였다. 이 때 조선어를 가르치지 못하게 하는데 차라리 학원을 문 닫는 것이 낫지 않을까 가족회의가 열렸을 때, 바롬 선생의 아버지는 이르기를

　　'네가 싫증이 나지 않았다면 계속하는 것이 좋지 않겠느냐? 왜놈의 글을 가르쳐야 하는 괴로움이 동교동 사람의 실망과 비교할 수 있느냐, 그렇지 않느냐'

하며 다시 용기를 불어넣는 아버지 고명우박사의 권고를 받아들이는 대화는 일제시대 당시를 살면서 항일의 의미가 어떻게 정리할 것인가를 어느 정도 설명해 주고 있다고 본다. 이렇게 우리말을 경성자매원에서 가르칠 수 없게 되자 고황경은 방향을 바꾸어 당시 버려진 아이들을 키우는 2살이면 고아원에 인계해 주는 영아사업(嬰兒事業)과 가정환경 등으로 비행청소년인 19세 미만의 소녀들을 정신대등에 보낼 수 없다며 家庭療을 경성자매원 영아관(1942년 5월 ; 20명쯤 돌봄, 공덕동 집 한 채

---

60) 1937년 1월 방송선전협의회 회원으로서 경성방송국에서의 '부인교육 강좌' 요구와 같은 해 8월 강제로 '애국금차회의 간사' 임명, 임전 대책협력회원(1941. 9) 등으로 일제의 전쟁 독려를 강요받아 움직이지 않을 수 없을 때도 고황경에게는 경성자매원의 농민교육을 소중한 사업으로 생각하고 이를 유지하는 방편의 하나로 부득이 참석하지 않을 수 없었지만, 강연 활동이 비협조적이라 종로경찰서에 붙들려가 뺨을 맞을 정도로 곤혹도 치르기도 하였다(림영철, 전게서, 56~67쪽 및 림영철 선생의 전화 증언(2010. 4. 16 참조).

를 담보로 얻음)과 경성자매원 가정료(1943~1945 ; 공덕동에 집 2채를 얻어 5, 60명 수용하여 성경공부와 직업교육 실시)를 공덕동에 집을 얻어 각각 개원하였다.[61]

이처럼 바롬 고황경은 농촌 계몽과 사회봉사 및 여성 지도자양성을 자기소임으로 생각하고 실천적이고 개척적인 교육·사회 활동으로 경성자매원 설립으로 나타났다고 본다.[62] 그것도 당시 최고의 엘리트 교육을 받은 일제시대에 미혼의 여교수가 한, 두 해도 아니고 무려 7, 8년을 운영한다는 것은 일반인들에게는 거의 불가능한 일이 아닐까 한다.[63]

아버지 고명우박사가 황해도 광산촌에서 세워서 그들을 가르쳤던 은진의숙의 경험을 살려 농촌의 어려운 여성들의 전생애를 대상으로 한 경성자매원 설립은 그가 생각하였던 나름대로 '理想村' 건립의 한 모습으로 추진하였던 것 같다.[64] 이는 나아가 기독교적 정신과 생활교육을 통

---

61) 경성자매원에 대해서는 아직까지 구체적으로 연구와 학계에 소개되진 않은 것은 6.25 전쟁시 화재로 인한 자료의 인멸이 큰 한계로 남아 있어 아쉬움이 크다 하겠지만 그나마 농촌지도자를 양성하는 가나안농군학교 20년간 근무하였던 교육학자 림영철(교육학박사)선생이 고황경박사와의 오랜 자료 수집과 면담 등을 정리하여 『고황경박사 그의 생애와 교육』(1988)가 출간된 것은 큰 다행이라 생각된다. 최근 최근 김성은의 일련의 연구인 「일제시기 고황경의 근대체험과 사회사업」(『이화사학연구』 41집, 2010)과 「일제시기 고황경의 여성의식과 가정·사회·국가관」(『한국사상사학』 36집, 2010)는 의미가 크다 하겠다.

62) 현재까지 사회사업 차원에서 일제시대 '경성자매원'에 대한 학계의 본격적 연구가 더 진척되어야 한다고 본다. 향후 당시 지방 농촌에서의 농촌계몽운동과 달리 서울지역에서 사회사업기관 형태로서의 경성자매원의 역할과 위상에 대한 연구는 후학들의 과제가 아닐 수 없다.

63) 특히 1920년대 문화정책의 일환으로 전개될 수 있었던 농촌계몽운동 마저, 조선총독부는 1931년 9월 만주사변 후 1930년대 민족말살정치와 병참기지화하려는 의도로 농촌계몽운동을 식민통치의 하나로 진흥운동을 전개하였던 시기이기도 하다(양영환, 「1930년대 조선총독부의 농촌진흥운동」, 『숭실사학』 6집, 1991, 117~119쪽 참조).

64) '理想村 운동'은 일찍이 조국의 독립과 번영에 뜻을 두고 이미 1916년 고황경의 외할아버지 金允五의 동생이자 어머니의 작은 삼촌 金弼淳(세브란스 1회 졸업한

한 인성교육 및 농촌생활의 근대화에 이바지하려는 바롬 고황경 박사의
철학이 서울여자대학의 건학이념으로 구현되었다고 본다. 이는 바롬선
생이 바라는 이상촌건립의 종착점으로 생각하지 않았나 한다.

그러나 이와 관련하여 바롬 고황경 박사의 일제 강점기 박사학위 받
고 귀국 직후부터 경성자매원에서의 활동시기 일제에 의해 강제 동원되
어 행해진 시국강연 등을 가지고 식민지 사회교육에 가담 협조한 인물로
일부 부정적으로 낮게 평가되기도 하였다.[65] 하지만 일제 강점기 전쟁
기간 내내 일제 군부의 철저한 언론 탄압으로 대부분 일본인과 조선인들
은 일본 해군이 세계 최강의 해군으로 연합함대가 무적함대라는 소리를
끊임없이 들어 온 터이라 일본의 패전 임박을 예상할 수 없었다. 이러한
캄캄한 현실에서 8월 히로시마와 나가사끼 원자폭탄의 투하로 갑자기
1945년 8월 15일 정오 항복할 때도 실감하지 못하였던 것이 현실이었다.

따라서 1945년 8월 해방 당시 즈음 "극소수 지식인들을 제외하면 누
구도 짐작하거나 대비하지 못한 채 광복(1945. 8. 15)을 맞았다고 하면서
'광복이 올 줄을 알고 있었다'는 후대의 지적은 대부분 거짓"이라고 회
상할 정도였다.[66] 당시 격변하는 시대적 여건에 따라 활동에 굴곡도 있

의사이며 독립운동가)에 의하여 몽골 근처 '조선인 이상촌 치치하얼'에 대하여도
간접적으로 전해 들었을 것 같은데, 이러한 뜻은 구한말 지도자들이 가진 이상촌
운동이라고 할 수 있다. 국내에서는 一家 김용기 선생의 가나안 농군학교가 유명
하다(림영철, 『一家 김용기와 가나안 이상촌 운동』, 일가재단, 2009, 85쪽 및 157
쪽 참조).

65) 친일인물사전편찬위, 『친일파 인물사전』, 민족문화연구소, 2009에서는 일제 강점
기 친일파 인물로 최종 4,389명을 수록하였는데 김환란박사뿐 아니라 바롬 고황
경 박사도 올라 있다. 바롬 고박사는 1937년 애국금차회 간사. 1939년 조선부인
문제연구회 간부, 1942년 조선임전보국단 부인대 지도위원으로 활동한 내용으로
인물사전에 올라있다(1권 167~179쪽). 이는 한 인물에 대한 過去史 문제는 '아픈
기억과 끊임없이 대면해야 한다'든가, '진실과 화해를 위한 자기반성과 회개를 위
한 고백'이 이루어져야 한다는 주장도 잊지 말아야 한다고 본다(윤경로, 『한국 근
현대사의 성찰과 고백』, 한성대학교출판부, 2008, 91~100쪽, 참조).

겠지만 시종일관 관통하고 있는 선생의 의지와 활동을 어느 한두 가지 기준과 잣대로 평가하기에는 신중을 기하지 않을 수 없다고 본다. 이와 관련하여 친일파인명사전에 수록된 위암(韋庵) 장지연(張志淵; 1864~1921)선생에 대한 언론의 발굴 보도는 다시 한번 당대 인물 평가에 신중함을 요구하기에 시사하는바 크다고 본다.[67] 이는 역사상 주요한 인물의 평가시 어느 필부(匹夫) 보다도 엄격하고 더 많은 것을 요구하기 마련이지만, 그 요구사항이 일방적인 어느 한두 가지 기준으로 평가하고 단언하기에는 더욱 신중성이 요구되기 때문일 것이다.[68]

이는 후대를 사는 우리들이 선각자들의 진정한 삶의 행적에 제대로 평가해야 할의 과제가 있다고 본다.[69] 이러한 활동을 보면 바롬 선생의 경성자매원 설립과 운영은 일시적이고 단순한 야학 정도의 서당운영이

---

66) 유종호, 전게서, 82~109쪽 및 조선일보, 2015. 1. 1자 참조.

67) 즉 위암 장지연은 1905년 을사늑약이 체결되자 황성신문에 유명한 '是日也放聲大哭'이란 사설을 써서 일제의 흉계를 비판하여 대표적 항일독립운동가로 알려졌지만, 이후 1914~1918년 조선총독부 기관지인 매일신보에 親日性向의 글을 기고해 일제에 협력했다는 비판으로 친일인명사전에 되었지만, 위암기념사업회가 1921년 위암선생이 시베리아에서 의병을 지휘하였다는 자료를 당시 일본 외무성 문서 속에서 발견된 보도되어 자연 재평가가 이루어져야 한다고 본다(동아일보, 2009. 4. 16일자 참조).

68) 그러한 면에서 필자는 인물에 대한 재평가를 시도한바 있는데, 즉 백두산정계비 건립 당시(1712) 접반사 박권에 대한 재해석(「백두산정계비와 접반사 朴權에 관한 일고찰」,『백산학보』80호, 2008)과 임란전후시기에 활동한 북병사 이일장군에 대한 재해석을 한바 있다(「조선중기 녹둔도 확보와 北兵使 李鎰에 관한 일고찰」,『백산학보』83호, 2009) 및 1930년대 만주에서의 사회주의 계통의 항일운동을 전개한 이홍광을 재해석한 바 있다(「1930년대 '재만 항일운동가 李紅光(본명 李鴻圭)'의 전사년도와 가계에 대한 일고찰－1930년대 항일운동가, 이홍광의 부활을 위하여」,『동북아문화연구』제38집, 2014 참조).

69) "歷史에서 보편성과 특수성을 논할 때 적용되는 이론인 '人間의 참다운 모습을 볼 수 있는 것은 그가 어떤 어려운 상황에 처했을 때 어떻게 행동하는가를 아주 세밀하게 관찰할 수 있을 때"라는 지적은 시사하는바 크다 하겠다(고려대학교 문과대학 사학과교수실편,『歷史란 무엇인가』, 고려대학교 출판부, 1979, 149쪽 참조).

아니라 평소 바롬 고황경의 사회학자와 교육자로서 이상촌의 건설을 꿈
꾸었다고 본다.

일본 동지사여자전문학교 영문   미시간대학 박사 학위기(바롬기   '자매원은 우리 理想鄕'
학과 시절(1927년, 한복착용)   념관소장)   (동아일보, 1940. 2. 15자)

동교동 소재의 경성자매원 학생들(1941   새로 구입한 '사회사업 자매원'(1940, 공덕동)과
년 4회 졸업기념사진)   경성자매원용 원고(1943)

4. 광복 이후 바롬 고황경의 사회활동과
서울여자대학교

1) 교육행정가와 민간외교관으로서 사회활동

구한말 한일합방 직전에 기독교 가정에서 태어나 일제 강점기라는 고
난의 시기에 유년기와 학창시절을 보냈다. 한국에서 초중등과정 8년

(1916~1924)과 일본 동지사대학에서의 7년(1924~1931) 및 미국에서 대학원생 6년(1931~1937) 등 학생신분 21년을 보냈다. 당시 동서양 근대의 학문을 섭렵하며 언어능력과 사회과학적 지식을 연마한 고황경은 대학원 박사과정을 마치자마자 이화여전 교수로 부름을 받아 9년간 (1935~1944) 재직하였다.

고황경 박사는 이화여전 교수로 재직하면서 종합사회복지 교육기관 형태로서 경성자매원을 1937년부터 광복이전 8년 가까이 운영하면서 나름대로 일제 강점기 신지식인으로서 역할을 하면서 이후 활동의 준비시간을 가졌다고 할 수 있다.[70] 그러나 1945년 8월 예고 없이 갑자기 찾아 온 우리 민족의 광복은 준비기간을 갖지 못하여 몹시 당황하던 시기였다. 정작 8. 15광복 당일은 서울은 쥐 죽은 듯 조용했다는 기록 뿐 아니라, 白凡 金九(1876~1949, 임시정부 주석)도 "왜적이 항복했다. 그것은

---

[70] 1945년 8월 예고 없이 갑자기 찾아 온 우리 민족의 광복은 준비기간을 갖지 못하여 몹시 당황하던 시기였다. 정작 8. 15광복 당일은 서울은 쥐 죽은 듯 조용했다는 기록뿐 아니라, 임시정부주석 白凡 金九(1876~1949) 도 "왜적이 항복했다. 그것은 내게 기쁜 소식이라기보다 차라리 하늘이 무너지고 땅이 꺼지는 일이었다. 천신만고 끝에 수년 동안 애를 써서 참전할 준비를 한 것이 모두 허사가 되고 말았다"(백범일지)고 하였고, 독립운동가이자 종교인 함석헌(1901~1989)은 "해방은 우리가 자고 있을 때 도둑같이 왔다"고 할 정도였다.
이처럼 1945년 8월 광복은 당시 일반인들에게 믿어지지 않았던 일이었는데 뿐 강원룡(1917~2006) 목사도 "아이들이 태극기를 흔들며 뛰어 다니는 것이 보였다. 나는 마치 꿈을 꾸고 있는 것 같았다(회고록 '빈들에서')라 하였고, 서울 주재 소련총사령관 부영사 부인 파냐 샤브스나의 기록에는 "일왕의 항복선언 안 믿어… 8월 15일 당일 서울은 쥐 죽은 듯 조용했다"라면서 16일 되어서야 '태극기 만세' 소리와 행복의 물결이 온 나라에 뒤덮였고 하였고, 당시 충북 진천에서 11세 초등학교 5학년을 다녔던 예술원회장 유종호(문학평론가, 1835~현)는 최근 언론 인터뷰에서 "광복은 내게… 지긋지긋한 솔뿌리 캐거나 방공호 파기를 하지 않아도 되는 것 이었다"라고 회고하고 있을 정도였다(유종호, 전게서, 82~109쪽 및 조선일보, 2015. 1. 1자).
~139쪽 및 송보경. '바롬 선생의 사회 활동과 서울여자대학교의 위상' 발표 : 바롬교육으로의 초대 II, 81~95쪽 참조.

내개 기쁜 소식이라기보다 차라리 하늘이 무너지고 땅이 꺼지는 일이었다. 천신만고 끝에 수년 동안 애를 써서 참전할 준비를 한 것이 모두 허사가 되고 말았다"(『백범일지』)고 하였고 "해방은 우리가 자고 있을 때 도둑같이 왔다"(독립운동가 함석헌)고 할 정도였다.[71]

이럴 즈음 고황경박사는 1945년 광복 이후 교육재건을 위한 공직생활로 경성공립여자고등학교(모교인 경성여자보통학교이자 현 경기여자고등학교 전신) 교장(1945. 9~1946. 2)[72]과 미군정청 학무국 소속의 조선교육심의위원회 중등분과위원(1945. 11~1946. 3)을 불과 4개월 지내다가 좀 더 큰 국가의 일을 나라의 부름으로 미국 교육사절단으로 발탁되어 미국으로 6개월 정도 파견되어 한국 상황에 대한 이해와 설득으로 태평양 전쟁으로 파탄에 빠진 한국경제의 재건을 위해 미국의 원조를 간

---

71) 1945년 8월 광복은 당시 일반인들에게 믿어지지 않았던 일이었는데, 당시 白凡 金九(1876~1949) 선생과 咸錫憲(독립운동가, 종교인, 1901~1989)선생 뿐아니라, 강원룡(1917~2006) 목사도 "아이들이 태극기를 흔들며 뛰어 다니는 것이 보였다. 나는 마치 꿈을 꾸고 있는 것 같았다(회고록 '빈들에서')라 하였고, 서울 주재 소련총사령관 부영사 부인 파냐 샤브스나의 기록에는 "일왕의 항복선언을 안 믿어… 8월 15일 당일 서울은 쥐 죽은 듯 조용했다"라면서 16일 되어서야 '태극기 만세' 소리와 행복의 물결이 온 나라에 뒤덮었고 하였고, 당시 충북 진천에서 초등학교 5학년(당시 11세)을 다녔던 예술원회장 유종호(문학평론가, 1835~현)는 최근 언론 인터뷰에서 "광복은 내게… 지긋지긋한 솔뿌리 캐거나 방공호 파기를 하지 않아도 되는 것 이었다"라고 회고하고 있을 정도였다(유종호, 전게서, 82~109쪽 및 조선일보, 2015. 1. 1자).

72) 우리나라 공립 명문여학교 경기여자고등학교는 1908. 4. 1 관립 한성고등여학교로 출발하여, 관립 경성여자고등보통학교로 개칭(1911. 2), 1922. 4 재동 신축교사로 이전과 함께 경성공립여자고등보통학교 개칭되고. 1938. 4 경기공립고등여학교로 개칭되었다. 광복 이후에는 정동 1번지 (구)경성제일공립여자고등학교 교사로 이전(1945. 10. 15) 하고 경기공립여자중학교(6년제)로 개칭(1947. 5)되었다. 이어 1951. 9 중 고등학교가 분리되어 경기여자중학교(3년제)와 경기여자고등학교(3년제)로 개편되었다가 1971년 2월 경기여자중학교는 폐교(문교부 중학교 평준화 조치)되고 경기여고는 서초구 개포동에 신축(현) 이전(1988. 2)하여 현재에 이르고 있는 명문학교이다.

청하여 당시 4억 2천 5백만 달러의 원조를 받기도 하였다. 특히 고황경 박사는 신학교 장학금을 확보하는 데에도 성과를 거두었으며, 걸스카우트 창설을 도왔다. 이후 고황경박사는 미군정청 보건후생부의 초대 부녀국장(1946. 9~1948. 8)으로서 여권신장과 여성의 지위향상에 매진하였다. 조직적이고 체계적인 여성지위향상의 중심기구의 필요성을 역설하여 전국 각 시도에 부녀계(父女系)를 설치하도록 하여 부녀보호와 여권신장을 위한 최초의 정부조직기구가 되었다. 임산부 보호·문맹퇴치·공창폐지·여성지도자 양성에 크게 기여하였다.

이후 고황경박사는 1948년 8월 과도정부 부녀국장으로 끝마치고 1949년 미국프린스턴대학과 콜롬비아대학에서 인구문제 연구 후, 3개월의 유럽여행을 계획하였다.73) 유럽 여행 도중에 1950년 6월 한국전쟁으로 귀국하지 못하고 무려 1956년까지 6년간 영국을 중심으로 한 유럽에서 유엔에 가입한 나라들에게 우리나라 재건을 위하여 민간 외교활동을 전개하였다. 특히 1950년 9월 10일부터 1952년 7월 9일 까지 영국 BBC 방송에서 4회를 포함하여 318회의 강연을 하였고, 209개 도시와 지방을 다니며 29개 단체의 초청으로 115가정과 59개 호텔에서 숙박하였다고 기록하고 있다. 그후 1956년 봄까지 무려 800여회의 순회강연을 하였다. 이후 1963년에도 유엔총회 한국 민간대표로 참여하기 시작하여 이후 국제연합 이사로 1985년까지 활동하였다.

---

73) 고황경박사는 부녀국장으로 있을 때 1947년 3월 인도 뉴델리에서 개최된 범아세아대회 한국대표로 미국에서 유학하여 영어에 능통한 연희대학교 총장 백낙 박사, 서울신문사 사장 하경덕 박사와 함께 한국대표로 참석(아세아 27개국 참가)하여 이미 민간 외교관관으로서 역할(노동문제, 후생문제, 여성문제 등 의논)을 한바 있었고, 이어서 1948 자유당정부 수립 후에는 고황경 박사는 한국인으로는 처음으로 인구문제와 가족계획(산아제한)을 집중적으로 연구하기 위하여 미국 록펠러재단의 장학금을 받고 1년 박사 후 연구과정(Post Doctorate Research Fellowship)으로 다시 미국 유학(1949~1950)을 떠났다(림영철, 전게서. 130~ 131쪽 및, 송보경, 발표 글, 88~92쪽 참조).

미국 국무성 초청 방   민간 외교관시절(영국, 1954)   동양기독교여성대회 참가(1958 김필례
문(교육사절단 1946)   선생 등과 함께)

6.25 전쟁 이후 본의 아니게 외국에서 오랜 유랑생활을 끝에 모국에 귀국하여 사회학자로서의 정착은 1957년 이화여대 사회학과 교수로 부임하면서 다시 시작되었다. 물론 그 이후에도 여성 지위향상에 노력하니 1958년 3월 경기여자고등학교 강당에서 "강력한 국가는 깨달은 어머니로부터"라는 슬로건을 걸고 '대한어머니회'를 창립총회를 갖고 「사단법인 대한 어머니회」를 조직하면서 지방 및 해외지부(8곳)까지 두면서 1986까지 회장을 맡았다.[74] 당시 대한어머니회의 사업실적으로 평생교육(월례강좌, 어머니대학, 지도자 연수회 및 국어순화운동 등), 월례강연회, 어머니 대학, 국어순화운동, 가족계획사업(산아제한 정책), 협동조합(소비자보호사업, 신용·협동조합) 및 출소자 보호 사업을 펼쳐나갔다.

한편 고황경박사는 1960년 4월 학술원회원으로 2009년까지 유일한 여성 사회학자로서 선출되어 그의 학문적 위상을 드러내기도 하였다. 이럴즈음 1958년4월 기독교 장로회 총회이사회로부터 1961년 서울여대 초대학장에 취임하였다. 이는 여성 사회학자로서 일제 강점기 경성자매

_____

74) 당시 운영 재정은 천우사 전택부 사장(전 덴마크 영사 역임)의 지원(1958~ 1964), 한기주 경기여고 동문(초대 적십자사 총재 부인)의 지원(1964년 이후) 및 고황경 박사의 어머니 김세라의 지원(남편 고명우의사의 유산으로 남긴 임야 및 전답 7만 평의 기증)에 도움을 받으며 운영해 나갔다(대한어머니회의 조직과 사업에 대하여는 림영철, 전게서, 155~207쪽 참조).

원의 설립과 운영으로 닦은 바롬 고황경 박사의 참다운 여성 교육의 오
랜 꿈의 실현이기도 하였다.

2) 서울여자대학교의 설립과 '건학이념(인성교육)' 구현

여성 사회학자 바롬 고황경박사의 서울여자대학교의 설립(1961년 5
월 20일)은 일찍이 기독교적 복음 선교와의 관계 속에서 배태되었다고
할 수 있다. 서울여대 설립의 최초 논의는 일찍이 일제 강점기인 1923년
대한예수교장로회 총회에서였다. 그러나 당시 조선총독부가 여러 가지
이유로 학교 설립인가를 허락해 주지 않았다.

그 후 1945년 8·15 광복 후의 혼란과 6·25 전쟁의 여파로 장로회 총
회가 여자대학 설립 논의를 한 1923년 이래 유안(留案)한지 30여 년이
지난 1956년 당시 대한예수교장로회 여전도회 전국연합회 김필례(金弼
禮) 회장이 교단 총회에 여자대학 설립을 청하였다. 그리고 1957년 제42
회 교단 총회에서 설립 결의와 이사회 정관을 정하고, 초대 이사장에 대
한예수교 장로회 총회장 전필순(全弼淳) 목사(연동교회)를 선출하고 초
대 학장에는 유지 이사인 고황경(高凰京) 박사를 이사회에서 투표에 의
해 선출하였다. 그리고 그 후 모든 대학인가 수속을 고황경박사에게 일
임함으로써 본 대학의 설립이 박차를 가하였다.[75)]

---

75) 당시 장로교여전도회 전국연합회 회장 김필례(金弼禮 ; 1891~1983, 고황경박사
  어머니의 막내 고모)는 황해도 소래마을 출생으로 정신여학교와 일본 동경여자학
  원 중고등부(1913~1916) 및 미국 엑네스컷(Agnesscott) 여자대학(대학 전교생이
  기숙사 생활을 하면서 24시간 전인교육을 실시하는 학교로 유명함)과 컬럼비아
  대학원을 수료한 엘리트 인사로 당시 정신여자중고등학교 교장에 재직 중 여전도
  회 전국연합회 회장(제17대~20대 역임, 1950~1958) 역임하며 서울여자대학 설
  립의 산파역을 맡은 여성교육의 선각자였다, 참고로 독립운동가 金마리아 선생
  (1892~1944, 김필례 선생의 조카이자 고황경 박사 어머니의 외사촌 동생)이 여전
  도회 제7대 회장(1934~1943)을 역임한바 있다(이기서, 『교육의 길, 신앙의 길 김

교단총회는 학교부지 7만평을, 여전도회 전국연합회와 선교부, 특별
유지들은 기부금으로 학교시설을 마련해주어 대학의 기초가 세워졌다.
1958년 설립된 재단법인 '정의학원(貞義學園)'은 1960년 문교부의 인가
를 받아 1961년 5·16군사정변 직후 5월 20일 마침내 서울여자대학으로
개교 하기에 이르렀다. 여자대학으로 발의 된지 38년 만의 일이었고 지
난 2015년 오늘에 이르기까지 50여 년간은 오로지 학교발전의 염원을
품고 달려 온 인고의 시간이었다. 따라서 서울여대 설립에는 대한예수교
장로회의 설립의지와 여전도회 전국연합회의 지원이 전제되었고, 그 한
가운데 바롬 고황경이 서울여대 학장(1961~1984)과 명예총장(1990~
2000)으로서 중심에 있었음은 주지의 사실이다.76)

이미 살펴본바와 같이 바롬 고황경은 일찍이 독실한 기독교 가정에서
태어나 '여성운동의 지도자가 되라'라는 훌륭한 부모의 사랑과 격려 속
에서 자란 재원이었다. 은진의숙과 경기여중을 마치고 일본 동지사여자
대학에서 영문학, 동지사대학에서 법학 공부 하였고(1924~1931), 이어
서 한국인으로는 첫 미국 바-버장학금(Barbour Scholarships)을 받고 미국
유학길에 올랐다.77) 미국 명문대학교 미시간대학교(The Michigan
University)에서 경제학으로 석사학위를, 그리고 사회학으로 박사학위를
취득한 당시 한국에서 최고의 엘리트였다. 그리고 박사학위 취득 전

필레 그 사랑과 실천』, 북산책, 2012, 245~250쪽 및 박용옥, 전게서, 김마리아
연보 참조).
76) 필자, 「서울여자대학교 설립 배경과 건학이념」『서울여자대학교 50년사』, 5~35
쪽 참조.
77) 이 바버장학금은 아시아 여성들에게 주어지는 장학금(The Barbour Scholarships
for Oriental Women)으로 졸업자들이 본국에 가서 그들 나라의 여성의 지위를 향
상시키고 과학적이며 봉사적인 생활로 훌륭한 지도력을 가진 여성운동가가 되길
원하는 여학생에게 주어지는 장학금이었다. 당시 언니인 고봉경도 웨슬리안 음악
학교 교비생으로 선발되어 '형제가 함께 미국 가는 두 재원'이란 제목으로 언론에
소개되었다(조선일보, 1937. 5. 30).

1935년부터는 이화여자대학교(당시 이화여자전문학교)에서 법제, 경제, 사회학 및 영어 교육을 담당하였고, 1937년부터는 서울 동교동에 '경성자매원'이라는 기관을 세워 사회사업과 농민 교육을 통해 평소의 꿈을 실현시키고자 하였다. 광복 후 1945년 9월부터 다음 해 2월까지 4개월 간은 현 경기여자고등학교 교장을 역임하였으며, 또한 조선 교육심의회 위원으로 한국의 교육 기초를 정립하는 데 기여하여 이미 교육자겸 교육 행정가와 민간외교관으로서 국내외 경륜을 남다르게 쌓았다고 할 수 있었다.

이제 그의 오랜 경륜과 교육철학을 새로운 대학교육으로 구현하고자 하였다. 바롬 고황경은 대한민국 건국 초기에 대학들이 우후죽순처럼 늘어나는 상황에서 독특하고 뚜렷한 교육철학을 가지고 서울여자대학을 설립하여 발전시킨 선구적 교육자이다. 그의 독특한 '바롬교육' 철학은 새로운 대학 교육을 계획하여 한국의 고등교육 개혁을 위한 중요한 방향 제시를 하였다.[78] 그는 대학의 명칭과 교육목적, 교육내용, 교육방법('생활교육')을 구상하고 이를 1985년까지 25년간 실천 운영하여 개성이 분명한 새로운 대학 유형을 만들어 내는데 성공하였다.[79] 바롬 고황경은 '생활교육'을 통해 대학을, 세상을 변화시키려고 노력하였던 것이다.

이처럼 '바롬교육'(1988년 개칭)은 1961년 개교당시부터 서울여대 교육의 특징이자 핵심을 이루어 온 '생활교육'으로 바롬 고황경 선생이 구

---

78) 이러한 면에서 당시 여성으로 최고의 엘리트였던 이화여전의 김활란박사와 고황경박사와는 교육철학과 사회 활동면에서 대조적인 면이 보이고 있는데, 자라온 가정환경과 교육을 비롯하여 성격과 교육환경 및 당시 소속 교단의 여건 등을 생각할 수 있다고 본다. 참고로 고황경보다 10년 년상인 金活蘭(1899~1970) 박사 학위명은 '한국부흥을 위한 농촌교육'(컬럼비아 대학, 1931)이었다.

79) 전 교육부총리자 서울대학교 명예교수인 김신일 교수는 「바롬 고황경 선생의 교육철학」(바롬 고황경박사 탄생 100주년기념 학술발표회, 2009. 6. 5, 金, 한국프레스센터)에서 바롬 고황경의 교육철학을 '바롬 교육철학'이라 그의 의미를 발표한 있다(『바롬 교육으로의 초대』 Ⅱ, 59~71쪽 참조).

상하고 발전시킨 농촌생활 실습의 교육 철학이기도 하다. 고황경은 "농
촌생활 실습의 철학이 왜 필요한가?"를 자문하며 당시 '농촌봉사'에서
'농촌생활 실습'으로의 변경에 많은 고려와 숙고 끝에 결정하고 그의 교
육철학을 펼치고 있다 하겠다. 사회과학도인 그에 있어서 "철학은 생의
목적을 연구하는 학문이라면 과학은 생의 방편을 연구하는 학문이기 때
문에, 그러나 또 한편으로는 철학은 과학의 과학이라고도 한다며 나는
철학을 목적의 목적이라고 부르고 싶다"라고 밝힌바 있다.[80]

고황경 학장과 '생활교육' 표   교내 생활관교육 모습(1960~   학생들의 농촌생활 실습 광경
어(1961~1984)   70년대)   (1960년대~1985)

　　개교 당시인 1961년 우리나라는 1인당 국민소득(GNP)이 82달러에
불과하였고, 60년대 농촌생활은 말이 아니었다. 따라서 1960년대만 해
도 우리 국민의 근 70, 80%가 농민이었던 시기에는 '농촌의 근대화'가
최고 가치의 어젠다(Agenda, 議題)인지라, 바롬 고황경 박사는 '농촌근
대화'와 이를 이끌 '기독교적 여성지도자' 양성이라는 목표로 건학의 목
표를 두고 서울여대를 이끌어 왔다.[81] 이런 뜻에서 우리대학에서 처음으

---

80) 고황경, 「농촌생활 실습의 철학」『농촌발전연구총서』3집, 서울여대 농촌발전연
　　구소, 1978, 3~5쪽 및 김선요, 현대교육의 이해 – 성경적 비판과 해석 –, 교육고
　　학사, 2014, 97~104쪽, 참조
81) 한편 당시 우리나라 여성교육의 리더인 이화여대 金活蘭 박사가 컬럼비아 대학에
　　서 받은 박사 학위명이 공교롭게 전통적인 농촌근대화에 초점이 있는 '한국부흥
　　을 위한 농촌교육'(1931)이었지만, 이후 서울여대 바롬 고황경박사와 걸어 온 길

로 '농촌과학과'를 설치하고 그의 철학을 구체화시켜 나갔던 것이다.82) 물론 생활교육은 시대의 요구와 함께 반세기 동안 끊임없이 변화를 겪으며 '바롬 교육'으로 최근에는 '바롬 인성교육'으로 오늘에 이르고 있다.83)

박정희대통령 부부의 교내 실습 주택 방문하여 고박사의 설명을 듣다(1964. 12. 5)

고황경 '대한민국을 가꾼 사람들' 33인에 선정되다(『한국사시민 강좌』 일조각, 50호, 표지(2012. 2. 28)

서울여자대학교, 인성교육으로 '대한민국 인성교육대상' 수상 기념 교문 앞 현수막 (2014. 12. 4)

즉 바롬교육의 기초이자 중심부분인 생활관교육 기간이 처음에는 3년

과 비교하면 대조적으로 전개되었다고 본다. 이는 당시 어릴 때부터 자라온 가정환경과 교육여건 차이, 당시 소속된 교단(재단)의 입장차이와 더불어 생각할 수 있다고 본다(졸고, 각주 2 참조).

82) 이미 바롬 고황경은 이화여전 교수일 때 집이 원효로에 있었는데, 서강대학교 앞 세교동(잔다리)이 농촌이었을 때 그곳에 가서 언니 고봉경과 함께 일주일에 한번씩 농촌에 가서 애들을 씻겨주거나 놀아주는 봉사활동을 했었는데 이것이 경성자매원의 시작이 되었고 나아가 이 때, "농촌을 살려야 하겠다"는 목표를 내 세웠다고 할 수 있다(서울여대박물관, '초창기 학교의 모습과 농활에 대한 증언' -초창기 서울여대 교수와 1회 졸업생들의 증언, 1999) 참조.

83) 현 바롬교육은 '바롬교육Ⅰ'(1학년 대상으로 자아정체성 교육), '바롬교육Ⅱ'(2학년 대상으로 공동체성 교육), '바롬교육Ⅲ'(비전과 리더십 교육)을 통한 나를 깨우고, 사회를 깨우고, 미래를 깨우는 인성교육의 프로그램으로 정착하기에 이르렀다. 즉 봉사하는 기독교적 정신 교육을 바탕으로 실천하는 생활교육과 공동체성 교육을 통한 총체적 인성교육이다(김신일, 전게서, 64~76 및 서울여대 인성교육원의 홈페이지, 참조).

이었으나 1968년에 2년으로, 1977년에는 1년으로, 그리고 1981년에는 한 학기인 6개월로 단축 운영되었다. 그리고 1988년 이후 현재까지는 바롬교육관 3주, 실습주택 2주 교육으로 운영되고 있다. 그리고 교육내용에 변화가 있어 모든 4학년생들이 10일간 필수과정으로 이수하던 '농촌생활 실습'이 1985년까지 계속되었으나, 이후로 선택에 의한 농촌봉사활동으로 바뀌며 초창기 교육방식도 변화가 있기 마련이다. 현재 바롬교육은 바롬교육 I (1학년 대상으로 자아정체성 교육), 바롬교육 II (2학년 대상으로 공동체성 교육), 바롬교육 III (비전과 리더십 교육쉽)을 통한 나를 깨우고, 사회를 깨우고, 미래를 깨우는 인성교육의 프로그램으로 정착하기에 이르렀다.[84]

이러한 서울여대의 바롬교육은 바른 인성교육으로서 타 대학 및 일반사회에서도 주목을 받기도 하고 있는데 최근 교육부로부터 "대한민국 인성교육 대상"을 수상하기도 하였다.[85] 이는 그동안 타 대학과 일반사회 단체에서 우리 학교의 인성교육을 벤치마킹하는 형태로 나타나는 고무되는 현상이라 하겠다. 하지만 작금의 현실은 학령인구 부족으로 급변하는 사회 교육환경과 21세기 대학 교육의 방향 이라는 측면에서 지금 현재가 중요한 시기이기도 하다.[86]

---

84) 김신일, 전게서, 60~65쪽 참조
85) 한국대학신문, 2014. 12. 4자
86) 손동현, '21세기 대학 교양교육의 방향'과 김신일, '변화하는 사회환경과 대학인성교육의 필요성'(서울여대 대학인성교육, 1911. 10. 26) 학술 발표, 서울여대 50년사(제7편 제3장, 「21세기 서울여자대학교의 미래와 전망」, 2012, 867~878쪽) 및 2015년 전혜정 서울여대 총장의 '을미년 새해 인사말' 참조.

5. 맺음말

이상 필자는 <바롬 고황경의 家系와 活動을 통한 여성교육의 재음미>를 고찰하였다. 바롬 고황경은 구한말 전통적 기독교적인 가정에서 태어나 훌륭한 학문을 수학한 이후, 일제 강점기 사회학자로서 경성자매원 운영은 독특하고 뚜렷한 교육철학을 지닌 선구적 여성 교육자이었다. 이를 아래와 같이 나누어 재음미하였다.

제1장 '시대적 배경과 기독교 전래 및 바롬 고황경의 家系'라 하여 구한말·일제강점기 시대적 배경과 기독교 전래 및 바롬 고황경의 친·외가의 가계와 가정 및 학교교육으로 나누어 보았다. 그리고 제2장에서는 '일제강점기 바롬 고황경의 유학생활과 경성자매원 설립'이라 하여 바롬 고황경의 일본과 미국 유학생활 수학과 일제강점기 경성자매원 설립과 바롬 고황경의 활동으로 살펴보았다. 제3장에서는 '광복이후 사회활동과 서울여대의 건학이념'이라 하여 교육행정가와 민간외교관으로서 사회활동 및 1961년 서울여자대학의 설립과 건학이념인 '바롬교육(인성교육)' 구현과정을 살펴보았다. 따라서 바롬 선생의 교육이념과 철학은 오늘날에도 전문성과 창의성 및 인성을 바탕으로 하는 서울여대 교육과 건학이념의 구현에 분명 큰 중심으로 자리하고 있다 할 것이다.

이제 격변하는 21세기 이르러는 시대와 대상이 달라졌다는 현실을 어떻게 적응하여 새롭게 재창조해 나갈 것이라는 숙제가 오늘 우리 모두의 과제가 아닐 수 없다. 구성원 전체가 서울여대 역사인 건학이념의 정체성과 동질성을 갖고 더불어 하나가 되어 진지하게 고민하고 대안을 찾을 때 바롬 고황경 박사의 유업이 승화될 수 있다고 본다.

참고문헌(4부 2장, 고황경 편)

강만길, 『고쳐 쓴 한국현대사』, 창작과 비평사, 1994

고려대학교 문과대학 사학과교수실편, 『歷史란 무엇인가』, 고려대학교 출판
　　부, 1979

고황경, 『참으로 행복하게 살고 싶을 때』, 서울여대총동창회, 2001

고황경, 「농촌생활 실습의 철학」『농촌발전연구총서』 3집, 서울여대, 1978

고황경편, '남자속의 여자(고황경 편)', MBC 라디오, 1988(녹음 테이프)

김선요, 현대교육의 이해-성경적 비판과 해석-, 교육고학사, 2014

김신일, 「바롬 고황경 선생의 교육철학」(고황경박사 탄생 100주년 기념 학술
　　발표, 2009. 6)

김성은, 「일제시기 고황경의 근대체험과 사회사업『이화사학연구』 41집, 2010

김성은, 「일제시기 고황경의 여성의식과 가정·사회·국가관」『한국사상사학』
　　36집, 2010

남대문교회사편찬위원회, 『남대문교회사』, 남대문교회, 1979

도진순, 『백범일지』, 돌베개, 1997

림영철, 『고황경박사 그의 생애와 교육』, 도서출판 삼형, 1988

림영철, 『一家 김용기와 가나안 이상촌 운동』, 일가재단, 2009

바롬 고황경박사 탄생100주년기념 학술발표집, 2009. 6. 5

박용옥, 『김마리아』, 홍성사, 2003

송보경, 「바롬 선생의 사회활동과 서울여자대학교의 위상」(고황경박사 탄생
　　100주년 기념 학술발표, 2009. 6)

서명원(미국인 선교사), 『한국교회성장사』(Church Growth in Korea, 이승익역),
　　대한기독교서회, 1966

서울여자대학교, 『바롬교육으로의 초대』 Ⅱ, 정민사, 2009

서울여자대학교·재단법인 바롬장학회, 바롬교육40년의 성과와 전망(개교 40주
　　년 기념), 2001

세브란스병원, 「세브란스병원의사들, 제2, 제3회 졸업생」『세브란스병원』,
　　2015. 1

신양선, 「조선인 이상촌 치치하얼과 김필순」『문명학논총』 2007

양영환, 「1930년대 조선총독부의 농촌진흥운동」『숭실사학』 6집, 1991

유종호, 『나의 해방전후』(1940~1949), 민음사, 2004

윤경로, 『한국 근현대사의 성찰과 고백』, 한성대학교출판부, 2008

윤경로, 『105인 사건과 신민회 연구』(개정 증보판), 한성대출판부, 2012

연세의료원 120년사 편찬위원회, 『인술, 봉사 그리고 개척과 도전의 120년』, 연세의료원, 2005

연세대학교 의과대학, YUHS NEWS 제585호(한국최초의 면허의사 100주년), 2008. 4.14

외솔회, 『나라사랑 제30집 －김마리아 특집호－』, 1978,

이기서, 『교육의 길 신앙의 길 －김필례 그 사랑과 실천－』, 1988 ; 북산책, 2012

이광자, 『한국사 시민강좌』 제50호(대한민국의 가꾼 사람들, 33인), 일조각, 2012

이원명, 정연식 면담자료, "최경한 교수·권문경 여사의 초창기 학교역사 관련 면담"(1998. 2. 18), "초창기 학교 모습과 농활에 대한 증언"(1999. 2. 4), "동교동 경성자매원 운영 시절에 대한 증언"(1999. 6. 21)

이원명(공저), 『서울여자대학교 40년사』, 서울여자대학교, 2002

이원명, 「백두산정계비와 접반사 朴權에 관한 일고찰」 『백산학보』 80호, 2008

이원명, 「조선중기 녹둔도 확보와 北兵使 李鎰에 관한 일고찰」 『백산학보』 83호, 2009

이원명, 「바롬 선생의 가계와 활동을 통한 삶의 재조명」(고황경박사 탄생 100주년 기념 학술발표, 2009. 6)

이원명(공저) 『서울여자대학교 50년사』, 서울여자대학교, 2012

이원명, 「1930년대 '재만 항일운동가 李紅光(본명 李鴻圭)'의 전사년도와 가계에 대한 일고찰」 『동북아문화연구』 제38집, 2014

정신여자중고등학교동창회, 『貞信百年史』, 정신여자중고등학교, 1989

차영숙, 「바롬 선생의 신앙과 믿음 세계」(고황경박사 탄생 100주년 기념 학술발표, 2009. 6)

친일인물사전편찬위, 『친일파 인물사전』, 민족문화연구소, 2009

한국근대사학회, 『한국근대사』, 한울아카데미, 2007

한국역사연구회·일본역사교육연구회, 『한일교류의 역사』, 2007, 혜안

한영우, 『다시 찾는 우리역사』, 경세원, 2008

남대문교회, 홈페이지(www.ndmc.or.kr/church

서교동교회, 홈페이지(www.skdch.or.kr)

조선일보, 1937. 5. 30자, 2005. 8. 9자('광복이야기') 및 2015. 1. 1자

동아일보, 1937. 10. 29자(사설), 1940. 1. 6자 및 1940. 2. 15자

한국대학신문, 2014. 12. 4자

연세대학교 동문화보, 제497호, 2015. 5. 1자

제 5 부

보학속의 경화사족과 기묘명현

제1장 조선시대 경기도 경화사족(京華士族) 고찰
- 토성(土姓) 출신 용인이씨를 중심으로 -

1. 머리말

오늘날 경기도(京畿道)는 정치·경제·사회·문화면에서 서울 못지않게 주목되는 지역이라 이미 고려시대부터 경기(京畿)를 중앙정부에 직접 예속시켜 특별하게 관리하였다. 고려 태조 왕건이 개성에 도읍을 정하면서 경기 지역은 우리나라 역사의 중심 무대로 부각되었다. 왕도의 외곽지역인 지칭하는 '경기'에서 '경'(京)은 천자가 도읍한 경사(京師)를, '기(畿)'는 천자 거주지인 왕성을 중심으로 사방 5백리 이내의 땅을 의미 한다.

원래 '경기'라는 말은 중국 당나라 때 왕도의 주변지역을 경현(京縣; 赤縣)과 기현(畿縣)으로 나누어 통치하였던 데서 유래를 찾을 수 있다. 따라서 '경기'란 왕실과 왕경을 보위하는 울타리로서, 근본이 되는 곳(根本之地), 사방의 근본(四方之本), 왕의 교화가 먼저 미쳐야 할 곳(王化所先)으로 일찍부터 중시되었다.

우리나라에서 제도로 된 것은 고구려나 백제의 왕기王畿의 개념으로서 '기내'(畿內)란 표현과 왕경부근에 특별한 군사구역을 6기정(畿停)을 두어 왕경을 보호하였던 신라의 기보(畿輔) 지역이 선구적인 경기제도의 형태라 하겠지만, 이러한 경기가 정식으로 경기제도(京畿制度)로 된 것은 고려조 1018년(현종 18)부터이다. 하지만 그 시작은 995년(성종 14)에 설치된 개경주변의 6적현과 7기현 등 13개 현을 묶어 '경기'라 부르

고, 주현인 개성현과 장단현의 현령으로 하여금 분할 통치함으로써 하나
의 지방행정조직으로 편제된 것이다. 그 후 경기가 하나의 도道로서 확
립된 것은 고려 말 1390년(공양왕 2)이었다. 경기를 확장하여 경기좌도
(京畿左道)(25개 군현)와 경기우도(京畿右道)(19개 군현)로 나누고 각기
도관찰출척사를 둔 때부터였다. 이때 양광도와 교주도의 일부가 좌도로,
양광도와 서해도 일부가 우도로 편입되었다.[1]

조선왕조에 이르러 경기지역은 1394년(태조 3) 한양으로 천도한 다음
에 도역을 대폭적으로 조정하는데 당시 양광도에 속하였던 광주·수원·
양근·용구·처인·천령·지평이 경기도에 속하게 되었다. 1402년(태종 2)
에는 왕권강화 차원에서 8도제(八道制)를 실시하여 좌·우도를 합하여
관찰사 1인을 두고 지속적으로 정비해 나가갔다. 1414년(태종 14)에는
경기도로 호칭하고 1434년(세종 16)에 경기도에 속했던 철원을 강원도
에, 충청도에 속했던 안성을 경기도에 속하게 함으로써 오늘날과 같은
경기도가 완성되기에 이르렀다. 한편 조선조에 들어서서 군현제 병합이
시도되어 경기 13건, 전라·경상이 각 10건, 충청 9건, 평안 9건, 황해
6건, 함길 1건이 있었고, 이들 중 다시 분립된 것이 경기 8건, 충청 4건,
전라·경상 각 3건, 평안·황해 각 2건 등이 있었는데 경기도가 병합과
분리가 가장 많이 이루어졌다.

따라서 중앙에서는 국왕 - 관찰사 - 수령 - 백성이라는 종적 통치체제
의 일관성을 확립하고자 하였다. 관찰사는 한 도의 책임자로서 행정·사
법·군사·치안 등 관할 도에 대한 포괄적인 책임권을 가진 중요한 관직
이었다. 관찰사는 종2품 이상을 원칙으로 뽑았지만 실제로는 정3품이나
정2품 이상자로 선출되는 경우가 많았다. 특히 경기관찰사는 수원부·개

---

1) 경기도사편찬위원회, 『경기도의 역사와 문화』, 1997, 98~102쪽, 154~159쪽과 『경
기도사』(조선전기편), 2003, 68~81쪽, 112~131쪽 및 경기박물관, 『경기관찰사』,
2010. 참조

〈표 5-1〉〈경기도 주·부·군·현 편성 현황〉

구분/수령	부윤 (종2품)	대도호부사 (정3품)	목사 (정3품)	도호부사 (종3품)	군수 (종4품)	현령 (종5품)	현감 (종6품)	비고2)
좌도 (21)			광주 여주	부평 남양 이천 인천 수원	양근 안산 안성	용인 진위 양천 김포	지평, 과천 음죽, 양성 양지, 금천 통진	광주, 수원 (유수부로 승격)
우도 (17)	개성 (유수)		파주 양주	강화 장단	삭령 풍덕 마전 고양	영평	포천, 적성 연천, 교동 교하, 가평 죽산	강화 (유수부 승격)
	1		4	7	7	5	12	

(자료: 『경국대전』 권1 吏典 외관직조 참조)

성부·강화부·광주부 유수(留守)와 병마절도사·수군절도사 등을 겸직하였던 중요한 관직이었다. 경기도관찰사의 교지에도 겸직상황을 알 수 있다.

이재학 경기관찰사 교지
(1797(정조 21) 3. 3)

이규현(이재학 子) 경기관찰사 교지
1840(헌종 6). 3.18

한편 관찰사의 전임기구인 경기 감영(監營)은 1403년 처음 수원에 두었으나 얼마 뒤 광주(廣州)(1450년 이후~1460년)로, 곧 서울의 돈의문

---

2) 광주는 선조 10년(1577)에 府尹과 정조 19년(1586)에 留守로 승격, 수원은 정조 17년(1793)에 留守로 승격되고, 강화는 광해군 10년(1618)에 府尹과 인조 5년(1627)에 留守로 승격되었다(경기도사편찬위원회, 『경기도의 역사와 문화』, 참조)

(서대문) 밖 반송방(충정로 1가 90번지, 현 서울적십자병원 터)에 400여 년 동안 그 역할과 위용을 드러냈다(소속 노비가 450명 이었음). 조선 후기 지방행정구역 개편이 8도 체제에서 23부(府) 331군(郡)(1895년 5 월)개편되고 다시 1년 만에 도제(道制)(13도)로 구획되면서 1896년에는 감영을 수원으로 이전하였다. 그리고 1910년 일본에 합병된 후 한성부 (漢城府)가 경기도에 편입되면서 경성부(京城府)로 개칭되면서 경기 도 청을 서울의 종로구 광화문 좌측 앞으로 이전하였다가, 1967년에 경기 도 수원으로 이전한 이래로 현재에 이르고 있다.[3]

이처럼 경기는 도읍지 서울과도 밀접한 관계 속에 일반적으로 이를 묶어서 예기할 때 근기지역(近畿地域)이라고도 하는데, 오늘날로 보면 수도권 지역으로 조선조 정치·경제·사회·문화의 배후지로서 사림(士林) 이나 벌열(閥閱)들의 활동 공간지역이기도 하였다. 특히 조선후기인 18· 9세기 영·정조대 이후에는 당시 경향학계(京鄉學界)의 분기(分岐) 현상 이 심화되면서 새로이 학계내의 우월적 지위를 차지해 간 서울과 그 주 변 사족을 지칭하는 용어로 지방양반과 구별되는 서울양반의 칭호로서 '경화사족(京華士族)'이란 표현이 쓰이게 되었다.[4] 근기지역에서도 경 화사족과 관련하여 필자는 그 중 용인(龍仁)[5]이라는 지역적 학문적 정

---

3) 경기도박물관, 『경기관찰사』, 2010, 170~175쪽. 현존하는 '경기감영도' 12폭 병풍 (리움박물관 소장, 보물 제1394호)에서도 그 위용을 잘 드러내고 있다(46~48쪽).

4) 유봉학, 「18·9세기 경향학계의 分岐와 京華士族」『국사관논총』 22, 1991: 『연암 일파 북학사상 연구』, 일지사, 1995, 24~35쪽 참조.

5) 龍仁의 유래를 『세종실록 지리지』(1423) 용인현조를 보면, 백제(온조왕 즉위 후 용인을 滅烏縣) - 고구려(駒城縣, 장수왕 63년, 475) - 통일신라(巨黍縣, 경덕왕 16 년, 757) - 고려조(龍駒縣, 태조 23년, 940) - 조선조에 이르러 龍仁縣(용구현+처 인현, 太宗 14, 1414)으로 600여년 가까이 유서 깊게 사용되다가, 근세에 이르러 고종 32년(1895) 충청도 충주부 용인군으로, 1896년 다시 경기도 용인군(12개 면) 으로 있다가 1996년 용인시로 승격된 후 2005년에 처인, 기흥, 수지구 3개구 개 청된 후 지금(2007)은 3개구·1읍(포곡읍)·6면·23동의 행정체계의 지방자치단체이 다. 참고로 면적은 서울과 비슷한 592km²(경기도의 5.8%)이고 서울에서 남쪽

서와 위치 및 그 위상을 주목하지 않을 수 없다.

대표적으로 조선 전기 정암 조광조와 조선후기 도암 이재 등 사림의 거목들이 활동하였던 지역이라 학문적인 분위기가 그 어떤 지역보다도 활발하였음을 주목할 필요가 있다고 본다. 특히 정암(靜菴) 조광조(趙光祖)(1482~1519)는 용인지역 사은정(四隱亭)6)에서 학문을 강론하면서 당시 사림세력들의 구심점 같은 역할을 하기도 하였다. 그 후 포은 정몽주(1337~1392)와 정암 조광조 위패를 모시고 있는 충렬서원(忠烈書院)과 심곡서원(深谷書院)이 용인지역에 있고, 당시 산림의 거두인 우암 송시열을 비롯한 현암 박세채, 수암 권상하, 도암 이재, 미호 김원행 등이 서원 원장을 맡고 있다는 점도 주목할 필요가 있다.7)

그리고 도암(陶庵) 이재(李縡)(1680~1746)가 세운 한천정사(寒泉精舍)(용인시 이동면 천리)는 18세기 전반 노론 내부 호락논쟁(湖洛論爭) 중 낙론(洛論)('人物性同論')을 대표하는 강학소이자, 문인 양성소 이었다.8) 당시 제자가 많기로 유명한 이재는 한번 행차하면 5, 6천명이 함께 움직여 세를 짐작할 수 있다.9) 이들은 종래 산림(山林) 유학자로부터 전통 주자학풍(朱子學風)을 계승하기 보다는 서울과 그 부근의 학자를 찾아 수업하거나 가내(家內)에서 기초를 닦아 가학(家學)을 계승하는 것을

40km정도 떨어진 경기도의 중심에 위치하고 있다.

6) 四隱亭(현 용인시 기흥읍 지곡리 입구의 두암산에 위치, 용인시 향토유적 제50호)은 중종 11년 조광조의 족인인 광보·광좌와 한산이씨 李耔가 조성한 곳으로 현재 한산이씨 동족마을이 부근에 있다(이성무 외, 앞의 논문, 162쪽).

7) 이원명, 「경화사족으로서 용인이씨의 위상」『보학특강』(유인물), 용인이씨대종회, 2012. 16~18쪽.

8) 18세기 사림세력의 용인지역에서 활동과 관련하여 李縡의 문인으로 86명(姜斅錫, 『典故大方』권3, 文人錄, 도암 이재문인)이 보이는데, 그들 중 서울·경기 출신(63.4%)이 가장 많은데 이에 대해서는 최성항, 「조선후기 李縡의 학문과 한천정사의 문인교육」, 『역사교육』77, 2001. 79~81쪽 참조.

9) 조준호, 「영조 전반기 탕평책과 노론 내 분기」, 『조선시대 정치와 제도』, 집문당, 2003, 172~178쪽 참조.

일반화시켜 가고 있었다. 이러한 측면에서 근기지역가운데 용인·광주·
시흥에 대한 사례 연구10)는 필자가 용인지역을 주목하고자 하는데 도움
을 받았음을 밝혀 둔다.

또한 지역적 위치가 서울과 하루 정도 거리에 있어 평균 7개월에 한
번 정도 보는 별시 등 각종 과거시험에 응시하는데 유리하였을 것이다.
따라서 이러한 용인지역의 학문적 정서와 지역적 위치는 전국적으로 종
5품 관할 현 단위 지역인 용인에서 가장 많은 합격자를 배출하고 있다는
점이다. 즉, 전국 현 단위(34곳)에서 문과에서 63명(소수성관 출신 10명
포함)과 생원·진사시에서 139명이나 용인지역에서 배출하고 있다는 점
이다.11)

그리고 이러한 지역적 정서는 이 지역 토성(土姓)으로 일찍이 고려조
부터 뿌리내린 용인이씨의 시조 이길권과 여말 선초의 이중인 및 조선후

---

10) 이성무·정만조·이영춘·최봉영, 「조선시대 근기지방의 文蹟·遺物·遺蹟 조사연구」
『조선시대사학보』 10, 조선시대사학회, 1999가 도움이 되었고, 그리고 정만조, 「조
선시대 용인지역 사족의 동향」 『한국학논총』 19집(국민대 한국학연구소). 1996,
99~100쪽과 및 정옥자, 『우리 선비』, 현암사, 2002, 231쪽 참조.

11) 졸저, 『조선시대 문과급제자 연구』, 국학자료원, 2004, 215쪽 및 301쪽 <부록
2> 참조)

〈용인지역 출신 문과 및 생원·진사시 합격자 성관 세기별 분포〉

구분/ 시기	15C 全期	16C 전기	16C 후기	17C 전기	17C 후기	18C 전기	18C 후기	19C 전기	19C 후기	합격수
문과 (주요/ 소수)	3/2	1	3/1	2	3/2	8	11	13/1	6/2	63 (53/10)
생원· 진사시	2	5	4	5	17	19	27	21	39	139

한편 이러한 급제자 배출은 학문적·지리적 분위기 외에 경제적인 면에서 유리한 면
을 들 수 있는데, 바로 용인지역이 낮은 수준이지만 한말에 유명 인삼산지로 개성
외 금산·충주와 함께 재배지로 주목되는 지역임을 주목할 필요가 있다(홍순권, 「한
말시기 개성지방 삼포농업의 양상」(상), 『한국학보』 49집, 1987, 48~49쪽 참조).

기 경화사족으로서 용인이문의 위상을 그 가계와 통혼권과 함께 고찰하
고자 한다.12)

2. 용인지역에 고려조부터 뿌리내린 용인이씨

1) 고려시대부터 이어온 뿌리 깊은 가문

용인지역의 이러한 정서와 지리적 위치는 자연 그 지역에 대한 사족
(士族)에 대한 관심으로 용인의 대표적 토성인 용인이문(龍仁李門)을 고
찰할 필요가 있다. 용구(龍駒)(용인의 옛 지명)를 관적으로 하는 토성으
로는 진씨(秦氏)·이씨(李氏)·송씨(宋氏)·용씨(龍氏)·엄씨(嚴氏)가 확인
된다.13) 이들은 고려시대부터 용구의 유력성씨로 향촌사회에서 기능하
였다. 그들 가운데 고려 태조를 도와 건국에 공을 세워 삼한벽상공신에
봉해진 이길권을 시조로 하는 용구이씨(현 용인이씨)는 단연 용인을 대
표하는 성씨로 고려조와 조선조에까지 이어져 왔다하겠다.

먼저 용인이문의 시조 이길권(李吉卷)(880傳~984傳)은 고려태조가
고려를 개국하고 후삼국을 통일할 때 용인지역의 토호로서 큰 공을 세운
개국공신으로 전해진다. 공은 신라말 헌강왕 6년(880)에 용인에서 탄생
한 것으로 전하며 천품이 강직하고 도량이 넓었으며 천문지리에까지 통

---

12) 졸고, 「조선후기 근기지역 京華士族 고찰」 -용인이씨 문과급제를 중심으로- 『향
　토서울』 67호, 2006과 「구성부원군 이중인 생애와 杜門洞 72賢 대하여」 『이중인
　묘 용인시 향토유적(제60호)기념 학술포럼』(유인물), 용인이씨대종회, 2007 및 김
　성환, 「고려말 李中仁의 활동과 교유 관계」 『포은학연구』 8집, 포은학회, 2011
13) 『세종실록』 지리지, 경기, 용인현조. 용인의 성씨에 대해서는 이수건, 「용인의 貫
　籍 성씨와 世居 성씨」 『龍仁市史』(Ⅲ) -사람과 마을(1)-, 용인시사편찬위원회,
　2006과 졸고, 「고려후기 지역사회의 동향」 『龍仁市史』(Ⅰ) -역사와 문화유산(1)-,
　용인시사편찬위원회, 2006, 참조.

壬子譜 표지 3권(1732)
(사간공파 종회, 2012, 영인)

용인이씨 시조
고려개국공신 이길권
(임자보, 1732)

용인이씨 중시조
구성부원군 이중인
(임자보, 1732)

달한 인물로 알려졌다. 한 예로 신라 말 유명한 승려이며 풍수설의 대가
로 알려진 도선대사(道詵大師, 827~898)가 公을 보고 장차 왕을 도와
큰일을 할 재목이라고 하며 감탄해 마지않았다 한다. 그 후 서로 친교하
는 사이가 되었고 公公이 많이 배우는 바가 있었다 한다.

당시 신라의 국운이 쇠하여 혼미를 거듭하는 난세에 신라 말 경명왕
2년(918) 혁명으로 왕건이 고려를 개국할 때 공은 용인지방의 토호로서
왕건을 도와 삼한(三韓)을 통합하는데 공을 세웠다 하여 즉위 한 후 5백
호의 식읍(食邑)과 산성군(山城君)에 봉군하였다. 그러나 청렴겸양한 공
은 이를 굳이 사양 하면서 "신臣은 본시 산골에서 나무나 하고 신이나
삼으면서 궁하게 살려는 터 이온데 어찌 이 같은 후한 녹(祿)을 감히 받
을 수가 있겠습니까"하고 사양하였다. 그러나 태조는 공의 뜻과는 달리
또다시 '구성백 삼한벽상공신 삼중대광숭록대부태사(駒城伯三韓壁上功
臣三重大匡崇祿大夫太師)'의 벼슬을 내리고, 사후에는 '안의(安毅)'라
는 시호를 내렸다. 조정에서는 청렴한 선비로서 나라를 위해 충성을 다
하고 훗날 고향인 용인으로 내려와 후생을 위해 보내다가 천수를 누렸다
고 전한다. 고려 7대 목종은 그의 공을 기려 사후에 시호를 내리고 그가

'천년의 뿌리, 용인이씨' 특별전
리플렛(경기도박물관, 2013.3)

용인이씨 사당 '追遠祠' 전경
용인시 기흥구 흥덕로 30번길 23(영덕동)

살아온 용인을 본관으로 삼게 하였다.[14]

그후 용인이문은 시조 길권 이후 2세 원윤 헌정(憲貞), 3세 좌복야 정(靖), 4세 좌복야 회(懷) 등의 가세가 개국공신의 후예로 주요 관직을 차지하였으나 이후 쇠미해져 중·후기 명맥만 유지했다가 11세 공부낭중 유정(惟精), 12세 합문지후 석(奭)을 거쳐 13세 동지밀직 광시(光時)·광봉(光逢) 형제에 이르러 가세가 다시 일어나고 있었음에 기인한다.[15] 그

---

14) 고려 개국공신을 배향하고 있는 能善閣 28位 중 벽진이씨 李恩言 다음으로 두 번째로 용인이씨 李吉卷을 배향 인물로 볼 때, 고려개국공신 중에서 주요한 인물이었던 것으로 추정된다(세종대왕기념사업회, 『증보문헌비고』, 帝系考 7·8권, 1979, 숭의전앙암제중편, 『고려숭의전사』(회상사), 1992, 566쪽과 678쪽; 이원장, 「용인이씨의 원류」, 용인이씨종보 2호, 1987, 용인이씨대종회; 『용인이씨 세적보감』(이원겸 편찬), 2권, 1999, 417쪽; 이원명, 『용인시사』, 3권(용인시사편찬위원회), 2006. 5, 76~78쪽 참조.

15) 조선중기 후손이자 좌의정을 지낸 李世白의 『雩沙集』에는 시조 吉卷부터 29世에 이르기까지 세계가 수록되어 있다. 1세 吉卷(太師) → 2세 憲貞(元尹) → 3세 靖(좌복야) → 4세 懷(좌복야) → 5세 孝恭(尙衣奉御) → 6세 鉉侯(衙尉寺丞) → 7세 光輔(奉御同正) → 8세 晉文(직장동정) → 9세 仁澤(丞同正) → 10세 唐漢(戶部令史) →

후 용인이씨는 현재 13개 종파와 152개 지파를 이루며 구성원은 현 32,000여 명에 이르고 있다.16)

2) 고려후기 용인이문 가계를 일으킨 이광시(李光時)

고려의 개국공신 이길권의 후예로 이중인의 아버지 판전의시사(判典 儀寺事)(정3품) 이광시(1268~1345)는 고려말 부원세력의 횡포를 용납 하지 않고 이에 맞서다 귀양을 여러 차례 다녀오기도 하였던 인물이다. 이때는 고려왕조가 원지배하에서 충렬·충선왕과 충숙·충혜왕간의 중조 (重祚)가 거듭되던 시기였다.

일찍이 1310년(충선왕 2) 산랑(散郎)(6품)이었던 이광시는 헌부전서 김사원(金士元)과 함께 황후를 책봉한 조서를 반포하기 위해 원나라 사 신으로 온 팔찰(八扎)에 의해 투옥되었다.17) 당시 이광시는 부원세력의 횡포를 용납하지 않았고, 이에 맞서다 귀양을 감수해야만 했다. 하지만 얼마 되지 않아 그는 귀양에서 풀려 1314년(충숙왕 1) 왕명의 출납과 숙 위, 군기 등을 담당하였던 3품직의 우대언으로 활동하였다. 이때 충숙왕 은 국청사(國淸寺)에서 불사를 개최하였는데, 이광시는 대반일(大半日) 에 왕을 대신하여 국청사에서 향촉을 바쳤다.18) 그가 왕의 정치활동에 직간할 수 있는 밀직사의 우대언(右代言)(정3품)을 역임하였다는 것은 그의 정치적, 사상적 성향을 가늠할 수 있는 부분이다.

11세 惟精(공부낭중) → 12세 奭(閤門祇侯) → 13세 光時(同知密直) → 14세 中仁 (구성부원군) → 15세 士渭(개성유후) → 16세 伯持(강원관찰사) 등이 그것이다. 『零 沙集』 부록 권1, 世系, 「世系圖」 및 김성환, 위의 논문 참조.
16) 통계청, 『2000인구주택조사, 성씨 및 보관보고서』, 2003 및 용인이씨대종회, '용 인이씨의 由來와 位相' 리플렛, 2013, 4 참조
17) 『고려사』 권122, 열전35, 宦者, 李大順 ; 『고려사절요』 권23, 충선왕 2년 6월 참조.
18) 『동문선』 권68, 記, 「國淸寺金堂主佛釋迦如來舍利靈異記」 [閔漬] 참조.

또 1325년(충숙왕 12) 10월에는 역시 3품직인 총부전서(摠部典書)(전병부상서)로 원나라 황제의 생일을 축하하기 위한 성절사(聖節使)의 임무를 띠고 원나라에 다녀왔다.[19] 그런데 이전부터 그는 원나라와 고려에서의 성리학에 대한 사상적인 흐름을 충분히 인지하고 있었고, 원나라의 사신행을 기회로 이와 관련한 여러 정보와 자료를 고려에 들여왔을 것이다. 그리고 그런 정보와 자료들은 아들인 이중인에게 가학(家學)으로 전해져 그의 학문과 사상 형성에 영향을 주었을 것이다.[20] 이때 이중인의 나이는 11세였다. 특히 여기서 주목할 벼슬은 이중인의 조부 이석의 합문지후(閤門祗候)(정7품)와 아버지 이광시의 판전의시사(判典儀寺事)(정3품) 및 이중인의 홍복도감판관(弘福都監判官)(정5품) 관직이 모두 제사와 국가의례 등을 주관하던 관서였다는 점이다.

또한 이광시의 아버지 합문지후(종6품) 이석(李奭)(1225~1293)은 시강학사(侍講學士)를 역임한 자로 원종을 모시고 중국 원 세조(쿠빌라이)에게 세폐를 줄여줄 것을 건의하여 얻은 공으로 태부(太傅)가 되기도 하였던 인물이다.[21] 그리고 이광시의 관직 생활에는 그의 통혼권도 어느 정도 영향을 주었을 것으로 보이는데, 부인은 연창군부인 죽산 박씨와 계(繼)부인 덕양 부부인으로 행주기씨 소윤(少尹)(정4품) 기정서의 딸이다. 그리고 외조는 청주한씨로 충렬왕 때 활약한 판삼사사(判三司事)와 찬성사(贊成事)(정2품)를 지낸 한강(韓康, 생몰련 미상)이었다. 한강은 고종조에 급제하여 목은 이색(1328~1396)의 가계보다도 훨씬 먼저 세족의 위치를 공고히 한 가문이다.[22] 그리고 그가 개성 판관시 맞은 셋째

---

19) 『고려사』 권35, 세가35, 충숙왕 12년 10월 무자 ; 『고려사절요』 권24, 충숙왕 12년 10월 참조.
20) 김성환, 앞의 논문, 164~165쪽.
21) 용인이씨대종회, 『용인이씨 대동보』(戊子譜), 권1, 2008, 4쪽 및 『고려사』 권37, 원종 14년 3월 을묘조
22) 청주한씨 韓康은 목은 李穡이 가장 친한 친우로 교유한 3명 중 한 사람인 韓修

사위 방신우(方臣祐)(?~1343, 상주인)는 충렬왕 때 궁중에 환관으로 있
다가 원나라에 가서 활동하여 충선왕 때 중모군(中牟君)에 봉해지고 충
숙왕으로부터 상락부원군 추성돈신양절공신에 책록되고 관직으로는 개
성판관과 평장정사(平章政事)(정2품)에 오른 인물이다. 그는 일찍이 원
제국에서 고려를 원의 성省으로 편입시키려 논의 때 수원황태후에 건의
하여 중지케 한 공이 있는 자로서 부원군 이중인에게는 매부가 된다.[23]

이처럼 고려후기 이석-이광시 부자의 관직과 활동 및 통혼 관계는 조
선 초 15세기 거족으로서 거론되는데 어느 정도 밑바탕이 되었다고 본
다. 따라서 성현(成俔)(1439~1504)의 『용재총화(慵齋叢話)』에서는 '아
국거족(我國鉅族)'으로 76개의 성씨집단을 들고 있는데, 이중 용구이씨
는 13번째의 거족으로 기록되어 있어 역시 용인이씨는 용인을 대표하는
성씨였음을 알 수 있다.[24] 학계에서도 이제 '고려전기에 귀족 또는 고급
관인을 진출시킨 군현(본관)'으로의 용구와 '삼한공신과 호장을 겸유한
성관'으로 용인이씨 포함되어 15세기에 이미 거족으로 평가받고 있다
하겠다.[25]

(1333~1384)의 5대조가 韓康이다. 고혜령, 「목은 이색의 師承과 교유관계」 『목
은 이색의 생애와 사상』(목은연구회), 일조각, 1996, 265~266쪽 참조.

23) 한국정신문화원, 『한국인물대사전』, 중앙일보사, 1999와 김성환, 전게논문, 163
쪽 및 용인이씨대종회, 『용인이씨 대동보』(戊子譜), 권1 참조.

24) 『慵齋叢話』 권10, "古人皆重巨族 如晉之王謝唐之崔盧是已 我國鉅族 皆自州郡土
姓而出 昔盛而今衰 昔微而今盛者 並錄之 坡平尹氏 漢陽趙氏 利川徐氏 驪興閔氏
水原崔氏 陽川許氏 德水李氏 幸州奇氏 交河盧氏 仁川李氏·蔡氏 南陽洪氏 龍駒李
氏 竹山朴氏·安氏".

25) 이수건, 『한국의 성씨와 족보』, 서울대출판부, 2003, 88쪽 <표 1> 및 260쪽 <표
2> 참조.

3. 여말선초 구성부원군 이중인(李中仁)과 용인이문

1) 고려말 '두문동 72현' 정충대절(貞忠大節) 이중인

용인이씨는 이미 언급한 것처럼 신라말 고려 초 용인지역의 토성(土姓)으로 활동하여 고려조 개국공신으로 시작하여 여말선초 조선왕조에 들어와 과거급제를 통해 중앙에 진출하면서 가문 성장의 기반을 확립하였다. 시기는 고려말 원 지배하의 공민왕대의 반원개혁과정이 본격화된 시기이자, 곧 이어 고려에서 조선왕조로의 역성혁명의 전개되는 시기이기도 하다. 이 때 주목할 인물이 소위 '두문동 72현'으로 추앙되는 정충대절(貞忠大節 이중인)이다.[26]

門下侍中 李(中仁)先生 奉安文   八判 李公(中仁)『景賢祠 誌三』
(『두문동서원지』, 1969, 용인향교장의 이종기 제공)   (부록, 고려사집及야사, 용인향교 장의 이종기 제공)

---

26) 김성환, 「고려말 이중인의 활동과 교유 관계」(2011). 김성환의 이중인에 대한 자료 및 관직에서의 활동 및 교유 인물에 대한 정치한 논고는 이해에 크게 도움을 주고 있다. 이에 앞서 졸저, 『용인이씨 현조사적』(1), 용인이씨대종회, 2005, 19쪽과 졸고, 「구성부원군 이중인 생애와 杜門洞 72賢 대하여」(2007)가 있어 참고가 되었다고 하겠다.

용인이문 3대 절신(이중인-사영-백찬) 위패
(고려대전; 경기도 파주시 탄현민 통일동산 내)

이중인은 판도판서(版圖判書)인 이광시와 덕양부부인(德陽府夫人)
행주 기씨(幸州奇氏) 다섯 아들 중 셋째로 태어났으며, 대제학 전신(全
信)의 딸인 천안 전씨와 혼인하여 형부전서(정3품) 사영(士穎)과 개성 유
후(종2품) 사위(士渭), 중추원 지주사(정3품) 사이(士彝)를 낳았다. 또 아
들에게서 손자 6명을 보았는데, 관찰사 백지(伯持)와 사간 계공(季拱)이
가장 현달하였다고도 한다. 그는 이색·정몽주 등과 함께 조선 건국에 참
여하지 않고 절의를 지켜 조선 건국세력들이 전조(前朝) 인사들의 동조
를 위해 관직을 제수하는 등 회유책에 따라 '구성부원군(駒城府院君)'에
봉했지만, 자신은 이를 수용하지 않은 것으로 알려져 있다.

公에 관한 자료 중 용인현 서쪽 자은교(慈恩橋)(현 용인시 기흥구 영
덕동 지역 내)에 있는 공의 묘비가 일찍부터 건립되어 있었으나, 어떤
사람에 의해 의도적으로 훼손되고 은닉되어 평생에 관한 자료가 사라지
게 되었다고 전한다. 이에 묘역을 개수할 17세기 중엽에 이미 "아! 공의
세대가 멀어서 이력의 관직과 행실을 자세히 알 수가 없고 오직 후손들
이 더욱 멀어질수록 더욱 번창하여 양반가문을 말하는 자들이 반드시 우
리 이씨를 꼽으니 그렇다면 공의 적덕(積德)이 많음을 여기에서 증험할
수 있다"고 밝히고 있다.[27)]

이러한 가운데 1360년(공민왕 9) 10월 25일에 치러진 동당시(東堂試)
에서 공公의 아들 개성유후 이사위(1342~1402 이후)가 진사 23인 중
한명으로 고려조에 급제하고 있음을 확인할 수 있다.[28] 당시 대과에서
장원으로 포은 정몽주 등 모두 33인을 급제하였다.[29] 이들 중 이중인의
아들인 이사위는 19세의 나이로 신진사로서 최연소 나이로 급제 하였다.
한편 이중인에 관한 기록은 이후 자료에서 확인되지 않는다. 어떤 배경
에서 그랬는지 알 수 없지만, 공의 묘표 음기에 있듯이 "어떤 사람에 의
해 의도적으로 훼손하고 삼춰 두었다(爲人所毁匿藏)"는 것이 그 이유였
을 것이다. 조선후기 형조참판을 지낸 이원익(李源益)(1792~?)[30]의 『기년
동사약(紀年東史約)』에서 이중인에 관한 전반적인 평을 살펴볼 수 있다.

> "구성백(駒城伯) 이중인은 용인사람(龍仁人)이다. 어려서부터 학업과 뛰어
> 난 업적으로 고려 때 일대종장(一代 宗匠)이 되어 포은(圃隱)과 목은(牧隱)이
> 어려서부터 학문을 종유(從遊)하였다. 여러 벼슬을 거쳐 문하시중(門下侍中)에
> 이르렀다. 아조(我朝)에서 구성부원군(駒城府院君)에 추봉(追封) 하였으나 공
> 은 사양하고 받지 않으며 말하기를, '나는 본래 전조의 사람으로 스스로를 다스
> 리는 것이 지켜야 할 뜻이거늘 어찌 달라질 수 있을 것인가'라고 하며 마침내
> 용인에 은거하며 죽을 때까지 나오지 않았다. 비록 송인(松人)들은 아주 어리석다
> 고 하기도 하였으나, 모두 구성백의 정충대절(貞忠大節)을 칭송하였다."[31]

---

27) 前縣令 李世會 敬書(1705), 「嗚呼公之世遠矣官歷履行莫得以稽獨 其後承采遠采大
數簪纓之世者必歸焉則 公之積德遺羨於斯可徵哉」『高麗駒城府院君李公墓表陰記』
(용인이씨대종회, 「용인이씨 종보」 52호, 1999 및 『용인이씨대동보』(戊子譜) 권1,
2008, 7쪽).

28) 용인이문에서 고려조에서 대과 급제자가 11명(이회, 효공, 진문, 당헌, 유정 중인,
중인, 사영, 사위, 백지, 계공) 배출한 것으로 전해지나(이원겸, 『용인이씨세적보감』
1권, 용인이씨대종회, 1999, 166쪽), 榜目에 보이는 급제자는 공민왕 9년(1360) 이
사위(개성유후)와 우왕 11년(1385) 이백지(강원관찰사, 청백리)가 있다.

29) 『고려사』 권73, 지27, 선거1, 科目1 참조. 李存吾『石灘集』하, 부록 ; 성균관대학
교 대동문화연구원, 『고려명현집』 4권, 414쪽 참조.

30) 이원익은 1819년(순조 19) 생원시에 합격하고, 1825년(순조 25) 식년시에서 을과
2인으로 급제하였다. 『司馬榜目』 및 『國朝榜目』(奎貴11655) 참조.

즉, 이원익의 『기년동사약』이 비록 19세기의 자료라고 할지라도 여기에서 이중인은 학업과 뛰어난 업적으로 고려말에 일대종장이 되어 정몽주와 이색 역시 어려서부터 그에게 학문을 배웠다는 기술은 의미하는 바크다 하겠다. 이미 이중인의 아버지 이광시가 고려 후기 1310년(충선왕 2) 6품 산랑으로서 부원세력의 횡포를 용납하지 않고 맞서다 귀양을 다녀왔고 1325년(충숙왕 12) 총부전서(3품)로서 원나라에 다녀오는데, 당시 성리학에 대한 사상적 흐름을 나름대로 인식하고 있었다고 보여 진다는 고찰은 설득력이 있다고 본다.[32]

따라서 반원개혁운동을 전개할 당시 활동하였던 이광시의 아들 이중인도 당시 대내외 정세와 사상계의 흐름을 이해하고 있었다고 본다. 따라서 1365년(공민왕 14)에 공민왕비 노국대장공주가 난산 끝에 죽자 3일간 조회를 중지하고 국상을 준비하고 있을 때, 이중인이 이를 관장하는 정 5품직인 통직랑으로 종 5품 홍복도감 판관(『고려명현집』 4권, 114쪽)으로서 그 역할을 감당하였던 것이다. 그의 나이 50세 때였다.

여기서 홍복도감이란 관직은 왕실의 제사를 주관하고 왕의 묘호 및 시호의 제정을 주관하였던 전의시와 관련한 도감이었다. 따라서 역시 당시 의례와 사상(불교와 유교)에 상당한 자야만 가능한 부서라 하겠다. 공교롭게도 용인이문의 이중인-아들 이사영·이사위 형제들과 연계된 것이 바로 삼봉 정도전 집안이라는 점이다. 즉, 조선조 개국 1등 공신 정도전의 아버지 정운경(鄭云敬)(1305~1366)이 1342년(충혜왕 복위 3)에 정도전(鄭道傳)(1342~1398)을 낳을 때 그의 아버지 관직은 홍복도감 판관이었고, 이후 1359년(공민왕 8) 형부상서로 승진에 하였다.

---

31) 李源益, 『紀年東史約』 권9, 高麗紀, 壬申 4년 "駒城伯 李中仁 龍仁人 少以學業著蹟 麗朝爲一代宗匠 圃隱牧隱自少從學 歷官門下侍中 我朝追封駒城府院君 公讓封不受 曰我本前朝人 自靖素志 豈可渝乎 遂隱居龍仁 終身不出 雖松人至愚 咸稱駒城伯之貞忠大節".

32) 김성환, 앞의 논문, 164~165쪽.

그리고 이중인의 2남 이사위(李士渭)(1342~1402 이후)가 19세로 대
과 급제 때(1360) 정도전은 성균시에 합격하고 1362년(공민왕 11)에 대
과인 진사지에 합격하고 있다. 한편 역성혁명 당시 이중인 장남 이사영
(李士穎)(?~1406 이후)은 고려조 형부상서로 고려말 성균관대사성을 지
낸 한산부원군 이색(李穡)(1328~1396, 한산인)의 당여(黨與)로 태조 이
성계의 조선왕조 즉위교서에 고려조 충신 및 고위 관료 56명과 함께 유
배를 떠나는데 그 즉위교서를 작성한 자가 바로 정도전이었다.33)

하지만 고려말 정도전·조준·남은 및 이성계와는 정치적으로 다른 길
을 걸었던 목은 이색은 이사영·이사위 형제와 정몽주와는 뜻을 같이하
면서 자주 모임을 가지곤 하였던 내용이 찾아 진다. 즉

> "이호현(李浩然)과 함께 자하동으로 놀러 갔는데, 밀직 정포은(密直 鄭圃
> 隱)과 판서 이사위가 술을 가지고 찾아왔기에, 저녁 늦게까지 있다가 돌아왔
> 다"

> "호연과 자안과 자복이 나와 한맹운 선생을 초청하였으니, 이는 松山 좌측
> 산기슭에 올라가서 중구일(重九日)(음력 9월 9일)을 기념하려는 것이었다. 그
> 런데 도착하고 보니 밀직 정포은을 위시해서… 판서 이사위가 미리 와서 우
> 리를 기다리고 있었다. 이에 그 산의 봉우리로 올라가서 사방을 바라보았으나
> 마음에 차지 않는 점이 있기에, 조금 서쪽으로 옮겨 감로사 남쪽 봉우리 올라
> 갔더니 앞이 툭 터져서 전망이 훨씬 좋았다. 여기에서 술잔을 주고받고 시와
> 노래를 읊조리면서, 국화꽃이 필 때 다시 모이기로 재차 약속을 하고는 밤이
> 되어서야 돌아왔다. 이날 뒤에 도착한 사람들이 또 있었는데, 그들은 청주(淸
> 州) 이사영(李士穎)과 정부령(鄭副令)이었다. 그다음 날 이때의 일을 다시 떠
> 올려 보니 벌써 꿈속의 일처럼 여겨졌으므로, 이에 정회를 가눌길이 없어서
> 한 수를 지어 읊었다"(『牧隱詩藁』권30, 詩)

---

33)『태조실록』1권, 1년(1392) 7월 28일 丁未條「李士穎、柳沂 (중략) 金允壽等, 收
其職(貼) 決杖七十 流于遠方 (중략) 教書 鄭道傳所製」및 졸고,「여말선초 삼봉 정
도전의 역성혁명의 꿈과 한양설계」『인문논총』26집(서울여대 인문과학연구소),
2013, 102~104쪽.

라고 하였다. 이는 1360년에 이미 이사위(급제시 19세)와 문생(門生)이
었던 장원급제자 포은 정몽주(당시 25세)와 오랜 관계를 맺어 왔었고 또
한 이사위의 형 형부상서와 밀직사, 우부대언(右副代言)(정3품)을 지낸
이사영과도 교유가 많았었음을 알 수 있다.

이러한 관계로 당시 사상계(유·불교)에 밝았던 친구의 아버지인 홍복
도감 판관 이중인에게 학문을 배웠을 것은 그리 추정만은 아닐 것이
다.[34] 어떻게 보면 이중인은 목은 이색에게는 학문의 선배이자 아들의
스승이었고, 포은 정몽주에게는 큰 아들의 친구이자 작은 아들과는 문생
으로서 교유와 만남을 통하여 어느 정도 영향을 주었다고 생각된다. 더
구나 조선 건국세력들이 회유하기 위해 이중인에게 구성부원군에 추봉
하자 "본래 전조의 사람으로 스스로를 다스리며 뜻을 지켜야 할 것"이라
하며 용인에 은거하며 죽을 때까지 나오지 않았던 절개를 포은 정몽주는
높이 사서 그를 따랐다고 보여진다.

이중인의 관직 및 구체적 자료가 관찬 사료상에는 확인되지 않지만,
위의 『목은집』 등 문집으로 볼 때 오히려 생생한 당시의 모습을 목도할
수 있다고 본다. 즉, 구성부원군 이중인은 고려 말 역성혁명으로 무너져
가는 현실에서 소위 '두문동(杜門洞) 72현' 같은 처신의 삶은 분명 당대
최고의 학자요, 선비였던 이색과 정몽주에게 깊은 감회를 남겼을 것으로
사료된다. 이러한 점이 당시 이중인의 위치를 말해준다고 하겠다.[35]

---

34) 용인문화원, 「포은 정몽주 선생과 용인의 역사문화인물」(제10회 포은문화제 유인
   물), 2012. 31쪽에 보면, 고려말 8현으로 추앙된 진초 이중인에 대한 설명에서 '목
   은 이색과 포은 정몽주를 가르친 뛰어난 학자'로 소개하고 있다. 이에 대한 것은
   용인문화원 이사인 이광섭 향토학자의 그동안 꾸준한 지적이 받아들인 것으로 알
   고 있다.
35) 『牧隱詩藁』 권30, 詩 및 김성환, 위의 논문, 162~163쪽과 175~177쪽 참조.

2) 사료와 문화유산으로 본 용인이문

용인이씨는 신라 말 고려 초부터 토성사족으로 활동하기 시작하여 이미 고려조에도 11명이나 급제자를 배출하여 고려 후기에 이광시·이광봉 형제를 통하여 훈구사족으로서 위치도 상당하였음을 살펴본바 있다. 더구나 여말 선초 공민왕대에 활약한 홍복도감 판관 이중인(1315~1392 이후)이 구성부원군 그 위치는 더욱 높아져 용인이문의 중시조 자리하고 있다.

따라서 조선왕조에 들어와 과거급제를 통해 중앙에 진출하면서 가문 성장의 기반을 확립하였다. 특히 조선 초기 성종 때까지 8명이나 대과에 급제하여 일찍이 중앙에 자리를 차지하여 『동국여지승람(東國輿地勝覽)』 용인현 인물조에 용인의 인물로 유일하게 소개하고 있는 인물은 이사위(개성 유후)·이백지(강원관찰사)·이길보(경기관찰사) 등 3인이다. 이는 이미 정치적으로 훈구계열이면서 명문거족(名門鉅族)의 일원이 되었음을 의미한다 하겠다.[36] 조선초기 훈구계열 일족으로서 위치를 공고히 한 용인이씨의 가문 성세는 이광시(李光時) 이후 고려 말 '두문동 72현'의 한 사람으로 알려진 이중인(구성부원군, 홍복도감 판관, 용인이씨의 중시조)을 잇는 가계에서 이루어지고 있다.

그러나 시기는 고려가 망하고 새로이 조선왕조가 등장 하던 때였다. 태조 이성계의 계획을 좌시할 수 없었던 그는 앞날을 개탄한 나머지 모든 벼슬을 버리고 초야에 묻혀 절신(節臣)으로 지내었다. 조선왕조가 들어서 그를 다시 구성백으로 봉하자 단호히 이를 물리치면서 중국 고사의 '백이(伯夷) 숙제(叔齊)'와 같은 충절이 더럽혀질까 염려된다 하며 머리를 풀고 산에 들어가 세상과의 모든 인연을 끊으시고 자손들 에게도 '이

---

36) 이태진, 「15세기 후반기의 鉅族과 名族意識」『한국사론』3, 서울대학교 국사학과, 1985, 237쪽.

조(李朝에는 三代까지 벼슬하지 말라'고 이르렀다.

그후 정과(鄭過) 등 8판서(八判書)와 더불어 개성에 있는 성거산(聖居山)에 들어가 분신 자결할 것을 모의하고 나무를 산과 같이 쌓아놓았는데 이들 자손들이 찾아와 읍소 만류하여 뜻을 이루지 못하자, '죽지도 살지도 못하는 팔자이고 보니 장차 어떻게 한단 말인가'하고 크게 비통해 하다가 세상을 떠났다고 전한다.37) 이중인의 이러한 절개를 높이 사서 경기도 의정부 유림에서 사당 송산사(松山祠)를 세워 이중인 등 6명을 조선 후기 순조 9년(1809)이래 현재에 까지 배향(매년 음력 3월 20일)해 오고 있다.38)

고려말 6충신 위패가 봉향된 松山祠
(경기도 의정부시 민락동 285번지)

'고려홍복도감판관 진초이선생' 표석
(松山祠, 순조9년(1839) 이래 배향)

---

37) 『景賢祠誌』 3 부록(용인향교 掌義 이종기 제공)과 용인시사편찬위원회, 『용인의 분묘문화』, 2001, 37쪽
38) 純祖 9년(1809)에 이중인 외에 송산사에 배향된 고려 말 충신 6선생은 趙狷(松山, 평양인, 안렴사)·元宣(陽村, 원주인, 판삼사사)·金澍(籠菴, 선산인, 좌복야)·金逸(老亭, 강릉인, 검교중랑장)·兪藏(松隱, 무안인, 예부상서)이다. 참고로 正祖 22년(1798) 전국유학자들이 사당을 세운 후 조견, 원선 두 분만을 모셔오다가 순조 9년(1809)에 이중인, 김주, 김양난, 유천 등 고려말 충신 네 분의 위패가 더 추가로 모시고 제향과 더불어 하였고 이후 현재에 이르고 있다. 사단법인 의정부향토사 연구회, 『松山祠誌』, 1997, 250~252쪽. 의정부 민락동 285번지, 경기도 기념물 제42호.

하지만 이중인 이후 후손들에 의해 자손들은 두 갈레로 나뉘어졌다. 즉, 불사이군을 따른 큰 아들 집안 형부전서 이사영-장손 지영천군사 이백찬의 길과 관직 세계로 나선 둘째 아들 개성유후 이사위-손자 청백리 이백지의 길이 달랐다. 우선 고려가 망하자 '고려말 절신(節臣)' 부친 이중인의 불사이군(不事二君) 유언대로 그 정신을 맏아들 이사영(李士穎)(형부전서, 정3품)-이백찬(李伯撰)(지영천군사, 종4품) 부자가 '3세불사'(三世不仕)의 충절을 지키며 그 위패가 파주 통일동산 내 '고려통일대전(高麗統一大殿)'에 위패가 모셔져 있다.39)

한편 이중인의 둘째 이사위(李士渭)(개성유후, 종2품)도 아버지의 유언대로 따르려 하였지만 당시 유민들의 간곡한 원류(願留)를 받아들여 조선조에서 벼슬을 하게 되는데 아들 이백지(李伯持)(청백리, 강원·전라 감사) 부자 후손에서 다수의 급제자 및 관직자를 배출하여 용인이문 최대의 파(부사공파)를 이루었다.40) 그리고 최근 이중인-이사위-이백지 3대 묘역이 용인시 향토유적으로 지정되어 화제가 되기도 하였다.41)

---

39) (사)고려역사선양회, 『고려통일대전지』, 2009, 826~827쪽에 고려조에 不事二君의 정신을 이어 받은 인사로 수록되었을 뿐 아니라, 2007년 경기도 파주 통일동산 내에 건립된 '高麗大殿'에 고려 역대왕 34位와 충현공 열사 357位(2013년, 현재 391位) 중 고려조 충신으로 용인이문 3世의 위패가 모셔져 있다. 매년 양력 10월 첫 토요일 제향.

40) 졸고, 「조선후기 근기지역 경화사족 고찰」(2006), 177~178쪽. 참고로 조선조 용인이씨 문과급제자 86명 중 7명이 이사영 －이백찬 후손에서, 73명(84.5%)은 이사위－ 이백지 후손에서 급제하고 있다.

41) 용인시 향토유적으로 지정된 내용은 이중인 묘(제60호, 용인시 기흥구 영덕동 산8번지, 2007. 7. 9 자 지정)와 이사위 묘(제63호, 용인시 처인구 매산리 산 108-1, 2009. 1. 22자 지정) 및 이백지 묘(제57호, 용인시 처인구 포곡읍 가실리 산 12-3, 2005. 7. 31자 지정)으로 지역신문에서 보도하기고 하였다. '용인이씨 3代 나란히 문화재 지정돼 화재', 용인시민일보, 2009. 4. 9일자 및 용인이씨종보 91호, 2009. 5.1자.

용인이씨 3代 '용인향토문화재' 지정

구성부원군 이중인 묘(14世)	유후공 이사위 묘(15世)	청백리 이백지묘(16世)
제60호(2007. 7. 9)	제63호(2009. 1. 22)	제57호(2005. 7. 31)

4. 조선후기 경화사족으로서 용인이문의 위상

1) 용인이문 출신의 문과급제자

용인이씨 중시조 이중인이 활약하던 시기가 여말선초의 역성혁명이라는 국가적 큰 전환점이 되었던 시기인지라, 그 후손에서 변화가 있기 마련이었다. 즉 큰 아들 형부전서 이사영 유배와 이중인의 불사이군(不事二君) 정신을 따른 손자 이백찬 후손(참판공파)에서는 용인지역에 그대로 남아 과거로 관직의 길을 접은 반면에, 둘째 아들 이사위의 아들 이백지 후손(부사공·주부공 ·판관공파 등)에서 많은 급제자를 배출하고 있다. 따라서 큰 댁에서의 과거 급제자는 작은 댁보다는 6, 70년 늦게 급제자의 배출과 함께 그 급제인원도 73명에 비해 6명에 그치지만 그 불사이군의 곧은 절개의 철학은 더 강하게 남아 있다고 하겠다.[42]

그러면 용인이문의 급제 현황을 보면, 태종 14년(1414) 이수령의 급제

---

42) 용인이문의 86명의 급제자 중 후손에서의 급제자 차이는 불사이군의 뜻을 따른 큰 댁 참판공파에 큰 영향을 주어 동생네 급제자 배출시기 보다는 6, 70년 늦게 보이고 있다는 점이다. 졸저, 『용인이씨대동보』 부록, 용인이씨대종회, 2008, 187~191쪽.

와 그의 손자 3명(개보, 길보, 우보)가 연이어 급제하는 등 조선조에 73명이 배출되고, 큰 댁(참판공파)에서는 약 70년 늦게 성종 14년(1483) 임피공 봉손의 아들 효독이 급제한 후 연 이어 두 아들(효돈, 효언) 급제하는 등 6명의 급제자를 배출하고 있다. 이처럼 용인이씨는 이후 조선사회에서 유력한 가문으로서 자리를 잡는데는 문과급제자의 지속적인 배출이 제일 큰 자산이 되었을 것이다. 용인이씨는 조선시대 총 86명의 급제자를 배출하여 전체 급제 성관 664개 성관 중 48위(공동)를 차지하고 소과인 생원·진사시에는 197명의 합격자를 배출하여, 1,442개 성관 중 55위에 위치하고 있다.43)

　특히 조선후기 경화사족으로서 급제자의 서울거주 비율을 보면 문과급제자 중 61명으로 70.93%를 보여 대구서씨(101/138)의 73.19%에 이어 2번째로 나타나고 있다. 이는 10명 이상 급제자를 배출하는 주요성관 199개 중 서울 거주 출신 급제자를 배출하는 158개 성관 중 2번째에 해당되는 높은 순위이기도 하다. 그리고 용인이씨 출신으로 생원·진사 입격자 197명 중 서울 출신 136명으로 파악되어 69.04%나 되는데 이 역시 100명 이상 입격자를 배출하는 84개 성관에서는 해평윤씨(210/271, 77.49%), 완산이씨(141/202, 69.80%), 온양정씨(71/102, 69.61%)에 이어 4번째로 높게 나타나고 있다.44) 이는 용인이씨가 근기지역 경화사족의 대표적인 성관의 하나로 보는데 크게 무리가 아니라 본다.

---

43)　〈조선조 용인이씨 왕조별 문과 및 소과 합격자 분포〉

왕조	태조	정종	태종	세종	문종	단종	세조	예종	성종	연산	중종	인종	명종	선조	광해	인조	효종	현종	숙종	경종	영조	정조	순조	헌종	철종	고종	계
문과		1		3					4	2	5		2	2	1	2		1	12		18	7	13	2	4	7	86
소과				1					1	2	11		5	10	3	8	5	5	36	3	29	16	15	8	11	28	197

(졸저, 『조선시대 문과급제자 연구』, 국학자료원, 2004, 45쪽과 209쪽 표 참조)

44)　졸고, 「조선후기 근기지역 경화사족 고찰 -용인이씨 문과급제자를 중심으로 -『향토서울』 67호, 2006, 176쪽 및 각주 47) 참조. 그리고 용인이씨가 주로 거주하고 있는 서울·경기지역 중 1,000명 이상 거주하고 있는 경기도 지역으로 수원시 1,841명, 용인시 1,090명이고 그 뒤를 평택시 946명과 성남시(분당 포함) 920명 거주자로 나타나고 있는데, 참고로 용인이씨의 거주지 분포현황은 아래와 같다.

더구나 통계청의 2000년 현 용인이씨 32,050명의 분포를 보더라도 서울·경기지역이 65.98%가 되는데, 이는 서울(28.84%)과 경기지역 (37.14%)에 거주하고 있는 것으로 파악되는데 이는 용인이문의 후손들 의 현거주지로 볼 때에도 경화사족의 단면이 그대로 나타나고 있다고 본 다.[45] 한편 용인이문 문과급제자의 시기별 경향을 살펴 볼 필요가 있 다.[46] 조선조에 들어서서 15세기 용인이씨 가문의 기반은 이사위-이백 지 후손에서 시작되었다.

이러한 용인이씨의 가계는 토성이 아니면서 용인이문과 통혼 등으로 이거(移居) 사족화한 15세기 조광조 집안 한양조씨나 정몽주 후손인 영 일정씨 및 이석형 집안 연안이씨와는 다르다고 할 수 있다.[47] 이 시기 용인지역 사족들은 대개가 중앙의 훈구계열로 활동하였는데 통혼관계가 중요한 연결고리를 제공하였다고 볼 수 있다.

이처럼 용인지역은 고려후기부터 본격적으로 발흥한 토성출신 용인 이씨 외 15세기부터 이거사족으로 영일정씨, 연안이씨, 한양조씨, 한산

〈용인이씨 전국 거주지 분포 현황(2000 현재)〉

	전국	서울	부산	대구	인천	광주	대전	울산	경기	강원	충북	충남	전북	전남	경북	경남	제주
	32,050	9,244	751	405	1,951	102	1,480	257	11,902	1,562	1,120	1,744	472	141	520	332	64
비율(%)	28.84	2.34	1.26	6.09	0.32	4.62	0.80	37.14	4.87	3.49	5.44	1.47	0.44	1.62	1.04	0.20

(자료: 통계청, 『2000인구주택조사, 성씨 및 본관 보고서』, 2003)

45) 졸저, 『조선시대 문과급제자 연구』(2004), 220~221쪽 및 졸고, 「조선후기 근기지 역 경화사족 고찰」『향토서울』 67호, 175~176쪽 참조. 물론 근기 남부지역 경화 사족으로 용인이씨(61/86, 70.93%) 외에 용인지역에는 정몽주의 迎日鄭氏(32/166, 27.59%), 이석형의 延安李氏(167/242, 69.01%), 조광조의 漢陽趙氏(48/90, 53.33%), 李耔(이서)의 韓山李氏(95/189, 50.26%)와 광주지역의 이덕형의 廣州李 氏(70/188, 37.23%) 및 안산(시흥)지역 김원상의 安山金氏(1/11, 9.09%) 등을 들 수 있다(이성무 외, 『조선시대사학보』 10, 181쪽 <부록 1> 및 졸저, 44~50쪽 <附表>, 참조.

46) 정만조, 「조선시대 용인지역 士族의 동향」『한국학논총』 19집, 국민대학교 한국 학연구소, 1996가 이해에 도움을 주고 있다.

47) 정만조, 위의 논문, 74~81쪽.

이씨, 해주오씨, 우봉이씨 등이 있는데 서로 중첩된 혼맥을 형성하면서
가문의 위세를 확고히 하고 있는 것이 이 지역 특징이자 공통점이라 하
겠다.

16세기 용인이씨는 15세기 이래 가문의 성세를 이루어 연산군~선조
때까지 11명의 급제자를 배출하고 있는데, 이러한 가문의 위세로 용인이
씨 길보(吉甫)는 경기관찰사(1486년, 성종2)를 지내는데 그는 영의정 파
평 윤씨 윤사흔(尹士昕)의 딸을 계배(繼配)로 맞이하였다. 하지만 이 시
기에 종래 훈구적인 성향을 보이던 용인이씨가 한양조씨나 한산이씨와
같이 사림적인 성향으로 전환하고 있음이 주목된다. 즉 문과 급제 후 한
림으로 활동하였던 쌍괴당(雙槐堂) 이홍간(李弘幹)(20世, 1486~1546)
은 중종대 사림세력의 대표적 존재인 조광조·김정 등과 교류하였고 기
묘사화에 피화한 기묘명현록(己卯明賢)에 등재되었다.[48]

그의 아들 이향성(李享成)(21世, 홍산현감, 좌승지)은 평소에 '희독소
학서(喜讀小學書)'하고 사림계 박순·정철·성혼 등과 교류한 것으로 보
아 성향의 변화가 있음을 알 수 있다. 그리고 용인이씨 부사공 이수강
(李守綱)의 후손 정존재(靜存齋) 이담(李湛)(21世, 1510~1574)은 생원·
진사 양시 및 문과에 급제(1538)한 후 사가독서(賜暇讀書)의 특혜를 주
는 호당(湖堂)에 이황, 김인후와 함께 선발되었는데, 그는 명종대 대표적
훈구세력 이기(李芑)와 맞서다가 을사사화(乙巳士禍)(1545)에 연루되기
도 하였다.[49]

17세기에 이르러 용인이씨는 더욱 현저하게 번성하는데 그 중 이신충
(李藎忠)(22世, 병조정랑)은 식년시 장원급제(선조 34, 1601)한 쌍곡공
(雙谷公) 이사경(李士慶)(24세, 사간원 대사간) 이후로 이후천(李後天)
(형조 참의), 이후산(李後山)(개성 유수) 등 13명의 문과 급제자를 배출

---

48) 강효석, 「中宗己卯至辛巳士禍」『典故大方』, 명문당, 1982, 401쪽 참조
49) 전고대방 407쪽 참조. 졸고, 「용인이씨 종보」, 용인이씨대종회, 64호, 2002, 참조.

하였다.50) 이들 가운데 이세백(李世白)은 좌의정(숙종 26, 1700), 이세면
(李世勉)은 대사간 그리고 세백의 아들 이의현(李宜顯)은 영의정을 역임
하였다. 이들의 정치적 성향은 서인(西人)의 당색을 가졌고, 노소론 분당
이후에는 노론으로 활동하였다. 이 같은 당시 정계 및 학계의 분위기는
자연 그 동안 소론으로 활동해 오던 용인이씨나 연안이씨 일부인 용인의
사족들 중 현달한 집안들이 묘소만 용인에 둔 채 서울로 거주지를 옮기
거나 양주·파주·광주 등 서울 근교로 거주지를 확대하면서 이거하는 경
향을 보이고 있는 것이 주목된다. 이른바 경화사족으로서의 분화가 형성
되고 있다 하겠다.

물론 해주오씨 추탄공파(派祖 允謙)와 영일정씨 정몽주 후손들은 용
인의 묘역을 중심으로 동족마을을 형성하여 가문의 성세를 확립하는 성
씨들도 있다. 이처럼 용인지역에는 용인이씨 외에 연안이씨 이정귀계와
해주 오씨 추탄공파 및 대대로 고양일대에서 세거하던 우봉 이씨가 용인
천동으로 이거(이재의 증조부인 이유겸의 家系)한 후 이재(李縡)(1678~
1746)가 활동하면서 조선후기 용인내의 벌열로서 지위를 공고히 하였다
고 본다.51)

그리고 18, 9세기에 이르러 용인이씨는 우선 문과 급제자를 집중적으
로 56명이나 배출하고 있어 경화사족으로서 전성기를 맞이하고 있다 하

---

50) 용인이씨 문과 급제자는 86명 중 신충(藎忠, 正郎公) 후손은 모두 61명이나 파악
되어 용인이문 중 무려 70.93%를 한 직계에서 급제자를 배출하고 있는 것이 특징
이라 하겠는데, 이러한 경향은 대구서씨 徐渻의 직계자손에서는 120명(140명 중)
을 배출하여 85.71%를 나타내는데 같은 씨족 내에서도 상당히 차이가 잇는 것
특징의 하나라 하겠다. 이는 중국에서 明·淸의 문과급제자(진사) 총 51,695명 중
40명 정도를 배출한 씨족이 거의 없는 것과 비교하면 퍽이나 대조적이다. 송준호,
『조선사회사연구』, 일조각, 1987, 464~465쪽 및 졸고, 「문과방목으로 본 조선조
서울의 위상」, 『서울문화』 8, 2004, 서울문화사학회, 10~11쪽 참조.
51) 17세기 이후 용인지역에서 벌열로서 확고해진 해주오씨 추탄공파(少論系)와 우봉
이씨 李縡(1678~1746)의 존재에 대해서는 정만조, 앞의 논문, 90~95쪽 및 최장
섭, 『조선후기 벌열연구』, 일조각, 1997, 322쪽 우봉이 之文系 가계도 참조.

겠다.[52] 즉 정랑공 이신충(李藎忠)(22世) - 쌍곡공 이사경(24世, 장원급
제자, 대사간) - 이후천(李後天)(25世) - 시정공 이준악(李峻岳)(26세) 후
손에서 5대에 걸쳐 6판서(이승호(30世), 재학(31세), 규현(32세), 삼현(32
世), 源命(33세), 돈상(34世))[53]와 참의공 차남 파주공 이정악(李挺岳)(26
世, 이후연(李後淵)의 계자) 후손에서는 3相(3정승 : 이의현, 재협, 세백)
4判(이보혁, 경호, 중호, 재간)을 배출하여 그 번성함에 대하여, 정조께서
'가히 대성大姓의 집안'이라는 칭호를 얻기에 이를 정도였다.

즉 '일인지하(一人之下) 만인지상(萬人之上)'인 영의정에 오른 이의
현(李宜顯)(영조 11년, 1735), 이재협(李在協)(정조 13년, 1789)을 비롯
하여 물론 이들이 모두 노론이라기보다는 당시 시세에 따른 시파(時派)
중 소론(少論) 준론(峻論) 시파(時派)의 이재협(강화학파 계열)과 소론에
서 전향한 전향 노론(老論) 벽파(僻派)의 이승호는 노론으로 그 위치를
공고히 하였던 것이다.[54]

한편 18세기에 들어서면서 용인내에 벌열(閥閱)이었던 용인이씨와 연
안이씨 문중에서 현달한 집안은 경중(京中)이나 경기도 내의 다른 지역

---

52) 급제 인원수로 볼 때 용인이씨는 문과 86명과 생원·진사시 197명은 우리나라
　4,477개 성관 중 각각 48위와 55위에 해당한다(졸저, 『용인이씨 현조사적』(1), 79
　쪽). 더구나 현 용인이씨 인구 32,050명(2000년 통계청 인구조사) 비례 급제율을
　보면 생원·진사시에서 3.00%로 8번째와 문과에서는 0.27%로 10대 성씨(이, 김,
　박, 조, 정, 윤, 홍, 유, 권, 최씨) 중 9번째로 나타나(졸저, 『조선시대 문과 급제자
　연구』, 224쪽과 291~292쪽) 통계로 볼 때 대표적인 경화사족의 형태를 보이고
　있다.
53) 특히 대사간(사간원 정3품)을 지낸 이사경(李士慶, 24世)(雙谷, 1600년 문과 장원
　급제) 장남 참의공(李後天, 25世) 후손 중 이준악 - 세정 - 의규 후손에서 6判書와
　8대에 걸쳐 14명이 貞敬夫人(1품 벼슬 부인의 봉작) 된 집도 있다(김진우, 『한국
　인의 역사』, 도서출판 춘추필법, 2009, 921~925쪽과 졸저, 용인이씨현조사적(1),
　용인이씨대종회, 2005, 41~55쪽 참조).
54) 물론 이 당시에는 용인이씨 외 해주 오씨, 연안 이씨, 우봉이씨 등이 용인지역에
　서 벌열로서 경화사족의 위치를 공고히 한 시기이기도 하다(졸고, 「조선후기 근기
　지역 경화사족 고찰」, 2006, 179~180쪽).

쌍곡공 대사간 이사경　영의정 문간공 이의현　영의정 인릉군 이재협　좌의정 북계공 이세백
(선조 34년(1601) 壯元)　　영조11년(1735)　　　정조 13년(1789)　　숙종 26년(1700)

으로 거주지를 옮기는 예가 늘고 있다는 점이다. 용인이문에서는 의현
(영조대 영의정)·재협(정조대 영의정)과 숭호·재학·규현·보혁 등이 용인
을 떠났고 연안이씨의 경우는 그 정도가 심하였다.[55] 그러므로 선영을
돌보면서 본래의 기반을 지키는 아무래도 문중내에서 사회적 기반 진출
이 활발하지 못하였던 후손집의 몫이 되었다. 바로 이점이 선조의 사당
과 유물을 지키면서 세거지를 유지하며 종손을 중심으로 족적 결속을 강
화해 가던 영남 사족세력과는 대조적이라 하겠다.[56]

2) 용인이문의 통혼권과 경화사족으로서 위상

용인이씨의 경화사족으로서 위상을 대표적인 관직과 통혼권을 통하
여 일별하고자 한다. 이는 조선조 신분제 사회의 성격을 이해하는 한 방
법이라고 볼 수 있기 때문이다. 이를 통하여 단지 문벌의 성쇠만을 찾기
위한 것이 아니라, 그 성관의 성격과 한계를 볼 수 있기 때문이다.

---

55) 이의현의 경우 아버지를 따라 고양 원당에서 경기도 광주의 저도천에 살다가 少
論이 정원을 잡자 실권한 후에는 양주의 선산아래 陶山村舍에 머물렀고 후에 묘
소도 이 지역에 두게 되었고(남양주시 미금읍 이패동), 이재협 묘소는 경기도 가
평 대곡리, 이규현 등 6판의 묘역은 현재 양주군 은현면 도하리에 있다(정옥자,
전게서, 231~239쪽 및 졸저, 『용인이씨 대동보』(戊子譜) 부록편, 45~54쪽 참조.
56) 정만조, 앞의 논문, 98쪽.

먼저 용인이씨 큰댁인 참판공파 묘역 가까운 곳에 한양조씨 정암 조광조의 위패를 모셔 저 있는 심곡서원이 있는데, 이는 조육(趙育)(조광조의 4대조)이 용인이씨 참판공 이승충(李升忠)의 누이를 부인으로 맞은 이후 용인지역에 뿌리를 내리기 시작한 것으로 보인다. 그리고 파평윤씨와의 통혼은 조선조 용인이문 중 첫 급제자 주부공(守簿, 1414년 급제, 이조참의) 손자인 경기관찰사 길보(吉甫)(1457년 급제)가 부인으로 영의정 파평 윤씨 윤사흔(尹士昕)의 딸을 계배(繼配)로 맞이한 것이 먼저 주목된다.

정암(靜庵) 조광조(趙光祖) 묘역
(용인시 수지구 상현동 55-1)

월사(月沙) 이정구(李廷龜) 묘역
(가평군 상면 태봉리 산 165-1)

그리고 연안이씨 판중추부사 이석형(李石亨)(포은 정몽주 증손녀의 사위, 호 저헌, 삼장원사(三壯元詞)의 아들 이혼(李渾)은 용인지역의 대표적 사족 가문인 용인이씨 이효돈(李孝敦)을 사위(이석형의 손녀사위)로 맞아 지배세력의 일원이 되었는데 그 후 이석형의 현손(4대손) 월사 月沙 이정구(李廷龜; 우의정)도 기묘사화에 오른 용인이씨 쌍괴당 이홍간(李弘幹)의 아들 이영성(李永成)의 딸을 부인으로 삼아 통혼관계가 지속되었다(이정구의 외증조가 홍산현감 이홍간이 됨).

조선조 최대의 문벌 중 하나인 안동김씨와의 통혼을 보면 파주목사를 지낸 이정악(李挺岳)(좌의정 世白의 부이며 영의정 宜顯의 조부)은 좌의

정 청음 김상헌(金尙憲)(우의정 金尙容의 동생으로 병자호란시 주전파)
의 손녀이자 영의정 김수항의 누님과 결혼하여 아들 좌의정 세백에게는
막내 외숙이 영의정 김수항이 된다.57) 그리고 해주오씨 오윤겸(영의정)
의 후손 오도일(吳道一)(대사간, 병조판서, 西人 중 노론의 영수)의 며느
리가 이보혁(李普赫)(인평부원군)의 따님이다.

〈표 2〉 용인지역 주요 성씨 세기별 성쇠와 세거지58)

성씨/구분	세기별 성세					동족(집성)촌 및 비고
	14세기	15세기	16세기	17세기	18세기	
龍仁李氏 (토성)	李光時 李中仁	李士渭 李伯持 李吉甫	李弘幹 李享成 李湛	李世白- 宜顯 (부자정승) (西人-老論)	6判書와 3相 4判 배출	덕천리, 능원리, 영덕리 * 연안이씨, 한양조씨, 안동김씨 영일정씨와 통혼
迎日鄭氏 (모현면)		鄭夢周 후손	▼	▲		모현면 능원리 (忠烈書院, 1575년 * 죽산박씨, 용인이씨
延安李氏 (모현면)			李石亨 ▼	李廷龜 (경기 관찰사, 우의정) ▲ (벌열형성)	(가평 이주)	모현면 갈담리, 동림리, 초부리 * 영일정씨(정몽주 손자 정보의 사위), 용인이씨(이효돈의 녀) 와 통혼
漢陽趙氏			용인 移居	趙光祖 ▲ (1519년 기묘 사림)		(동족촌 형성)	보라리, 지곡리, 역북동, 상현동(深谷書院, 1605 년, 도암 이재원장), 사 은정에서 학문 * 용인이씨(이백찬의 녀 −조광조 4대조 조 육), 한산이씨와 통혼
漢山李氏			李秆 ▲		(동족촌 형성)	기흥읍 지곡리 * 한양조씨와 통혼

57) 정만조, 「조선시대 용인지역 士族의 동향」『한국학 논총』 19(국민대학교), 1996,
75~81쪽 및 정옥자, 『우리 선비』, 현암사, 2002, 228~239쪽.

				*吳斗寅 (이판, 老論) *吳道一 (대제학, 少論)	추탄파는 모현면 오산리와 원삼면 학일리에 동족촌 형성 * 연안이씨, 용인이씨 (성주목사 이보혁 녀)와 통혼
海州吳氏			吳允謙 (영의정, 추탄)▲ (西人)		
牛峰李氏			증조부 李有謙 용인에 정착	李綷▲ (西人-기호학파 맹주, 낙론계 주도)	이동면 천리(寒泉書院, 正祖년간) 김창협의 문인으로 율곡선생을 사숙하고 충열서원 원장을 역임 * 여흥민씨, 해주오씨 (오두인 女), 안동김씨와 통혼
	토성사족	훈구계열	사림경향	노론활약	湖洛論爭 (낙론) 京華士族	토성사족이자 경화사족 용인이씨

특히 용인이문의 유일한 부자정승을 이룬 숙종 26년(1700) 좌의정 이세백은 영일정씨 포은 정몽주의 후손 우의정 정유성(鄭維成)(정몽주의 9대손)의 아들(군수 정창징)과 결혼하니, 아들 도곡공 이의현은 서울 외가에서 태어나(서울 북부 진장방 소격동) 후에 영의정(영조 11, 1735)에 오르는데 정몽주의 후손으로 자부하면서 청빈을 가훈으로 삼았다.[59] 따라

---

58) 정만조, 『조선시대 용인사족의 동향』, 한국학논총 19집(국민대학교), 1996, 76~99쪽 및 101~105쪽. 차장섭, 『조선후기 벌열연구』, 일조각, 1997, 279~280쪽, 조성산, 「조선시대 용인지역 사족의 학맥과 학풍」 『용인시사』 1권, 2006, 514~525쪽, 김성환, 전게논문, 163~168쪽, 졸고, 『천년의 뿌리, 용인이씨』, 138~141쪽 및 홍순석, 전게서, 43~48쪽 참조하여 보완하여 작성한 것임.

59) 도곡 이의현은 영의정에 오르지만 정치보다는 오히려 문장가로서 큰 족적을 남기는데, 조선시대 인물 2,091명의 전기를 담은 거질의 『國朝人物考』(72권) 편찬자(영조대 전기)로 밝혀지고 있어(1999년) 의미를 더하고 있다(민현구, 「국조인물고 해제」 『한국중세사 산책』. 일지사, 2005, 282쪽). 용인이문의 宗訓도 그가 처음 편찬한 용인이씨 대동보(壬子譜, 1732) 서문에 '孝友以立其本 忠厚以崇其德 廉正以節其操'에 보이고 있음을 확인할 수 있다(용인이씨 사간공파 종회(회장 이도한),

서 좌의정 이세백과 아들 영의정 이의현은 부자 정승으로 유명하지만 그
외가가 안동김씨 김상헌 집안과 영일정씨 정몽주 집안과 통혼권을 맺어
조선후기에 더욱 유력한 가문과의 통혼권을 맺고 있음을 알 수 있다.[60]
이는 성주목사로 1728년 이인좌(李麟佐)의 난(영조 4)을 진압하여 친공
신이 되어 인평부원군이 된 이보혁(1684~1762, 영의정 이의현의 당질
이 졸하자, 영조께서 친히 지어주신 어제(御製, 1763년)가 지석과 함께
이장 때 발굴(2001. 9)되었는데 임금께서 이르기를, "아아! 경은 용인의
번성한 종족(嗚呼惟卿龍仁盛族)"이라 언급할 정도이었다.[61]

인평부원군(이보혁)의 御製(영조 39년, 1763)   '星州李普赫 戊申紀功碑'(正祖 8년, 1784)
(성주목사로 이인좌 난 진압, 친공공신)   (경북 성주군 성주면 경산동 소재)

그리고 용인이문 출신들의 대표적 관직들을 보면 3명의 정승(정1품,
이의현·재협·세백)을 비롯하여 1명의 문형(文衡)(정2품, 이의현), 3명의

『임자보』 전3책(영인본), 2012. 龍仁李氏族譜序 참조.

60) 정만조, 위의 논문, 75~81쪽과 정옥자, 위의 책(2002), 228~239쪽; 졸저, 『용인
이씨 현조사적』(1), 2005, 8쪽 및 졸고, 「조선후기 경화사족으로서 용인이씨 位相」,
용인이씨 보학 특강(유인물), 2012, 20~22쪽 참조.

61) 졸고, 「영조대왕 어제」『용인이씨대동보』(무자보 부록편), 2008, 72~74쪽 참조

대제학(정2품, 이의현·의철·삼현), 청백리 1명(이백지), 판서 17명(정2품, 55회 역임), 한성부 판윤 14명(정2품, 19회 역임), 참판 38명(종2품, 68회 역임), 경기도 관찰사 11명 포함하여 관찰사 28명(종2품, 45회 역임), 대사헌 15명(종2품), 사간원 대사간 22명(정3품), 성균관 대사성 11명(정3품)을 찾을 수 있다.62)

특히 조선조에서 경화사족들의 대표적의 관직으로 알려진 한성판윤과 경기관찰사를 역임한 내용을 살펴볼 필요가 있다. 먼저 현 서울특별시장격인 한성판윤은 정2품직 경관직으로 의정부 좌우참찬·6조판서·한성판윤을 9경(卿)이라하여 가문의 영광으로 여긴 관직이다.63) 이 한성판윤에 용인이문들을 보면, 여진정벌과 임진왜란시 무용대장인 무과급제자 이일 장군(1591년)64)을 비롯하여 세백(1694년), 의현(1720년), 보혁(1753년), 경호 3차(1767. 1768. 1776년), 중호(1773년), 숭호(1787년), 재학 2차(1794, 1796년), 보천(1816년), 규현(1843년), 원명 3차(1864, 1866. 1866년), 돈상(1882년), 재협(1787년), 재간(1783년)이 그들이다.

그 중 3相 4判 집안에서는 5명이 7회나 한성판윤을 배출하니, 이보혁을 비롯하여 큰 아들 이경호(3차), 작은 아들 이중호 및 조카 이재협과 이재간이 그들이다. 더구나 오늘날 서울특별시장의 권한과 위상을 염두에 두면 14명의 한성판윤 배출은 용인이문의 경화사족으로서 위상을 그대로 보여주고 있다 하겠다.65)

그리고 경기관찰사는 종2품의 관직이었으나 대체로 정2품의 품계를

---

62) 졸저, 『용인이씨 현조사적』(1), 79~83쪽 및 정오표 참조.
63) 박경룡, 『한성부 연구』, 국학자료원, 2000, 34~58쪽.
64) 졸저, 『장양공 이일장군 연구』, 국학자료원, 2010, 장양공 世系, 49쪽.
65) 이석호, 『한성판윤 열전』, 가승미디어, 2010 참조, 조선조 한성판윤을 배출한 성관은 현재 154개 성관에서 1,130여 명이 평균 4개월 정도 근무기간을 하고 있는 것으로 조사되고 있는데, 그 중 15명 이상 한성판윤을 배출한 문중은 22개 성관에 불과한 것으로 보면 용인이문의 14명 한성판윤이 얼마나 큰 비중을 나타내고 있는 것을 알 수 있다.

가진 경관직들이 임명되는 것이 일반적이었다. 이를 표로 정리하면 아래
와 같다. 경기관찰사들을 한성판윤을 지낸 인물과 비교하면 11명 중 6명
이나 경기관찰사에 보이고 있고, 대체로는 경기관찰사를 역임하고 한성
판윤에 오르나 이재학의 경우는 2차례(1794년과 1796년)나 한성판윤을
역임하고 1770년(영조 40)에 경기관찰사에 임명되고 있다는 점이다. 이
는 그만큼 경기관찰사가 한성판윤과 버금갈 정도로 중시하고 있음을 알
수 있다. 또한 이재학은 아들 이규현과 손자 이원명도 경기관찰사를 지
내 그 가문의 위세와 위상을 알 수 있다 하겠다.[66]

〈표 3〉 용인이문 출신 경기관찰사(11명)[67]

이름	가계	임용일	주요관직	아호/시호	저서 및 기타
李吉甫	孝儉의 자	1482. 6. 2 (성종 13)	도승지		
李世載	牧使 河岳의 자	1705.2. 13 (숙종31)	형조참판 대사간		
李宜顯	좌의정 世白의 자	1717. 11.26 (숙종 43)	영의정, 대사성, 대제학, 문형	陶谷/文簡	陶谷集 32권 (현 국역 도곡집 8권/12권 발간 중)
李世最	군수 舜岳의 자	1723.5.7 (경종 3)	이조 참판		
李喬岳	副司勇 後望의 자	1726. 1.23 (영조 2)	형조 참판 대사헌, 대사성	惜陰窩	

---

66) 경기문화재단,『畿伯列傳』, 2003 및 경기도박물관,『경기관찰사』, 2010, 154~
155쪽. 참고로 조선조 경기관찰사로는 644명이 역임한 것으로 조사되고 있다.
경기도박물관,『경기관찰사』, 2010, 185~207쪽 및 졸저,『용인이씨 현조사적』
(1), 용인이씨대종회, 2005, 79~83쪽 참조.
67) 경기도박물관,『경기관찰사』, 2010, 185~207쪽 및 졸저,『용인이씨 현조사적』
(1), 용인이씨대종회, 2005, 79~83쪽 참조.

李景祜	좌의정(증) 李普赫의 자	1764. 10.18 (영조 40)	관의금부사, 대사헌		
李重祜	좌의정(증) 李普赫의 자	1770.7.16 (영조 46)	知經筵事 대사성		
李在協	판서 景祜의 자	1784.8.28 (정조 8)	영의정, 대사헌	仁陵君	
李在學	판서 崇祜의 자	1797. 3. 3 (정조 21)	예조 판서 등 5판	芝浦/ 翼獻	
李奎鉉	예판 在學의 자	1840. 3. 18 (헌종 6)	대사헌		4代遺稿
李源命	판서 奎鉉의 자	1855.10. 26 (철종 6)	이조 판서	鍾山/ 文靖	東野彙集 12권

경기도 관사 찰 지낸 용인이문

5. 맺음말

　이상 본고에서는 '조선시대 경기도 경화사족 고찰'이란 주제로 아래와 같이 일별하였다. 먼저 경기와 용인의 위상을 살펴본 후, 용인지역에 고려조부터 뿌린 깊은 가문으로서 이길권(李吉卷)을 살펴보았고, 고려후기 원 지배하 용인이문을 일으킨 고려말 이광시(李光時)의 활동과 함께 그의 처가(죽산박씨와 행주기씨)와 외가(청주한씨)의 통혼권이 범상치 않았음을 확인하면서 이미 조선초에 이르면 거족으로서 15세기에 이미 아국거족으로 오름이 향후 조선조에서 이어 질 수 잇는 다리를 놓았을 것으로 추정해 보았다.

　둘째, 소위 '두문동 72현'으로 새롭게 조명한 구성부원군 이중인(李中仁)에 대하여 특히 홍복도감 판관으로서 당시 포은 정몽주 등과 종유(從遊)하면서 가르치기도 한 내용을 여러 가지 사료를 찾아 고찰하였다. 나아가 불사이군(不事二君)의 정신을 이어 받은 고려 말 절신으로서 3

대에 걸쳐 '고려대전'에 위패가 모셔져 있는 사실과 함께 용인 향토문화
재로 '용인이씨 3대 지정'의 내용을 살펴보았다.

셋째, 조선후기 경화사족으로서 용인이문의 위상을 문과급제자와 세
기별 동향을 살펴보았다. 즉, 용인이문은 조선시대에 86명의 급제자를
배출하여 전체 급제 성관 664개 성관 중 48위(공동)를 차지하고 소과인
생원·진사시에는 197명의 합격자를 배출하여, 1,442개 성관 중 55위에
위치하고 있다는 점이다. 이는 용인이씨가 근기지역 경화사족의 대표적
인 성관의 하나로 보는데 크게 무리가 아니라 본다. 나아가 용인이문의
통혼권으로 특히 연안이씨, 안동김씨 및 영일정씨와의 통혼권을 통해 경
화사족으로서 위상이 더욱 굳어졌음을 이해할 수 있었다.

끝으로 아울러 관직으로는 3명의 정승을 비롯하여 1명의 문형, 3명의
대제학, 청백리 1명, 판서 17명(55회 역임), 참판 38명(68회 역임), 한성
부 판윤 14명(19회 역임), 관찰사 28명(경기도 관찰사 11명 포함하여 45
회 역임), 대사헌 15명, 사간원 대사간 22명, 성균관 대사성 11명을 찾을
수 있다. 특히 한성판윤과 경기관찰사를 통하여 용인이문이 조선조 경기
지역에서의 위상을 확인 할 수 있었다. 이처럼 고려조부터 뿌리내려 그
위치를 다지기 시작하여 고려후기 훈구적인 성향을 지녔던 용인이씨가
16세기 사림적인 성향으로 전환하면서 그 위치를 공고히 하면서 17, 18
세기에 현저히 번성하였는데 집중적인 급제자를 배출하여 조선후기 전
통적인 벌열(閥閱)의 모습을 그대로 보이고 있는 한계점도 찾아진다고
하겠다.

이러한 용인이문의 모습은 같은 근기지역이지만 남인 세력으로 향후
실학의 발전을 가져온 안산의 이익(李瀷)이나 서울의 박지원(朴趾源) 및
북학사상까지 받아들인 경기도 광주(廣州) 지역의 정약용(丁若鏞)과는
다른 성향의 분위기였고 또한 시대적 한계성도 분명 가지고 있다고 보았
다.68) 그 한계는 바로 조선후기 전통적인 중앙집권 세력인 벌열의 시대

적 한계였던 것이다.

이러한 한계를 분명히 인식할 때 용인이문의 위상을 좀 더 객관적으로 볼 수 있다고 본다. 그 객관적 노력은 단순히 회고적인 과거에 머무르지 않고, 그 역할과 한계를 치열하게 재조명할 때 가능하다고 본다. (경기도박물관,『경기도 뿌리를 찾아서, 천년의 뿌리 용인이씨』경기명가 기증유물특별전 도록, 2013 보완).

---

68) 유봉학,「경화사족의 사상과 진경문화」『진경시대』1, 돌베개, 1998, 94~97쪽

참고문헌(5부 1장, 경화사족 용인이문 편)

『고려사』,『고려사절요』·『태조실록』『동문선』,『목은시고』『용재총화』,『우사집(雩沙集)』(李世白),『고려명현집』4권,『紀年東史約』

강효석,「中宗己卯至辛巳士禍」『典故大方』, 명문당, 1982
경기도사편찬위원회,『경기도의 역사와 문화』, 1997
_____,『경기도사』(조선전기편), 2003
경기문화재단,『畿伯列傳』, 2003
경기박물관,『경기관찰사』, 2010.
『景賢祠誌』3 부록(용인향교 掌義 이종기 제공)
고혜령,「목은 이색의 師承과 교유관계」『목은 이색의 생애와 사상』(목은연구
         회), 일조각, 1996
김성환,「고려말 李中仁의 활동과 교유 관계」『포은학연구』8집, 포은학회,
         2011
민현구,「국조인물고 해제」『한국중세사 산책』. 일지사, 2005
박경룡,『한성부 연구』, 국학자료원, 2000
(사)고려역사선양회,『고려통일대전지』, 2009
(사)의정부향토사연구회,『松山祠誌』, 1997
세종대왕기념사업회,『증보문헌비고』, 帝系考 7·8권, 1979
송준호,『조선사회사연구』, 일조각, 1987
숭의전앙암제중편,『고려숭의전사』(회상사), 1992
용인문화원,「포은 정몽주 선생과 용인의 역사문화인물」(제10회 포은문화제
         유인물), 2012
용인시사편찬위원회,『용인의 분묘문화』, 2001
용인이씨대종회,『용인이씨 대동보』(戊子譜), 권1, 2008
유봉학,「18·9세기 경향학계의 分岐와 京華士族」『국사관논총』22, 1991;『연
         암일과 북학사상 연구』, 일지사, 1995
_____,「경화사족의 사상과 진경문화」『진경시대』1, 돌베개, 1998
이석호,『한성판윤 열전』, 가승미디어, 2010
이성무·정만조·이영춘·최봉영,「조선시대 근기지방의 文蹟·遺物·遺蹟 조사

연구」『조선시대사학보』 10, 조선시대사학회, 1999

이수건, 「용인의 貫籍 성씨와 世居 성씨」『龍仁市史』(Ⅲ) -사람과 마을(1)-, 용
　　인시사편찬위원회, 2006

＿＿＿,『한국의 성씨와 족보』, 서울대출판부, 2003

이원겸 편찬,『용인이씨 세적보감』 2권, 1999

이원명, 「문과방목으로 본 조선조 서울의 위상」『서울문화』 8, 2004

＿＿＿,『조선시대 문과급제자 연구』, 국학자료원, 2004

＿＿＿,『용인이씨 현조사적』(1), 용인이씨대종회, 2005

＿＿＿, 「조선후기 근기지역 京華士族 고찰」- 용인이씨 문과급제를 중심으로
　　-『향토서울』 67호, 2006

＿＿＿,『용인시사』, 3권(용인시사편찬위원회), 2006

＿＿＿, 「고려후기 지역사회의 동향」『龍仁市史』(Ⅰ) -역사와 문화유산(1)-, 용
　　인시사편찬위원회, 2006

＿＿＿, 「구성부원군 이중인 생애와 杜門洞 72賢 대하여」『이중인묘 용인시
　　향토유적(제60호)기념 학술포럼』(유인물), 용인이씨대종회, 2007

＿＿＿,『장양공 이일장군 연구』, 국학자료원, 2010

＿＿＿, 「여말선초 삼봉 정도전의 역성혁명의 꿈과 한양설계」『인문논총』 26
　　집(서울여대 인문과학연구소), 2013

＿＿＿,『천년의 뿌리, 용인이씨』(경기명가 기증유물특별전), 경기도박물관,
　　2013

이원장, 「용인이씨의 원류」, 용인이씨종보 2호, 1987

＿＿＿, 「용인이씨의 원류」, 용인이씨종보 2호, 1987, 용인이씨대종회;『용인
　　이씨 세적보감』(이원겸 편찬), 2권, 1999

정만조, 「조선시대 용인지역 사족의 동향」『한국학논총』 19집(국민대 한국학
　　연구소). 1996

정옥자,『우리 선비』, 현암사, 2002

조성산, 「조선시대 용인지역 사족의 학맥과 학풍」『용인시사』 1권, 2006

조준호, 「영조 전반기 탕평책과 노론 내 분기」『조선시대 정치와 제도』, 집문
　　당, 2003

최성항, 「조선후기 李縡의 학문과 한천정사의 문인교육」,『역사교육』 77,
　　2001

최장섭, 『조선후기 벌열연구』, 일조각, 1997
통계청, 『2000인구주택조사, 성씨 및 보관보고서』, 2003
한국정신문화원, 『한국인물대사전』, 중앙일보사, 1999
홍순권, 「한말시기 개성지방 삼포농업의 양상」(상), 『한국학보』 49집, 1987

제2장 '고려조 3代 절신(節臣)의 후손'과 기묘명현
- 용인이씨 사간공파 현조사적 고찰 -

1. 머리말

용인이씨는 일찍이 1000여 년 전 용인지역의 토호로서 고려왕조가 후삼국을 통일할 때 큰 공을 세워 고려(高麗) 개국과 함께 삼한벽상공신 (三韓壁上功臣)에 오른 이길권(李吉卷)을 시조로 하여 누대에 걸쳐 고관직을 역임하면서 여말 선초 구성부원군 이중인(李中仁) 후손들에 의하여 조선전기에 이미 명문거족의 일원이 된 가문으로 알려졌다.[1]

그 중 고려 후기 원(元) 간섭기에 삼사태사(三師太師)인 이석(李奭) (용인이씨 12世)과 동지밀직사사(同知密直司事)을 지낸 이광시·광봉(李光時·光逢) 형제(13世)의 활동은 용인이문의 가계를 일으키는 계기가 되었다. 그리고 고려말 조선초 '두문동 72현'의 한 분으로 평가받는 정충대절(貞忠大節) 이중인(李中仁)(14世)에 이르러 용인이문을 반석 위에 올려놓은 시기에 이르렀다.[2] 고려조 문하시중과 조선조에 구성부원군에 봉해졌던 이중인은 학업과 뛰어난 업적으로 일대종장(一代宗匠)을 이루니, 당시 공은 장남 이사영(李士潁)의 스승 목은 이색(牧隱 李穡)과 차남

---

1) 이태진, 「15세기 후반기의 鉅族과 名族意識」『한국사론』3, 서울대학교 국사학과, 1985, 237쪽.
2) 졸고, 「구성부원군 李中仁 생애와 '杜門洞 72賢' 대하여」 '이중인묘 용인시 향토문화재 지정(제60호)기념 학술포럼' 발표문, 2007. 11. 10, 3~11쪽 참조.

이사위(李士渭)와 동년 급제(1360)한 포은 정몽주(圃隱 鄭夢周) 등이 공과 종유(從遊)하며 학문을 배우는 사이가 되었음이 밝혀지고 있다.[3]

고려통일대전
(경기도 파주시 통일동산내)

시조 이중인 위패(추원사 경내)
(시조고려삼한벽상공신삼중대광왕사태사구성백
시안의공부군 신위)

한편 용인이문은 근래에 이르러 종래 선조들의 업적이 정리되어 다양한 분야에 걸쳐 성과를 내고 있다고 하겠다. 그 대표적인 것 중에는 '고려조 3代 절신'으로 이중인·사영·백찬 조자손(祖子孫)이 선정되어 '고려대전'에 위패 봉안(2007)과 『고려통일대전지』에 수록(2009)됨을 들 수 있다.

또한 용인시 향토문화재로 2005년도부터 지정받기 시작하여 이중인·사위·백지 등 조자손(祖子孫) 3代의 문화재 지정은 큰 의미가 있다 하겠다.[4] 즉, 전자가 '고려조 3代 절신'구성부원군 이중인의 不事二君 유언

---

3) 李穡, 『牧隱詩藁』 권6, 記, 「淸州牧財用財記」 '龍駒李氏慕之 予成均生也 同列稱 其學 會執政知君 擧爲參官'과 李宜顯, 「李湛 묘갈명」 '開城留後諱士渭與圃隱牧隱 諸先生遊文行筆' 및 김성환, 「고려말 李中仁의 활동과 교유 관계」 『포은학연구』 8집(포은학회), 2011, 31쪽 및 졸고, 「조선시대 경기도 경화사족 고찰 -土姓 출신 용인이씨를 중심으로-」 『경기명가 기증유물 특별전, 천년의 뿌리 龍仁李氏』, 2013, 경기도박물관, 136~137쪽이 참조된다.

4) 이와 관련하여 필자는 그 과정에 대하여 남다른 소회를 '용인이씨 종보 100호(25 주년) 발간 기념 학술발표'(2011. 10. 27)와 용인이씨 종보 100호 특집호(2011. 8. 1) 등에 피력한바 있다.

을 따라 '3世 不仕'를 실천한 장남(士穎)과 장손(伯撰)을 잇는 참판공파
(参判公派)에서 맥을 형성하고 있다면, 후자는 3代 문화재 지정을 받은
이중인과 차남(士渭)·손자(伯持)의 후손으로 용인이문 중 최대파를 이룬
부사공파(府使公派) 수강(守綱) 등 5개 派를 이루고 있다는 점이다.

그리고『용인이씨 대동보』무자보(戊子譜)가 2008년 7권(부록편 포
함)으로 출간된 이후, 참판공파와 사간공파(회장 이도한)에서 용인이씨
의 숙원사업의 하나인 첫 족보『용인이씨족보』임자보(壬子譜) 3권
(1732)을 비롯하여 계사보(癸巳譜) 6권(1773)과 기사보(己巳譜) 12권
(1869)의 영인과 함께 을묘보(乙卯譜)(1915)와 을축보(乙丑譜)(1925)를
포함하여 각 족보의 서문과 발문까지 국역하였다는 점이다.[5] 이를 바탕
으로 필자는「'고려조 3代 절신의 후손' -용인이씨 사간공파 현조사적
고찰-」을 집필하기에 이르렀다.

그동안 필자는 25년 가까이 '용인이씨 종보' 주간(1988. 11~현)으로
서 용인이문에 관한 글들을 종보에 발표하여 이를 정리한『용인이씨 현
조사적』(1) (2005)을 비롯하여『조선시대 문과급제자 연구』(2004) 출판 및
「조선후기 근기지역 京華士族 고찰」(2006) 등 논문을 발표한 바 있다.

종래 필자는 용인이문을 경화사족으로서 문과급제자를 중심으로 살
펴보았다면,[6] 이제는 '고려조 3代 절신의 후손'으로서 참판공파 중 사간
공파 후손들을 통해' 충효(忠孝)의 맥(脈)'의 정신을 재음미 하고자 한
다. 그 중심에 사간공파(司諫公派)의 파조(派祖) 효독공(孝篤公)(19世)을

---

5) 용인이씨 종보 제101호(2011. 11. 1) 7면 참조. 또한 현 사간공파 이도한 회장은
   향후 乙卯譜(17권, 국립중앙박물관 소장)와 乙丑譜(12권, 한국학중앙연구원 소장)
   도 장기적으로는 영인할 계획을 갖고 있음을 피력한바 있다.
6) 졸고,「조선후기 근기지역 京華士族 고찰 -용인이씨 문과 급제자를 중심으로-」
   『향토서울』제67호, 서울시사편찬위원회, 2006, 171~178쪽 및「조선조 경기지역
   경화사적 고찰 -토성 출신 용인이씨를 중심으로-」『경기도의 뿌리를 찾아서 -
   龍仁李氏』(경기도박물관 도록), 2013, 139~143쪽 참조.

비롯하여 기묘록(己卯錄)에 오른 아들 홍간공(弘幹公)과 손자 홍산현감 향상공(享成公) 및 당진현감을 지낸 증손 정민공(貞敏公) 등이 있다.

이를 위한 방법으로『국역 국조인물고』에 수록된 해당 인물들의 묘갈명, 비갈명, 묘표와『임자보』등 용인이씨 족보의 서문(성백효 교수 국역) 및 선현들의 연구 성과와 필자 논저 등을 활용하였음을 밝혀둔다.[7]

2. 1,000년전 용인지역에 뿌리내린 龍仁李門

1) 고려조부터 이어온 뿌리 깊은 가문

용인의 대표적 토성인 용인이문은 관향을 용구(龍駒)(용인의 옛 지명)로 하는 토착성씨로 고려시대부터 용인의 유력 성씨이었다. 그들 가운데 고려 태조를 도와 건국에 공을 세워 삼한벽상공신에 봉해진 이길권을 시조로 하는 용구이씨(龍駒李氏)(현 용인이씨)는 단연 용인을 대표하는 성씨로 고려조와 조선조에까지 이어져 왔다.

먼저 용인이문의 시조 이길권(880傳~984 ?)은 고려태조가 고려를 개국하고 후삼국을 통일할 때 용인지역의 토호로서 큰 공을 세운 개국공신으로 전해진다. 공은 신라말 헌강원(憲康王) 6년(880)에 용인에서 탄생한 것으로 전하며 천품이 강직하고 도량이 넓었으며 천문지리에까지 통달한 인물로 알려졌다. 한 예로 신라 말 유명한 승려이며 풍수설의 대가

---

7)『국조인물고』(서울대학교 도서관, 영인본 3권, 1978)는 조선초기부터 영조 초엽까지 인물 2,091명의 인물의 전기 자료를 송시열, 이의현, 이정구, 홍귀달 등 300여명이 찬자들의 글을 모아 정리한 것으로 영의정을 지낸 도곡 이의현의『인물고』로 알려지고 있다(민현구,「국조인물고 해제」,『한국중세사 산책』, 일지사, 2005, 282~288쪽). 그 중 용인이씨 인물로 소개된 9명은 참판공파 후손인 이승충·효독·원간·홍간·향성·영성·정민과 이교악·세재 등이 수록되어 있다.

로 알려진 도선대사(道詵大師, 827~898)가 公을 보고 장차 王을 도와 큰일을 할 재목이라고 하며 감탄해 마지않았다 한다. 그 후 서로 친교하는 사이가 되었고 公이 많이 배우는 바가 있었다 한다.

당시 신라의 국운이 쇠하여 혼미를 거듭하는 난세에 신라 말 경명왕(景明王) 2년(918) 혁명으로 왕건(王建)이 고려를 개국할 때 公은 용인 지방의 토호로서 왕건을 도와 삼한(三韓)을 통합하는데 공을 세웠다 하여 즉위한 후 5백호의 식읍(食邑)과 산성군(山城君)에 봉군하였다. 그러나 청렴 겸양한 공은 이를 굳이 사양하면서 "臣은 본시 산골에서 나무나 하고 신이나 삼으면서 궁하게 살려는 터 이온데 어찌 이 같은 후한 록(厚祿)을 감히 받을 수가 있겠습니까"하고 사양하였다고 전해진다.

그러나 太祖는 公의 뜻과는 달리 또다시 '구성백 삼한벽상공신 삼중 대광 숭록대부 태사(駒城伯三韓壁上功臣三重大匡崇祿大夫太師)'의 벼슬을 내리었지만 공은 청렴한 선비로서 나라를 위해 충성을 다하고 훗날 고향 용인으로 내려와 후생을 위해 보내다가 천수를 누렸다고 전한다.

용인이씨 사당 追遠祠 재실

추원사 位牌(시조 이길권 등 14位)

고려왕조 7대 목종(穆宗)은 그의 공을 기려 사후에 안의(安毅)라는 시호를 내리고 그가 살아온 용인을 본관으로 삼게 하였다.8)

8) 고려 개국공신을 배향하고 있는 能善閣 28位 중 벽진이씨 李恩틀 다음으로 두 번째로 용인이씨 李吉卷을 배향 인물로 볼 때, 고려개국공신 중에서 주요한 인물이 었던 것으로 추정된다(세종대왕기념사업회, 『증보문헌비고』, 帝系考 7, 8권, 1979, 숭의전앙암제중 편, 『고려 숭의전사』(회상사), 1992, 566쪽과 678쪽, 이원

그 후 용인이문은 시조 길권 이후 고려조에서 누대에 걸쳐 관직과 활동을 하였음을 단편적이나마 고려사, 문집 및 족보 등에서 정리하면 아래와 같다.9) 아울러 추원사 경내에 14분의 위패가 함께 모셔져 있다.

ㅇ 一世 이길권(李吉卷) : 태사(太師), 삼한벽상공신삼중대광(三韓壁上功臣三重大匡), 시호는 안의(安毅)

ㅇ 二世 헌정(憲貞) : 대호군(大護軍), 판부전서(判部典書), 시호는 양간(襄簡)

ㅇ 三世 정(靖) : 예부상서(禮部尙書), 좌복야(左僕射), 태자태사(太子太師), 시호는 문익(文翊)

ㅇ 四世 회(懷) : 이부상서(吏部尙書), 사공(司空), 좌복야참지정사(左僕射叅知政事), 시호는 문정(文貞)

ㅇ 五世 효공(孝恭) : 태위(太尉), 시호는 안화(安和)

ㅇ 六世 현후(鉉候) : 평장사(平章事), 사도(司徒), 시호는 정혜(貞惠)

ㅇ 七世 광보(光輔) : 태사(太師), 중서령(中書令), 시호는 장강(莊康)

ㅇ 八世 진문(晋文) : 태보(太保), 문하시랑(門下侍郞), 시호는 무숙(武肅)

ㅇ 九世 인택(仁澤) : 태위(太尉), 시호는 위혜(威惠)

ㅇ 十世 당한(唐漢) : 호부상서(戶部尙書), 내사령(內史令), 사공(司空), 시호는 문화(文和)

ㅇ 十一世 유정(惟精) : 공부상서(工部尙書), 내시랑중(內侍郎中) 시호는 충신(忠信)

ㅇ 十二世 석(奭) : 태부(太傅), 합문지후(閣門祗候), 시호는 문광(文匡)
  * 檢校禮賓少卿, 閣門祗候(합문지후 : 조회 및 의례 등 국가의식을 맡아보던 관서, 종6품)

ㅇ 十三世 광시(光時)10) : 개성판관(開城判官), 총부전서(摠部典書), 판도

---

9) 졸저, 『용인이씨 현조사적』 1, 용인이씨대종회, 2005, 12∼15쪽 참조. 그리고 현재 용인이씨 사당인 追遠祠에 시조 안의공 길권부터 13世 이광시·광봉 형제까지 14位의 위패를 모시고 매년 3월 14일(陰) 제향을 올리고 있다.

장, 「용인이씨의 원류」, 용인이씨 종보 2호, 1987, 용인이씨대종회, 『용인이씨 세적보감』(이원겸 편찬), 2권, 1999, 417쪽, 이원명, 『용인시사』, 3권(용인시사편찬위원회), 2006. 5, 76∼78쪽 참조).

10) 李光時의 부인은 연창군부인 죽산 박씨(竹山 朴氏)와 덕양군부인 행주 기씨(幸州 奇氏)가 있는데 전자에서 2남 3녀(承命·中敏과 3女 : 정2품 平章政事 方臣祐 처)

판서(版圖判書), 시호는 간숙(簡肅)
* 奉翊大夫 同知密直司事, 判典儀寺事(전의시 : 고려후기 제사를 주
  관하고 임금의 묘호와 시호의 제정담당관아, 종2품)
○ 十三世 광봉(光逢) : 상호군(上護軍; 2군 6위의 지휘관인 上將軍, 정3
  품), 삼사사(三司使, 정3품), 도첨의사사 평리(都僉議使司 評理, 종2품),
  용성군(龍城君)에 봉해짐

즉, 시조 안의공 길권(吉卷)이래 2世 대호군 헌정(憲貞), 3世 좌복야
정(靖), 4世 좌복야 회(懷) 등의 가세가 개국공신의 후예로서 주요 관직
을 차지하였고, 고려 중·후기에도 그 명맥을 유지하다가 11世 공부상서
유정(惟精), 12世 합문지후 석(奭)을 거쳐 13世 동지밀직사사 광시(光
時)·도첨의사사 광봉(光逢)형제에 이르러 가세가 다시 일어나 13개 宗
派 152개 支派가 번창하여 현재에 이르고 있다.[11]

2) 고려후기 용인이문의 가계를 일으킨 이석(12世)
   —이광시·광봉(13世)

고려개국 공신 이길권의 후예로 이중인의 아버지 판정의시사(判典儀

가 있고, 후자에서 3남(中仁·中信·中順)을 두고 있다. 특히 후자 행주기씨의 외조
부는 청주한씨(淸州韓氏) 한강(韓康 : 광정대부 도첨의 중찬 수문전 대학사 감수
국사 판전리사사)으로 볼 때 용인이문은 고려말부터 본격적으로 득세한 가문임을
알 수 있다.
11) 조선중기 후손이자 좌의정을 지낸 李世白의『雪沙集』에는 시조 吉卷부터 29世에
   이르기까지 세계가 수록되어 있다. 즉, 1세 吉卷(太師) → 2세 憲貞(남경元尹) →
   3세 靖(좌복야) → 4세 懷(좌복야) → 5세 孝恭(尙衣奉御) → 6세 鉉候(衛尉寺丞)
   → 7세 光輔(奉御同正) → 8세 晉文(직장동정) → 9세 仁澤(丞同正) → 10세 唐漢
   (戶部令史) → 11세 惟精(공부낭중) → 12세 奭(閣門祗候) → 13세 光時(同知密直
   司事) → 14세 中仁(구성부원군) → 15세 士渭(개성유후) → 16세 伯持(강원관찰
   사) 등이 그것이다(≪雪沙集≫ 부록 권1, 世系, <世系圖> 졸고, '구성부원군 이중
   인 생애와 두문동 72현에 대하여'(구성부원군 이중인 묘 용인시 향토유적 지정(제
   60호) 기념 학술 포럼 발표문(2007. 7.10 추원사 경내) 및 김성환, 전게논문 참조).

寺事)(정3품) 이광시(13世, 1268~1345)는 고려 말 부원세력의 횡포를 용납하지 않고 이에 맞서다 귀양을 여러 차례 다녀오기도 하였던 인물이다. 이때는 고려왕조가 元 지배 하에서 충렬·충선왕과 충숙·충혜왕간의 중조(重祚)(두 번째로 왕위에 나아감) 상황이 거듭되던 시기였다.

일찍이 1310년(충선왕 2) 산랑(6품)이었던 이광시는 헌부전서 김사원(金士元)과 함께 원나라에서 황후를 책봉한 조서를 반포하기 위해 사신으로 온 팔찰(八札)에 의해 투옥되었다.12) 당시 이광시는 부원세력의 횡포를 용납하지 않았고, 이에 맞서다 귀양을 감수해야만 했다. 하지만 얼마 되지 않아 그는 귀양에서 풀려 1314년(충숙왕 1) 왕명의 출납과 숙위, 군기 등을 담당하였던 3품직의 右代言으로 활동하였다. 이때 충숙왕은 1315년(동왕 2) 10월 14일부터 3일간 열렸던 국청사(國淸寺)(개성 근처 소재) 낙성법회에서 3천여 명을 불러 크게 불사를 개최하였는데, 당시 우대언 이광시는 대반일(大半日)에 왕을 대신하여 국청사에서 향촉을 바쳤던 인물이기도 하다.13) 그가 왕의 정치활동에 직간할 수 있는 밀직사의 우대언(정3품)을 역임하였다는 것은 그의 정치적, 사상적 성향을 가늠할 수 있는 부분이다.

또 1325년(충숙왕 12) 10월에는 역시 3품직인 총부전서(摠部典書)(전 병부상서)로 원나라 황제의 생일을 축하하기 위한 성절사(聖節使)의 임무를 띠고 원나라에 다녀오기도 하였다.14) 이로 보면 이전부터 이광시는 원나라와 고려에서의 성리학에 대한 사상적인 흐름을 상당히 인지하고 있었고, 원나라의 사신행을 기회로 이와 관련한 여러 정보와 자료를 고려에 들여왔을 것이다. 그리고 그런 정보와 자료들은 아들인 이중인에

---

12) 『고려사』 권122, 열전35, 宦者, 李大順 ;『고려사절요』 권23, 충선왕 2년 6월 참조.
13) 『동문선』 권68, 記, 閔漬 찬 <國淸寺金堂主佛釋迦如來舍利靈異記> 참조.
14) 『고려사』 권35, 世家 35, 충숙왕 12년 10월 戊子;『고려사절요』 권24, 충숙왕 12
    년 10월 참조.

게 가학으로 전해져 그의 학문과 사상 형성에 영향을 주었을 것이다.[15] 이때 이중인의 나이는 11세였다. 여기서 주목할 벼슬은 이중인의 조부 이석의 합문지후(閤門祗候, 종6품)와 아버지 이광시의 판전의시사(判典 儀寺事, 정3품) 및 이중인의 홍복도감판관(弘福都監判官, 정5품) 관직 이 모두 제사와 국가의례 등을 주관하던 관서였다는 점이다. 그리고 이 광시의 동생 이광봉은 충숙왕 13년(1313) 상호군(종래 2軍 6衛의 최고 지휘관 상장군, 정3품)으로서 원나라에 파견되어 개원(改元)을 축하하러 다녀오고 형 이광시 처럼 同知密直司事종2품)에 이르고 1320년에는 도 첨의사사(종래 중서문하성) 평리(評理)(종2품)에 이르고 있다.[16]

한편 이광시의 아버지 합문지후(종6품) 이석(李奭)(12世, 1225~1293) 은 시강학사(侍講學士)를 역임한 분으로 고려 원종(元宗)을 모시고 중국 元 세조(쿠빌라이)에게 세폐를 줄여줄 것을 건의하여 얻은 공으로 太傅 가 되기도 하였던 인물이다.[17] 그리고 아들 이광시의 관직 생활에는 그 의 통혼권도 어느 정도 영향을 주었을 것으로 보이는데, 부인은 연창 군 부인 죽산 박씨와 계(繼)부인 덕양 부부인 행주기씨 소윤(少尹)(정4품) 기정서(奇廷瑞)의 딸이다.[18] 행주기씨 외조부는 청주한씨 한강(韓康)으 로 충렬왕 때 활약한 판삼사사와 찬성사(정2품)를 지낸 인물이었다. 찬 성사 한강은 고종조에 급제하여 목은 이색(1328~1396)의 가계보다도

---

15) 김성환, 「고려말 李中仁의 활동과 교유 관계」『포은학연구』8집(포은학회), 2011, 164~165쪽.

16)『고려사』권34, 충숙왕 1년(1313) 4월 경인조, 동 6년(1319) 2월 무술조, 동 7년 (1320) 1월 정사조 및『고려사』권 125, 「權漢孔 열전」참조

17) 용인이씨대종회,『용인이씨 대동보』(戊子譜), 권1, 2008, 4쪽 및『고려사』권37, 元宗 14년 3월 을묘조

18) 前縣令 李世會 찬(1705년, 숙종 31), 「고려구성부원군이공 묘표 음기」, 용인이씨 종보 52호(1999) 1면 및『용인이씨대동보』(무자보) 1권, 2008, 7쪽 참조). 참고로 府夫人은 조선시대 外命婦의 하나로 왕비의 친정어머니와 종친인 大君의 부인에 게 주는 작호로 품계는 정1품이고 종1품 처는 某君부인이라 칭하였다.

휠씬 먼저 세족의 위치를 공고히 한 가문이다.[19]

그리고 이광시가 개성 판관 때 맞은 셋째 사위 방신우(方臣祐)(?~
1343, 상주인)는 충렬왕 때 궁중에 환관으로 있다가 원나라에 가서 활동
(7 朝, 2 太后를 섬김)하여 1310년대 충선왕 때 중모군(中牟君)에 봉해
지고 충숙왕으로부터 상락부원군 추성돈신양절공신에 채록되고 관직으
로는 개성 판관과 평장정사(정2품)에 오른 인물이다. 그는 일찍이 원나
라에서 고려를 원의 省으로 편입시키려 논의 때 수원황태후(壽元皇太
后)에 건의하여 "고려는 땅이 좁고 산이 많아 농사와 목축할 곳이 없으
니 북쪽사람들이 편안히 살 만한 곳이 못되며, 한갓 동민(東民, 고려민)
을 놀라게 할 뿐이다"라며 중지케 한 공이 있는 분으로서 부원군 이중인
에게는 매부가 된다.[20]

이처럼 고려후기 이석 – 이광시·광봉 부자의 관직과 활동 및 통혼관
계는 조선 초 15세기 거족으로서 거론되는데 어느 정도 밑바탕이 되었
다고 본다. 따라서 성현(成俔)(1439~1504)의 『용재총화』(慵齋叢話)에
서는 '아국거족(我國鉅族)'으로 76개의 성씨집단을 들고 있는데 이중 용
구이씨는 13번째의 거족으로 기록되어 있어 역시 용인이씨는 용인을 대
표하는 성씨였음을 알 수 있다.[21] 따라서 학계에서도 용인이씨 가계에

19) 청주한씨 韓康은 목은 李穡이 가장 친한 친우로 교유한 3명 중 한 사람인 韓修
   (1333~1384)의 5대조가 韓康이다(고혜령, 「목은 이색의 師承과 교유관계」『목은
   이색의 생애와 사상』(목은연구회), 일조각, 1996, 265~266쪽 참조).
20) 『익재난고』권7, 碑銘, 方公祠堂碑와 『고려사』, 권33, 충선왕 4년(1312) 및 용인
   이씨대종회, 『용인이씨 대동보』(戊子譜), 권1 참조. 그리고 方臣祐에 대한 연구로
   는 고혜령, 「方臣祐(1267~1343) 小論」『역사와 인간의 대응』, 한울, 1984, 85~
   87쪽과 김성환, 전게논문, 163쪽 및 박용운, 『수정·증보판 고려시대사』, 일지사,
   2008, 697쪽 참조.
21) 『慵齋叢話』권10, 「古人皆重巨族 如晉之王謝唐之崔盧是已 我國鉅族 皆自州郡土
   姓而出 昔盛而今衰 昔微而今盛者 並錄之 坡平尹氏 漢陽趙氏 利川徐氏 驪興閔氏
   水原崔氏 陽川許氏 德水李氏 幸州奇氏 交河盧氏 仁川李氏·蔡氏 南陽洪氏 龍駒李
   氏 竹山朴氏·安氏(생략)」

대해서는 '고려전기에 귀족 또는 고급관인을 진출시킨 군현(본관)'으로
의 용구의 위치와 '삼한공신과 호장을 겸유한 성관'으로 용인이씨를 15
세기에 이미 거족(鉅族)으로 평가하고 있음을 알 수 있다.22)

3. 여말선초 구성부원군 李中仁과 고려조 3代 節臣

1) '두문동 72賢' 구성부원군 중시조 이중인

용인이씨는 이미 언급한 것처럼 신라 말 고려 초 용인지역의 土姓으
로 활동하여 고려조 개국공신으로 시작하여 여말선초 조선왕조에 들어
와 많은 과거급제를 배출하여 중앙에 진출하면서 가문 성장의 기반을 확
립하였다. 시기는 고려 말 원 지배하 공민왕대의 반원개혁과정이 본격화
된 시기이자, 곧 이어 고려에서 조선왕조로의 역성혁명이 전개되는 시기
이기도 하다. 이 때 주목할 인물이 소위 '두문동 72賢'으로 추앙되는 정
충대절(貞忠大節) 이중인이다.23)

구성부원군 이중인은 판도판서인 이광시24)와 덕양부부인(?德陽府夫

---

22) 이수건, 『한국의 성씨와 족보』, 서울대출판부, 2003, 88쪽 <표 1> 및 260쪽 <표
   2> 참조

23) 김성환, 「고려말 이중인의 활동과 교유 관계」(2011), 159~170쪽 및 졸고, 「조선
   조 경기지역 경화사적 고찰 -토성 출신 용인이씨를 중심으로-」(2013), 135~
   137쪽 참조. 특히 김성환의 이중인에 관한 자료와 관직에서의 활동 및 교유 인물
   에 대해 정리한 논고는 이해에 크게 도움을 주고 있다.

24) 이중인의 父 이광시의 부인은 연창군부인 죽산박씨와 덕양군부인 행주기씨가 있
   다. 전자에서 2남 3녀(승명·중민과 3녀 ; 정2품 평장정사 방신우 처)와 후자에서
   3남(중인·중신·중순)을 두고 있다. 특히 후자 행주기씨의 외조부는 청주한씨 韓康
   (광정대부 도첨의중찬 수문전 태학사 감수국사 判典理司使)를 지낸 인물로 볼 때,

人) 행주기씨(幸州奇氏) 사이의 세 아들 중 첫째로 태어났으며, 대제학과 밀직을 지낸 전신(全信)(1276~1339, 본관 천안, 호 栢軒)25)의 둘째 따님과 혼인하여 형부전서(정3품) 사영(士穎)과 개성 유후(종2품) 사위(士渭), 중추원 지주사(정3품) 사이(士彝)를 낳으셨다. 또 아들에게서 손자 6명을 보았는데, 관찰사 백지(伯持)와 사간 계공(季拱)이 가장 현달하였다. 公은 이색·정몽주 등과 함께 조선 건국에 참여하지 않고 절의를 지켜 조선 건국세력들이 前朝 인사들의 동조를 위해 관직을 제수하는 등 회유책에 따라 '구성부원군(駒城府院君)'에 봉했지만, 公은 이를 수용하지 않은 것으로 알려져 있다.

　公에 관한 자료 중 용인현 서쪽 자은교(慈恩橋)(현 용인시 기흥구 영덕동 지역 내)에 있는 公의 묘비가 일찍부터 건립되어 있었으나, 어떤 사람에 의해 의도적으로 훼손되고 은닉되어 평생에 관한 자료가 사라지게 되었다고 전한다. 이에 신미년(1691) 공의 12대손 전 군 수 순악(舜岳)이 여러 후손들을 거느리고 관청에 고발하여 훼손한 자에게 벌을 내리고 묘역을 개수하였다. 그리고 14년 뒤 을유년(1705)에 13대손 세재(世載)가 경기도 관찰사가 되어 다시 비석을 세우고 이르기를, "아! 공의 세대가 멀어서 이력의 관직과 행실을 자세히 알 수가 없고 오직 후손들이 더욱 멀어질수록 더욱 번창하여 양반가문을 말하는 자들이 반드시 우리 이씨를 꼽으니 그렇다면 공의 덕이 많음을 여기에서 증험할 수 있다"고 밝히고 있다.26)

　용인이문은 고려후기부터 상당한 위치의 가문이었음을 짐작할 수 있다(졸저, 『용인이씨 현조사적』(1), 용인이씨대종회, 2005, 14~15쪽 참조).

25) 「拙藁千百」 권2, 全栢軒墓誌(『고려명현집』 권2, 20쪽). 그의 묘지명에 보면 둘째 사위로 이중인을 '行中書省知印 李冲仁'으로 표기하고 있는데 오기로 보이고, '만년에 호를 栢軒이라 한 全信은 백이정(이재), 김륜(죽헌), 이제현(익재)과 교유하며 매우 즐겁게 지냈다'고 전해진다. 또한 全信은 고려 충렬왕 27년(1301) 李齊賢(1287~1367) 등과 함께 급제하였다(허홍식, 『고려 과거제도사 연구』, 일조각, 1984, 289~290쪽).

이러한 가운데 1360년(공민왕 9) 10월 25일에 치러진 동당시(東堂試)
에서 公의 아들 이사위(1342~1402 後)(개성유후)가 진사 23인 중 한명
으로 고려조에 급제하고 있음을 확인할 수 있다.27) 당시 대과에서 장원
으로 포은 정몽주 등 모두 33人이 급제하였다.28) 이중인의 아들 이사위
는 19세의 최연소 나이로 급제하였다. 한편 이중인에 관한 기록은 이후
자료에서 확인되지 않는데 어떤 배경에서 그랬는지 정확히 알 수 없지
만, 公의 묘표음기에 있듯이 "어떤 사람에 의해 의도적으로 毀損되고 감
춰두었다"(爲人所毀匿藏)는 것이 그 이유였을 것이다. 그러나 다행히
조선후기 형조참판을 지낸 후손인 이원익(李源益)29)의『기년동사약(紀
年東史約)』에서 이중인에 관한 전반적인 평을 살펴볼 수 있다. 즉,

"구성백 이중인은 룡인사람이다. 어려서부터 학업과 뛰어난 업적으로 고려
때 一代宗匠이 되어 圃隱과 牧隱이 어려서부터 학문을 從遊하였다. 여러
벼슬을 거쳐 門下侍中에 이르렀다. 我朝(조선조)에서 駒城府院君에 追封하
였으나 공은 사양하고 받지 않으며 말하기를, '나는 본래 전조의 사람으로 스
스로를 다스리는 것이 지켜야 할 뜻이거늘 어찌 달라질 수 있을 것인가'라고
하며 마침내 龍仁에 은거하며 죽을 때까지 나오지 않았다. 비록 松人들은 어

26) 前縣令 李世會 敬書(1705),「嗚呼公之世遠矣官歷履行莫得以稽獨 其後承采遠采大
數簪纓之世者必歸焉則公之積德遺羨於斯可徵哉」『高麗駒城府院君李公墓表陰記』
(용인이씨대종회,「용인이씨종보」52호, 1999 및『용인이씨 대동보』(戊子譜) 권1,
2008, 7~9쪽) 및 우상표,「용인이씨 발상지 잔다리」『용인의 자연마을』2, 용인
시민신문사, 2006, 267~270쪽 참조)
27) 용인이문에서 고려조에서 大科 급제자가 11명(회, 효공, 진문, 당한, 유정, 중인,
중민, 사영, 사위, 백지, 계공)을 배출한 것으로 전해지나(이원겸,『용인이씨 세적
보감』1권, 용인이씨대종회, 1999, 166쪽), 文科榜目에 보이는 급제자는 공민왕
9년(1360) 이사위(개성 유후)와 우왕 11년(1385) 이백지(강원관찰사, 청백리)만 현
재 찾아지고 있다.
28)『고려사』권73, 지27, 선거1, 科目1 참조. 李存吾『石灘集』하, 부록 ; 성균관대학
교 대동문화연구원,『고려명현집』4권, 414쪽 참조
29) 李源益(1792~?)은 본관 용인, 1819년(순조 19) 생원시와 1825년(순조 25) 식년시
에서 을과 2인으로 급제하였다. ≪司馬榜目≫ 및 ≪國朝榜目≫(奎貴11655) 참조.

리석다고 하기도 하였으나, 모두 구성백(駒城伯)의 정충대절(貞忠大節)을 칭
송하였다."30)

이원익의『기년동사약』이 비록 19세기의 자료라고 할지라도 여기에
서 이중인은 학업과 뛰어난 업적으로 고려 말에 일대종장(一代宗匠)이
되어 정몽주와 이색 역시 어려서부터 그에게 학문을 배웠다는 기술은 의
미하는 바 크다 하겠다. 이미 아버지 이광시가 고려 후기 1310년(충선왕
2) 6품 산랑으로서 부원세력의 횡포를 용납하지 않고 맞서다 귀양을 다
녀왔고 1325년(충숙왕 12) 총부전서(3품)로서 원나라에 다녀오면서 당시
중국 성리학에 대한 사상적 흐름을 나름대로 인식하고 있었다고 보여 진
다.31) 따라서 반원 개혁운동을 전개할 당시 활동하였던 이광시의 아들
이중인도 당시 대내외 정세와 사상계의 흐름을 이해하고 있었다고 본다.

따라서 1365년(공민왕 14)에 공민왕비 노국대장공주가 난산 끝에 절
명하자 3일간 조회를 중지하고 국상을 준비하고 있을 때, 이중인이 이를
관장하는 종5품 홍복도감(弘福都監) 판관(判官)으로서 그 역할을 감당
하였던 것이다(『고려명현집』 4권, 114쪽). 公의 나이 50세 때였다. 홍복
도감이란 관직은 왕실의 제사를 주관하고 왕의 묘호 및 시호의 제정을
주관하였던 전의시(典儀寺)와 관련한 도감이었다. 따라서 역시 당시 의
례와 사상(불교와 유교)에 상당한 자야만 가능한 부서라 하겠다.

이러한 관계로 당시 사상계(유·불교)에 밝았던 홍복도감 판관 이중인
에게 당대 유학자인 이색과 정몽주와도 교유하며 때로는 배웠을 것은 그
리 어려운 추정만은 아닐 것이다.32) 어떻게 보면 이중인으로 볼 때 목은

---

30) 李源益,『紀年東史約』권9(국사편찬위원회,『한국사료총서』33권, 1999), 高麗紀,
　　壬申 4년「駒城伯 李中仁 龍仁人 少以學業著蹟 麗朝爲一代宗匠 圃隱牧隱自少從
　　學 歷官門下侍中 我朝追封駒城府院君 公讓封不受 曰我本前朝人 自靖素志 豈可渝
　　乎 遂隱居龍仁 終身不出 雖松人至愚 咸稱駒城伯之貞忠大節」
31) 김성환, 전게논문, 164~165쪽
32) 용인문화원,「포은 정몽주 선생과 용인의 역사문화인물」(제10회 포은문화제 유인

이색(李穡)에게는 학문의 선배이자 아들의 스승이었고, 포은 정몽주(鄭夢周)에게는 큰 아들(이사영)의 친구이자 작은 아들(이사위)과는 문생으로서 교유와 만남을 통하여 어느 정도 영향을 주었다고 생각된다. 더구나 조선 건국세력들이 고려 말 유신들을 회유하기 위해 이중인을 구성부원군에 추봉하자, "본래 전조(前朝)의 사람으로 스스로를 다스리며 뜻을 지켜야 할 것"이라 하고 용인에 은거하며 죽을 때까지 나오지 않았던 절개를 포은 정몽주는 높이 사서 그를 따랐다고 보여 진다.

따라서 이중인과 관련한 더 이상 구체적 자료가 관찬 사료 상에는 확인되지 않지만, 위의 『목은집』·『기년동사역』 등 문집으로 볼 때, 생생한 당시의 모습을 어느 정도 확인할 수 있다. 즉, 구성부원군 李中仁은 역성혁명으로 고려왕조가 무너져가는 현실에서 소위 '두문동 72賢'같은 처신의 삶으로 당대 최고의 학자요, 선비였던 이색과 정몽주에게 깊은 감화를 남겼을 것으로 사료된다. 이러한 제반 사실이 이중인 등 '조자손 3대(祖子孫 三代)'가 고려조 절신(節臣)으로 평가되고, 나아가 이는 당시 이중인의 위상을 말해준다고 하겠다.[33]

2) 고려조 3代 절신(李中仁·士穎·伯撰)과 용인이문

용인이씨의 가문 성세는 이광시(李光時) 이후 고려 말 '두문동 72賢'의 한 사람으로 알려진 이중인(李中仁, 구성부원군 홍복도감 판관, 용인이씨의 중시조)을 잇는 가계에서 이루어지고 있다. 이중인 이후 후손들에 의해 자손들은 크게 보아 두 갈래로 나뉘어 졌다고 볼 수 있다.

물), 2012. 31쪽에 보면, 고려말 8현으로 추앙된 진초 이중인에 대한 설명에서 '목은 이색과 포은 정몽주를 가르친 뛰어난 학자'로 소개하고 있다. 이에 대한 것은 용인문화원 이사인 이광섭 향토학자의 그동안 꾸준한 지적이 받아들여진 것으로 알고 있다.

33) 『牧隱詩藁』 권30, 詩 및 김성환, 전게논문, 162~163쪽과 175~177쪽 참조

즉, 조선조가 들어서서 '두문동 72賢' 같은 삶을 산 정충대절 이중인의 불사이군을 따른 큰 아들 집안 형부전서 이사영 - 장손 지영천군사 이백찬의 길과 관직세계로 나선 둘째 아들 개성유후 이사위 - 손자 강원관찰사로서 청백리 이백지의 길이 달랐다.

우선 고려가 망하자 '고려말 절신' 이중인의 불사이군(不事二君) 유언대로 그 정신을 맡아들인 사영(士潁, 刑部典書, 정3품) - 백찬(伯撰, 知永川郡事, 종4품) 부자까지 '삼대불사(三代不仕)'의 충절을 지키니, 이른바 '조자손 3대불사'의 정신은 의정부 유림(儒林)이 세운 '송산사'와 파주 고려통일대전 內 '고려대전'에 봉안된 위패가 말해 주고 있다.[34]

송산사(1809, 경기도기념물 제42호)
(경기도 의정부시 민락동 285)

고려통일대전 모습(2007)
(고려 역대왕 34位와 충현공
열사 356位 위패 모심)

그러나 시기는 고려가 망하고 새로이 조선왕조가 등장 하던 때였다. 태조 李成桂의 계획을 좌시할 수 없었던 公은 앞날을 개탄한 나머지 모든 벼슬을 버리고 초야에 묻혀 절신(節臣)으로 지내었다. 조선왕조가 들어서 公을 다시 구성백으로 봉하자 단호히 이를 물리치면서 중국 고사

---

34) (사)고려역사선양회, 『고려통일대전지』, 2009, 826~827쪽에 고려조에 不事二君의 정신을 이어 받은 인사로 수록되었을 뿐 아니라, 2007년 경기도 파주 통일동산 내에 건립된 '高麗大殿'에 고려 역대왕 34位와 충현공 열사 356位 속에 고려의 충신으로 용인이씨 3代의 위패가 모셔져 있다(매년 양력 10월 첫 토요일 제향).

의 '백이(伯夷) 숙제(叔齊)'와 같은 충절이 더럽혀질까 염려된다 하며 머리를 풀고 산에 들어가 세상과의 모든 인연을 끊으시고 자손들에게도 '이조(李朝)에는 三代까지 벼슬하지 말라'고 이르렀다.

그 후 정과(鄭過) 등 8판서(八判書)과 더불어 개성에 있는 성거산(聖居山)에 들어가 분신 자결할 것을 모의하고 나무를 산과 같이 쌓아놓았는데 이들 자손들이 찾아와 읍소 만류하여 뜻을 이루지 못하자, '죽지도 살지도 못하는 팔자이고 보니 장차 어떻게 한단 말인가'하고 크게 비통해 하다가 세상을 떠났다고 전한다.[35] 이중인의 이러한 절개를 높이 사서 유림에서 사당 송산사(松山祠)를 세워 이중인 등 6명을 조선 후기 순조(純祖) 9년(1809)이래 현재까지 배향(매년 음력 3월 20일)해오고 있다.[36] 또한 필자가 기술한 용인이씨 출신 3대 절신의 생애를 정리한 글이 『高麗統一大殿誌』((사)고려역사선양회, 2009)에 수록되어 있어 충절의 가문임을 증거하고 있다 하겠다.[37]

한편 이중인의 둘째아들 이사위(李士渭; 개성유후, 종2품)도 아버지의 유언대로 따르려 하였지만 당시 유민들의 간곡한 원류(願留)를 받아

---

35) 『景賢祠誌』 3 부록(용인향교 掌義 이종기 제공)과 용인시사편찬위원회, 『용인의 분묘문화』, 2001, 37쪽

36) 純祖 9년(1809)에 이중인 외에 송산사에 배향된 고려말 충신 6선생은 趙狷(松山, 평양인, 안렴사)·元宣(陽村, 원주인, 판삼사사)·金澍(籠巖, 선산인, 좌복야)·金楊南(逸老亭, 강릉인, 검교중랑장)·兪蕆(松隱, 무안인, 예부상서)이다. 참고로 正祖 22년(1798) 전국유학자들이 사당을 세운 후 조견, 원선 두 분만을 모셔오다가 純祖 9년(1809)에 이중인, 김주, 김양남, 유천 등 고려말 충신 네 분의 위패를 더 추가로 모시고 제향과 강학을 더불어 하였고 이후 현재에 이르고 있다.(사단법인 의정부향토사연구회, 『松山祠誌』, 1997, 250~252쪽) 의정부 민락동 285번지, 경기도 기념물 제42호)

37) 수록된 내용은 필자의 『용인시사』 권3(용인시사편찬위, 2006)의 '용인이씨 인물 25명'을 보완하여 투고한 내용(2008. 7. 17)을 기초로 하여 정리된 것이 『高麗統一大殿誌』, 826~827 쪽)에 용인이씨 출신의 이중인·사영·백찬의 고려조 3代 節臣 관련 내용을 재수록한 것이다.

들여 조선조에서 벼슬을 하게 되는데 아들 이백지(李伯持; 청백리, 강원·전라감사) 父子 후손에서 70여 명의 문과급제자 및 고위 관직자를 다수 배출하여 용인이문 최대의 파(부사공파)를 이루었다.[38] 즉, 3세 불사의 참판공파 후손과 달리 여말선초 시대적 변화에 부득이 동참한 유후공·청백리공 후손 중 부사공파·주부공파 후손들에서 일찍이 과거 급제하여 15세기 당시 이미 용인지역에서 대표적인 토성사족으로서 위치뿐 아니라, 훈구적(勳舊的)인 거족으로서 입지가 확고하였다고 할 수 있다. 그 반증으로『신증동국여지승람』(1530)에 용인지역 인물로는 유일하게 용인이씨 출신 개성유후 이사위(15世, 1360년 19세 때 포은 정몽주와 함께 문과 급제)와 강원관찰사 이백지(16世, 청백리로 녹선됨) 및 경기관찰사 이길보(李吉甫; 19世, 이백지의 증손)와 그의 아우 이우보(李祐甫; 홍문관 직제학) 등 4명만이 보이고 있다는 점이다.[39] 그리고 최근 李中仁－士渭－伯持 3대 묘역이 용인시 향토유적으로 지정되어 화제가 되기도 하였다.[40]

한편 16세기에 이르러 용인이씨는 사림적인 경향을 보이고 있다는 점이 주목된다. 그러한 면에서 용인이씨의 통혼권을 보면 이거사족(移居士族) 한양조씨 정암 조광조(趙光祖)의 증조부 조육(趙育)이 영천공 이백찬(16世)의 딸이자 참판공 이숭충의 누님과 혼인하였고, 연안이씨와는 대사헌 이석형(李石亨; 부인의 증조부는 영일정씨 포은 정몽주)의 손녀 사위가 임피공 이봉손(18世)의 차남 이효돈이 되며, 또한 이석형의 현손

---

38) 졸고, 「조선후기 근기지역 경화사족 고찰」(2006), 177~178쪽. 참고로 조선조 용인이씨 문과급제자 86명 중 7명이 이사영 －이백찬 후손에서, 73명(84.9%)은 이사위－ 이백지 후손에서 급제하고 있다.

39) 정만조, 「조선시대 용인지역 士族의 동향」『한국학논총』19집(국민대학 한국학논총), 1996, 81~83쪽 참조.

40) 용인이씨 3代의 향토문화재 지정은 이중인 묘(제60호, 2007)－이사위 묘(제63호, 2009)－ 이백지 묘(제57호, 2005)이다. 참고로 이를 소개한 정양화, 「3대문화재 지정에 빛나는 용인이씨 가문」『용인문화』16호, 2011, 봄, 42~45쪽 참조.

인 대제학 월사 이정귀(李廷龜)는 쌍괴당 이홍간(20世)의 외증손으로서 쌍괴당의 묘갈명을 짓고 있는데 그 한가운데 바로 참판공파 중 사간공파가 있다 하겠다.[41]

〈용인이씨 '고려조 3代 節臣' 묘비〉

| 고려 문하시중(종1품) | 고려 正義大夫(정3품) | 고려 中正大夫(종3품) |
| 駒城府院君 李中仁 | 刑部典書 李士穎 | 知永川郡事 李伯撰 |

4. '기묘명현'에 오른 사간공파

1) 참판공파를 연 李升忠(17世)과 임피공 李奉孫의 후손

용인이문은 시조 이길권(李吉卷) 이후 자손이 번성하고 후손이 많게 되자 세분할 필요가 있어 17世부터 11개 파로 구분하는데 중시조 구성

---

41) 용인이씨대동보(무자보) 1, 2권 참조. 그 밖에 당대 명문거족들과의 통혼관계를 보면, 안동김씨 청음 김상헌 손녀와 파주목사 이정악(26世)과의 혼인 및 영일정씨 정몽주 9대손 우의정 정유성의 손녀와 좌의정 이세백(27世)과 혼인 등이 주목된다(졸고, 「조선시대 경기도 경화사족 고찰 -土姓 출신 용인이씨를 중심으로-」 『경기도의 뿌리를 찾아서 -龍仁李氏』(경기도박물관 도록), 2013, 141~ 142쪽 참조).

부원군 이중인의 증손자 참판공 이승충(李升忠)(호는 隱齋, 工曹叅判)부
터이다. 공은 전서공 이사영(15世)의 손자로 용인이문의 큰집으로 집성
촌을 이루었던 것으로 보인다. 이는 고려 말 절신 전서공이 터를 잡은
것은 확실치 않으나 중시조께서 구성(용인의 옛 지명)伯에 봉해지면서
후손들이 이 일대에 살았을 것으로 추정된다.

당시 고려가 망하자 이사영(李士穎)은 아버지 이중인(李中仁 : 中始
祖)의 유언에 따라 아들 영천공 이백찬(李伯撰 : 知永川郡事)과 함께 불
사이군의 정신으로 벼슬을 버리고 삼세불사(三世不仕)의 충절을 지킨
것이다. 이 같은 선조의 기질 탓인지 이 지역 후손들은 선조들의 충절의
식에 대한 자긍심이 강한 50여 가구에 250여 명이 집성촌을 이루고 살
았다. 참판공 후손들은 용인시 수지구 소위 '정자 뜰' 일대에 6백여 년
동안 용인이씨 일문의 가풍을 이어온 동족촌락을 이루며 현재에 이르고
있다.

용인이씨 참판공파 파조 이승충(17世, 1398~1481)은 그의 묘표(『국
조인물고』 수록)에 의하면,[42] 3세 불사의 영천공 이백찬(지영천군사)과
검교한성윤 봉유인(奉由仁)의 딸 사이에 1남 4녀 중 태어난 조선전기의
무신으로 호는 은재(隱齋)이다. 公은 23세 때 1420년(세종 2) 음사로 입
사하여 사복시(司僕侍)의 직장·판관 및 소윤을 역임하고 삼군친(종三軍
親從)으로 옮겨 3군 호군에 승진하였다. 1450년 전라도점마별감(全羅道
點馬別監)으로 파견되어 마정을 점검, 이후 1452년(문종 2)까지 겸사복
을 겸대하면서 국왕을 시종하였다. 1455년(세조 1) 호분위상호군(虎賁衛
上護軍)의 군직으로 인하여 원종공신(原從功臣) 3등에 책록되고 절충장
군으로 승진한 뒤 곧 향리에 퇴거하였다. 70세가 되는 1467년 연로무신
이라 하여 가선대부(嘉善大夫) 검교중추원부사에 제수되고, 얼마 뒤에

---

42) 이승충 묘표(국조인물고: 용인이씨사간공파 종회, 『용인이씨 현조사적』, 2013,
   42~43쪽 참조)

다시 가정대부(嘉靖大夫)(종2품) 검교공조참판(檢校工曹叅判)에 제수되었으며, 82세 때 1479년(성종 10)에는 노인직(老人職)으로 품계가 정2품 자헌대부(資憲大夫)가 되었다.[43]

공은 사헌부 지평 최사규의 따님과 혼인하여 6남 4녀를 낳았다. 큰 아들 봉손(奉孫)은 통훈대부 임피(臨陂) 현령(종5품)이고 둘째 중손(仲孫)은 수의(修義) 부위(副尉)(종8품)이며, 셋째 말손(末孫)은 내금위 사맹(司猛)(정8품)이나 둘째 중손과 명손, 만손, 이손 등 네 아들은 절손되었다. 公은 84세(1481)에 집에서 세상을 떠나니 먼저 떠난 부인의 곁 용인의 서쪽 정자뜰 북쪽 언덕이다. 참판공파 재실은 평은재(平隱齋)로 이는 公의 조부인 이사영의 호 평은(平隱)과 참판공 이승충의 호 은재(隱齋)의 이름을 붙인 사당이다. 한편 公의 누이가 한양조씨 趙育(개국공신 조온(趙溫)의 아들이자 정암 조광조의 증조부 조육(趙肉)[44]과 결혼을 하는 계기로 이후 심곡서원(深谷書院), 조광조 묘역 等이 장인 영천공 이백찬 묘역 주변에 위치하고 있다.

한편 참판공의 큰 아들 임피공 이봉손(18世, 1435~1513)은『용인이씨 대동보』(戊子譜)에 의하면 자는 상현(象賢)이고 호는 평정당(平亭堂)으로 벼슬이 통훈대부 임피(臨陂, 현 전북 군산시 옥구군) 현령(종5품)을 지냈다. 公은 남양홍씨(府使 洪利用 女)와의 사이에 9남 3녀를 두니 사

---

43) 檢校職은 고려와 조선조의 散職 제도로 同正職과 함께 설치된 관직명이다. 職事가 없는 상층부의 산직인데 이는 관직 수의 한계를 극복하고 보다 많은 인원을 관직의 체계에 수용할 목적으로 마련된 직제로서 검교직은 문반 5품, 무반 4품 이상에 해당하는 관직에 설정(동정직은 문반 6품, 무반 5품 이하에 설치)되어 있다. 검교직의 祿科 대우는 정1품은 정4품과를 따르고, 종1품은 종4품과를, 정2품은 정5품과, 종2품은 종5품과를, 정3품 참의는 정6품과를, 판사는 종6품과를, 종3품은 정7품과를, 정4품은 종7품과를, 종4품은 종8품과를, 정·종 5품은 종8품과를, 정·종6품은 정9품과를 따르게 하였다(세종대왕기념사업회,『한국고전용어사전』, 2001 참조).

44)『용인이씨족보』(임자보, 1732)과 己巳譜, 1869) 및 정만조,「조선시대 용인지역 士族의 동향」『한국학논총』제19집, 1996, 84쪽 참조.

간 효독(孝篤)과 헌납 효돈(孝敦)을 비롯하여 상의원 별제 효중(孝重), 이조정랑 효언(孝彦, 출계)과 돈령부 첨정 효완(孝完) 등이 참판공파의 주축을 이루고 있다.

특히 영천공 이백찬 후손에서 참판공파 중 첫 대과 급제자로 임피공 이봉손의 장남 효독(孝篤)(1483)과 차남 효돈(孝敦)(1498)·4남 효언(孝彦)(1510)·장손 원간(元幹)(1504)을 비롯하여 손자 홍간(弘幹)(1513)·숙간(叔幹)(1524) 및 현손 영성(永成)(1538)까지 연이어 7명이나 문과 급제자를 배출하여 그 위상을 공고히 하였다는 점이 주목된다.[45] 즉, 참판공의 손자 3명(사간공 孝篤, 헌납공 孝敦, 이조정랑 孝彦)과 증손자 3명(元幹, 弘幹 및 叔幹) 및 현손 이영성(李永成 : 홍산현감 李享成의 형)까지 연이어 7명의 급제자를 배출하여 용인이문의 큰댁의 중심을 이루고 있다.

물론 작은댁 유후공(留後公) 이사위(李士渭) 후손 주부공 이수령(李守領)(1414) 급제보다는 근 70년 정도 늦게 배출되기 시작하였지만 조선조 16세기 사림계통의 후손으로서 자긍심은 대단하다고 할 수 있다. 이는 고려조 '3代 절신'의 후손으로서 중시조 이중인의 "이조에서 벼슬하지 말라"는 유언을 충실히 따른 장손 전서공 이사영의 후손들의 절의를 엿볼 수 있는 사례이자, 당대의 시대적 환경을 말해 준다고 할 수 있다. 따라서 조선왕조가 들어선 이후 1세기 가까이 지나서부터 문과 급제자를 배출하고 있음을 주목할 필요가 있다.

---

45) 용인이문으로서 첫 문과 급제자의 배출은 유후공 이사위(李士渭)의 후손에서 주부공 李守領(17世)이 1414년 급제 후 73명이 배출되어 조선후기 '京華士族'으로 크게 번성한 것은 사실이지만, 큰 아들 典書公 李士穎의 후손인 참판공파에서는 적은 숫자에도 불구하고 '고려조 3代 節臣'의 후손으로서의 입지가 오늘날까지 이어 오고 있다 하겠다.(졸저, 『용인이씨 현조사적』(1). 2005, 23～25쪽)과 「조선후기 근기지역 京華士族 고찰 －용인이씨 문과 급제자를 중심으로－」(2006) 및 『용인이씨대동보』(무자보 부록편), 2008, 187～191쪽 참조).

公의 묘는 용인시 수지구 상현동 심곡에 소재하며 4代(사영, 백찬, 승충, 봉손)에 걸쳐 봉안되어 있다. 참고로 『국조인물고』에 의하면 임피공 이봉손은 통훈대부 사온서 영(司醞署令, 종5품)을 지낸 것으로 나온다.

2) 기묘명현에 오른 사간공파의 위상

(1) 이효독(19世)과 이원간·홍간(20세 己卯名賢) 형제

용인이씨는 길권(吉卷) 시조로부터 13세손에 이르러 광시·광봉(光時·光逢) 두형제의 자손들이 13개 宗派 152개 支派로 구성되어 현재에 이르고 있는데, 그 중 사간공 이효독을 파조로 하는 사간공파는 첫 종파인 참판공파의 22개 지파 중 첫 지파를 이루고 있다.[46] 이는 용인이씨 전 종파와 지파에서 점하는 위치는 실로 크다고 하겠다. 그러한 면에서 조선조 주요인물을 수록한 『국조인물고』(74권, 영조대 초엽 편찬, 2091명의 항목별 傳記 자료 ; 1978년 서울대 도서관, 3책으로 축소 영인)에 수록된 용인이씨 출신 9명 중 참판공파 후손이 7명(승충, 효독, 원간, 홍간, 영성, 향성, 정민)이나 수록되어 인물의 중요성을 일깨워 주고 있다 하겠다. 여기서는 사간공파 파조인 이효독과 사헌부 집의(執義) 이원간 및 '기묘명현(己卯名賢)'에 오른 쌍괴당 이홍간과 그 후손들의 충효관련 언행을 중심으로 보고자 한다.

먼저 사간공파 파조 효독(孝篤, 1451~1500)은 1474년(성종 5)에 사마시(司馬試)에 합격한 후 참판공파 중 처음으로 1483년(성종 14) 문과

---

46) 용인이씨 13개 종파 및 152개 지파 분포는 참판공파(14.8%, 22개 지파), 부사공파(36.8%, 39개 지파), 주부공파 (12.4%, 16개 지파), 판관공파(23.2%, 27개 지파), 현감공파(1.4%, 2개 지파), 사직공파(2.1%, 4개 지파), 승랑장공파(1.4%, 3개 지파), 부정공파(2.5%, 7개 지파), 사용공파(0.6%, 6개 지파), 부사공계종파(0.7%, 3개 지파), 소경공파(2.2%, 9개 지파), 순위공파(1.9%, 11개 지파) 및 초산공파(3개 지파)로 되어 있다(『용인이씨대동보』, 부록편, 2008, 152~158쪽).

에 급제하여 참판공파와 사간공파의 최대 전성기를 이룬 대표적인 인물
이다. 公은 관직의 세계에 들어서 병조 좌랑·사헌부 지평, 호조와 병조
정랑(正郎)과 보성 군수가 되었다가, 내직에 들어와 사간원 사간(司諫院
司諫, 종3품)·군자감 정(軍資監正, 정3품)이 되었다. 그런데 군자감 정
이 된 지 수십일 만에 병이 들어 한달 남짓 병을 앓다가 50세에 卒하였
으며, 졸한 지 3개월 만에 용인의 서쪽 수진리(水眞里)의 묏자리에 장례
하였다. 이조정랑과 대제학출신의 허백정 홍귀달(洪貴達, 1438~1504)
이 찬한 이효독 묘갈명(「軍資監正 李侯(孝篤) 墓碣銘」)에 의하면,

> "우리 선친의 효도와 우애는 천성(天性)에서 우러나온 것이다. 조모(남양
> 홍씨, 좌의정 洪利用의 따님)께서 일찍이 종기를 앓으셨는데, 의원이 '지렁이
> 즙을 먹으면 좋다'고 하였으나, 조모께서는 그 더러움을 혐의하여 입에 대려
> 하지 않았다. 이에 선친이 먼저 마셔 더럽지 않음을 보이자, 조모께서는 마침
> 내 즙을 먹어 종기가 즉시 나았다.
> 　그리고 아우 효언(孝彦, 文科 출신으로 吏曹正郎에 오름)이 오랫동안 병
> 을 앓자 항상 왕래하며 병을 간호하고 손수 약을 조제하여 치료해서 마침내
> 효험이 있었으니, 그 정성으로 감동시킴이 이와 같았다. 그리고 관아에 있으
> 면서 직무를 수행할 적에 삼가고 경계 하였으므로 부임하는 곳마다 일이 모
> 두 잘 다스려졌으며, 성품이 화평하여 모나거나 괴팍한 행실을 하지 않고 사
> 람을 대할 때에는 한결같이 정성과 믿음으로 대하였다. 그리하여 역임했던 고
> 을에는 인애(仁愛)의 덕을 끼친 것이 있었으므로 별세한 뒤에 친구 분들이 많
> 이 슬퍼하고 그리워하였다"고 전한다.[47]

즉, 공은 안에서는 공의 효도와 우애가 돈독하였음을 알 수 있고, 벼
슬길에는 인애로운 직무를 수행하였음을 알 수 있다. 또한 16세기 호남
지역 대표적인 사림으로 청백리에 녹선된 눌재(訥齋) 박상(朴祥)이 찬한
이원간(李元幹)의 묘갈명(「司憲府執義 李公(元幹) 墓碣銘」)를 보면,

---

47) 허백정 홍귀달, 「군자감정 李侯(효독)묘갈명」『국조인물고』권26, 名流; 용인이씨
　　사간공파 종회, 『용인이씨 현조사적』, 44~46쪽 참조.

"公(孝篤)은 강직하여 아첨하지 않다가 권력을 잡고 있는 자와 외척들에게 거슬려 연이어 지방관으로 축출당할 위기에 놓였으나 조정의 여론이 이를 반대하였고, 우상(右相) 강귀손(姜龜孫)이 대신하여 전조(銓曹 ; 이조)를 맡게 되자 공을 천거하여 사간(司諫)을 삼고 또 관직을 겸하게 하니 사람들이 통쾌하게 여겼다. 이처럼 부모와 아우에 대한 효애로운 언행과 공직에 있을 때 정성껏 수행하였음을 알 수 있다. 한편 公의 부인은 어모장군(禦侮將軍) 최명근(崔命根, 본관 海州)의 따님으로 4남 3녀를 낳았으니, 장남 원간(元幹)은 문과 급제 후 사헌부 執義(종3품)를, 둘째 형간(亨幹)은 감찰과 덕산현감을, 기묘명현에 오른 셋째 첨지중추부사 홍간(弘幹)과 넷째 지생(枝生) 및 딸 3인을 두었는데 딸들은 모두 명가(名家)에 출가하였다. 한편 사간공 효독의 동생 헌납공 효돈(孝敦, 1453~1516)의 위치도 주목되는데, 헌납공은 문과 급제(1498) 후 통훈대부 사간원 헌납(獻納)(정5품)을 지냈고 학문을 즐겨 정암 조광조와도 교제하였다"[48]

고 전한다. 다음 효독의 맏아들 집의공(執義公) 원간(元幹)(20世, 1473~1526)은 을묘년(1495) 생원시(生員試)에 합격하고 갑자년(1504) 문과에 급제하여 승문원(承文院)에 뽑혀 들어가서 정자(正字, 정9품)가 되고, 세자시강원 설서(世子侍講院說書, 정7품)로 특진하였다가 얼마 뒤에 사헌부감찰(정6품)로 승진하였고 검찰로 충원되어 중국에 사신으로 가니, 일행이 숙연하였다. 뒤에 관직의 꽃인 병조와 형조정랑(정5품)을 거쳐 사간원 헌납(司諫院獻納, 정5품)과 사헌부(司憲府)의 지평(持平, 정5품)과 장령(掌令, 정4품), 의정부의 검상(檢詳, 정5품)과 사인(舍人, 정4품) 및 사헌부 집의(執義, 종3품) 등 여러 청요직(淸要職)을 역임하니 사람들이 公의 원대한 미래를 기대하였다.

공에 대한 언급은 조선 중기의 문신으로 청백리에 녹선된 눌재 박상(朴祥)의 「사헌부 집의 이공(원간) 묘갈명」(『국조인물고』)에 의하면,

"부친(사간공 이효독)의 풍모와 기개가 있어서 세속에 따라 부침하지 않았

---

48) 눌재 박상 찬, 「司憲府執義 李公墓碣銘」 ; 『용인이씨 현조사적』, 48~49 참조.

으며, 선을 좋아하고 악을 미워하며 곤궁한 사람을 구휼하고 위급한 사람을 구제하기를 좋아하였다. 公은 늙은 어버이 봉양을 위해 여러 차례 외직을 요청하여 목천 현감과 청주와 진주의 목사(牧使)를 지냈는데, 정치가 엄하면서도 까다롭지 않고 다만 해로운 근본을 제거하였으며, 가르침이 번거롭게 조항을 많이 만들지 않으면서도 백성들과 서로 믿었다. 그리하여 조세수입은 탈루되는 것이 없고 간특한 무리들을 숨김없이 밝혀내니, 고을의 치적이 으뜸으로 세상에 알려졌다.

임금은 표창으로 의복을 하사 하였고, 자주 일로써 파직을 당하였으나 그때마다 번번이 다시 서용(敍用)할 것을 명하였다… 공의 銘을 보면 '우리 이씨는 범상치 아니하니 뛰어난 기국을 자부하였네, 침묵함을 부끄러워하였고 의론함이 강직하였네, 붕우와 친척을 대할 때는 온화하고 또 은혜로웠네, 그 뜻은 참으로 드높고 그 마음은 인자하였다오' 바로 옛날의 강직한 사람이니 사간공의 가풍이었네(卽古遺直 司諫家風)"[49]

라 하니 公의 정서를 그대로 잘 표현한 글이 아닌가 한다. 한편 기묘명현(己卯名賢)에 오른 아우 쌍괴당 이홍간(李弘幹)(20世, 1486~1546)은 집의공 원간(元幹) 보다 13년 늦게 태어나 1513년(중종 8)에 대과에 급제하여 30대 초반 中宗 14년(1519) 기묘사화로 '己卯錄'에 오른 인물이다.[50] 공의 인물됨은 대제학을 지낸 월사 이정귀(李廷龜)[51]가 찬한 묘갈명(「故通訓大夫 홍산현감 이공 묘표」)에 이르기를,

---

49) 눌재 박상, 사헌부 집의(원간) 묘갈명 참조

50) 己卯名賢에 오른 정암 趙光祖를 비롯한 사류들을 기록한 '己卯錄' 참조(강효석, 「中宗己卯至辛巳士禍」『典故大方』, 1982, 404쪽 참조). 참고로 용인이문 중 사화명현록에 오른 이는 부사공파 이수강(李守綱)의 후손인 정존재 이담(李湛) (1510~1574)인데, 그는 생원·진사 양시 및 문과에 급제(1538)한 후 사가독서(賜暇讀書)의 특혜를 주는 호당(湖堂)에 이황, 김인후와 함께 선발되었는데, 그는 명종대 대표적 훈구세력 이기(李芑)와 맞서다가 을사사화(1545년)에 연루되어 '明宗朝乙巳禍' 명현록에 올라 있다(강효석, 전게서, 407쪽 참조).

51) 대제학과 좌의정을 지낸 월사 이정귀(月沙 李廷龜, 1546~1635, 본관 연안)는 쌍괴당 이홍간의 외증손으로 정묘호란(1627년, 인조5) 때 왕을 호종하여 강화에 피난하고 화의에 반대하였던 조선중기의 문신으로 한문학의 대가이며 글씨가 뛰어난 인물이다.

"성품이 방정하고 엄격하여 큰 절개가 있었으며 조정에 벼슬할 적에 기개가 높고 정직하여 권세에 뜻을 굽히지 않았다"고 평하고 있다. 公은 선(善)을 좋아하고 선비를 좋아해서 친구들이 모두 당세의 유명한 사람이었는데, 특히 정암(靜菴 趙光祖)·충암(沖菴 金淨)과 도의지교(道義之交)를 맺기도 하였다. 그리고 公은 천성이 지극히 효성스러워 부친 사간공(司諫公 李孝篤)이 별세(1500년)하셨을 때 公의 나이가 아직 어렸는데, 곡하고 상례(喪禮)를 행하기를 어른 처럼 하였으며 어머니를 받드는데 온화한 얼굴빛으로 봉양하여 늙을 때까지 하루도 변함이 없었다. 따라서 홀로 계신 어머니의 봉양을 편안히 하기 위해 곤양(昆陽)군수와 옥천(沃川)군수를 맡았었는데, 권신들에게 미움을 받아 수원군수에 이어 공주·청주·광주 牧使를 맡아 고을 다스림이 항상 한 도(道)의 최고가 되었다"[52]

19世 司諫公 李孝篤 묘비 (용인시 신봉동 산179-1)   20世 執義公 李元幹 묘비 (용인시 신봉동 산179-1)   20世 雙槐堂 李弘幹 묘비 (충남 아산시 도고면 농은리 산19-1)

는 평을 들었다. 부인 고성 이씨(固城李氏)는 제용감 정(濟用監正) 규(逵)의 따님으로 슬하에 2남 4녀를 두니 장남 영성(永成)은 대과 급제 후 예조 정랑(禮曹正郎)을 지내고, 차남 향성(享成)은 음직으로 홍산 현감(鴻山縣監)을 역임하였는데, 公의 형인 원간(元幹)에게 양자가 되었다. 따님 네 분은 현감(김표, 한호) 등을 역임한 가문에 출가하였다. 기묘명현에 오른 이홍간 집안의 <용인이씨 사간공파 世系圖>를 정리하면 다음과 같다.

---

52) 백사 이항복; 사간공파종회, 『용인이씨현조사적』, 55~58쪽 참조.

〈龍仁李氏 司諫公派 世系圖〉

		17世	9世	(始祖)
		升忠 (僉判公)	仁澤	吉卷
18世		18世	10世	2世
末孫 (司猛公)		奉孫 (臨陂公)	唐漢	憲貞
19世 孝完 (斂正公)	19世 孝重 (別提公)	19世 孝敦 (獻納公)	19世 孝篤 (司諫公)	11世 惟精 / 3世 靖

19世 司諫公 孝篤 이하 分派

20世 弘幹 (雙槐堂公)	20世 亨幹 (監察幹)	20世 元幹 (執義幹)	12世 夷	4世 懷
21世 永成 (正言公)	21世 崑壽 (判官公)	21世 享成 (鴻山公)	13世 光時	5世 孝恭
22世 德敏 (松坡公) / 時敏	22世 好敏 (監察公)	22世 貞敏 (玉溪公)	14世 中仁 (中始祖)	6世 鉉候
23世 致堯 / 致愨	23世 愼言	23世 致祥 (承旨公)	15世 士穎 (典書公)	7世 光輔
24世 有生 / 厚植 (溫陽派)	24世 春敷 (蔚山派)	24世 以爀 (靑陽派) / 時爀 (新鳳派)	16世 伯撰 (永川公)	8世 晉文

(2) 土林과의 정의를 지킨 홍산공 李享成(21世)과 옥계공 李貞敏(22世)

사간공파 후손 중 그 뿌리를 굳게 내리게 된 것은 홍산공과 옥계공
때에 이르러 확실히 굳혔다고 할 수 있다. 홍산공 이향성에 대해서는 조
선시대 4大 문장가 중의 한 분인 좌의정 월사 이정귀(1564~1635)의 「묘
갈명」(墓碣銘)과 영의정을 지낸 백사 이항복(1556~1618)의 비갈명(碑
碣銘)에서, 그리고 옥계공 이정민에 대해서는 영의정을 지낸 종인 도곡
이의현이 찬한 「묘갈명」 속에 각각 인물됨을 확인할 수 있다.

먼저 홍산공(鴻山公) 이향성(李享成; 21世, 1524~1592)에 대한 월사
이정구의 「묘갈명」과 「묘표」에 보면, 이향성은 쌍괴당 이홍간의 막내아
들로 어려서부터 특이한 자질이 있었다. 겨우 세살 적에 伯父인 원간공
(元幹公)이 큰 과일을 주고 스스로 먹게 하여 그 지혜를 시험하였는데,
公은 즉시 과일을 던져 깨뜨려서 먹었다. 백부는 매우 기특하게 여겨 말
씀하기를 "이는 옛날 항아리를 깨뜨린 아이와 같다"(중국 北宋의 명재
상 司馬光의 어릴 때 일화) 라고 하고는 마침내 양자로 삼았다.

公이 어려서 필운산(弼雲山; 현 서울의 인왕산을 지칭)[53] 아래에서
노닐며 같은 마을에 사는 사암 박순(朴淳; 1523~1589, 본관 충주, 선조
대 영의정을 지내고 서경덕 문인), 송강 정철(鄭澈: 1536~1593, 본관 영
일, 西人의 영수이자 좌의정으로 건저문제(建儲問題), 즉 1591년(선조
24)에 왕세자 책봉 문제를 둘러싸고 벌어진 동인과 서인의 대립시 東人
이산해 등의 모함으로 진주와 강계로 유배됨), 우계 성혼(成渾; 1535~
1598, 본관 창녕, 율곡 이이와 함께 西人의 학문적 원류 형성)과는 매우

---

53) 홍산공 李享成(21世)은 선조대 서울에서의 관직생활시 현 서울의 인왕산 아래 경
   치가 좋았던 곳에 일찍이 터를 잡고 생활하였다고 보여 진다. 이는 公이 어릴 때
   노닐던 弼雲山과 후에 관직을 사직하고 돌아와 仁王山 기슭에 집을 마련한 내용
   및 아들 이정민이 거쳐하던 수석이 아름다운 경치가 장안의 으뜸이었던 洗心臺를
   광해군에게 빼앗겼다는 묘갈명의 내용으로 볼 때 확인할 수 있다(김영상,『서울육
   백년』 1권, 1994, 256~257쪽 참조).

홍산공 이향성 묘역	정언공 이영성묘역	옥계공 이정민 묘역
(용인 신봉동 산 179-1)	(충남 아산시 도고면 농은리 19-1)	(용인기 신봉동 산 179-1)

친하게 지냈다. 후에 그들은 당대 버슬뿐 아니라 서인계통의 최고의 학자로 추앙을 받은 분들임을 알 수 있다.[54] 특히 송강 정철이 50대 중반에 귀양 갈 적에 다른 사람들은 화를 두려워하여 감히 소식을 묻지 못하였으나 公만은 홀로 교외(郊外)에까지 나가 전송하였으며, 안부를 묻고 선물을 보내는 것이 끊이지 않으니, 송강이 '먼 변방에 자주 편지를 전한다(絶塞頻傳札)'는 <挽人> 두 수가 전한다.[55] 훌륭한 행실이 이와 같았다.

한편 공의 효애로운 내용으로는 어머니가 병환을 앓자 손가락을 베어 피를 먹여 들여 병환을 낫게 하였으며, 선친(이홍간)이 중국에 조회 가다가 중도에 별세(1546)하니 곁에서 모시고 영결(永訣)하지 못한 것을 항상 종신의 애통함으로 여기고는 忌日을 당하면 곡하고 울기를 초상 때처럼 하여 40년 동안 한결같이 하였다. 규문(閨門; 부녀자가 거처하는

---

54) 본서 한학자 성백효가 정리한 公의 묘갈명·비갈명 등의 국역 각주를 참고하였음을 밝혀 논다.

55) 송강 정철(鄭澈)이 홍산공에게 보낸 시로 ≪송강원집(松江原集)≫ 권1 <만인(挽人)>에 보인다. "먼 변방에서 자주 편지 전하였고, 강도(江都)에서는 함께 술잔 들었지. 난리 속에 헛되이 눈물 흘리고, 기로에서 또 다시 배회하였네. 이야기도 못했느니 겨우 한 달 사이에, 갑자기 이승과 저승으로 나뉠 줄 어찌 알았으랴. 아득히 먼 광석리(廣石里)여, 어느 곳에 이 남은 슬픔 부치올까 [絶塞頻傳札 江都共攀杯 亂離空涕淚 岐路且徘徊 不謂纔旬月 居然隔夜臺 蒼茫廣石里 何處寄餘哀]" 성궐에는 이제 재만 남았고, 이름난 동산도 잡초뿐이라오. 당시의 푸른 소나무 아래에, 다시는 학이 오지 않네. 집 위엔 삼경(三更)의 달이 걸려있고, 누대에는 한 그루 매화만 남았구나. 돌 시냇물만이, 여전히 이끼처럼 푸른 것이 서글퍼라(城闕今灰燼 名園已草萊, 當時翠松下 無復縞衣來, 屋掛三更月 臺餘一樹梅, 傷心石溪水 依舊綠如苔)

방)의 안은 손님을 대하듯이 엄격하였다. 가난한 자를 구휼하고 급한 이를 도와주는데 있어서는 힘써 마음을 다하였고, 자신이 비록 부귀하게 살았으나 호사한 풍습을 통렬히 제거하였다.

公은 장성하여 서책을 좋아하여 여러 번 향시에 올라 훌륭한 명성이 있었으며 음직으로 사산감역(四山監役; 한성부 주위에 성첩·수목 등을 보호하는 일을 맡았던 군직으로 정원 4인의 蔭官 初仕職)에 보임되고 또 장례원 사평(司評)(정6품)으로 전직하였으며 홍산 현감으로 나갔다. 公은 고을을 다스릴 적에 학교를 수리하고 농상(農桑)을 권면하는 것을 급선무로 여겼다. 公은 행실이 순수하고 구비하였다. 그러나 부임한지 5년 만에 고을이 크게 다스려졌는데, 公은 벼슬하는 것을 좋아하지 않아서 병으로 사직하였다. 관직에서 물러나 인왕산(仁王山) 기슭에 집을 마련하였는 바 연못과 누대, 꽃나무와 대나무의 아름다운 경치가 있었다. 公은 여기에서 술을 마시고 시를 읊으며 자적(自適)하였고 말년에는 또 다시 한강가에 집을 마련하고는 스스로 조옹(釣翁)이라 호하였다. 임진왜란에 홍양(현 홍성)의 옛집에 우거하다가 12월 병환으로 별세하니 춘추가 69세였다. 자녀로 당진현감을 지낸 옥계공 이정민 등 4남 7녀를 두었다.

이처럼 홍산공의 효애와 당대 석학과의 우애, 의리 및 관직 세계에 대하는 자세를 월사 이정귀(月沙 李廷龜)의 묘갈명에 이르기를 "훌륭한 벗과 친하게 사귀었고, 집안에 있을 때 효자가 되었고, 관직에 나가서는 훌륭한 관리가 되었고, 거문고와 서책을 물가와 대나무로 칠십년 동안 즐거워 하였네…"(名友友之 處爲孝子 出爲循吏 琴書水竹 七秩之樂)라 하였다.[56]

---

56) 월사 이정구편, 묘갈명 「홍산현감 증승정원좌승지 이공 묘갈명」과 「유명조선국절충장군행충무위상호군 이공(홍간) 묘갈명」 및 묘표 「고통훈대부홍산현감 이공 묘표」; 사간공파 용인이씨현조사적, (50~54쪽과 66~71쪽 및 55~58쪽 참조.

그리고 옥계공(玉溪公) 이정민(李貞敏; 22世, 1556~1638)은 홍산공
(홍산현감) 이향성(李享成)의 3남으로 출계하여 사간공파의 종사를 계승
한 중 인물이었다. 공은 젊어서 수암(守菴) 박지화(朴枝華, 1513~1592,
서경덕의 문인으로 유·불·선에 조예가 깊은 명종 때 학자)에게 수학하
였고, 끝내는 또 율곡 이이(栗谷李珥, 1536~1584)[57]에게 사사하여 명
망과 행실, 문학이 당시 사우(師友)들에게 추존과 인정을 받았던 인물이
었다. 公은 율곡(栗谷)의 문하생으로 율곡의 별세를 애도하는 시에서
'자리 위에 봄바람이 일었다(座上春風)'는 것으로 율곡의 기상을 찬양하
고 마지막에는 '문하의 소생 옛 마을을 찾으니, 눈물을 뿌리며 홀로 방
황하는 마음 견딜 수 없네(門下小生尋古里 不堪揮淚獨彷徨)'라는 글은
바로 公께서 '강한(江漢)과 추양(秋陽)의 생각'[58]을 또한 알 수 있다 하
겠다.

옥계공은 나이 35세(1590) 사마시에 합격하였으며, 일찍이 義兵을 일
으켜 홍가신(洪可臣)을 도와서 이몽학(李夢鶴)의 난(1596. 7)을 평정하
고 정난원종공신(靖難原從功臣)에 참여하였다. 이 때 선친 홍산공은 근
병(勤王)(의병을 지칭)하러 가는 아들을 전송한 시에서 "우리 집안은 대
대로 본조를 섬겨서 여러 대에 충렬을 바쳤네. 이제 욕사(辱死)의 때를
당하여 날아다니는 홍진(紅塵) 대궐을 범하였네. 근왕하러 가는 너를 전
송하노니, 밤낮으로 충정을 분발하라. 너를 낳아주신 부모에게 욕되지
않게 하여 부디 나의 마음 위로하라(家世事本朝 累代效忠烈 今當辱死

---

57) 율곡 李珥선생은 어머니 申師任堂(1504~1551)이 16세 때 돌아가시자 외할머니
龍仁李氏(판관공파중 첨사공파 20世 이사온의 따님, 1478~1568)를 어머니처럼
받들면서(實同親母) 17년간 사랑과 보살핌 속에 과거시험에 九度壯元을 이루고
동국의 大儒學者로 성장할 수 있었다(한영우, 『율곡 평전』, 민음사, 2013, 37~ 39
쪽 및 이경한, 「율곡과 외조모 이씨부인」, 본서, 참조).
58) "강한(江漢)과 추양(秋陽)의 생각"은 스승의 훌륭한 덕과 가르침을 비유하는 말(≪孟
子 滕文公 上≫)이다.

辰 飛塵犯城闕 勤王送爾行 夙夜奮忠貞 無爾所生 庶幾慰我情)"라 하
였다.

한편 장로(長老)들에 의하면 옥계공이 불의에 조금도 흔들리지 않고
원칙을 중시한 예가 여러 번 있었다. 먼저 공의 맏형 육물공(六勿公) 조
민(肇敏, 1541~미상)이 中宗의 제2계비 문정왕후 동생 권흉(權凶) 윤원
형(尹元衡, ?~1565)[59]에게 협박을 받아 그의 서녀 윤씨와 혼인을 탄식
하며, 분함과 수치심을 품고는 끝내 윤원형과 대면하지 않았다고 한
다.[60]

그리고 일찍이 公이 "인왕산 아래 거처하던 세심대(洗心臺)는 수석
(水石)의 아름다운 경치가 도성 안에서 으뜸이었는데, 당시 광해군(光海
君)이 이것을 빼앗고 관직으로 보상하자, 公은 관직을 피하여 홍주(洪
州)의 봉수산(鳳岫山) 아래로 돌아가'흐르는 시냇물도 수치심을 머금고
연기 낀 나무도 부끄러움을 띠고 있다. [流溪含恥 煙樹帶]"라는 글을
지은 일, 정묘호란 때 함경도에서 적군을 막다가 전사한 무신 이희건(李
希建, ?~1627)에 대하여 傳을 지어서 자신의 뜻을 나타내었다.

그리고 말년에는 충남 보령의 옥계(玉溪)가에 집을 짓고 스스로 옥계
자(玉溪子)라고 호한 다음 날마다 일기를 쓰고 '파안록(破顔錄)'이라고
이름 하였는데, 여기에는 당시의 일을 많이 기록하였는데 기휘(忌諱)하
는 것을 피하지 않으니 사람들이 춘추(春秋)의 필법(筆法)이 있다고 칭
찬하였다.[61]

---

59) 윤원형(尹元衡, ?~1565)은 조선 중기의 문신으로 소윤(小尹)의 영수이며, 중종의
   제2계비 문정왕후의 동생. 을사사화의 공으로 공신으로 책록되었으며, 1547년 양
   재역 벽서사건을 계기로 대윤(大尹)의 잔당을 모두 숙청하는 등 권력의 핵심이었
   으나 1565년 문정왕후가 죽자, 삭직되고 강음에 귀양가서 죽었다.
60) 도곡 이의현, 「당진현감 이공(정민) 묘갈명」 및 『용인이씨대동보』(무자보) 2권,
   1~4쪽; 용인이씨사간공파종회, 전게서, 59~65쪽 참조.
61) 도곡 이의현 찬, 「당진현감 이공(정민) 묘갈명」 참조

公은 이몽학 난(1596)의 진압 공으로 선친 홍산공(이향성)에게 좌승지의 벼슬을 추증하게 하였고, 그 후 본인은 의금부 도사(義禁府都事, 종5품)와 사헌부 감찰(司憲府監察, 정6품)이 되고 당진현감(唐津縣監, 종6품)을 지냈으며, 예전에 原從한 공로로 승정원의 좌승지(정3품)에 추증되었고 용인 광교산의 선영아래에 장례하니 춘추가 83세 이었다. 公의 유적으로는 충남 보령군 청라면 옥계리에 옥계정(玉溪亭)을 세워 만년에 유유자적한 기품을 엿볼 수 있는데 바위에 '옥계(玉溪)'라는 두 글자가 새겨져 전해지고 있다.[62]

한편 公의 아들 중 종사를 이은 선무랑(宣務郞) 이치상(李致祥)(23世, 1589~1637)도 역시 국가가 위중에 빠졌던 이괄(李适)의 난(1624) 때 의병을 일으켜 격퇴시키고 공주로 몽진하는 인조대왕을 호위하였다. 이에 대하여 28년 전(1596) 이몽학 난을 진압하였던 선친 옥계공(이정민)은 더욱 충성할 것을 알리는 시에서 이르기를, "집안이 대대로 나라에서 벼슬을 하고 忠誠으로써 보답하였네, 이제 나라위해 영광되게 죽을 날이 왔도다… 밤낮으로 충성을 다하여 너의 명예가 욕되게 하지마라"[63]고 하였다. 이처럼 사간공과 후손들의 대를 이은 국가에 대한 충성스러운 마음과 부모형제에 대한 효애정신은 사간공파의 가풍이 되었는데, 이는 바로 용인이문이 지향하는 정신이요 가풍이 되었다고 하겠다.[64]

끝으로 옥계공 이정민과 4촌지간인 정랑공 이정민(李德敏)(호 松坡)은 선조 때 천거되어 관은 도사(都事)를 지냈지만 처사(處士)로서 학문

---

62) 허경진 『충남지역 누정문학 연구』 57~58쪽 참조
63) 『용인이씨 대동보』 2권(戊子譜), 4~5쪽 참조
64) 도곡공 이의현이 찬한 『용인이씨족보』(壬子譜, 1732) 서문의 "효도와 우애를 행실의 근본으로 삼고, 충직과 후덕으로 덕행을 높이며, 청렴과 정직으로 지조를 갖추자"(孝友以立其本 忠厚以崇其德 廉正以飾其操')라는 글은 용인이문의 정신을 표현한 글로 현재 용인이문 종인 전체의 宗訓으로 삼아 시향 및 추원사대제시 봉독하고 있으며 종보 1면의 좌측 상단에 수록하고 있다.

과 덕행이 높아 정랑(正郎)이 된 인물로 부모님(李永成) 묘역에 여막(廬幕)을 짓고 무려 6년여 동안 시묘(侍墓) 살이를 하였다. 전해지는 일화는 충남 아산의 백암촌을 지나가는 사람은 반드시 말에서 내리는 풍속이 있고 길가는 사람은 마을 앞을 지날 때 공의 효행과 높은 절개를 추모하여 자제들을 훈계하였다 한다. 그리고 조선중기 문신이자 학자인 홍가신(洪可臣, 1541~1615)은 홍주목사(1594) 재직시 평소에 공의 고절과 행실을 경모하여 찾아와 종일토록 담론해 마지않았다 한다(이원장, '龍仁의 源流'(8), 용인이씨종보 10호, 1989 참조).

후일 유림에서 충남 아산에 인산서원(仁山書院)을 건립(1610년, 광해군 2)하여 김굉필(寒暄堂), 정여창(一蠹), 조광조(靜庵), 이언적(晦齋), 이황(退溪)선생 등 五賢을 받들어 모시고, 후에 기준(服齋), 이지함(土亭), 홍가신(晩全), 박지계(潛冶)선생 등을 동서로 종향 때 송파공(松坡公; 처사 정랑공 이덕민)도 함께 종향되었다. 하지만 홍선 대원군의 서원철폐령(1871년, 고종 8)에 의해 훼철(毁撤) 되었으며, 충남 아산시 염치읍 서원리에 소재한 인산서원지(址) 마저도 최근 경부선고속철도 개발로 인하여 현존하지 않게 되어 송파공(松坡公) 처사(處士) 이덕민(李德敏)에 대한 아쉬움을 더하고 있다고 하겠다.

옥계정의 '玉溪(李貞敏)'
(충남 보령군 청라면 옥계리)

處士 李德敏 묘비
(충남 아산시 도고면 농은리
산19-1)

仁山書院址(이덕민, 호 松坡)
(충남 아산시 염치읍 서원리)

5. 맺음말

이상 필자는 용인이씨 사간공파의 『'고려조 3代 절신의 후손', 용인이씨 사간공파 현조사적』 출간에 즈음하여 아래와 같이 고찰하였다. 먼저 <머리말>에서 '고려조 3대 절신'(이중인·사영·백찬) 위패 봉안(2007)과 용인시 향토문화재 3代 지정(이중인·사위·백지)은 공교롭게 그 파종의 성향에 맞게 큰댁과 작은댁의 일대 경사요, 용인이문 전체의 일대 쾌거라 하겠다. 또한 최근 참판공파와 사간공파(회장 李道漢) 주관으로 임자보 3권(1732), 계사보 6권(1773), 기사보 12권(1869)등 영인과 각 족보의 서·발문 국역 발간도 그 의미가 큰 일로 주목하였다.

2절 <1000여 년 전 용인지역에 뿌리내린 龍仁李氏>에서는 '고려조부터 이어온 뿌리 깊은 가문'과 '고려후기 용인이문의 가계를 일으킨 李奭－李光時·光逢'으로 나누어 보았다. 전자에서는 용인지역 토호출신 용인이씨는 그 뿌리의 유래가 고려 초부터 이어온 1000년의 뿌리 깊은 가문임을 경기도박물관 주관의 경기명가 기증유물 특별전 개최시(2013. 3. 27~6. 30) "천년의 뿌리, 용인이씨"라는 리플렛과 도록 발간으로 나타났고, 후자에서는 용인이문 중시조 이중인의 조부인 이석과 아버지 광시－광봉 형제분의 관직과 활동을 통해 이미 고려후기에 용인이문의 가계가 상당하였음을 고찰하였다.

3절 <여말선초 정충대절 李中仁과 고려조 3代 절신>을 '두문동 72賢 貞忠大節 구성부원군 李中仁(1315~1392 後)'과 '고려조 3代 절신(이중인·사영·백찬)과 용인이문'으로 나누어 살펴보았다. 특히 중시조 이중인이 두문동 72현의 한 분으로 평가받기에 충분함을 보면서 당대 석학 목은 이색과 포은 정몽주 선생의 스승으로서 일대종장이었음을 고찰하였고 나아가 3대 절신으로서의 평가는 실로 그 의미가 크다고 하겠다.

4절 <용인이씨 종손, 원종공신 참판공 李丼忠 가계>에서는 '참판공파를 열은 참판공 李升忠'과'참판공파의 주축 임피공 이봉손 후손'으로 나누어 살펴보았다. 특히 참판공파 중 첫 문과급제자가 작은댁 유후공 후손보다 70년 정도 늦게 배출한 연유와 급제자가 7명에 그치지만 고려조 節義를 지킨 후손으로서 자긍심이 주목됨을 고찰하였다.

5절 <고려조 3대 節臣의 후손, 司諫公派의 위상>을 '사간공파 파조 이효독과 이원간·홍간(기묘명현) 형제'와 '사림들과의 의리를 지킨 홍산공 이향성과 옥계공 이정민' 및 처사 송파공 이덕민을 고찰하였다. 전자에서는 사간공파 파조 이효독의 효도와 우애 및 공직에서의 인애로운 자세가 남다름을 살펴보았고, 후자에서는 어릴 때부터 지혜로운 홍산공 이향성이 당대 훌륭한 스승으로의 사사와 벗과의 교유 및 절의는 그의 아들 옥계공 이정민에게 전수되어 춘추필법의 정신으로 이어졌고, 시묘 살이를 6년이나 하였던 처사(處士) 이덕민의 효행 등은 당대 인구(人口)에 회자(膾炙)되고 있음을 찾을 수 있었다. 이처럼 사간공파 선조들의 공통점은 국가에 대한 충성과 부모 형제에 대한 효와 애의 충만함을 실례를 들어 확인할 수 있었다.

끝으로 이번 「'고려조 3대 절신의 후손' 용인이씨 사간공파 현조사적 고찰」을 통해 용인이문 후손으로서 선조들의 업적과 활동을 반추하면서 큰 자부심과 함께 그 정신을 이어가야하는 책무를 느끼지 않을 수 없었다. 이러한 감회는 필자의 생각만은 아닐 것이다.(졸고, 「고려조 3대 절신의 후손 -용인이씨 사간공파 현조사적 고찰-」『용인이씨 현조사적』, 용인이씨 사간공파종회, 2013 보완).

참고문헌(5부 2장 3대 절신의 후손 편)

『고려사』, 『고려사절요』, 『고려명현집』 『국조인물고』 『동문선』, 『목은시고』, 『용인이씨 대동보』(壬子譜, 癸巳譜, 己巳譜, 乙卯譜, 乙丑譜, 戊子譜), 『慵齋叢話』, 『雫沙集』 『景賢祠誌』 『紀年東史約』

강효석, 「中宗己卯至辛巳士禍」 『典故大方』, 명문당, 1982

고혜령, 「목은 이색의 師承과 교유관계」 『목은 이색의 생애와 사상』(목은연구회), 일조각, 1996

_____, 「方臣祐(1267~1343) 小論」 『역사와 인간의 대응』, 한울, 1984

김성환, 「고려말 李中仁의 활동과 교유 관계」 『포은학연구』 8집(포은학회), 2011

김영상, 『서울육백년』 1권, 대학당, 1994

민현구, 「국조인물고 해제」, 『한국중세사 산책』, 일지사, 2005

(사)고려역사선양회, 『고려통일대전지』, 2009

(사)의정부향토사연구회, 『松山祠誌』, 1997

세종대왕기념사업회, 『증보문헌비고』, 帝系考 7, 8권, 1979

숭의전앙암제중 편, 『고려 숭의전사』(회상사), 1992

용인문화원, 「포은 정몽주 선생과 용인의 역사문화인물」(제10회 포은문화제 유인물), 2012

용인시사편찬위원회, 『용인의 분묘문화』, 2001

용인이씨사간공파, 『용인이씨현조사적』-고려조 3대절신의 후손 사간공파-, 2013

우상표, 「용인이씨 발상지 잔다리」 『용인의 자연마을』 2, 용인시민신문사, 2006

이경한, 「율곡과 외조모 이씨부인」 『용인이씨현조사적』, 2013

이수건, 『한국의 성씨와 족보』, 서울대출판부, 2003

이원명, 『용인이씨 현조사적』 1, 용인이씨대종회, 2005

_____, 「조선후기 근기지역 京華士族 고찰 -용인이씨 문과 급제자를 중심으로-」 『향토서울』 제67호, 서울시사편찬위원회, 2006

_____, 『용인시사』, 3권(용인시사편찬위원회), 2006

_____, 「구성부원군 李中仁 생애와 '杜門洞 72賢' 대하여」 '이중인묘 용인시
            향토문화 재지정(제60호)기념 학술포럼' 발표문(2007. 11. 10)
_____, 「조선시대 경기도 경화사족 고찰 -土姓 출신 용인이씨를 중심으로-」
            『경기명가 기증유물 특별전, 천년의 뿌리 龍仁李氏』, 경기도박물관,
            2013
이원장, 『용인이씨 세적보감』(이원겸 편찬), 2권, 1999
이태진, 「15세기 후반기의 鉅族과 名族意識」『한국사론』3, 서울대학교 국사
            학과, 1985
정만조, 「조선시대 용인지역 土族의 동향」『한국학논총』19집(국민대학 한국
            학논총), 1996
한영우, 『율곡 평전』, 민음사, 2013
허경진, 『충남지역 누정문학 연구』, 한국문학도서관, 2008
허홍식, 『고려 과거제도사 연구』, 일조각, 1984

부 록
필자 논저 목록정리(1979~2015)

〈부록〉 필자 논저 목록정리(1979~2015)

〈논문〉

1. 정도전의 위민의식에 대하여(1979, 고려대학교 석사 논문)
2. 한양천도 배경에 관한 연구(1984, 향토서울 42집)
3. 성리학 수용의 배경에 관한 일고찰(1987, 서울여대 논문집 16)
4. 고려중기 北宋性理學의 전래와 성격고(1989, 서울여대논문집 18)
5. 崔滋의 유학사상과 성격(1990, 서울여대논문집 19)
6. 고려말·조선초 농업기술의 발달과 사회변화(서울여대농발연총 17집, 1992)
7. 『고려 성리학 수용의 사상적 배경』(1992, 고려대학교 박사학위 논문)
8. 고려 무신정권기 儒·佛交涉의 성격－성리학 수용의 사상적 배경－
   (1993, 오송 이공범교수정년퇴임기념 동양사논총)
9. 고려후기 성리학 수용에 관한 연구(1994, 국사관논총 55집, 국사편찬위원회)
10. 여말선초 사상계의 변화 －儒·佛의 交流와 交替의 성격－
    (1995, 부촌 신연철교수정년퇴임기념 사학논총, 일월서각)
11. 한양정도와 풍수지리설의 성격고(1995, 인문논총 1집)
12. 생원진사시로 본 조선조 서울의 위상(1998, 서울문화연구 창간호)
13. 한강유역의 역사적 고찰(1999. 서울문화연구 2집)
14. 조선전기 정도전 사상연구(심기리편), (2001, 서울여대 인문논총 8집)
15. 서울의 잊혀진 마을 이름과 그 유래 －노원구편－(2001, 서울문화 5집)
16. 종로구의 집성촌·세거지 형성과 특징(2001, 서울문화 6집)
17. 노원구의 집성촌 형성과정과 생활(2001, 서울문화 6집)
18. 여말선초 정도전의 성리학 이해연구(심문천답), (2003, 서울문화 7집)
19. 조광조의 이상과 현실(2003, 열정으로 산 사람들 1, 서울여대)
20. '소수성관' 문과급제자 연구(2003, 서울여대 인문논총 10)
21. '소수성관' 문과급제자의 거주지 실태 연구(2003, 서울여대 인문논총 11)
22. 조선시대 과거시험준비는 어떻게 했을까?(2003, 조선시대 서울사람들 2권, 어진이)
23. 조선조 '주요성관' 문과급제자 성관분석(2004, 사학연구 73)

24. 문과급제자 거주지 분석(2004, 백산학보 70호)
25. 文科榜目으로 본 조선조 서울의 위상(2004, 서울문화 8집)
26. 왕실의 친·인척, 과거제도를 얼마나 문란케 하였나(2004, 개화기 서울사람들 1권, 어진이)
27. 조선시대 양반관료 지배층 연구 -문과급제자 거주지를 중심으로-(2006, 서울문화 10집)
28. 조선후기 근기지역 京華士族 고찰(2006, 향토서울 67호)
29. 가슴이 뜨거웠던 삼봉 정도전의 꿈과 현실(2006, 열정으로 산 사람들 4)
30. 백두산 정계비와 접반사 朴權에 관한 일고찰(2008, 백산학보 80호)
31. 조선중기 녹두도 확보와 북병사 李鎰에 관한 고찰(2009, 백산학보 83집)
32. 노원의 역사와 문화 재인식(2007, 서울문화 11집)
33. '광화문 광장의 銅像' 조성에 대한 일고(2008, 서울문화 12집)
34. 노원구 초안산 분묘군에 대한 재고찰(2009, 서울문화 13집)
35. 병자호란 원종공신 충숙공 李尙吉의 생애와 활동(2012, 서울문화 14·15합집)
36. 여말선초 한중 문명교류의 성격-세종조 유교적 이상국가 구현과 崔萬理 상소-(2010, 서울여대 인문논총 19)
37. 여말선초 동아시아문화권 형성과 대명외교 추이(2011, 동북아문화연구 27집)
38. 조선시대 서울 한양도성과 서소문의 재조명(2012, 향토서울 82호)
39. 여말선초 鄭道傳 역성혁명의 꿈과 한양설계(2013, 서울여대 인문논총 26집)
40. 조선조 경기지역 경화사족 고찰 -토성 출신의 용인이씨를 중심으로(2013, 경기도박물관, <경기도의 명가특별전> 도록)
41. 1930년대 재만 항일운동가 李紅光(본명 李鴻圭)의 전사년도와 가계에 대한 일고찰(2014, 동북아문화연구 38집)
42. 고려 중·후기이후 천도 논의와 조선조 한양천도의 의미(2014, 서울여대 인문논총 28집)
43. 바롬 高鳳京의 가계와 활동을 통한 여성 교육의 재음미(2015, 서울여대 인문논총 29집)

〈저서〉

1. 『고려시대 성리학 수용연구』(국학자료원, 1997)
2. 『동대문 성당25년사』(천주교노원성당, 1997)
3. 『서울여자대학교 40년사』(서울여자대학교 2002)
4. 『조선시대 문과급제자 연구』(국학자료원, 2004)
5. 『노원의 역사와 문화』(노원문화원, 2005)
6. 『용인이씨 현조사적』(용인이씨대종회, 2005)
7. 『용인이씨대동보』 부록편(762면, 용인이씨대종회, 2008)
8. 『서울여자대학교 50년사』(서울여자대학교, 2012)
9. 『조선시대 역사인물의 재조명』(경인문화사, 2015)

〈공저〉

1. 『서울육백년사』 제5권(서울시편, 1983)
2. 『한강사』(서울시편, 1985)
3. 『서울육백년사』-문화사적편-(서울시편, 1987)
4. 『서울육백년사』-인물편-(서울시편, 1993)
5. 『금천구 향토문화지』(금천구, 1995)
6. 『서울행정사』(서울역사총서1, 조선초~1995) (서울시사편찬위원회, 1997)
7. 『서울특별시 시사편찬위원회 50년사』(서울시사편찬위, 1999)
8. 『서울문화재 나들이』(서울문화사학회, 2002)
9. 『용인시사』 3권(사람과 마을 1) (용인시편, 2006)
10. 『장양공 이일장군연구』(국학자료원, 2010)
11. 『서울 2천년사』 11권(조선건국과 한양천도) (서울시사편찬위, 2013)
12. 『항일영웅 리홍광』(중국 북경인민출판사, 2015)

찾아보기

|가|

가별치(家別抄·集團) 58, 59, 61
가족계획사업 246
가타가나(片假名) 70
간도(間島) 99, 135, 144, 159, 169
간도협약(間島協約) 99, 101
갑자상소(甲子上疏) 66, 68, 71,
    92, 93, 94
강도회맹(江都會盟) 144
강희제(康熙帝) 100, 141, 142, 143
개신교 212, 213
거진(巨鎭) 104
거평부곡 7
건주여진(後金) 140
경기 감영(監營) 261
경기 259
경기관찰사 283, 291, 292, 294
경기여자고등학교 229, 244
경기여중 248
경기제도(京畿制度) 259
경복궁 중건 15
경성공립여자고등보통학교 228
경성공립여자고등학교 244
경성부(京城府) 262
경성자매원 205, 206, 219, 232,
    233, 235, 238, 242, 249
경순공주(慶順公主) 59
경연(經筵) 91

경원부사(慶元府使) 125, 131
경화사족(京華士族) 197, 259, 281,
    284, 286, 294
계룡산 신도안 14, 15
계몽운동(啓蒙運動) 209, 215
계유정난(癸酉靖難) 20
고구려연구재단 159
고난경 224
고려통일대전(高麗統一大殿) 279,
    300, 314
고려사 지리지 111
高麗統一大殿誌(사) 300, 314, 315
고명(告命) 82, 89, 94
고명우(高明宇) 216, 217, 227, 239
고봉경 218, 228
고학윤(高學崙) 215, 216
고황경(高凰京) 205, 219, 227, 247,
    251
공광지대(空曠地帶) 100
공민왕(恭愍王) 50
공음전시과(功蔭田柴科) 5
공험진(公險鎭) 152
공험진의 윤관비 156
교육령개정 225
과전제(科田制) 105
관찰사 260, 261
광산촌병원 227
광혜원 218
구성백 삼한벽상공신 삼중대광승록

대부태사(駒城伯三韓壁上功臣
三重大匡崇祿大夫太師) 266
구성부원군 이중인(李中仁) 272, 299,
310
국민개병적 106
국민소득(GNP) 250
국어순화운동 246
군대해산 209
군역(軍役) 105
군인전(軍人田) 6
군포(軍布) 106
권근(權近) 4
권문세족(權門勢族) 6, 49
권지고려국사(權知高麗國事) 84
근기지역(近畿地域) 262, 281
근독(謹獨) 33, 34
기년동사약(紀年東史約) 311
기대승(奇大升) 22
기독교적 여성지도자 250
기묘록(己卯錄) 324
기묘명현(己卯名賢) 283, 317, 321,
324
기묘사화(己卯士禍) 20, 36, 41
기철(奇轍) 50, 82
길재(吉再) 22
김경복(金慶福) 120
김굉필(金宏弼) 22, 42
김구(金絿) 41
김마리아 220, 221, 224
김부식 78
김부의(金富儀) 78
김상헌(金尙憲) 288
김성일(金誠一) 107
김세라(金世羅) 220, 221

김숙자(金叔滋) 22
김식(金湜) 41
김양 181, 194
김우추 118
김윤방(金允邦) 221
김윤오(金允五) 220
김장생(金長生) 44
김전(金詮) 41
김정(金淨) 36, 41
김종서(金宗瑞) 112, 120
김종직(金宗直) 22
김필례(金弼禮) 223, 246, 247
김필순(金弼淳) 222
김활란(金活蘭) 237

|나|

나하추(納合出) 58
낙론(洛論) 263
남곤(南袞) 41
남대문교회 218, 228
남대문 밖 세브란스 218
남은(南誾) 89, 139
네르친스크 조약 100, 143
노국대장공주 274, 312
노론(老論) 벽파(辟派) 284, 285
녹둔도(鹿屯島) 93, 100, 115, 119,
121, 132
농촌계몽운동 233
농촌과학과 251
농촌봉사활동 252
농촌생활 실습 250, 252
농촌의 근대화 250

누루하치　140
니이지마 죠오(新島襄)　229
니탕개 란(泥蕩介亂)　111, 128, 132
니탕개(尼湯介)　113, 119, 131

|다|

단월역(丹越驛)　125
대명외교(對明外交)　8, 72
대명일통지(大明一統志)　144
대사간(李成童)　39
대책문　23, 24
대학연의(大學衍義)　90, 91
대한어머니회　246
덕양부부인(德陽府夫人)　272
덕흥군　58
도곡집　113, 116, 117
도봉서원　42
도산 안창호　223
도선대사(道詵大師)　303
도시샤(同志社)여자전문학교　229, 242
도암(陶庵) 이재　263
도체찰사　108
도학정치(道學政治)　44
동국여지승람(東國輿地勝覽)　111,
　140, 156, 277
동령부(東寧府)　9, 84
동방사현(東方四賢)　42
동북공정(東北工程)　158
동아일보(1936)　178
두만강　99, 138, 155
두문동(杜門洞) 72현　271, 276, 293,
　309

둔전관(屯田官)　101

|라|

러들러(A.I. Ludlow)　217, 219, 227

|마|

마니옹개　115
만언봉사(萬言封事)　107
만주사변　174
만주지역　168
만호(萬戶)　114
말콤 펜위크(M.C. Fenwick)　216
멕클레이(Macclay, R.S) 선교사　211
明 태조(朱元璋)　88
명도(明道)　33
모병제도　106
목극등(穆克登)　146, 147, 148, 155
목은 이색(牧隱 李穡)　269, 299,
　307, 313
목조(穆祖)　138
무민(武愍)　56
무신집권기　65
무오사화(戊午士禍)　22
문경새재　109
미국 교육사절단　244
미시간대학(University of Michigan)
　231, 242
민영익(閔泳翊)　211
민족말살정치　238
민족해방운동　174

|바|

바롬 교육   249, 251, 252
바롬 인성교육   251
바-버(Barbour) 장학금   231
박권(朴權)   136, 148, 150, 153,
    156, 160
박상(朴祥)   36
박세희(朴世熹)   41
박원종(朴元宗)   36
박의(朴儀)   58
박정희대통령부부   251
박훈(朴薰)   41
반원개혁운동   274
방신우(方臣祐)   270, 308
백금(白金)   126
백두산   152
백두산정계비(白頭山定界碑)   99, 100,
    122, 135, 145, 150, 153, 159
백범 김구(白凡 金九)   243
백범일지   244
백산학회(白山學會)   135
백의종군(白衣從軍)   116, 118
번국(藩國)   72
번호(藩胡)   112
벌열(閥閱)   294
변경의식(邊境意識)   152
변발(辮髮)   142
변안열(邊安烈)   60
별무반(別武班)   137
병마우후(兵馬虞候)   124
병마절도사(종2품)   117
병자호란   141
보법(保法)   105

보천보(普天堡)   173
복훈교지(復勳敎旨)   15, 16
봉건제도(封建制度)   74, 77
봉금정책(封禁政策)   100
부녀계(父女系)   245
부녀국장   245
부자 정승   290
북방 제승방략   104
북병사 이일   109, 125
북원(北元)   9
불사이군(不事二君)   314
불씨잡변   13
비변사(備邊司)   114, 118

|사|

4군 6진   112, 119, 139, 157
4判   285
사가독서(賜暇讀書)   283
사간공파(司諫公派)   335
사간공파 세계도   326
사간원(司諫院)   23
사대(事大)   65, 74, 75
사대·사대주의론   73
사대교린(事大交隣)   65, 74, 76
사대자소(事大字小)   76
사대주의   67, 74
사림(士林)의 영수   20
사립학교 규칙   225
사민정책(徙民政策)   112
사병(私兵)   59
사병혁파(私兵革罷)   13
사은정(四隱亭)   263

사헌부(司憲府)   23
사회사업   235
사회주의   173
산성군(山城君)   266
3.1운동   169, 228
3·1만세운동   170
3군부(軍府)   103
3代 절신   320
3相 4判   285, 291
3相(3정승)   285
3세불사(三世不仕)   279
삼대불사(三代不仕)   314
3대절신 묘비   317
삼포왜란(三浦倭變)   112, 128
삼한벽상공신(三韓壁上功臣)   265,
    299
상주 북천전(北川戰)   105, 125
새문안교회   218
생활관교육   251
생활교육   249, 250
서명응   152
서사제(署事制)   16
서상륜 형제   221
서연관   90
서울여자대학   249
서울여자대학교   247, 251
서주시대(西周時代)   74
서희(徐熙)   156
석담일기(石潭日記)   41
선광(宣光)   9, 84
선교사   211, 212
선전관(宣傳官)   114
선조 수정실록   116
선조(宣祖)   118

성거산(聖居山)   315
성경도(盛京圖)   144
성교자유(聲敎自由)   85
성리학(性理學) 수용   89
성리학(性理學)   8, 79, 90
성절사(聖節使)   9, 306
세교리역   234
세브란스   214, 217, 219, 222, 223,
    227
세브란스병원의학교   217
세종대왕   66, 86
소래교회   214
소래마을   213, 222, 224
소중화적(小中華的)   94
소학(小學)   38, 39
송강 정철   328
송산사(松山祠)   278, 314, 315
송시열(宋時烈)   14, 43, 44
송파공(松坡公) 이덕민   326, 333
송화강(松花江)   99
수안광산병원장   224
수정전(修政殿)   68
숙종실록   155
순변사(巡邊使)   125
순조(純祖)   315
순회강연   245
승자총통(勝字銃筒)   119, 120, 127
시전부락(時錢部落)   101, 120, 127
시호교지(諡號 文憲)   15, 16
식읍(食邑)   266
신각(申恪)   129
신권(臣權)   16
신민회(新民會)   210, 222
신빈만족자치현   180

신사참배   224
신진사대부(新進士大夫)   14, 82
신채호   56
신흥사대부(新興士大夫)   49
실력양성운동   215
심곡서원(深谷書院)   42, 263
心問   7, 8
심상규   152
심재성   190
심효생   89
쌍곡공(雙谷公)   283
쌍곡공 이사경   283
쌍괴당 이홍간(李弘幹)   324
쌍성총관부   9, 51, 57

|아|

아펜젤러(감리교)   211
안당(安塘)   22
안동김씨   290
안봉선(安奉線)   158
안우(安祐)   53
안윤행   126
안의(安毅)   266
안중근   223
알동(斡東)   57
알성문과(謁聖文科)   23, 24, 26
양광도   260
양세봉(梁世奉)   180
양인 개병제(良人皆兵制)   105
양현사(兩賢祠)   42
어마(御馬)   126, 129
어빈(C.H. Irvin)   217

어윤중(魚允中)   158
언관(言官)   23
언더우드(장로교)   211, 221
언더우드(H.G. Underwood)   216
에비슨(Avison. Oliver R.)   217
엑네스컷(Agnesscott) 미국여자대학
   223
여전도회전국연합회   248
여진족(女眞族)   103, 127, 129, 131
역성혁명파   14
연문(關文, 답변)   114
연변지역   168
연세대학교   221, 255
연안이씨   282, 287
연해주(沿海州)   100
연호군(煙戶軍)   115
열전방어(列鎭防禦)   110
영국   245
영락제(永樂帝)   87
영비(寧妃)   54
영아관   236
영일정씨   282, 290
영장체제(營將體制)   103
영진군(營鎭軍)   103
5위(衛)   103
오현(五賢)   44
옥계공(玉溪公)   330
王子의 난   13, 89
왜구(倭寇)   49, 51, 52, 127, 131
요동 수복정책   140
요동정벌   8, 10, 12, 84, 88, 139
요순(堯舜)   24
요양지역   84
용구(龍駒)   265, 302

용문사 36

용인(龍仁) 262

용인이문(龍仁李門) 265, 271, 302

용인이씨 265, 281

용인이씨대동보(부록편) 181, 343

용인이씨 족보 301

용재총화(慵齋叢話) 270

우계 성혼(成渾) 327

우달치(于達赤) 53, 61

우디캐 종족 115

우봉 이씨 284

우인열(禹仁烈) 60

유배지 7, 41

元 간섭기 65

元·明 교체 81

월사 이정귀(李廷龜) 287, 324, 327

위민의식 3, 15

위정척사(衛正斥邪) 209

위화도 회군(威化島回軍) 4, 8, 10, 84

위훈삭제(僞勳削除) 39

유비연(柳斐然) 143

유성룡(柳成龍) 107, 108, 109

유엔총회 한국 민간대표 245

유자광(柳子光) 22

유조변장(柳條邊牆) 142

유종공종(儒宗功宗) 5

유종호 237

6진(六鎭) 112, 119, 139

6판서 285

육조(六曹) 16

윤관(尹瓘) 120, 137, 152

윤자임(尹自任) 41

율곡 이이(李珥) 41, 107, 128

위패 272, 300, 303

은진의숙(隱眞義塾) 217, 219, 224, 229, 234, 239, 248

을묘왜변(乙卯倭變) 104, 112, 128

을사늑약 158, 209

을사사화(乙巳士禍) 283

의병운동(義兵運動) 209

의정부(議政府) 16

의주(덕원) 57

이견(李汧) 120

이공(원간) 묘갈명 323

이괄(李适)의 난(1624) 332

이광봉 267

이광섭 184, 197

이광시(李光時) 267, 268, 272, 293, 306, 313

이교악 292

이규현 261, 293

이극돈 22

이기백 76

이길권(李吉卷) 265, 266, 293, 299, 302, 317

이길보(李吉甫) 283, 292

이담(李湛) 283

이담(李橝) 117, 126

이돈상 291

이두(吏讀) 70

이린(李隣) 57

이몽학(李夢鶴)의 난 330, 332

이문규 195, 197

이방석(李芳碩) 14

이방원(李芳遠) 4, 10, 13, 14, 15, 86

이백지(李伯持) 124, 279

이백찬(李伯撰)   279, 316
이범윤(李範允)   158
이보혁(李普赫)   288, 290
이봉손(李奉孫)   319
이사경(李士慶)   283, 286
이사영(李士穎)   275, 276, 279, 280
이사위(李士渭)   124, 275, 276, 279, 311, 320
이상국가(理想國家)   94
이색(李穡)   4, 3, 14, 152, 272, 274, 275, 312
이석(李奭)   269, 307
이석형(李石亨)   287, 316
이선부   149
이성계(李成桂)   4, 9, 49, 57, 60, 61, 62, 81, 84, 138
이세면(李世勉)   284
이세백(李世白)   284, 286
이세재(李世載)   292
이수령(李守領)   280
이순신(李舜臣)   114
이승충(李升忠)   318
이신충(李藎忠)   283
이안사(穆祖)   58
이언적(李彦迪)   42
이여(李畬)   151
이영성(李永成)   287
이오동(李吾童)   179, 184, 188, 189
이원간(李元幹)   322, 323
이원명(李源命)   291, 293
이원익(李源益)   273
이유청(李惟淸)   41
이의현(李宜顯)   116, 126, 284, 285
이이(李珥)   43, 44

이인임(李仁任)   4, 9, 54, 61, 84
이인좌(李麟佐)의 난   290
이일 장군(李鎰將軍)   101, 102, 118, 122
이자춘(오로사불화)   57, 58
이재(李縡)   117, 126, 263, 284
이재간   291
이재관(李在寬)   101, 120, 121
이재학   261, 293
이재협(李在協)   285, 286, 293
이정귀(李廷龜)   317, 329
이정민(李貞敏)   329, 330, 332
이정악(李挺岳)   287
이준상(李駿相)   195
이중인(李中仁)   124, 266, 272, 276, 277, 279, 280, 293, 313
이중하(李重夏)   158
이중환   152
이천규   195, 196
이춘(度祖)   57, 58
이학규(李鶴圭)   184, 193
이항복(李恒福)   327
이행리(翼祖)   57, 58
이향성(李享成)   283, 325, 327
이현일(李玄逸)   144
이혼(李渾)   129
이홍간(李弘幹)   283, 321
이홍광(李紅光)   165, 175, 176, 178
이홍광 가계도   198
이홍광(본명 李鴻圭)   166, 167, 170, 175, 179, 181, 187
이홍광의 흉상   180
이화여전   233, 243
이황(李滉)   43, 44

이회영·이시영(李會榮·李始榮) 169
이회영 부인 223
이효독 묘갈명(李孝篤) 320, 322
이효돈(李孝敦) 287, 320
익군(翼軍) 103
인물성동론(人物性同論) 263
인성교육 251
인산서원(仁山書院) 333
인성교육 251
인신(印信) 82, 89, 94
인조(仁祖) 141
인평부원군 290
일국일당주의(一國一黨主義) 167
일대종장(一代宗匠) 299
임자보(壬子譜)(1732) 266, 301
임진왜란 104, 112

|자|

자소(字小) 74, 75
자소사대(字小事大) 93
자은교(慈恩橋) 272, 310
자전자수(自戰自守) 109
작서지변(灼鼠之變) 40
작헌례(酌獻禮) 23
잡색군(雜色軍) 106
장경왕후(章敬王后) 36
장사성(張士誠) 반란군 50
장양공전서(壯襄公全書) 102, 116,
    123, 123
장양공정토시전부호도(壯襄公征討
    時錢部胡圖) 101
장지연(張志淵) 241

재만농민동맹 170
재상(宰相) 중심 15
재상국가론(宰相國家論) 16
전시과(田柴科) 5
전신(全信) 272
전족(纏足) 142
전필순(全弼淳) 247
접반사(接伴使) 148, 150
정과(鄭過) 315
정관정요(貞觀政要) 90
정국공신(靖國功臣) 36, 39
정도전(鄭道傳) 3, 11, 13, 14, 15,
    58, 61, 80, 88, 89, 111, 139,
    274
정동교회(貞洞敎會) 218
정동행성이문소(征東行省理問所)
    50, 82
정몽주(鄭夢周) 4, 9, 14, 22, 58,
    61, 272, 274, 275, 276, 312
정묘·병자호란 110
정묘호란 128, 141, 144
정방(政房) 50, 82
정병(正兵) 106
정성길 145
정신백년사 224
정신여학교 224
정암 조광조 43, 263
정여창(鄭汝昌) 42
정운경(鄭云敬) 3, 274
정유성(鄭維成) 289
정의학원(貞義學園) 248
정존재(靜存齋) 이담(李湛) 283
정창학 192
정충대절(貞忠大節) 271

정탁(鄭擢) 11, 88

정토시전부호도(征討時錢部胡圖) 114, 121, 122, 123, 132

제승방략(制勝方略) 103, 104, 109, 113, 119, 120, 122

제적등본(除籍謄本) 179, 184

조공(朝貢) 77, 79, 140

조공제도(朝貢制度) 65

조광조(趙光祖) 19, 22, 21, 23, 39, 41, 42, 44, 316

조령(鳥嶺) 109, 125

조림(趙琳) 84

조민수(曺敏修) 4

조빙(朝聘) 9

조빙사대(朝聘事大) 77

조산보(造山堡) 100

조선경국전 13

조선고금명현전 151

조선교육령 225

조선어 말살정책 238

조선일보(1935) 177, 178

조온(趙溫) 21

조육(趙育) 21, 287, 316

조의제문(弔義祭文) 22

조일신(趙日新) 53

조자손 3대(祖子孫 三代) 313

조준(趙浚) 4

조총 127

조칙(詔勅) 89

족보(族譜) 183

종교운동 215

종법제도(宗法制度) 74

좌명공신(佐命功臣) 21

주요성관 281

주원장(朱元璋) 13, 58, 81, 85

주자(朱子) 43

주초위왕(走肖爲王) 40

죽수서원(竹樹書院) 42

죽정서원(竹亭書院) 150

준론(峻論) 시파(時派) 285

중국공산당 170, 173

중부일보(1992) 176

중조(重祚) 50

중종반정(中宗反正) 20, 36

중화국가(中華國家) 80

중화론(中華論) 83

중화질서(中華秩序) 79, 95

즉위교서 15

증보 제승방략 113

지용수(池龍壽) 9, 60, 84

직계제(直啓制) 16

직전제(職田制) 105

진관체제(鎭管體制) 103, 104

진법(陳法) 120

진법훈련 12

진사시 36

집현전(集賢殿) 66, 67, 68

징비록(懲毖錄) 108

|차|

창씨개명(創氏改名) 236, 237

책봉(冊封) 77

책봉체제(冊封體制) 140

책제(策題 : 과거시험문제) 24

처사(處士) 이덕민(李德敏) 333

천거제(薦擧制) 37

천답(天答) 7, 8
천주교 212
천추사(千秋使) 11, 88
철령(鐵嶺) 84
철령위(鐵嶺衛) 4, 9
철원부원군(鐵原府院君) 54
청·러북경조약(淸露北京條約) 100
청백리 이백지 124, 279
최도통(최영) 56
최만리(崔萬理) 66, 67, 70, 72, 90,
    92, 93, 94
최만생 58
최영(崔瑩) 4, 49, 52, 55, 60, 61,
    62
최유청(崔惟淸) 53
최윤덕(崔潤德) 112, 139
최창현 191, 194
추도(楸島) 118
추원사(追遠祠) 267, 303
춘추전국(春秋戰國) 77
충렬서원(忠烈書院) 43, 263
충목왕(忠穆王) 50
충정왕(忠定王) 50
충주 탄금대전투 105, 125
친명사대 87
친일파인명사전 241

|카|

코민테른(Comintern) 167

|타|

탄금대 125
태조 이성계 85
태종(太宗) 141
태평양전쟁 238
테제(These) 167
토문(土門) 138
토문강(土門江) 155, 158
토성(土姓) 264, 271
토지개혁 8, 14
통혼권 286

|파|

파안록(破顔錄) 331
8기군(八旗軍) 142
8도제(八道制) 260
8판서(八判書) 315
평양전투 125
평은재(平隱齋) 319
포은 정몽주(圃隱 鄭夢周) 14, 263,
    313
표전(表箋) 문제 10, 67, 87, 88, 91
표전(表箋) 4, 8, 11, 81, 94
필운산(弼雲山) 327

|하|

하륜(河崙) 4, 14
하오랑아 115
하정(賀正) 88

한강(韓康)   269, 307
한겨레신문(2005)   176
한국사시민강좌   251
한국전쟁   245
한문문명권(漢文文明圈)   65
한성부(漢城府)   262
한성판윤   291, 294
한양조씨   282, 287
한자(漢字)   69, 70
함경북도병마절도사(北兵使)   119
함석헌   244
항일단체   173
항일무장투쟁   167
항일열사(抗日烈士)   182
항일영열기념비(抗日英烈紀念碑)
   180
항일영웅(抗日英雄)   166, 174, 200
항일유격대   173
항일의병전쟁   215
해도도통사(海道都統使)   54, 55
해동지도 갑산부   154
해동지도 무산보   154
해유령 전첩비(蟹踰嶺 戰捷碑)   129

해유령 전투   125
해주오씨   288, 289
행주기씨   307
향약(鄕約)   38, 39
향토유적   279
허백정 홍귀달(洪貴達)   322
헐버트(H.B Hulbert)   213
현량과(賢良科)   37
협동조합   246
호락논쟁(湖洛論爭)   263
홍건군(紅巾軍)   50
홍건적(紅巾賊)   49, 52, 53, 58
홍무(洪武)   83
홍무제(洪武帝)   87
홍복도감 판관   274
홍산 현감(鴻山縣監)   54, 325
홍산대첩   54, 55, 60
환국(換局)   143
황산대첩   58, 60
황윤길(黃允吉)   107
훈민정음   66, 71
흥선대원군   15
희빈홍씨(熙嬪洪氏)   40